商事法の研究

山下友信

有斐閣

はしがき

本書は、私が商事法の研究の途に入って以来四〇年の間に公表してきた研究論文のうち保険法以外の領域のもの一六編を収録した論文集である。各論文のテーマは、会社法、金融商品取引法、約款・不当条項規制、運送という四つの領域にわたっている。

研究上の恩師や兄弟子の先生方は商事法の幅広い分野で研究を展開されており、これを少しは見習い、一つの分野に閉じこもらずできる限り研究の幅を広げたいと努めてきたが、論文集にまとめようとするとこの程度で、自らの力の及ばざるところを改めて痛感する次第である。内容的にも際だった学問的特徴があるとはいえない地味な論文ばかりであるが、この四〇年間一人の商事法の研究者がその時代時代の基礎的研究課題として取り組んできたことの軌跡であるとともに、この間のわが国における商事法およびその研究の発展・変貌の一端をうかがわせるものではないかと愚考する次第である。

本書の各論文は、明らかな誤りの訂正、内容に関わらない言葉遣い・表記・引用方法の統一化のための修正等を除いて、最初に公表したままの状態で収録している。参照している法令等も、公表時のままとしているが、各論文の末尾に、公表時からの私自身の研究や法令・判例の展開等について簡潔な編注を付している。

本書の刊行については、有斐閣書籍編集第一部の藤木雄氏に多大なご尽力をいただいた。厚く御礼申し上げる。

二〇一四年一二月

山下 友信

目次

Ⅱ　金融商品取引法

証券会社の投資勧誘

Ⅳ 運送取引

【凡　例】

原則として初出時のまま掲載しているが、明らかな誤りは訂正するとともに、表記方法、法令・判例・文献等の引用方法については可能な限りで統一を図った。参照・引用している法令等も初出時のままで、その後の改正を反映していないが、論文の趣旨に影響がある場合については、各論文末尾の〔編注〕で説明している。

1　判例集

民　録　大審院民事判決録
民　集　大審院・最高裁判所民事判例集
下級民集　下級裁判所民事裁判例集
判　時　判例時報
判　タ　判例タイムズ
金　判　金融・商事判例

2　雑誌等

金　法　金融法務事情
ジュリ　ジュリスト
商　事　旬刊商事法務
上　法　上智法学論集
新　報　中央大学法学新報
曹　時　法曹時報
早　法　早稲田法学会誌
損　保　損害保険研究
同　法　同志社法学
一　橋　一橋論叢
法　協　法学協会雑誌
法　教　法学教室
法　時　法律時報
民　商　民商法雑誌
論　叢　法学論叢

Ⅰ 会社法

累積的配当優先株における優先株主の保護

――優先株に関する一考察

一　序

わが国の株式会社は、これまで普通株のみからなる単純な資本構成をとり発展してきた。商法は、明治三二年制定時から優先株の発行を許容し、今日に至っているが、過去にこの優先株が発行された少数の実例は、特別法による会社か、業績不振の会社の再建策として発行されたものがほとんどであり、一般的には不良株式のイメージをもって受けとめられてきたのである(1)。

ところが近時、株式会社の自己資本の充実、証券保有の分散（個人株主の増大）という証券政策上の見地から、証券発行の多様化が叫ばれるようになり、他方、社債発行限度の使い切りという側面からも、優先株の発行を促進すべきであるという主張が強くなされている。

このような状況の下で主に考えられている優先株は、社債的な側面を強く持ったものとなっている(2)。利益配当に際し、普通株に先立ち一定額の優先配当を取得するという（配当）優先株の本質に加え、その社債的な装いをより強化するのは、累積配当条項である。この条項により、ある年度に会社に配当可能利益がなかったり、利益配当決議がなされなかった場合には、次の年度以降累積して優先的に利益配当を受けることができる。このような累積未払配当分

（以下ではたんに累積分ともいう）について優先株主はいかなる地位にあるのか、そして、さらには、それを剝奪したり制限することは可能かという問題が本稿の課題である。この問題を扱った判例はわが国にはなく、学説も抽象的に論じたものがあるにすぎない。

このような現象は、わが国で優先株が発行された事例がきわめて少ないということによるが、これと対照的なのがアメリカである。アメリカでは、一九世紀後半から優先株による資本調達がきわめて発達し、それに伴い、優先株に関する判例・学説は多くの議論を行い、われわれの考察すべき課題について豊富な材料を提供してくれる。そこで本稿では、まずアメリカにおける立法、判例、学説の状況を述べ、次にわが商法上での解釈と問題点を指摘することとする。

（1） 戦前については、長谷川安兵衛『優先株の綜合的研究』（ダイヤモンド社、一九四一）、戦後については、増地昭男「株式会社証券制度の研究―特殊の株式について（二）（三） 優先株」成蹊大学政治経済論叢一四巻四号七六頁、一五巻一号四四頁（一九六五）を参照。

（2） 東京証券取引所証券政策委員会「証券発行の多様化について」（一九七八）の提言などに代表される。なお、優先株に関する法律問題を包括的に扱ったものとして、矢沢惇ほか「研究会・優先株をめぐる法律問題〔Ⅰ〕～〔Ⅵ〕」商事七四八号四八頁、七四九号二六頁、七五〇号一八頁、七五二号二四頁、七五三号一七頁、七五四号二四頁（一九七六）がある。本稿との関係では、特に、その〔Ⅱ〕商事七四九号二六頁以下を参照。

二　アメリカ法における累積未払配当分に対する優先株主の地位

(1)　累積未払配当分の解消および制限の可否

アメリカでは、利益配当の決定権限は取締役会に属する。取締役会の決定があってはじめて利益配当請求権は、具体的な債権（debt）となる。このことは優先株であっても同様であり、それが累積的か非累積的かということも無関係である。(3) 取締役会のこの決定権限は裁量性を伴う。(4) 従って、ある年度に配当可能利益があっても、取締役会の配当決議がなければ、優先株主といえども配当を受け取ることはできない。換言すれば、累積的優先株主は、累積分については、絶対的に普通株主に優先して配当を受けるという地位にあるにすぎないということである。(5)

理論的にいって以上の点について疑いはないように見える。しかし、判例上は、この命題について単純に受け入れられることにはならなかった。すなわち、累積分を解消あるいは制限できるかという問題について、曲折を経ることとなったのである。

第一次大戦前後に盛んに発行された優先株は、大恐慌とそれに続く不況により膨大な累積分を残すこととなった。(6) そして一九三〇年代後半から景気が回復しはじめ、会社に再び利益が生ずるようになると、会社にとってこの膨大な累積分は重い負担としてのしかかってきた。累積条項により、以後生ずる利益は優先株主に配当せねばならず、普通株主に対する配当の再開は当面見込みがたたなかった。そこで、普通株主および彼らの利益を代表する取締役らは、優先株の累積分を解消ないし制限しようと試みたのである。表向き、その必要理由としては、会社の新たな資金調達に対し（とくに普通株による増資について）累積分の存在が妨げとなるという点にあった。しかし、その実は、前述のように、累積分を切り捨て、普通株主に対する利益配当を復活するために、優先株主の犠牲を求めることにあったの

である。(7)

これらの試みは、通常次のような手続により行われた。(8)

(イ) 基本定款の変更

一般に Recapitalization ないし Reclassification と称され、株式の権利内容の変更として、定款変更の形で、累積分を解消しあるいは制限する方式であり、直接的方法とよばれる。それに伴い優先株主に対して、強制的に株式を普通株などと交換させることも行われる。(9)

これに対し、同じく定款変更の手続により、既発行の優先株より上位の優先株を発行し、累積分に対する関係においても優先性を与える方法があり、間接的方法とよばれる。この場合、累積分の解消ないし制限を条件に、新優先株を旧優先株主に選択的に与えることが多い。そして、旧優先株主は事実上、この選択権を行使して、累積分に対する権利を放棄せざるをえなくなるのが通常である。(10)

(ロ) 合　併

吸収合併ないし新設合併に当たり、累積分のある優先株に対し、累積分を解消して、新会社ないし残存会社の株式を与える方法である。(11) この合併による方法は、後述のように、ノミナルな完全子会社を作り、それに親会社が吸収されるという方式で、しばしば濫用的に用いられたのである。

以上のような方法が用いられたが、注意すべきことは、無条件に累積分を解消することを内容とする例は少数であり、証券の交換などの形で累積分に対する見返りを何らかの形で与えることが行われたということである(12)(もちろんその程度は千差万別ではあったが)。

さて、各州の会社法は、当初累積分の解消ないし制限について、その可能性につき明文の規定を持たなかった。そして当初の判例は、累積分を直接に定款変更で奪うことは、会社に対する授権がないとして認めていなかった(モリス事件[13]。これに対し、デラウェア州会社法は、一九二七年改正において、その定款変更について定める二六条に、株式の内容の変更として「特別の権利（special rights）」という文言を追加した[14]。その立法趣旨が、モリス事件判決に対処するものであり、累積分の制限を、会社に授権するものであったことは明らかであった[15]。ところが、この改正について、デラウェア州最高裁は、累積分の制限を無効とする判決を下したのである（ケラー事件[16]）。この判決は、その理由づけを二段階で行い、前半において「ある将来において優先株について配当の累積分の支払を受ける権利は、株主間においては確定された既得権（vested rights）であって、債務の性格（nature of debt）を有する」とし、この優先株主の権利は、連邦および州の憲法により保障され、州は制定法で会社にそのような権利の変更・制限を総株主の一致なしに認めることを授権することはできないとする。それに続き、後半では、「憲法問題を別としても」二六条の解釈として、「特別の権利」の変更には、債務の性質を有する累積分の制限は含まれないと解することを明らかにしたのである。

このケラー事件により、累積分は優先株主の既得権として奪いえないという理論が確立するように見えたが[17]、デラウェア州最高裁は相接して矛盾するかのような判決を出す。合併による累積分の制限を問題としたこの判決[18]は、合併においては、累積分の制限は、デラウェア州会社法五九条により許されるとしたのである。五九条は会社法制定以来の規定であり、当初から株主としては、合併においては累積分を含む優先権の変更は調和と調整（reconcilement and adjustment）の問題として当然に予想すべきであると、この判決では述べられた（なお、デラウェア州会社法は、合併については、定款変更と異なり、種類株主の議決を要求していなかった）。また、同様に、間接的方法による累積分の解消も有効に行いうることを認めた判決[19]が出るに至って、ケラー事件判決の用いた既得権という用語は、累積分について認められる余地はなくなったのである。そして、問題は、制定法が会社に対して累積分の制限について授権しているか否かという法律の解釈問題にすぎないことが明らかになる[20]。

他の州においても、累積分の既得権性を肯定した判例が出されたが、[21]真の問題は、やはり定款変更に関する制定法の解釈の問題であった。そして、ニューヨーク州の判例は、既得権性を明瞭に否定して、制定法の解釈問題にすぎないこと、かつ累積分の解消を明文化した規定は、その明文化以前に発生した累積分にも及びうることを明らかにした。[22]また、累積分の制限を明示しなくても、優先権の変更などの一般的な条項によって当然に許容されることを認めた州もある。[23]

このような判例の動きに対し、各州の会社法は次々と改正され、累積分の解消ないし制限を明示するのが通常となり、[24]もはや既得権性ないし債権性を問題とする余地はほとんどないとされる。[25]これらの会社法の多くは、そのような制限を含む定款変更には、三分の二以上の種類株主の決議を要件としている。[26]なお、少数の州では、このような定款変更について、反対株主の買取請求権を認めるものがある。[27]

(2) 公正（Fairness）のテストによる制約

制定法の範囲では、前述のように累積分の解消ないし制限は、適法な手続を経るかぎりその内容の当否は問題とならないように見える。しかし、過去の事実が明らかにするように、そのような定款変更ないし合併は優先株主にとってきわめて不利なものであった。その結果として、復活した会社の利益を、本来享受できないはずであった普通株主が享受できることとなる。種類株主の決議という要件も、必ずしも優先株主の保護には十分でないといわれる。[28]支配を目的とせず、安定的な配当のみを目的とする、広汎に分散した優先株主は、会社の財務について判断能力を欠き、かつ、取締役らは委任状の勧誘により、累積分の制限が優先株主にとって不利でないことを述べることによって、容易に加重された決議要件をも充すことができた。また、前述のように、一方的に累積分を剝奪するような変更は少なかったこともその原因である。このようなことから、累積分の制限に対しては、何らかの限界が設けられるべきか否かの問題が生ずる。この問題は、制定法の解釈として、公正さが要求されるか、または、衡平法上、公正の要件を課し、累積分の不公正な制限を内容とするRecapitalizationを差し止め、また、その効力を否定すべきか否かということである。そして、この問題は主としてデラウェア州とニュージャージー州で対照的な展開をみせた。

デラウェア州では消極的な態度がとられ、多数株主ないし取締役に詐欺（fraud）のある場合に限り効力が否定され、公正の要件は要求されなかった[(29)]。

他方、ニュージャージー州では、不公正を理由に広く差止が認められた。そのうち代表的な例には次のようなものがある。

バックレー事件[(30)]では会社に存在する剰余金が問題となった。四〇〇万ドルに上る累積分を、その四分の一の現金と、新優先株との交換で帳消しにするという選択権を株主に与えるという定款変更は、会社に一六〇〇万ドルの剰余金が存在するために不公正であるとして差止を認めた。旧優先株主は、この剰余金の範囲において、vested rightを有するとしたのである。カメナ事件[(31)]では、累積分の解消とともに新優先株が与えられるという内容の計画が、会社の財務記録にかかわらず、大きな価値のある「のれん（goodwill）」の存在が、優先株の高い価値を推定させるものであり、不公正であるとして差止を認めた。同様に、ウェッセル事件[(32)]では、適正な会計によれば優先配当が可能となるような場合にも差止が認められた。これらの判決は、適正な会計によれば会社に配当可能利益があるにもかかわらず、累積分を制限しようとした点が不公正の内容とされている。また、ウェッセル事件では、新規の資本調達の必要がないことも考慮されていることに注意すべきである。

学説においても、積極的に公正の要件を課し、その基準を明確にする試みが盛んになされた。ラティ[(33)]、ドッド[(34)]らに代表される論者の基本的な発想は、累積的優先株はそもそも不況の時代に受けることのできなかった配当を好況の時代にまとめて受けるという内容の「株式契約」であって、それを適正な補償なしに奪うことは、優先株主にとって一方的な圧迫となるという点にある。そして、ラティ、ドッドらは連邦破産法第一〇章における会社更生手続における、優先株と普通株の利益調整に範を求めようとするのである。

この会社更生手続においては、更生計画が「公正、衡平、かつ遂行可能」であることが、承認の要件であるが[35]、その「公正、衡平」の内容として、その前身であるEquitable Receivershipの時代から確立してきた「絶対優先の原則」が妥当する[36]。この原則の下では、優先順位の異なる権利者間においては、優先順位に従って優先権利者は劣後権利者に先立ち、完全な補償（full equitable compensation）が与えられねばならない。そして、企業のゴーイング・ゴンサーン価値について、優先順位に従い割り当てられる。そしてこのことは、債権者・株主間のみならず、優先株主・普通株主間にも妥当するのである[37]。ラティ、ドッドらの主張は、Recapitalizationにもこのような完全な補償が累積分も含めて優先株主に与えられるべきであるということにある[38]。会社更生手続では、裁判所の承認やSECの監督を要するという規制が及ぶが、そのような規制のないRecapitalizationにおいては、このような内容の公正さの要件が一層必要であるとされる[39]。

それでは、完全な補償の対象となる優先株主の権利の評価はいかになされるべきか。この点については見解は必ずしも一致しない[40]。会社更生手続においては、清算時の残余財産分配に対する優先権がこれに当たるとされる[41]（通常は、定款の規定で累積分が含まれることとなる）。しかし、この基準は、清算的な性格をもたないRecapitalizationにおいては不適切であるといわざるをえない[42]。ラティはこれに対し、「ファンド理論（Funding Theory）」を主張する[43]。それによれば、累積分は、会社に再投資されたものとして経営上のリスクを本来の出資と同様に負担すべきであり、具体的には当期優先配当額と、累積分に優先配当率をかけた額の和を、予想収益額で割ったパーセンテイジの会社の持分が優先株主に割り当てられる。しかし、この方法はその簡易さにかかわらず、妥協にすぎず、累積分が会社に再投資されたと見るのは無理であると批判される[44]。

そして、これに代って現在の投資価値による優先株主の権利の評価が行われるべきだという主張が新たになされた[45]。

この見解は、後述の公益事業持株会社法における会社の Recapitalization において要件とされる「公正かつ衡平」の基準に関するＳＥＣおよび連邦裁判所の見解に基づいている。(46) すなわち、この手続の下においても、会社更生手続での絶対優先の原則が妥当するが、優先すべき権利の評価は、会社更生手続の場合と異なり継続企業としての会社における投資価値基準によるべきであるということである。(47)

学説のこのような試みにもかかわらず、裁判所はこのような主張を受け入れる動きを見せなかった。(48) デラウェア州に代表されるように、詐欺（fraud）や重大な不公正（gross unfairness）の場合にのみその効力が否定されるというのが判例の主流である。学説にも、公正の概念自体の不明確さと、裁判所の判断能力という点から、このような要件を課すことを疑問とし、優先株主の保護は種類株主としての加重された決議を要することで十分であるという主張が一方でなされている。(49)

なお、注目すべき立法として、ネブラスカ州会社法があり、同法は、明文で公正さを要件として定め、不公正な定款変更の差止を認めている。(50)

(3)　証券取引法および特別法による規制

(イ)　連邦証券取引法

累積分の制限のためにする株式の交換や権利内容の変更（さらには合併での株式の交換も含めて）は、一九三三年証券法二条(a)項(3)号の「売買（sales）」に該当しないというのがＳＥＣの解釈であった（Rule 133）。(51) 従って、そのような Recapitalization についての登録の必要はなかった。このＳＥＣの解釈は、そのような証券の権利の変更や交換は、個々の株主の意思によるものではなく、定款変更という会社法上の手続により行われるものであり、株主は会社の機関の一員として行動するものであるという理由に基づくものであった。(52) しかし、このＳＥＣの解釈については強い批判があり、少なくとも選択的な内容の定款変更については「売買」に該当するのではないかという疑問も出された。(53)

そして、注意すべきは、この一九三三年法の「売買」の定義が、一九三四年証券取引所法についても貫徹されていたのではないということであり、その一〇条(b)項や一六条(b)項の解釈は、それぞれの立法趣旨に照らして相対的に解釈されるべきことは認められていたのである。(54)

そして、SECは一九七二年に、規則一三三を改め、Reclassification や合併に際しての証券の交換を、一九三三年法二条(a)項(3)号の「売買」に該当するという新規則を採用した。(55)

この他に、連邦法上、委任状勧誘に対する規制が幅広く行われていることに注意すべきである。一九三四年法一四条およびそれに基づく委任状規則により、現実の委任状の勧誘の有無を問わず、株主に対する情報の開示が保障され、虚偽またはミスリーディングな内容の情報を与えることは禁止され、かつ開示資料には事前審査が行われる。違反に対する救済についても、決議の効力の否定が認められるなどの点において強力である。(56)

（ロ）　州のブルースカイロー

連邦証券取引法は、開示による投資者の保護を基本理念とするが、州の証券取引法には、証券の内容についても実体的規制を及ぼすものがあり、カリフォルニア州法はその最も厳格なものとして知られている。(57)

同法は、「売買（sales）」を定義して、それには株式の諸権利、優先性、特権、制限の変更を含むものとする。(58) そして、Recapitalization については、株式の権利の変更と関連して、前記「売買」として、会社庁長官の許可が必要である。(59) ただし、この許可が必要とされるのは、前記のような変更が「実質的かつ不利に」ある種類の株式に影響を及ぼす場合に限る。(60) そして長官は、許可の申請の出されたRecapitalization のプランがすべての証券所持人にとって「公正、適正かつ衡平（fair, just and equitable）」であると認められなければ、許可証を発行しないことが可能である。(61)(62)

この公正かつ衡平の基準について、同長官は具体的な基準をルール化することはしていない。しかし、累積分の制限に関していえば、その会社にとっての必要性の有無、補償の有無などが判断のメルクマールになるであろうとされるが、必ずしも厳格な運用がなされているわけではないようである。基準を明確にせよという主張がなされるのもそのためである[63]。

カリフォルニア州と同様の実体的規制を行う州には、ウィスコンシン、インディアナ等がある。このような実体的規制については、過保護的であり、会社の柔軟性を害するという批判もあるが、長い経験による会社庁の専門的判断能力により、株主の保護を実質的かつ効率的に実行してきたことに高い評価が与えられている[64]。

これに対して、統一証券法（Uniform Securities Act, 1957, amended 1958）は、基本的に、開示と詐欺防止条項による投資家の保護を目ざすにとどまり、さらに、連邦法についてSECのとっていた解釈と同様に、No Sale 理論がとられている[65]。

（ハ）その他の特別法による規制

前述の公益事業持株会社法においては、Recapitalization についてSECの監督が及ぶ[66]。そしてその内容の公正であることが要件とされている[67]。

（3）W.J. Graham-W.G.Katz, Accounting in Law and Practice 153（2nd ed. 1938）.

（4）優先株の利益配当に関する裁量権と、その制限条項については、Buxbaum, Preferred Stock—Law and Draftsmanship, 42 Calif. L. Rev. 243, 253（1954）を参照。

（5）Meck, Accrued Dividends on Cumulative Preferred Stock: The Legal Doctrine, 55 Harv. L. Rev. 71, 75（1941）.

（6）W. Cary, Cases and Materials on Corporations 1751-1752（4th ed. 1969）.

（7）A.S. Dewing, Financial Policy of Corporations Vol. II 1195（5th ed. 1953）.

（8）なお、判例にあらわれた事案を詳細に分類したものとして、Becht, Alterations of Accrued Dividends: I, 49 Mich. L. Rev. 363, 565（1951）がある。

（9）後掲注（16）の Keller v. Wilson & Co. など。

(10) 後掲注（19）の Barrett v. Denver Tramway Corp. など。

(11) 後掲注（18）の Federal United Corp. v. Harvender など。

(12) Meck, *supra* note 5, at 78, Latty, Fairness—The Focal Point in Preferred Stock Arrearages Eliminations, 29 Va. L. Rev. 1, 21 (1942).

(13) Morris v. American Public Utilities Co., 14 Del. Ch. 136, 122 A. 696 (Ch. 1923). この判決は、前述の間接的方法については有効とした。

(14) Del. Gen. Corp. Law (1927) § 26.

(15) Meck, *supra* note 5, at 84.

(16) Keller v. Wilson & Co., 21 Del. Ch. 391, 190 A. 115 (Sup. Ct. 1936).

(17) Consolidated Film Industries Inc. v. Johnson, 21 Del. Ch. 417, 192 A. 603 (Sup. Ct. 1937) においても、一九二七年改正後に設立された会社につき、ケラー事件判決の後半の解釈がとられた。

(18) Federal United Corp. v. Harvender, 24 Del. Ch. 318, 11 A. 2d 331 (Sup. Ct. 1940). この判決と同様の結論はデラウェア州法について、連邦控訴裁判所でも認められた。Langfelder v. Universal Laboratories, Inc., 163 F. 2d 804 (3rd Cir. 1947).

(19) Shanik v. White Sewing Machine Corp., 19 A. 2d 831 (Sup. Ct. 1941). 同じくデラウェア州法について、Barrett v. Denver Tramway Corp., 53 F. Supp. 198 (D. Del. 1943), aff'd 146 F. 2d 701 (3rd Cir. 1944).

(20) Meck, *supra* note 5, at 93.

(21) ケラー事件と同様の結論をとった州として、オハイオ、ペンシルヴァニアなどがある。Wheatley v. A.I.Root Co., 147 Ohio St. 127, 69 N.E. 2d 187 (1946); Shaad v. Hotel Easton Co., 369 Pa. 486, 87 A. 2d 227 (1952) など。

(22) McNulty v. W. & J. Sloane, 184 Misc. 835, 54 N.Y.S. 2d 253 (Sup. Ct. 1945).

(23) メリーランド州法において、McQuillen v. National Cash Register Co., 27 F. Supp. 639 (D.Md. 1939, aff'd 112 F. 2d 877 (4th Cir. 1940)). ミネソタ州法につき、Sherman v. Pepin Pickling Co., 230 Minn. 87, 41 N.W. 2d 571 (Sp. Ct. Min. 1950) など。

(24) 諸州のこれらの改正については、Gibson, How Fixed are Class Shareholder Rights? 23 Law & Contemp. Prob. 283, 293 (1958) を参照。なお、ABA-ALI Model Bus. Corp. Act § 58 (k) は、累積分の解消ないし制限を明示的に認める。デラウェア州会社法も、一九六七年改正で、この点を明示した。Del. Gen. Corp. Law § 242 (a) (4) (1967).

(25) Gibson, *supra* note 24, at 292–294.

(26) N. Y. Bus. Corp. Law § 804 (a). Calif. Corp. Code § 3634 など。なお、ABA-ALI Model Bus. Corp. Act § 60 (j).

(27) N. Y. Bus. Corp. Law §806 (b) (6) など。なお、この場合に、適正な買取価格の算定に、累積分をいかに考慮すべきかという問題を生ずる。

(28) Note, Protection for Shareholder Interest in Recapitalizations of Public Held Corporations, 58 Colum. L. Rev. 1030, 1032 (1958). また州によっては合併について種類株主の議決を要しないこと（デラウェア州など）が脱法的な利用の原因となる。さらに取締役会が利益配当の宣言をしないことも圧迫となる。

(29) Porges v. Vadsco Sales Corp., 27 Del. Ch. 127, 32 A. 2d 148 (Del. Ch. 1943) など。デラウェア州法について、連邦控訴裁判所は「不公正」を理由に差止を認めることはできないものと解さざるをえないとした。前掲 Barrett v. Denver Tramway Corp., *supra* note 19. また、後述のように、多くの州の裁判所はデラウェア州の見解と一致する。なお、詐欺（fraud）については、Gibson, *supra* note 24, at 296 参照。

(30) Buckley v. Cuban American Sugar Co., 129 N.J. Eq. 322, 19 A. 2d 820 (N.J. Ch. 1940).

(31) Kamena v. Janssen Dairy Corp., 133 N.J. Eq. 214, 31 A. 2d 200 (N.J. Ch. 1943).

(32) Wessel v. Guantanamo Sugar Co., 134 N.J. Eq. 271, 35 A. 2d 215 (N.J. Ch. 1944).

(33) Latty, *supra* note 12.

(34) Dodd, Fair and Equitable Recapitalizations, 55 Harv. L. Rev. 780 (1942).

(35) 11 U.S.C.A. §621 (2). なお、この条項の解釈については、田村諄之輔「会社更生計画における『公正・衡平と遂行可能』についての一考察」『菊井先生献呈論集・裁判と法（下）』七四一頁以下（有斐閣、一九六七）参照。

(36) この原則については、田村・前掲注（35）七五〇頁以下参照。また、Case v. Los Angels Lumber Products Co., 308 U.S. 106, 60 S.Ct. 1, 84 L. Ed. 110 (1939); Consolidated Rock Products Co. v. DuBois, 312 U.S. 510, 61 S.Ct. 675, 85 L. Ed. 982 (1941) が重要な先例である。

(37) In re Utilities Power & Ligtht Co., 29 F.Supp. 763 (N.D. Ill. 1939).

(38) Latty, *supra* note 12, at 21; Dodd, *supra* note 34, at 791; Dodd, Preferred Shareholders' Rights—The Engineers Public Service Company Case, 63 Harv. L. Rev. 298, 307 (1949).

(39) Latty, *supra* note 12, at 40.

(40) Note, A Standard of Fairness for Compensating Preferred Shareholders in Corporate Recapitalizations, 33 U.Chi. L. Rev. 97, 102 (1965).

(41) Case v. LosAngels Lumber Products Co., *supra* note 36.

(42) Latty, *supra* note 12, at 26-27.
(43) Latty, *supra* note 12, at 29-30.
(44) Note, *supra* note 40, at 107.
(45) Note, *supra* note 40, at 108; Dodd, *supra* note 38, at 307-308.
(46) 15 U.S.C.A. §79k (b), (c) は、Recapitalization について、すべての株主にとって公正かつ衡平であることが要件とされ、これにはSECの承認が必要である。そして、SECのとった投資価値理論は、Otis & Co. v. SEC, 323 U.S. 624, 65 S.Ct. 483, 89 L. Ed. 511 (1945) により連邦最高裁判所の支持を得た。
(47) 「投資価値」ということの内容については、Note, *supra* note 40, at 110 et seq. を参照。
(48) Ballantine On Corporations 653 (Rev. ed. 1946) 以下を参照。
(49) Gibson, *supra* note 24, at 296.
(50) Neb. Rev. Stat. §21-1162. なお、公正の立証責任は会社が負担するものとされる。
(51) この規則の沿革、変遷については、1 L.Loss, Securities Regulation 518 et seq. (2nd ed. 1951); V.Brudney and M. Chirelstein, Cases and Materials on Corporate Finance 803 et seq. (1972).
(52) Loss, *supra* note 51, at 521.
(53) Cary, *supra* note 6, at 1796.
(54) Loss, *supra* note 51, at 524-528. Recapitalization については、一六条(b)項の適用を否定した Roberts v. Eaton, 212 F. 2d 82 (2nd Cir. 1954) があるが、合併については、一〇条(b)項の適用が認められていた。4 L. Loss, Securities Regulation 2563-2565 (1969 Supp.).
(55) SEC Securities Act release No. 6316 (Oct. 6, 1972), 17 C. F. R. 230, 145 (1973). なおこの改正については、Heyman, Implications of Rule 145 Under the Securities Act of 1933, 53 Boston U. L. Rev. 785 (1973) を参照。
(56) 委任状規制の概観については、ルイ・ロス＝矢沢惇監修『アメリカと日本の証券取引法・下巻』四八一頁以下〔龍田節〕（商事法務研究会、一九七五）参照。
(57) カリフォルニア州の証券規制については、龍田節「カリフォルニアの証券行政」インベストメント二〇巻六号二頁以下（一九六七）、川内克忠「カリフォルニア州会社証券法と投資者保護」『星川長七先生還暦記念・英米会社法の論理と課題』二五一頁以下（日本評論社、一九七二）を参照。龍田節「カリフォルニア会社証券法の改正」インベストメント二一巻四号二頁以下（一九六八）も参照。なお、Note, *supra* note 28, at 1048 et seq.

(58) Calif. Corp. Code § 25017 (1968).
(59) Calif. Corp. Code § 25120 (1968).
(60) Calif. Corp. Code § 25103 (e) (1968).
(61) Calif. Corp. Code § 25140 (c) (1968).
(62) 公正、衡平であることの証明の責任が会社にあるか、長官にあるのかは明らかでない。従前は、長官は、会社側にその責任を負担させていた。しかし、株主総会の議決がなされた後には、長官が不公正であることの立証の責任を負うべきであろうとされる。Cary, *supra* note 6, at 1799.
(63) 以上については、Orschel, Administrative Protection for Shareholders in California Recapitalizations, 4 Stan. L. Rev. 215 (1952) を参照。
(64) Jennings, The Role of the States in Corporate Regulation and Investor Protection, 23 Law & Contemp. Prob. 193, 213 et seq. (1958).
(65) *Id.* at 225. 統一証券法では、公正の基準による実体的規制は行われていない。
(66) 15 U.S.C.A. § 79 et seq.
(67) 15 U.S.C.A. § 79k (b), (e). この場合の公正の内容については前述二(2)参照。

三　わが国における解釈と優先株主の保護

(1)　現行法の基本的な枠組み

わが商法の下で、累積的優先株の累積分に対する株主の地位がいかなる内容のものであるかを考察するに当たっては、次のような観点から検討するのが適当であろう。優先株の内容は、法の制限規定に抵触しない範囲では定款で自由に定めることができる。その意味では累積条項をきわめて不十分なものとすることも可能であるが、優先株による資本調達を効果的にするために、通常は、社債類似の内容を持たせることになり、累積条項はとりわけ重要性を帯びる。そして、優先株主は、累積配当による安定した配当の保障をその保有の最大の動機とする。このような、会社支配を目的としない投資株主は、会社という社団において、その多数決原理による規律に服するのは当然であるが、そこには優先株主の実態に応じた合理的な制限（優先株主の実質的な保護）があるべきではないかということである。

そこでまず、現行法の枠組を考察しよう。現行法では、利益配当については株主総会の決議により、はじめて具体的な請求権となる。累積的優先株についてもこのことに変わりはない。松本烝治博士は、古くこのことを明らかにされている。[68] すなわち、「累積的優先権に於ける過去の不足額の追徴権は即ち優先株主の優先権の内容の一部にして、此種の優先株主は利益あらば通常株主に先ちて一定率の配当を受くべきと同時に、会社が既往の不足決算期に配当を為さざりし不足額に付ても亦優先して配当を受くべき権利を有するものに過ぎ」ないというのである。[69] その後も、この点について触れた学説は基本的にこの立場を支持している。[70] そして、累積分について具体的債権性を認める余地は全くないことは理論上明らかである。換言すれば、優先株主が累積分に対して有する地位は、今期以降に利益配当がなされるとすれば、累積分プラス今期優先配当分は、絶対的に普通株主に先立って支払われなければならないという相対的なものにすぎないのである。[71][72]

他方、優先株の内容の変更は、定款の変更により可能である。そして、その変更が優先株主にとって損害を与える場合には、優先株主の種類株主総会決議を要する。たとえば、優先配当率を将来に向かって限縮するような場合である。

それでは、累積分についても、この手続により制限ないし解消することは可能であろうか。松本博士は、前述のような優先株の基本的性格づけから、累積分は優先権の一内容にすぎないとして、定款変更手続により制限しうることを明言された。[73] 累積分は、過去に「発生した」というその「見かけ」にかかわらず、具体的権利でないことは前述のとおりであり、株式の一内容にとどまること、従って、定款変更手続により制限しうることは、基本的に承認せざるをえないであろう。もっとも、累積分の制限ないし解消を内容とするかぎりで、形式的には定款の文言に変化はないから、これは類推適用というべきものであろう。従って、具体的には、株主総会の特別決議、および優先株主の種類株主総会の特別決議が必要である。

これを優先株主の立場から実質的に考察すれば、優先株主の種類株主総会決議が必要なことから、優先株主の保護は相当図られているものといえる(74)。この特別決議を得るためには、アメリカにおいて通常そうであったように、累積分を一方的に解消ないし制限するのでなく、将来に向かっての優先配当率の拡大なり、普通株に対する転換権を与えるというような、何らかの見返りを与えることが事実上必要となるであろう。

(2)「公正」の問題

以上により、累積分の制限が前述のような手続により可能となることは明らかにされたが、それでは、内容の当否について制限は全くないものかどうかが次に問題とされなければならない。

商法の文言からは、このような公正の要件を導くことはできない。むしろ、種類株主総会の決議を要することにより、優先株主の受ける損害の内容については法は立ち入らないことを前提としているようである。累積分の制限についても、前述のように債権とは異なる以上、多数決原理に従い制限されるのは基本的にはやむをえないものというべきである。

しかし、その制限がどのような内容であっても有効といえるかどうかは疑問である。結論をいえば、著しく不公正な累積分の解消ないし制限は、決議無効事由となるものというべきではあるまいか(75)。株主総会決議の内容が著しく不公正な場合に、その理論構成はともかくとして、その決議が瑕疵を帯びることは、広く学説の認めるところとなっている(76)。とすれば、累積分の制限についてもこの理論が及ぶものとして差支えない。もっとも、この場合、種類株主総会決議の要件が、このような制約を許さないものであるという批判は当然予想されよう(77)。しかし、この点も必ずしも決定的な否定論を導くものとはいえないと思われる。種類株主総会の決議が必ずしも優先株主の十分な保護に資するものでないということは、アメリカ法の考察において述べたとおりであって（わが国では委任状規制の不備により一層妥当する）(78)、すべての種類間の不公正な扱いまで正当化する機能を果たすことはにはならないというべきである。(79)

このことは、優先株が累積条項付で発行され、それが変更されないで、累積分が増加していったという事実に対する優先株主の合理的な期待は、最低限保障されなければならないということである。累積条項が、優先株発行の「目玉」である以上、優先株主は将来の会社のリスクを予想し、それが特別の手続により制限されうるということは予想すべきであるとしても、結果として自己の犠牲において普通株主の利益を一方的に広げるような制限までも甘受すべきであるとはいえない。このことは、アメリカでの実際例が示すような、会社の収益力が復活しはじめると、累積分の制限が目論まれるということに対する優先株主の保護にとって最低限の要請である。

それでは、「著しく不公正」ということは具体的にはどのような場合か。ここでは、アメリカ法の判例・学説を参照して、一応次のような場合には「著しく不公正」となるものと考える。

まず、会社に配当可能利益がある場合である。その範囲では、累積分を制限することは、著しく不公正であるといえる。次に、会社にとって累積分の制限が不要の場合である。累積分の増大は、会社の新株による資本調達を困難ならしめることは否定できない。その意味で、会社に増資の必要が認められれば、累積分の制限は合理化され、逆に増資の必要がないにもかかわらず累積分を制限することは許されない。また、累積分を一方的に何の見返りもなく剝奪することは著しく不公正であると考えられる。そのような剝奪は、優先株主のみの犠牲において普通株式の利益（配当の復活）をもたらすことになるからである。その意味で、優先権の将来へ向かっての拡張など、累積分に見合う相当の代償が必要である。

以上のような場合には、累積分の制限ないし解消を内容とする定款変更決議は無効である。そして、立証責任は、通常の場合と同様に、優先株主にあるものと解すべきである。

なお、以上のことの前提として、正確な企業会計とその開示が充実されるべきことはいうまでもないことである。(80)

(68) 松本烝治「優先株主権の限縮」同『私法論文集（続）』四八〇頁（巖松堂書店、一九三八）。
(69) 松本・前掲注（68）四八〇頁以下。
(70) 菅原菊志『注釈会社法⑶』二五五頁（有斐閣、一九六七）、菱田政宏「利益配当優先株と劣後株（四）」関西大学法学論集一八巻二号一三頁以下（一九六八）。
(71) ドイツにおいても、判例・学説ともにこのことを認める。BGHZ 9, 284; Godin-Wilhelmi, Aktiengesetz Bd. 1, 3. Aufl., 1967, § 11 Anm. 6 など。もっとも、ドイツ株式法は、将来利益配当決議がなされることを条件とした請求権を優先株主に与えることを定款に定めることを明文で認める。AktG 1965 Art. 148 Abs. 3. このような場合には、一つの株式とは独立の（selbständig）権利となり、株主の同意なくしては奪いえない。この場合を除いて、累積分は株式の優先権に含まれ定款変更で制限できることとなる。ただし、議決権なき優先株については、その優先権の制限ないし消滅につき特別の規定が置かれている。AktG 1965, Art. 141 Abs. 13. このため通常の定款変更におけるより種類株主総会の決議要件が加重されている。
(72) 利益配当決議のあった場合のほかに、累積分が具体化する場合があるか否かが問題となる。清算や償還の場合である。定款中に、累積分が加算される旨明示されるのが通常であろうが、そうでない場合には、原則として含まれないと解すべきか。また、転換株式である場合にも問題となる。とくに優先株が期限付で一斉に普通株に転換される場合には、優先株が転換権を自ら行使した場合とは異なり、依然として累積分を優先して受ける権利を有すると解すべきである。矢沢ほか〔Ⅱ〕・前掲注（2）商事七四九号二六頁以下を参照。
(73) 松本・前掲注（68）四八一頁。菱田教授は前掲注（70）ではこの旨明言されていない。
(74) 種類株主総会決議を要求する根拠については見解が分かれる。詳しくは、島十四郎『注釈会社法⑻のⅠ』二八頁以下（有斐閣、一九六九）参照。なお、通説はこの決議要件を定款で加重できないとするが、その当否は疑問である。アメリカについては、Buxbaum, *supra* note 4, at 298-309 を参照。
(75) 合併について、合併比率の公正さを適法要件とする試みが龍田教授によりなされていることは注目される。龍田節「合併の公正維持」論叢八二巻二・三・四号二六二頁以下（一九六八）。このことは手続の保障が万能でないことを示すものである。
(76) 鈴木竹雄『新版会社法（全訂第一版）』一三三頁（弘文堂、一九七四）、龍田節「株主総会における議決権ないし多数決の濫用」

『末川先生古稀記念・権利の濫用（中）』一二六頁以下（有斐閣、一九六二）。

(77) 種類株主総会においても、商法二三九条五項が準用されるので、普通株主を兼ねる優先株主は議決権の行使を排除されるということも、このような批判の補強となる。

(78) 後掲注（80）参照。

(79) このことは、種類株式の権利の変更一般についても妥当するが、累積分についてはとくにその必要が大きいと考えられる。

(80) この点においてわが国の証券取引法は十分とはいえないように思われる。アメリカで問題とされたような、証券の交換、権利内容の変更を「売買」に含ませる解釈は、「募集」（同法二条三項）については難しいであろう。従って、定款変更や合併について、有価証券届出書等による開示は不要となる。そして、さらに、委任状の規制についても、アメリカ法と比較して不十分であることは多くの論者の指摘するところである。ロス＝矢沢監修・前掲注（56）四八一頁以下〔龍田節〕参照。

四　むすび

以上の考察を要約すれば次のとおりである。累積分に関する優先株主の地位は、具体的な債権者たる地位ではなく、アメリカの一部の判例がとったような債権理論は認める余地はない。そして、累積分については、種類株主総会の決議の要件の下に解消ないし制限しうるものであることが明らかである。しかし累積分の制限は、決して制約なしに許容されるべきでない。このことは、アメリカにおける実際例と、それに対する一部の判例および学説の「公正」基準による制約を課す試みが示唆するところである。そして、わが国においても、著しく不公正な累積分の制限は無効であると解すべきである。このことは、優先株主の種類株主総会決議が成立した場合といえども変わりはないというべきである。そして、以上のことの前提として、会社の会計が適正に行われ、かつそれが株主に十分に開示されることが必要であり、委任状規制を含めた証券取引法上の規制が充実されるべきである。

以上のような解釈により、累積的配当優先株は、一層社債類似性を強化され、結果的に優先株による資本調達を魅力的たらしめるであろう。

〔附記〕　冒頭で述べたように、近時の優先株の見直しの機運は、社債発行額の制限ということが重要な一因となっている。これに対しては、「社債発行限度暫定措置法」（昭和五二法四九）の成立施行によって制限が緩和されたことから、当面優先株の利用の必要性は減少したものといえる。しかし、自己資本比率の増大という課題を背後にかかえた証券発行の多様化へという長期的視野に立つとき、優先株の占める役割は、無視できないものと考えらえる。その意味で、本稿が優先株に関する法的問題の一側面を描きえたとすれば望外の幸せである。

〔ジュリスト六四五号八九頁～九七頁（一九七七）〕

〔編注〕　本稿で論じた累積的優先株の未払優先配当請求権を縮減することができるかという問題は、二〇〇五年の会社法までの種類株式に関する規律の段階的な改正を経た後も実務上の問題となったことはないが、理論的には解釈問題として存在している。本稿執筆当時は、米国の Recapitalization あるいは Reclassification という制度は、わが国の会社法には無縁のものであったが、二〇〇五年の会社法では、取得条項付株式、全部取得条項付種類株式が創設され、また、合併等の組織再編における対価柔軟化が認められたことにより、わが国でも Recapitalization、Reclassification あるいは組織再編の方法により株主の権利の変更が可能となったので、未払累積配当請求権の縮減もそれらの行為の一環として可能となったということができる。米国で議論されていた公正さを要求すべきか否かという問題は、現在では、全部取得条項付種類株式の取得や組織再編における公正さをいかに確保するかという法律問題として論じられるようになっている。

種類株式間の利害調整
——序説

一　種類株式の変容

1　株式の種類の多様化

平成一三年商法改正前までは、株式の種類を構成する要素としては、配当および／または残余財産分配についての優先・劣後ならびに利益による消却（償還）の有無という要素しかなかった。転換株式とよばれる株式は、独自の種類株式ではなく、優先株式等の種類株式の存在を前提として転換権という付随的な属性が付加されたものであるとの整理がされていた。無議決権株式も認められてきたが、無議決権という点もやはり付随的な属性としての位置づけがされていた(1)。償還という種類を構成する要素もそれ自体で種類株式が構成されることは実際上稀であり、種類株式といえば、基本的には、優先株式・普通株式・劣後株式ということになり（それらの種類がさらに償還という構成要素の有無により種類を分けることになる）、それらに転換権、無議決権という属性が付加されて種類株式の実際上のバリエーションを形成することとなっていた。これを前提として、平成二年改正では、種類株式の内容および属性は定款で規定しなければならないという原則の例外として、優先株式（以下、本項では、優先株式というときは、配当優先株式をいう）の配当に関する優先権の内容については、定款では優先配当額の上限だけを規定すれば足り、具体的な優先配当額は上限の範囲内で取締役会が定めることができることとされ（平一三改正前商二二二条二項ただし書）、また、転換株式についても転換の期間および転換条件は取締役会（定款で株主総会が決定することとされている場合には株主総会）が定めることができることとされた（平一三改正前商二二二条ノ二第二項）。これらの改正は、種類株式を機動的に発行できるようにするという目的によるものであるが、種類株式の基本概念自体を動揺させるものではなかった。

種類株式の基本概念自体に動揺が起きてきた一つの原因は、いわゆるトラッキング・ストックという株式の登場であった。これを優先株式として構成するのであれば、既存の種類株式の枠の中で発行することができるが、米国流のトラッキング・ストックをモデルとするかぎりでは、優先株式として位置づけるには無理があった[2]。このため、平成一三年改正では、種類株式の構成要素として配当や残余財産分配についての優先・劣後ということに限定せず、配当や残余財産分配の内容自体が種類株式の構成要素とされた（改正前商（以下では、平成一七年改正前商法を「改正前商」と略し、平成一七年改正以外の改正前商法については、改正年を明記する）二二二条一項一号・二号）[3]。もう一つの原因が、平成一三年改正により、議決権が及ぶ事項を定款で規定することが可能となり、これが独自の株式の種類とされたということ（議決権制限株式。改正前商二二二条一項五号）、および平成一四年改正により種類株式の構成要素として、株式譲渡制限会社に限ってのことではあるが、取締役または監査役の選任権という要素が新設されたということがある（改正前商二二二条一項六号・七項）。これらにより、種類株式の構成要素としてコーポレート・ガバナンスの要素が正面から取り入れられたということができる。これ以前も、無議決権株式は認められており、種類株式がコーポレート・ガバナンスの側面に関わることはあったが、議決権の有無は上記のようにあくまでも種類株式の属性という位置づけであったのに対して、議決権制限株式や取締役等の選任に関する種類株式により、ガバナンスの中枢事項についても種類の構成要素とされ、かつ議決権の制限の内容など種類の構成内容はきわめて柔軟なものとなった。これらは、ベンチャー企業における種類株式の活用などを想定した種類株式概念の多様化であるが、伝統的な種類株式概念では想定されていなかった事態である。

このような変遷を経た種類株式制度には、会社法によりさらに大きな変更が加えられた。(4) すなわち、種類の構成要素がさらに大きく変更されたということであり、具体的には、従来は種類の構成要素とされていなかった①譲渡制限があること（会社一〇八条二項四号）、および②一定の株主総会または取締役会決議事項について当該種類株主の種類株主総会決議を要すること（任意種類株主総会による拒否権）が種類の構成要素とされるに至った（会社一〇八条二項八号）。②は平成一三年改正により既に認められてはいたことであるが（改正前商二二二条九項）、独自の種類の構成要素ではなく、種類株式の属性という位置づけにとどまっていた。

種類の構成要素を変更した改正についての立案担当者の説明は、「ある事項について株式の内容が異なる場合に、その事項の属性などに着目して、当該事項が異なることを株式の種類と整理するか、そうではないとするかという点については、講学上の議論としては意味がありうるものであるが、実務的にはあまり意味がないように思われる。すなわち、現行商法の下でも、たとえば種類とは整理されていない拒否権に係る事項についてのみ内容が異なる株式を発行しようとする場合には、商法二二二条一項各号に掲げられている事項について非常に微妙な差異（場合によっては、単なる形式的な差異）を設けた種類の異なる株式を設計した上で、拒否権に係る事項について差異を設けるということが可能であるためである。会社法においては、このような点も踏まえた上で、会社法一〇八条一項各号に掲げている事項について異なる内容を設けた場合には、それ自体を株式の種類と取り扱うこととしている。……現行商法において、株式の種類と取り扱われていない事項について種類概念を適用することに対するとらえ方は論者によって異なるかもしれないが、これらの点のみの株式の内容が異なる株式を設計することをことさらに否定する理由もなく、かつ、株式の内容が異なる以上、端的に別の種類の株式とすることが相当であると考えられる」というものである。(5)

確かに、伝統的には、種類の構成要素と種類株式の属性とは概念上区別されてきたが、この区別が実際上どのような意味を持つのかは必ずしも十分な理論的説明がされてこなかったという批判は当たっているであろう。構成要素であれ属性であれ原則は定款で規定しなければならないという点では同じであり、また、構成要素ではなく属性のみが異なる株式であっても、種類株主総会は別個に構成されるというのが一般的な理解であり(6)、そうであれば、構成要素と属性という区別にいかなる意味があるかの説明は難しいことは否定しがたい。また、きわめてノミナルな優先権を定めさえすれば属性としての拒否権の有無だけが実質的に異なるという種類株式を作ることも可能であったという批判ももっともな面がある。譲渡制限の有無を種類の構成要素とした点についても、一部の種類株式についてのみ譲渡制限をかけたいというニーズには合理性がありうることは肯定する意見が改正前からあったところであり(7)、そうだとすると、ノミナルな優先権と合わせれば実質的な差異は譲渡制限の有無だけであるという種類株式を作ることもありえたわけで、会社法はこれを正面から認めただけであるという説明もできそうである。その意味では、構成要素と属性の区分を廃棄したり、種類の構成要素を増やしたことについては、批判を受けるべき筋合いではないという意見も自然なものであろう(8)。

これに対して、学説からは、このような会社法の種類株式の基本概念の変更について、少しずつ批判的な評価が見られるようにはなりつつあるが、いまだまとまったものとはなっていないように思われる。譲渡制限の有無のように会社に対する権利の面の差異とはいえない要素で種類株式を構成することに対する批判や(9)、拒否権を種類の構成要素とした結果として、株式の他の権利内容についてはすべて同じであるのに一部の株主にのみ拒否権を与えることになる種類株式を認めることの合理性があるのかといった批判は代表的なものであり(10)、この点の論争は今後も続くものと思われる。

2　種類株式の内容の確定の柔軟化

会社法は、種類株式の内容の確定の面でも規整を大きく修正した。会社法一〇八条二項は、各種類株式の内容として定款に定めるべき事項を規定するが、これに対する例外として、定款で定めるべき事項の全部または一部については、定款で定めずに、当該種類の株式を発行する時までに、株主総会または取締役会の決議により定める旨を定款で定めることができるものとされている。しかし、この例外によることができる事項は、法務省令で定める事項に限られる。また、この例外によるためには、その内容の要綱を定款で定めなければならない（会社一〇八条三項）[11]。

種類株式の内容を定款で定めなければならないという原則の例外は、前述のように、平成二年改正により優先株式について、優先配当額の上限額を定款で定めれば足りることとされたことにはじまる。平成一三年改正により配当に関する種類株式が多様化されたことから、配当すべき額につき、その上限額その他の算定の基準の要綱を定めれば足りることとされた（改正前商二二二条三項）。会社法は、これをさらに拡大し、法務省令で定める事項に限っては、定款では要綱を定めれば足りることとされた[12]。このことから見るかぎり、要綱を定めれば足りる事項というのは、例外的なものであり、あまり広いものではないという印象を受けるが、法務省令である会社法施行規則二〇条を見ると、同条一項各号に定める事項以外の事項とされており、各号に掲げる事項は、たとえば剰余金配当に関しては配当財産の種類のみとされているなど、きわめて限定的であるので、実質的には、種類株式全般について広い範囲で定款では要綱を定めれば足りることとされたという色彩が強いものとなっている[13]。

この結果、種類株式については、定款では内容の要綱さえ定めておけば発行時に具体的な内容を確定すれば足りることになり、種類株式の発行の柔軟性が大きく高められたように見える。しかし、内容の要綱としてどれだけ具体的なことを定めなければならないかについては、改正前の配当額の算定の基準についての要綱についてすら必ずしも明確な解釈が確立していたわけではなく、会社法では、内容の要綱とできる事項の範囲が拡大したのであるから、この便法的な例外を活用しようとすると、実務的には一層悩ましい問題となるのではないかと思われる。この点について、立案担当者の解説では、「定款変更後において行われる細目の決定において、株主総会または取締役会が、どの程度の範囲で裁量を有するかを判断することができるようにするための参考となる事項について定めれば足りる」とされているが、[14]どの程度の定めが必要かはなお明確でない。[15]内容の要綱を非常に緩やかに解釈すれば、米国流の白地種類株式にきわめて近いことになりうるが、そのようなことまで認めるかどうかといったことが問題となる。

この問題を考えるには、なぜ定款で内容そのものを定めずに要綱だけを定めることを認める必要があるのかを考える必要がある。前述のように、種類株式についての定款の定めの要件の柔軟化は、平成二年改正においては優先配当額を定款で定めることは市場金利等の状況を反映した優先株式の機動的発行を困難とするという理由から定款では優先配当額の上限額を定めれば足りるとしたことにはじまった。その際に上限を記載することを必要としたのは、既存の株主にとって優先株式の発行により優先配当に最大限どれだけの額が充てられるかを明記させることにより既存の株主にとって生ずる不利益の最大限度を認識させるということにあった。[16]平成一三年改正では、配当額の算定の基準の要綱ということに改められ定款の定めの厳格性がさらに緩和されたが、要綱で足りるとするにとどめる理由は平成二年改正時と本質的に異なるものではなく、配当額ないしは配当額の算定基準の機動的な確定の要請に応えつつ、既存の株主にとっての不利益の最大限度を認識させるということに理由があったものと考えられる。会社法では、文言上はより一般的に種類株式の内容について定款では要綱を定めれば足りることとしたわけであるが、その考え方は改正前と基本的には異なるものではあるまい。そうだとすると、要綱の記載としては、新しい種類株式の発行が既存の株主にとってどのような影響をもたらしうるかを具体的に認識しうる程度には具体的なものでなければならないというべきであり、米国で見られるような白紙委任的な授権までを認めるものではないと一応はいえるであろう。[17]

しかしそうはいっても、種類株式の内容の確定の面においても、定款ですべてを確定するのではなく、要綱という枠の中で取締役会等がその時々の状況に応じて種類株式の内容を確定していくことになるのであり、その確定自体がそれにより作られる新たな種類株主と既存の株主との間での利害の対立を生む可能性がある。要綱は定款で規定されているので既存の株主は確定された内容を容認していたと一応はいえそうであるが、それですべて割り切れるかはさほど自明ではないと思われる(18)。

3 小括

以上見たような種類株式の多様化や種類株式の内容確定の柔軟化といった近年の法改正により実現された種類株式制度の変化については、理論的にはさまざまな評価がありえよう。これを本格的に論ずることは会社法学の大きな課題であるが、本稿では、正面からこれを論ずるのではなく、法改正により変容してきた種類株式制度の下での種類株式間の利害調整のあり方を考察することとしたい。このようなアプローチをとるのは、一方では、上記のように理論的な問題は議論の余地が大いにあるにせよ、会社法は制定されたのであり、それを前提に種類株式間の利害調整のあり方を検討せざるをえなくなっているし、他方では、種類株式間の利害調整問題が合理的に解決できるということは、種類株式制度のあり方に合理性があるということにほかならないが、種類株式制度の変容は、種類株式間の利害調整の側面においてこれまでにない複雑な問題をもたらしており、その点の解明なくして、種類株式制度の変容についての評価を下すことは必ずしも適切なことではないと考えられるためである。

(1) 菅原菊志『新版注釈会社法(3)』三一〇頁以下（有斐閣、一九八六）。

(2) 米国流のトラッキング・ストックは、トラッキング・ストック株主に対して、特定の子会社や事業部門の利益や配当への連動という基準による配当が行われない場合でも、普通株主には配当がされるというものであるから、これと同じものを発行するとすれば優先株式とはいえないと考えられる。江頭憲治郎『株式会社・有限会社法（第四版）』一三三頁（有斐閣、二〇〇五）。

(3) 原田晃治＝太田洋＝郡谷大輔＝江原健志＝濱克彦「改正商法の解説―株式制度の改善・会社関係書類の電子化等」登記研究六五〇号四三頁（二〇〇二）。

(4) 会社法では、有限会社法を受け継いで、公開会社でない会社におけるいわゆる属人的な定款の定めを認め（会社一〇九条二項）、その定めがある場合には、種類株式に関する規定が適用されることになるが（会社一〇九条三項）、これについては本稿では取り上げない。

（5）相澤哲編著『立案担当者による新・会社法の解説（別冊商事法務二九五号）』一三三頁〔相澤哲＝岩崎友彦〕（二〇〇六）。

（6）神田秀樹「株式と社債」『竹内昭夫先生還暦記念・現代企業法の展開』二六四頁（有斐閣、一九九〇）。

（7）宍戸善一＝増田健一＝武井一浩＝棚橋元「定款自治の範囲に関する一考察」商事一六七五号五六頁以下（二〇〇三）。

（8）会社法は、改正前には種類株式の属性とされていた事項を種類の構成要素として位置づけたが、このことは、会社法の下で種類の構成要素以外の事項を属性として実質的な株式の内容を異なるものとすることができないことを意味するといえるかという解釈問題が生じるように思われる。改正前には属性についても法律の定めに基づき定款で定めることとなっていたのであるから、会社法では属性に当たる法律の定めを置いていないと一応は考えられるので、改正前の属性の観念は廃止されたという理解をすることが考えられる。もっとも、会社法一〇八条二項各号の種類の構成要素による株式の内容は全く同一であっても、それ以外の点で株式の内容を異ならせること、たとえば、一単元の数の定めなど定款の定めを要するが株式の内容に含まれるものとはされない会社法施行規則二〇条三項所定の各事項の定めや、種類の構成要素とされていない株式の分割や株式の引受等の場合の取扱いについて異なる取扱いをする組分けを定款で定めることが考えられないわけではない。そのような定めにどれだけ合理性がありうるかの疑問は別として、何らかの合理性が認められる定めがありうるとすれば、その定款の定めをある組に不利益となるように変更するために同一種類でも組ごとに種類株主総会決議を構成することを一切認めないとするまでの必要はないと思われる。種類の構成要素による種類株式や種類株主総会の定義（会社二条一三号・一四号）を文言に忠実に解釈するとこのような解釈は許されないということになるが、そのように硬直的に解釈する必要はないであろう。

（9）上村達男「新会社法の性格と会社法学のあり方」森淳二朗＝上村達男編『会社法における主要論点の評価』九七頁（中央経済社、二〇〇六）は、譲渡制限株式や拒否権付株式については、株主権に何らかの固有の守るべき価値が付与されているわけではなく、種類株式ということは無理である旨述べる。

（10）江頭憲治郎『株式会社法』一三二頁（有斐閣、二〇〇六）は、拒否権を種類の要素としたことは立法論的には疑問がありうるとする。稲葉威雄『会社法の基本を問う』一七九頁（中央経済社、二〇〇六）も、譲渡制限や拒否権で種類を構成したことについて、安易に種類の拡大を認めたように見えるとする。なお、拒否権付種類株式を敵対的買収への対抗手段としようとする、いわゆる黄金株の上場問題については、浜田道代「黄金株」法教三〇六号二頁（二〇〇六）参照。黄金株の問題は、会社法上一見認められる種類株式の内容の形成に限界がないのかという、より一般的な問題の一環である。この問題については、野村修也「株式の多様化とその制約原理」商事一七七五号三二頁以下（二〇〇六）。

（11）定款の定める要綱に従い取締役会が具体的な株式の内容を定めた場合には、その内容が当該株式の内容として確定するので、同一の種類の株式としてそれと異なる内容の株式は発行できないとされる。相澤・前掲注(5)二六頁〔相澤哲＝岩崎友彦〕。

(12) 改正前の転換予約権付株式については、転換期間および転換条件の決定は取締役会に一任することが可能であったが(改正前商二二二条二項後段)、会社法では、同株式に相当する取得請求権付株式で取得と引換に会社が他の株式を交付することを内容とするものについて、株主が取得請求権を有する旨および取得と引換に交付する財産の種類を除き定款では要綱を定めることができるとされており、改正前のような取締役会への一任は許されず定款には要綱は定めなければならないこととなった。

(13) 会社法施行規則二〇条二項は、同項列挙の事項を株式の内容に含まれるものと解してはならないとする。たとえば、同項一号は、会社法一六四条一項に規定する定款の定め、すなわち会社法一六〇条一項による特定の株主からの自己株式の取得に係る株主総会の決議をする場合における他の株主の自己を取得相手方へ追加することの請求権に係る会社法一六〇条二項および三項の規定を適用しない旨の定めをあげるが、これは、かかる定款の定めは要綱の記載では足りないとする趣旨である。相澤哲編著『立案担当者による新会社法関係法務省令の解説(別冊商事法務三〇〇号)』一七頁〔相澤哲＝郡谷大輔〕(二〇〇六)。

(14) 相澤哲＝葉玉匡美＝郡谷大輔編著『論点解説新・会社法・千問の道標』五九頁(商事法務、二〇〇六)。

(15) 要綱の記載としてどの程度の具体性が必要かについては、平成一三年改正後には、主にトラッキング・ストックに即して議論されてきた。江頭憲治郎＝神作裕之＝藤田友敬＝武井一浩編『改正会社法セミナー株式編』三八二頁以下(有斐閣、二〇〇五)。

(16) 大谷禎男『改正会社法』一二七頁(商事法務、一九九一)は、「定款に定められた優先配当金額の上限の範囲内で定められるものであれば、それは株主からの授権に基づくものであり、株主としても予想外の不平等扱いをうけることにはならない」とする。

(17) 野村・前掲注(10)三三頁は、定款への要綱の記載に関する制約原理としては、他の株主にとって、自己の権利に対する影響を理解できる程度まで明確であること(明確性のテスト)と、内容の重要な変更に際して種類株主総会の開催が保障されているか(変更手続のテスト)が重要な視点となるとする。

(18) この問題については、種類株式の内容となる事項ごとに考えてみる必要もあろう。配当や議決権など種類株式の基本的な内容に関わる事項と、株式分割等に際しての種類株式の取扱いや、取得請求権や会社による取得に関する条項における希薄化防止条項などの付随的な事項については具体性の程度に差異を設けて考えることも認められてしかるべきであろう。後者の事項については、取扱いや条件の変更についての基本的な考え方が明示されていれば、その考え方に従った処理であり既存の株主の予測を裏切らない範囲での取締役会等による細目の決定に委ねてもよいであろう。

二　種類株主間の利害調整に関する会社法の規整

1　種類株主総会概念の拡大

改正前は、種類株主総会（以下では、種類株主総会というときには、いわゆる法定種類株主総会を意味するものとする）は、改正前商法三四五条・三四六条に基づく法定の種類株主総会と、平成一三年改正で新たに認められた改正前商法二二二条九項に基づく拒否権付株式に係る任意種類株主総会（改正前商二二二条九項・一〇項）、取締役・監査役の選任に係る種類株式における選任に関する種類株主総会（改正前商二五七条ノ二～二五七条ノ四・二八〇条一項）のみが規定されていた。種類株主総会の決議事項も、これらの商法の規定の定める事項に限定されていた。

会社法では、これらの改正前からあった種類株主総会に対応するものとは別に、特定の会社の行為に関して種類株主総会の決議が必要である旨の規定が新たに置かれた。すなわち、①ある種類の株式の発行後に定款を変更して譲渡制限株式とすること、または全部取得条項付種類株式とすること（会社一一一条二項。決議要件は、会社三二四条二項一号（譲渡制限株式とする場合）・三項一号（全部取得条項付種類株式とする場合））、②譲渡制限株式の募集事項の決定（会社一九九条四項・二〇〇条四項。決議要件は会社三二四条一項二号）、③譲渡制限株式に係る募集新株予約権の募集事項の決定（会社二三八条四項・二三九条四項。決議要件は会社三二四一項三号）、④組織再編に際して消滅会社等の株主に存続会社等の譲渡制限株式が交付される場合の存続会社等の側（会社七九五条四項。決議要件は会社三二四条二項六号）、⑤組織再編に際して消滅会社等の譲渡制限のない種類株主に存続会社等の譲渡制限株式が交付される場合の消滅会社等の側（会社七八三条三項・八〇四条三項。決議要件は会社三二四条二項二号）である。①④⑤は、定款変更や組織再編によりある種類株式について新たに取得条項が定められたり譲渡制限株式に変更される場合に、種類株式発行会社ではない会社で同様の定款変更等の行為をする場合の決議要件等と平仄を合わせる趣旨である[19]。

ところが、会社法では、改正前からあるものを引き継いだ会社法三二二条の種類株主総会と、以上のような各種の種類株主総会を一括した独立の制度として、三二一条で包括的な種類株主総会の権限に関する規定を置くこととされたことにより新たな問題が指摘されている。すなわち、会社法三二一条は、種類株主総会は、「この法律に規定する事項及び定款で定めた事項に限り、決議をすることができる」と規定するので、改正前には、たとえば、拒否権付株式が任意種類株主総会で決議することができたのは拒否権のある事項に限定されていたのに、会社法では、拒否権付株式の任意種類株主総会において決議できる事項を定款でさらに定めることができるかのようになっているという指摘である[20]。しかし、会社法が種類株主総会に関する一般規定を置いたとしても、種類株主総会で決議できる事項はもともと会社法で規定されているという前提であり、会社法三二一条にいう定款で定めた事項というのも、高々、種類株式の内容として会社法が認めることがらに関連して定款で定めることに合理性のある事項に限るというべきではないかと思われる[21]。

2　ある種類株主に損害を及ぼすおそれがある場合の種類株主総会決議

会社法三二二条一項では、種類株式発行会社が次に掲げる行為をする場合において、ある種類の株式の種類株主に損害を及ぼすおそれがあるときに、種類株主総会決議を要するものとする[22]。

① 定款の変更（株式の種類の追加、株式の内容の変更、発行可能株式総数または発行可能種類株式総数の増加に限る）（一号）
② 株式の併合または株式の分割（二号）
③ 株式無償割当て（三号）
④ 株主割当てによる株式引受人の募集（四号）
⑤ 株主割当てによる新株予約権引受人の募集（五号）

⑥　新株予約権無償割当て（六号）
⑦　合併（七号）
⑧　吸収分割（八号）
⑨　吸収分割による権利義務の承継（九号）
⑩　新設分割（一〇号）
⑪　株式交換（一一号）
⑫　株式交換による株式の取得（一二号）
⑬　株式移転（一三号）

改正前との対比で改正点を整理すると以下のとおりである。

まず、改正前には、定款変更とそれ以外の会社の行為について、種類株主総会決議に関する規定が別条文として置かれていたのに対して（改正前商三四五条・三四六条）、会社法では、両者について一か条の条文として置かれている。定款変更については、改正前には、変更事項について限定なく、変更がある種類株主に不利益を及ぼすおそれがある場合にその種類株主総会決議を要することとされていた（改正前商三四五条）のに対して、会社法では、種類株主総会決議が必要となる変更を、①のように限定した。この点については、改正前には、実務サイドより、どのような場合に種類株主総会決議が必要であるかが不明確であり、種類株式発行の支障となるという批判があったことを受けたものである。②～⑬についても、改正前商法二二二条・三四六条の定款変更以外の行為についても、列挙された行為以外にも類推適用の余地があるとする解釈に対しては実務上厳しい批判のあったところである[23]。

改正前には、種類により格別の定めをする場合において種類株主総会決議を要する行為として規定されていた株式の買受け・消却、および資本・資本準備金・利益準備金の減少に伴う払戻し（改正前商二二二条一一項）が会社法では列挙されていない。この点についての立案担当者の説明は、消却については、自己株式の消却だけに整理されたことから、ある種類の株主に損害を及ぼす場合を想定する必要がなくなったということ、買受けおよび剰余金の配当に統合された資本金等の減少に伴う払戻しについては、原則として定款の定めに基づかなければ種類ごとに格別の取扱いをすることができないことから、会社法三二二条の対象とする必要がなくなったということによるというものである。(24)

改正前商法二二二条一一項では、定款の定めがなくとも種類により格別の定めをすることができるとしていたことを前提として、格別の定めをする場合には種類株主総会決議を要するという規定の文言となっていたが（改正前商三四六条）、会社法では、上記の列挙された各行為をする場合において、ある種類の種類株主に損害を及ぼすおそれがあるときに限り種類株主総会決議を要することが文言上明らかにされた。この点については、改正前商法下でも解釈論としては、格別の定めをするかどうかには実質的な意味はなく、種類株主総会決議を要するのはある種類の種類株主に損害が及ぶおそれがあるときに限ると解釈されていたところで、(25)これを明文化したものとされており、そのかぎりで実質的な改正ではない。(26)

また、改正前商法三四六条では、合併等の組織再編に関しては、組織再編等による株式の割当ては株式併合等とともに株式の種類により定款の定めによらない格別の定めをする場合の一つとして列挙されるが、それとは別に組織再編がある種類株主に損害を及ぼすおそれがあることをも種類株主総会決議が必要な事項として二重に規定されていた。会社法では、このような二重の規定は置かれず、損害を及ぼすおそれがあるという事由のみが種類株主総会決議の必要となる事由として規定されている。(27)

3 種類株主総会決議を要しない旨の定款の定め

以上に加えて、大きな改正として、ある種類の株式の内容として、上記の法定された種類株主総会決議を要しない旨を定款で定めることができることとされた（会社三二二条二項・三項）。「これは、『損害を及ぼすおそれ』という抽象的な概念の適用を避け、拒否権等によって必要な利害調整を図れば足りるというような場合に、利用することが考えられる規定である」とされている(28)。実務的には、とりわけ組織再編に関しては種類株主総会決議が必要とされることが組織再編の機動的な実現を阻害するおそれがあるとして強く要望されていた改正である(29)。ただし、種類株主総会決議を要しない旨の定款の定めは、①の定款の変更についてのものを除いて、対象外である。

この定款の定めについては、会社法三二二条一項二号から一三号までに掲げる行為の一部についてだけ定めることはできないというのが立案担当者の説明である。すなわち、会社法三二二条一項二号から一三号までに掲げる行為が限定列挙ではなく、例示列挙であるという有力な見解があるが、そう解した場合には、会社法三二二条一項各号に掲げる行為の一部につき種類株主総会の決議を要しない旨を定めることができることとすると、列挙されていない行為についての取扱いに難しい問題が生ずることを懸念してのことであり、仮に、このように取り扱うこととしても、同項に掲げる行為の一部につき種類株主総会の決議を要求しようとする場合には、別途、拒否権に関する定めを設けることにより対応することができるため、実務上、問題となることはないとされる(30)。

以上に対して、規定が置かれていないことがらとして、会社法三二二条一項各号の会社の行為に際しての種類株式の取扱いについてあらかじめ定款で定めを置いておけば、その定めに従うかぎりで種類株主総会決議を要しないものとすることができるかという問題がある。定款に定めを置くことにより法定の種類株主総会決議を要しないと定めることができるかどうかは改正前にも明文化されていなかったが、平成二年改正の際の議論以降は、そのような定款の定めは、内容が合理的であるかぎりにおいて有効となるという解釈が支配的であり(31)、実務上も株式分割等に際しての種類株式の取扱いについて定款で定めを置くことが行われてきた(32)。会社法は、このような種類ごとの取扱いに関する定款の定めを有効に置けるかどうかについては何も定めていないが、立法過程でこれを否定する考え方はどこからも主張されていなかったところであり、会社法の下でも有効性に関する解釈を変更する必要はないと考える(33)。

このように、種類株主総会決議を要しないとすることは仮に種類株主に損害が及ぶおそれがある場合であっても種類株主総会決議を要しないということを意味するが、会社法は、その代償の趣旨で、種類株主に「公正な価格による」株式買取請求権を付与するという解決を図っている。株式買取請求権の行使できる要件は、上記の②～⑥および単元株式数についての定款変更については、それらにより損害が及ぶおそれのある種類株主とされる（会社一一六条一項三号）[34]。これに対して、⑦～⑬の合併等の組織再編については、種類株式独自の株式買取請求権としてではなく、あらゆる株主に「公正な価格による」株式買取請求権を保障するという規定の仕方になっているので（会社七八五条一項・二項・七九七条一項・二項等）、組織再編行為により損害が及ぶおそれがあるという要件は置かれていないという相違がある[35]。

4　株式買取請求権が認められる場合

「公正な価格」がいかなる基準で算出されるかは解釈に委ねられているが、上記の譲渡制限のうち株式を譲渡制限株式とする定款変更等に際しても認められる株式買取請求権については、公正な価格は、改正前商法の下で組織再編時の株式買取請求権について法定されていた基準である、組織再編がなかったとすればあるべきであった価格と同じ基準であるとする見解があり[36]、この考え方が正当であるとすると、会社法一一六条一項三号の株式買取請求権についてもその点で異なる基準であるとする理由はなさそうにみえる[37]。他方で、組織再編についても種類株主総会決議を要しないとされる一方で、株式買取請求権が認められるということであるとすると、会社法一一六条一項三号の株式買取請求権と同じ基準で算出することになりそうであるが、会社法では組織再編に際しての株式買取請求権は種類株式固有のものではなく株式を一括した買取請求権として法定され、この場合の公正な価格は、改正前商法の下での算定の基準と異なりシナジーを反映した価格であるとされており、同じく種類株主総会決議を不要とするものとされていても公正な価格の算定が一様ではないという結果となっている。このことが当然のことなのか、種類株式の利害調整という様相が絡むことにより理論的にどのような問題が内包されているかについてはいまだ議論がない。

株式買取請求権が認められる場合が限定されていることについての議論もある。会社法三二二条一項一号に列挙された定款変更については、ある種類株式の株主に損害を及ぼすおそれがあるときは種類株主総会決議を必ず要し、定款で不要とすることはできないが、これに伴い定款変更に反対の種類株主に株式買取請求権は認められない。これは、種類株主の株式買取請求権が、本来必要な種類株主総会決議を要しないこととされることの代償として位置づけられていることによるものであり、会社法三二二条一項一号に列挙された定款変更については、種類株主総会決議を経る以上は、株式買取請求権の保障は不要とするものである。これに対しては、この定款変更の場合にも株式買取請求権を認めるべきであるとする主張が見られる。それによれば、定款変更が種類株主にとって重大な影響を及ぼすことがあり、特に株式の内容の変更は、合併の場合の消滅会社の種類株主が存続会社の株式の交付を受ける場合と類似するとする。[38] 実質的にそのような場合がありうることは否定されないが、組織再編の場合には種類株主総会決議をする場合でも株式買取請求権が認められているのが会社法では特別な規整である。多様でありうる定款変更について種類株主総会決議を経るにもかかわらず株式買取請求権を保障することとすれば、種類株主の保護が二重になり、これは会社法の前提としないところではないかと思われるが、立法論としては考えるべき点であることは否定できない。[39]

(19)　相澤・前掲注(5)八七頁以下〔相澤哲＝細川充〕。
(20)　江頭憲治郎「株式関係を中心に」商事一七五八号五頁(二〇〇六)。
(21)　江頭・前掲注(20)五頁は、本文のような立場から、譲渡制限株式についての譲渡承認をする機関についての定めを例示する。
(22)　会社法には、定款の定めがなくとも種類により格別の定めをすることができるとする改正前商法二二二条にそのまま対応する規定は置かれていないが、会社法では、改正前二二二条に規定されていた会社の行為に対応する行為ごとに、株式の種類ごとにどのような取扱いをするかを定めることとされていることにより代替されている(たとえば、株式分割については会社一八三条二項一号・三号)。

(23) 神田秀樹＝武井一浩編著『新しい株式制度』二八頁〔神田秀樹〕、一八三頁〔中山龍太郎〕(有斐閣、二〇〇二)は、平成一三年改正により任意種類株主総会決議を要する場合を定款で定めることができるようになったこととの関係で、法定事項以外に法定種類株主総会の決議事項を認めることを批判する。

(24) 相澤・前掲注(5)八八頁〔相澤哲＝細川充〕。なお、新株予約権付社債の引受が会社法ではないのは、⑤の新株予約権引受人の募集に当たるという整理であろう。

(25) 菅原・前掲注(1)三一九頁、山下友信『新版注釈会社法⑿』四〇頁～四一頁(有斐閣、一九九〇)。

(26) 相澤・前掲注(5)八八頁〔相澤哲＝細川充〕。

(27) 二重の規定は重複するという理解によるものである。法務省民事局参事官室「会社法制の現代化に関する要綱試案補足説明」第三・8・⑵(二〇〇三)。

(28) 相澤・前掲注(5)八八頁〔相澤哲＝細川充〕。

(29) 神田＝武井・前掲注(23)一八三頁以下〔中山龍太郎〕。

(30) 相澤・前掲注(5)八九頁〔相澤哲＝細川充〕。

(31) 大谷・前掲注(16)一三五頁以下、山下友信『新版注釈会社法・補巻・平成二年改正』一五四頁(有斐閣、一九九二)。

(32) 平成二年改正後の種類株式の定款の定めの効力について詳細な検討をするものとして、青竹正一「株主割当・株式分割と定款の定めによる種類株主総会の回避」同『現代会社法の課題と展開』九三頁(中央経済社、一九九五)。

(33) 加藤貴仁「種類株式」法教三〇四号二三頁(定款の定めに従った処理をすれば損害を及ぼすおそれがないものとして株式買取請求権は認められないとする)(二〇〇六)、棚橋元「会社法の下における種類株式の実務〔下〕」商事一七六六号九二頁(二〇〇六)。なお、山下友信「株式総則、株主名簿、株式の譲渡、株券等」ジュリ一二九五号三一頁(二〇〇五)では、反対説を示唆したが、撤回する。

(34) 株式の内容の変更のうち特に株式買取請求権が認められているのは、ある株式を譲渡制限種類株式とする変更および全部取得条項付種類株式とする変更であり(会社一一六条一項二号・三号)、これらの場合には定款変更により損害が及ぶおそれのあることが要件とされていない。

(35) 組織再編に関する株主総会または種類株主総会の決議において議決権を行使することができる株主は、決議までに反対の旨を会社に通知し、かつ、決議において反対することが株式買取請求権行使の要件となる(会社七八五条一項・二項・七九七条一項・二項等)。

(36)　藤田友敬「新会社法における株式買取請求権制度」『江頭憲治郎先生還暦記念・企業法の理論・上巻』三〇二頁（商事法務、二〇〇七）。
(37)　全部取得条項付種類株式の取得に際して反対株主が裁判所に対して取得対価の決定を申し立てた場合の対価の決定基準については法定されていないので（会社一七二条参照）、独自の解釈問題となる。
(38)　加藤・前掲注（33）二四頁。
(39)　米国では、定款変更について種類株主の株式買取請求権を認める州法があることについては、松尾健一「種類株主総会制度と優先株主の経済的利益保護―アメリカ法を手がかりとして」同法五五巻七号四三四頁以下（二〇〇四）。

三　若干の具体的問題の検討

1　種類株主総会決議を要する定款変更事項の範囲

会社法三二二条一項によれば、次の事項の定款変更については、ある種類株式の種類株主に損害が及ぶおそれがあるときは、当該種類の種類株主総会決議を要する。

①株式の種類の追加
②株式の内容の変更
③発行可能株式総数または発行可能種類株式総数の増加

改正前には種類株主総会決議を要する定款変更事項が限定されていなかったため、どのような場合に種類株主総会決議が必要かが不明確であるという実務からの批判を受けて、種類株主総会決議が必要な定款変更事項を①～③として具体的に列挙したものである。[40]会社法のこのような規整と類似の規整は、米国の会社法でも一般的であり、これが参考とされたのであろう。列挙されている事項の範囲についても、米国の会社法と実質的には差がないということが

できる。(41)

このような立法趣旨からは、この列挙は限定列挙であると解することになろうが、それでよいのであろうか。この点については、とりわけ②に関しては、種類の内容となっている事項であって形式上は定款の記載事項とはされていないものへの適用という解釈問題がある。定款には種類の内容に関する要綱だけが定められた場合がこれに当たる。この場合に、株主総会決議または取締役会決議等により定められた内容を変更する場合（具体的な優先配当額を減額するような場合）に、会社法三二二条一項一号の手続によることができるかという問題である。(42)これは、改正前にもあった解釈問題であるが、会社法は種類株主総会決議が必要な行為を法的安定の要請から明確化したものということを強調すれば、②についても形式的に解釈すべきであるという議論がありうるであろう。(43)しかし、要綱は変更できても具体的な内容は変更できないというのはいかにも本末転倒である。(44)取締役会が決定した具体的な内容である優先配当額を減額するのに種類株主総会決議を経ること自体が過剰な実務的負担であるというわけではあるまいから、②をこの程度柔軟に解するとしても問題があるとは思われない。同じく②の適用があるといえるかという問題として、累積未払優先配当金請求権を縮減できるかという問題があるが、(45)これについても会社法三二二条一項一号の類推適用があるというべきであろう。

もっとも、定款の授権に基づき取締役会が定めた種類株式の内容については、定款変更の手続では変更できないという見解は平成二年改正時以来あるところであるが、(46)これが単なる形式論的な理由に基づくものではない可能性はある。すなわち、優先株式における優先配当額の減額をそもそも認めるべきか、認めるべきであるとして種類株主総会決議によれば足りるのかということについての懐疑的な評価があるのかもしれない。同質の問題といってよい累積未払優先配当金請求権の縮減が可能かという問題については、すでに米国においては甚だ錯雑とした判例・学説の展開があるが、(47)そこからわかるように実は会社の資本再編成における種類株主間の利害調整のあり方はいかなるものであるべきかという基本問題が横たわっていることに留意すべきである。

次に、①〜③について種類株主総会決議が必要となるのは、ある種類株式の株主に損害が及ぶおそれがある場合であるが、損害が及ぶおそれの有無はどのように判断されるか。定款変更のうち種類株主総会決議を要する事項が限定されたことは、実務的な予測可能性を高めたという意味で評価されるのであろうが、予測可能性が本当に高められたといえるかについてはなお留保が必要である。というのは、列挙された定款変更に該当する場合に種類株主総会決議を要するかどうかは、依然として「ある種類の株式の種類株主に損害を及ぼすおそれがあるとき」に該当するかどうかに係っているからである。

伝統的な優先株式のような種類株式を念頭におけばこの点は比較的わかりやすいし、学説上の概ね共通の理解があったように思われる(48)。①については、A優先株式と普通株式が発行されている会社において、A優先株式よりも配当において優先するB優先株式を発行する場合には、A優先株式も普通株式も損害が及ぶおそれがある。B優先株式がA優先株式と優先性において同順位であってもA優先株式の優先性が水割りされる以上A優先株式に損害が及ぶおそれがあり、普通株式についても同じである。③についても、たとえば、優先株式については、発行可能種類株式総数の増加により優先性に水割りが及びうることに着目すれば種類株主総会決議が必要な場合の判断は比較的容易である。これに対して、②は当該種類株式自体の内容の変更が当該種類株式の種類株主に不利益な場合をいうことは明らかであるが、優先性については同順位とされているA優先株式とB優先株式が発行されている場合において、B優先株式の優先配当額を増額する定款変更はA優先株式の優先権を水割りするのでA優先株式に損害が及ぶおそれがあるというように、当該種類株式以外の種類株式の内容の変更も対象となりうる(49)。

このように、損害が及ぶおそれがある場合かどうかの判断基準としては、伝統的な優先株式であることを中核とする種類株式を念頭において、種類株主の権利が直接不利益に変更されるか、または種類間の割合的な権利関係について不利益が及ぶかどうかという判断基準で考えていたものと思われる。そして、いずれについても、不利益が及ぶかどうかは、一般的抽象的な判断であり、具体的な事情の下での有利不利は考慮しないと考えられてきたように思われる。(50)

ところが、種類株式における種類の構成要素が平成一三年改正以来多様化していることから、このような判断基準による損害が及ぶおそれがあるかどうかの判断は必ずしも容易ではなくなっているのではないかと思われる。

たとえば、拒否権付株式がある場合における次のような定款変更について考える。

① 当該拒否権付株式の発行可能種類株式総数を増加する。

② 拒否権のない別の種類の株式の発行可能種類株式総数を増加する。

③ 拒否権のない別の種類株式を追加する。

④ 別の株主総会決議事項についての拒否権付株式を追加する。

①については、拒否権の水割りが生じる以上は、損害が及ぶことは明らかである。また、②や③については、拒否権についての水割りの効果が生じないという意味では、損害が及ぶものではないということも明らかであろう。これに対して微妙なのは④である。当該拒否権付株式の株主にしてみれば、自己の有する拒否権により会社の運営についてのキャスティングボードを握っていると思っていたところ、別の事項についての拒否権を有する別の種類株式が発行されたのでは、自己の有する拒否権の価値は低下するかもしれないのである。

譲渡制限種類株式については、さらに判断は難しい。

① 当該譲渡制限種類株式の発行可能種類株式総数を増加する。

② 譲渡制限のない株式の発行可能総数を増加する。

③ 別の内容の譲渡制限がついた譲渡制限種類株式を追加する。

①については、会社法一九九条四項、二〇〇条四項では、譲渡制限の付された種類株主は当該種類株式における自己の持分比率の維持に関心を持つことがありうるためとして、[51]譲渡制限種類株式の募集事項の決定について当該種類の種類株主総会決議が必要としており、それと同様に①についても持分比率の水割りが生じうる以上は損害が及ぶおそれがあるということになろう。これに対して、持分比率の維持が当該譲渡制限種類株式内で保障される利益であるとすれば、②や③については、別の種類株式の増加に関わるので、それにより損害が及ぶおそれがあるとはいえないのであろう。しかし、この区別が合理性のあるものかどうかはにわかには判断しがたい。

これらの例は、譲渡制限や拒否権を種類の構成要素としたことから派生してくる問題であり、従来の会社に対する財産上の割合的権利を構成要素とする種類株式間の利害調整では想定されていなかった類型の問題である。実際には、拒否権であれ、譲渡制限であれ、それだけで種類株式が構成されることはあまり考えられず、配当等に関する優先・劣後性、転換性、議決権の制限などの諸要素が組み合わされて種類株式が構成されるのであろうが、そうなると、ある定款変更がある種類株式に損害を及ぼすかどうかの判断は、実は容易ではなくなるのではないかと考えられるところである。改正前の解釈としては、損害を及ぼすおそれの有無は、定款変更等が複数の事項に同時に関わる場合に、ある事項では不利益であるが別の面では利益であるということであっても、各事項はそれぞれ独立に損害の及ぶおそれの有無を判断すると解してきたが、[52]このような判断の仕方が種類株式の複雑性の増加により適切なものであるかは疑問となる余地がある。後述のように、組織再編の場合についてはすでに損害の及ぶおそれの有無の判断基準の変質が生じつつあるところであるが、それは組織再編にとどまるものではないということである。

2　種類株式と自己株式の取得

改正前には、改正前商法二二二条一一項および三四六条に列挙されていた会社の行為は限定列挙であるかどうかについては議論があった。もっとも、列挙事項が不十分であった平成二年改正前はともかく、平成二年改正後には列挙されている行為以外に具体的に列挙されていないが種類株主総会決議が必要とされるべき行為として指摘されたものはなかったようである。(53) 会社法でも、立案担当者は、会社法三二二条一項に規定されている事項を限定列挙ではなく例示列挙とする解釈の可能性を否定はしていないようである。(54)

しかし、限定列挙か例示列挙かの問題とは別に、株主総会決議に基づく自己株式の取得（会社一五六条一項）は、立案担当者の理解では、会社法三二二条一項の予定する種類株主総会決議を要する事項とは考えられていないようである。すなわち、会社法では、会社による自己株式の取得のうち、取得請求権付株式および取得条項付株式については、取得の事由および取得の対価等は定款で定められることを要するので、それに従い行われる自己株式の取得によってある種類株主に損害が生じるとしても種類株主総会決議が必要かという問題は生じないのに対して、取得請求権付株式および取得条項付株式以外の複数の種類株式がある場合において、会社が株主との合意に基づいてある種類株式の取得をする場合については、会社法は、株主総会決議において、取得する株式の種類および種類ごとの数を定めることとしているが（会社一五六条一項一号・一五八条一項）、この株主総会決議については、会社法三二二条一項で種類株主総会決議の対象にはあげられていない。(55)

しかし、株主との合意による自己株式の取得により種類株式間の割合的関係に変動が生ずるケースがありえないものではない。たとえば、優先株式、普通株式それぞれ一、〇〇〇株発行されているとして、優先株式を二〇〇株、普通株式を一〇〇株、それぞれ市場取引で取得することを株主総会で決議したとする。決議により優先株式二〇〇株、普通株式一〇〇株が取得されたとすると、優先株式八〇〇株、普通株式九〇〇株となり、仮にこれが両種類株式とも議決権のある株式であるとすると、優先株式の議決権の比率が相対的に低下するという割合的関係の変動があることになる。これらは、改正前には、明らかに株式の買受けとして種類株主総会決議が必要な行為とされていたものであり（改正前商二二二条一一項・三四六条）、会社法では三二二条一項各号に列挙されている行為と同質の行為である。そうであるとすれば、種類株主の割合的な権利関係に変動を加える場合には、会社法三二二条一項が類推適用され、損害を被るおそれのある種類株主の種類株主総会決議を要するとする解釈をすることが考えられるところである。これに対して、このような類推適用を否定するとすれば、自己株式の取得については、株主総会で取得する種類株式を決定することは法定されているのであるから、これは種類株式の取扱いについて定款であらかじめ定めが置かれている場合と同様に、種類株主は種類株主総会決議の機会を与えられないことについて同意しているという解釈がありうるかもしれない。しかし、そのような解釈ができるとしても、具体的な種類株式の取得の決定について、種類株式間の利害調整の観点から限界がないかどうかは問題となりえよう。

もっとも、会社法において自己株式の取得について種類株主の保護がされていないことに対して向けられている批判は、別のところにあるようである。すなわち、会社法について批判されているのは、会社財産の払戻しを受けられる機会の平等が損なわれるということなのであり(56)、種類株式間の割合的な関係についての不利益とは観点が異なるように思われる。少し異なる角度の問題としては、普通株式だけの自己株式取得により分配可能利益が取得対価として処分され、その結果として、将来優先株式に対する優先配当に充てられる分配可能利益が減少したというような損害が優先株式に生ずるということは考えられる(57)。しかし、これが種類株主総会が必要とされる要件となる損害が及ぶおそれといえるかどうかは問題である。これは、分配可能利益が大幅に普通株式に配当されて、結果として将来優先株式に対する優先配当に充てられる分配可能利益が減少するのと実質的に同じことであるが、この場合について、優先株式の種類株主総会決議が必要であるという解釈はおそらく存在してこなかったと考えられるからである(58)。

ただ、ある会社の行為がある種類株式に不利益なことをもって種類株主総会決議を要することになる要件としての損害が及ぶおそれがあるということの意義を、種類間の割合的な関係の面に着目するのではなく、当該会社の行為自体による不利益に着目するという考え方は、組織再編については、以下に見るように、既に従来から解釈として主張されてきたところであり、自己株式の取得や剰余金の配当についても同じように考える解釈が生じる余地はあるのであろう。

3 組織再編

改正前には、合併等の組織再編に関しては、組織再編に際しての株式の割当てについて格別の定めをする場合および組織再編によりある種類株式の株主に損害が及ぶべき場合に種類株主総会決議を要するものとしていたが、二つの場合がなぜ分けて規定されていたのかは必ずしも十分な説明がされていたとはいいがたい(59)。解釈論としては両者の区別を実質的に無視する解釈が一般的であり、損害が及ぶかどうかのみに着目して種類株主総会決議の要否が決まると解されてきた(60)。会社法では、この解釈論を明文化する形で、組織再編によりある種類の株式の株主に損害が及ぶおそれがあるかどうかにより種類株主総会決議の要否が決まるものとされた。

会社法は、組織再編の場合についても、損害が及ぶおそれのある種類株主があるとしても、定款の定めにより種類株主総会決議を要しない旨を定めることができるとされる半面で、反対株主には公正な価格による株式買取請求権が保障されることとなった。改正前は、組織再編に際していかなる場合に種類株主総会決議が必要かは上記のように解釈論が必ずしも明らかでないため、実務的には安全のために種類株主総会決議を行わざるをえないこととなり、そのことにより種類株主が組織再編に対する拒否権を有する結果となっているという批判があった(61)。会社法はこのような批判を反映したものである。もっとも、組織再編の場合における反対株主の株式買取請求権は、種類株主総会決議が本来必要である場合に定款の定めにより種類株主総会決議が不要とされるために、その代償措置として認められているわけではなく、すべての株主に保障された権利として構成されている。

以上の会社法の定めに関して生ずる解釈問題の第一は、損害が及ぶおそれがあるかどうかの判定をいかなる基準でするかという点である。改正前には、種類株式間の利害調整が必要な他の場合と同様に、種類間で割合的な関係に変動が生ずるか否かを基準とする考え方と、[62] 組織再編の場合については、ある種類株式について交付される株式が同等の価値を有しており種類株主に実質的な損失が生ずるか否かを基準とする考え方が見られた。[63] 会社法においても、組織再編の場合の法律規定は実質的には改正前と同じなので、改正前に見られた解釈論は会社法下でも引き続き主張されるものと見込まれる。[64]

損害の及ぶおそれの有無についての判断基準として割合的な関係に変動が生ずるかどうかという基準をとるとすると、具体的には組織再編の場合についてこれがどのように適用されるのかの判断は、改正前にはほとんど論じられていなかったように、実はきわめて難しい。したがって、組織再編の場合の損害の及ぶおそれの有無については、種類株式が組織再編の前後で同じ株式価値を有しているのであれば損害が及ぶおそれがあるとはいえないという解釈が生じてきたのは当然といえば当然であった。しかし、この解釈については、会社法の下では疑問がないわけではない。会社法では、三二二条一項二号～一三号について共通に損害の及ぶおそれのある場合かどうかで種類株主総会決議の有無が決まるものとしているので、組織再編以外の行為と、組織再編とで損害の及ぶおそれのある場合かどうかの判断基準が異なるという解釈は難しいようにも思われるからである。

会社法では、組織再編に際して種類株主総会決議を要しない旨を定款で定めることができることとしつつ、種類株主に公正な価格による株式買取請求権が認められている。このことにより、実務的には、種類株主に不利益を与えることなく、種類株主総会決議を要しない旨を定款で定めることにより損害が及ぶおそれの有無という解釈問題を回避できることにはなろう。しかし、そうであっても、損害が及ぶおそれの有無という解釈問題が解消されたわけではない。また、種類株主総会決議を要しないとされた種類株主に株式買取請求権が保障されたとしても、そのことにより株主総会では各種類株式の合併比率等について自由に決定できるのか、換言すれば種類株式間で合併比率等は公正なものでなくてもよいのかというもう一つの種類株式間の利害調整の問題はやはり残らざるをえないのである。

4　全部取得条項付種類株式の取得

会社法で新たに種類株式として認められた全部取得条項付種類株式は、改正の過程では、債務超過の会社が私的整理を行う場合を念頭に置いてすべての株式を無償消却（会社法では会社による無償の取得）をする手段として構想された。しかし、債務超過の判定が困難である等の理由により債務超過を要件とすることが断念され、代わりに一般的に会社が有償または無償で自己株式を全部強制的に取得することができる種類株式として全部取得条項付種類株式が法定された（会社一〇八条一項七号・二項七号）。強制的に会社が自己株式を取得することができる種類株式としては、別に取得条項付株式が種類株式として認められたが（会社一〇八条一項六号）、取得条項付株式の取得事由や取得対価（算定方法を定めるのでも足りる）はあくまでも定款で定めなければならないのに対して（会社一〇八条二項六号。取得対価については要綱で足りる）、全部取得条項付種類株式の会社による強制的な取得は、定款で定められた取得事由の発生によるのではなく、株主総会の特別決議により随時行うことができるという相違がある（もっとも、決議をすることをあらかじめ定款で定めた条件に係らしめることはできる。会社一〇八条二項七号ロ）。また、取得対価についても、あらかじめ定款で定められる必要がなく、定款では、取得対価の価額の決定の方法を定めれば足り（会社一〇八条二項七号イ）[65]、具体的な取得対価は、取得を決定する株主総会決議で定めることになる（会社一七一条一項一号）。この際に、価格に反対の株主は裁判所に対して価格の決定の申立てをすることが認められる（会社一七二条）。このように会社の状況に応じて随時強制的に会社が取得することができるのが全部取得条項付種類株式の特徴であり、株式を全部取得条項付種類株式とすることにより、敵対的買収対抗策として利用する可能性もあるといわれるものとなっている[66]。

普通株式のみを発行していた会社が債務超過である場合に一〇〇パーセント減資をする手段として、普通株式を全部取得条項付種類株式に変更する定款変更、新たな種類株式を発行する旨の定款変更、全部取得条項付種類株式を取得する決定を一個の株主総会で行うという典型例においては、取得を決定するのは従前の普通株主のみであるので、取得対価がゼロでよいかという問題[67]があるのは別として、種類株主間の利害対立は基本的には存在しない。しかし、会社法では、全部取得条項付種類株式をそのような事例に限らず一般的に利用できる種類株式として制度化した。このことから、種類株式間の利害調整という観点から問題となりうる最大の問題点は、会社による取得を決定する株主総会決議は、全部取得条項付種類株主のみでなく、すべての種類の株主により行われるのであり、かつ、全部取得条項付種類株式にとって当該決議が損害を及ぼすおそれがあったとしても全部取得条項付種類株主による種類株主総会決議は不要であるという点にある。理論的には、全部取得条項付種類株式以外の種類株主が多数派であれば、全部取得条項付種類株主の反対を抑えて不当な取得対価により全部取得条項付種類株主を会社から締め出すことができる。このようなことを可能とする法規定が正当化されるのは、全部取得条項付種類株式であることは定款で定められているのであるから同種類株主は同意の下に同種類株式を取得したはずであるということがあり[68]、さらに、取得対価が不当である場合には、同種類株主に裁判所に対する取得価格の決定の申立ての権利が認められ、これにより取得価格の公正さは確保されるということであろう[69]。これらのことが正当化される理由づけは、他の種類株式について損害が及ぶおそれがある場合であっても定款の定めにより種類株主総会決議を要しないものとすることが認められるが、その代償として種類株主に株式買取請求権が保障されたという種類株式一般についての利害調整のあり方の正当化の理由と実質的には共通性があるといってよいであろう。

しかし、取得される全部取得条項付種類株式とそれ以外の株式とでは明らかに利益が相反する可能性が高いとすれば、それにもかかわらず双方の種類株式の株主で構成される一個の株主総会決議により取得を決定することができ、不利益を受ける種類株式の種類株主総会決議を要しないというのはいかにも異様である。株主総会による取得の決議が法定の多数決の決議要件を満たせばそれで問題がないのか、種類間の利益相反により取消事由や無効事由といった瑕疵が生じうるのかが論じられるようになっている所以であり[70]、そのような検討が必要であろう。

ところで、このような全部取得条項付種類株式とそれ以外の種類株式との間での会社による取得に関する利益の相反の問題は、伝統的な種類株式に関する利益調整のように、種類株式の割合的な権利関係の変動についての利益調整とは明らかに局面が異なり、会社の具体的な決定により種類株式に生ずる経済的な結果に関する利害調整が問題となっているものであり、従来の割合的な権利関係に着目する種類株式間の利害調整手段での対処ができるかは甚だ疑問なものである。

5　具体的問題が示唆する理論的課題

以上において、会社法の下で種類株式間の利害調整に関して生じている若干の具体的問題を検討した。種類株式の多様化と複雑化は、伝統的な種類株式についての利益の相反とは異なる態様の利益の相反を生じさせているということができる。また、利益の相反を調整する手段についても、伝統的な種類株式の割合的な権利関係についてのみ着目した上で、不利益を受ける種類株主の種類株主総会決議を要するという手法で十分に対処できるのかも問題となっているということができる。会社法では、利害調整の手法として、種類株主総会決議の必要性を大幅に任意規定化し、その代償として種類株主の株式買取請求権を保障するという手法を導入した。しかし、このような立法的な措置により種類株式間の利益調整の問題が解決されたわけでは決してなく、むしろ新たな問題が山積しているといってよい。

(40)　相澤・前掲注（5）八八頁〔相澤哲＝細川充〕。
(41)　米国の種類株主総会決議が必要とされる定款変更事項については、松尾・前掲注（39）四三〇頁以下。
(42)　法制審議会会社法（現代化関係）部会「会社法制の現代化に関する要綱試案」第三・7・(5)（二〇〇三）は、種類株式の内容のうち、その決定を取締役会等の決議に委ねた事項については、当該取締役会の決議が行われた際に定款が変更されたものとみなすものとする、としていたが、会社法にはこれに相当する規定は置かれていない。
(43)　任意種類株主総会決議の制度を新設した趣旨からすれば、法定種類株主総会決議については法が定めた場合以外の場合に会社法三二二条一項を類推適用して種類株主総会が必要であるとすることは妥当でなく、他方、たとえば優先株式の優先配当金を減額するような措置は種類株主総会決議をもってしても多数決では行うことができないと解すべきであるという見解がある。神田秀樹『会社法（第九版）』七一頁（弘文堂、二〇〇七）。棚橋・前掲注（33）九三頁も、種類株主総会において決議できる事項を定めた会社法三二一条により、定款の内容となっていない事項を種類株主総会決議ですることができるかは疑問が残り、定款の内容となっていない事項を事後的に変更する場合には、いったん既存の内容を定款の内容とする定款変更案を上程し、その承認を前提に、別途新たな内容へ変更する定款変更議案の承認を求めるといった措置を講じる必要があろうとする。

(44)　江頭・前掲注（10）一五九頁は、取締役会等の定めた優先配当額の変更も種類株主総会決議で変更できるものとする。

(45)　山下友信「累積的配当優先株における優先株主の保護―優先株に関する一考察」ジュリ六四五号八九頁（一九七七）（本書三頁）。

(46)　神田秀樹「改正商法と優先株」代行レポート九五号六頁（一九九一）。

(47)　山下・前掲注（45）、洲崎博史「優先株・無議決権株に関する一考察(1)」民商九一巻三号三四三頁以下（一九八五）。

(48)　山下・前掲注（25）三五頁以下。

(49)　棚橋・前掲注（33）九二頁以下は、既存の種類株式を新たに取得条項付株式とする場合には、変更される種類株主全員の同意が必要であるが（会社一一一条一項）、他の種類の株主の種類株主総会決議は、会社法三二二条一項の適用がなく不要であるとし、これは疑問であるとするが、しかし、②は、ある種類株式の内容自体に変更はなくとも、他の種類株式の内容の変更により損害を受けるおそれがある場合にも適用され、上記場合も②に該当するのではないかと思われる。

(50)　洲崎博史「優先株・無議決権株に関する一考察(2)」民商九一巻四号五四八頁（一九八五）は、改正前商法三四五条および三四六条における損害を及ぼすべきときの意義について、割合的関係の変更の結果、ある種類株主に現実に配当される金額が減少することまで要せず、配当されうる金額が減少するなら、その種類株主の同意決議が必要であるとする。同旨として、山下・前掲注（25）三四頁。

(51)　相澤・前掲注（5）五三頁〔相澤哲＝豊田祐子〕。

(52)　山下・前掲注（25）三五頁〔山下友信〕。

(53)　ただし、後述のように、種類株式間の利害調整の手段として、一定の会社の行為について三四五条・三四六条を類推適用して種類株主総会決議を要するものとする見解があった。

(54)　相澤・前掲注（5）八九頁〔相澤哲＝細川充〕。これに対して、神田・前掲注（43）七一頁のように、拒否権すなわち任意種類株主総会の決議事項を設けることができることとされたことから、会社法三二二条一項所定の事項の類推適用はすべきでないという見解もある。

(55) 会社が株主総会決議により特定の株主から自己株式を取得する場合に、それ以外の株主が自己を売主として追加するよう請求することができるかという問題について、立案担当者は、会社法一六〇条二項において、追加請求権についての通知の相手方が取得される種類株式に限られていることから、取得される種類株式以外の種類株主は請求権がないとする立場を明確にしている。相澤・前掲注（5）三九頁〔相澤哲＝豊田祐子〕。

(56) 江頭・前掲注（20）一二頁、江頭・前掲注（10）二三八頁。

(57) 改正前においても、「会社が数種の株式を発行している場合に、そのうちの一または複数の種類の株式のみを買い受けるときは、その各種の株式の株主間に有利・不利の関係を生ずるおそれがある。例えば、株式の買受価額が不当に高いときは、買受けの対象とならない他の種類の株主に損害を生じ、たとえ価額が公正であっても、会社による株式買受けが特定の種類の株式のみに限られるときは、他の種類の株主に不公平となるおそれがある。それゆえ、会社が現実に一または複数の種類の株式を買い受ける場合には、それにより損害ないし不利益を受けるおそれのある種類の株式（損害を生ずるおそれのある種類株式が特定できないときは、すべての種類株式）の株主総会決議を得ることを要する」とする見解があった。河本一郎＝今井宏『鑑定意見会社法・証券取引法』一四頁（商事法務、二〇〇五）。なお、同一八頁では、他の種類株式に対する配当可能利益の減少という不利益が問題となりうるとする。

(58) 大杉謙一「優先株式の法的問題」『鴻常夫先生還暦記念・現代企業立法の軌跡と展望』三七頁（商事法務、一九九四）は、形式的な割合的関係に関するとはいえない、配当政策、投資政策、債務負担政策のそれぞれにつき種類株主間に利害が対立するとしても、種類株主総会の対象事項ではないとする立場であり、これは一般的な理解であろう。トラッキング・ストックにおける経営資源配分などの会社の行為に関する種類株主間の利害対立が論じられるのも、同様の性格の問題である。

(59) 合併によりある種類株式の株主に損害が及ぶべき場合に種類株主総会決議を要するものとする改正前商法三四六条の規定の部分は、昭和一三年改正により追加されたものであるが、種類により格別の定めをする場合でなくても、やはり種類間の割合的関係に変更があることがあり得ることを考慮したものと説明されている。奥野健一ほか『株式會社法釋義』三〇九頁以下（巖松堂書店、一九三九）は、「会社の合併の場合のみに付てわざわざ此の要件を挙げた理由は、合併に際し形式上の平等取扱をやり、それが却って種類の異る株式の間に在っては実質上の不平等を来すが如き場合があることを考へ、左様な場合も之に含むことを明かにせんが為と言はれる。然し此の文句は無くても結局同様に解せられ得るであらうから、寧ろ語呂の都合と説明した方がよいのかも知れぬ」と述べる。

(60) 山下・前掲注（25）四〇頁以下。

(61) 神田＝武井・前掲注（23）一八三頁以下〔中山龍太郎〕。

(62) 洲崎・前掲注（50）五五一頁が、合併についてはどのような場合に種類株主総会を要するかは、きわめて難しいとして意見を留保するのは、株式併合等の場合と同じく、割合的権利関係の変更を問題としているためであろう。大杉謙一「優先株の実務的問題

〔Ⅲ〕」商事一四四六号二八頁（一九九七）は、合併の場合には損害の有無は形式的には判断できないので、損害の有無を種類株主自身に判断させるべきであるという立場である（大杉・前掲注（58）三六頁は、合併の前後の株式の価値が同じであるから損害がないという解釈に反対する）。これに対して、松尾・前掲注（39）四五六頁以下では、割合的な権利の変動についても問題とされるべきであるという立場である。

（63）江頭・前掲注（2）七〇五頁。ただし、同頁は、合併当事会社の株式に市場価格がない場合には、割り当てられる株式の時価をめぐって争いが生じるであろうから種類株主総会なしにすますことは実際上困難であろうとする。逆に市場価格のある株式であれば市場価格に照らして公正な価値がある株式が割り当てられるかぎりでは、種類株主総会決議は不要と考えていることになる。

（64）江頭・前掲注（10）一五九頁以下。

（65）江頭・前掲注（10）一五二頁では、「当該決議時の会社の財務状況を踏まえて定める」というような定めで足りるとする。

（66）中東正文「改正法と敵対的買収防衛策」法教三〇四号七〇頁（二〇〇六）、相澤＝葉玉＝郡谷・前掲注（14）八八頁。

（67）藤田・前掲注（36）三〇三頁以下は、一〇〇パーセント減資の場合に即して取得価格決定の基準を論ずる。

（68）既発行の株式の内容を変更して全部取得条項付種類株式にすることについては、前述のように反対株主の株式買取請求権が認められる（会社一一六条一項二号）。

（69）相澤＝葉玉＝郡谷・前掲注（14）八四頁は、価格決定の申立権は、実質的には株式買取請求権と同様の機能を営むものとする。笠原武朗「全部取得条項付種類株式制度の利用の限界」前掲注（36）『江頭憲治郎先生還暦記念・企業法の理論・上巻』二三七頁は、定款で取得価格を定めていた場合には、裁判所もその価格に拘束されるとする（相澤＝葉玉＝郡谷・前掲注（14）八四頁も同旨）。取得請求権付株式や取得条項付株式の取得価格は定款で定められることと同様とすれば、このような解釈になろうが、全部取得条項付種類株式の場合には、取得が株主総会の特別決議という多数決で行われ、種類株主間の利害対立があるのに取得を強行するという状況を考えると、価格についての定款の定めにそのままの効力を認めることには疑問がある。

（70）笠原・前掲注（69）二四一頁以下。藤田友敬「組織再編」商事一七七五号五六頁以下（二〇〇六）も全部取得条項付種類株式の利用の制約や取得価格の決定についての理論的問題を指摘する。

四　種類株式間の利害調整のあり方に関する理論的課題

1　はじめに

種類株式の多様化は、種類株式間の利害調整のあり方を複雑にしている。三で検討した若干の問題は、利害調整にはさまざまな難しい問題があることの具体例である。

伝統的には種類株式間の利害調整の手法としては、種類株主総会制度のみが存在したということができる。もっとも、古くより、種類株主総会決議があったとしても株主総会決議の瑕疵（取消事由・無効事由）を生じさせることがあるのではないか、とか、種類株主総会決議を要する場合ではないが、会社の行為が違法となる余地はないのかというような問題設定がなかったわけではない(71)。しかし、種類株式も比較的定型的なものがほとんどであったし、実際にこのような問題を議論する必要のあるケースが生じなかったので、議論が深められることはなかった。

会社法による改正は、種類株主総会制度について抜本的な改正を加えた。平成二年以来の種類株式に関する諸改正と合わせると、わが国の種類株式に関する法制度は大きな変貌をとげている。三で検討した問題は、種類株式の変容に伴いどのような問題が生じているかの一端であるが、種類株式間の利益調整のあり方について再検討する必要を明らかにするものではないかと考える。

2　種類株式間の利害調整が必要な会社の行為の類型

種類株式間の利害調整が必要な会社の行為の若干について検討した上述のところからわかることは、会社の各種の行為により種類株式に生ずる不利益の性格は必ずしも一様ではないということである。不利益の類型としては、さしあたり次のようなものが考えられる。

①　割合的な権利の変動
②　株式価値への直接的侵害
③　組織再編

①は、会社法三二二条一項一号〜六号に列挙されている行為であり、当該行為の決定による不利益を、具体的状況に即してではなく、一般的・抽象的な株主の権利の内容に即して判定しようとするものであるのに対して、②は、当該行為の決定による不利益を、決定時の具体的状況に即して判定しようとするものである。①には、会社法三二二条一項一号の定款変更のようにストレートに種類株主の権利を不利益に変更するという場合と、同項二号〜六号に列挙されている株式併合等のように定款の変更ではないが実質的にはそれと同じ効果のある会社の行為が行われるという場合がある。②の例としては、具体的な剰余金の分配、定款の定めによらない自己株式の取得、全部取得条項付種類株式の会社による取得などのほか、トラッキング・ストックで問題となるような親子会社間や会社の部門間での経営資源の分配の決定などが考えられる。これらの行為は、種類株式について定められている株式としての権利内容について変更を加えるものとはいえないが、異なる種類間に異なる経済的効果をもつことにより、種類株式の価値が変動を受けるという不利益を種類株主が被る可能性があるということにより①の不利益とは区別することが可能である。③の組織再編については、合併に際して定款変更が行われるというように①のような不利益も発生しうるが、合併比率が公正でないという②のような不利益も同時に発生しうるのであり、①のような不利益の有無の判断も困難であるとされてきたが、最近では②のような不利益の側面がむしろ重視されているのではないかと思われる。

①と②・③の類型を分けることの意味は、①のうちの株式分割等については一般的・抽象的な不利益の問題であるから、たとえば、株式分割における種類株式の取扱いについて定款で事前に定めておくように、事前に種類株式の取扱いについて合意を形成することがしやすいのに対して、②や③（のうちの②と同質の側面）については、会社の行為

が種類株式に及ぼす影響は、事前に予測ができないので、種類株式の取扱いについて事前に合意形成を図ることは困難であるということにあると考えられる。この点は、定款の自治に関連して改めて後述する。

3　利害調整の手段の類型

(1)　種類株主総会

種類株式間の利害が対立する場合にこれを調整する手段としては、さまざまなものがありうるが、比較法的に見ても、ある種類株主に損害が及ぶべき場合に、その種類株式の種類株主総会決議を要することとするという調整手段は共通に見られるところである。種類株主総会という手段は、ある種類株主に損害が及ぶような会社の行為であっても、当該種類株主の集団的な同意を要することにして利害調整を図ろうとするものであり、調整手段としてはきわめて明確なものであるということができる。しかし、種類株主総会による利害調整については、さまざまな問題点も指摘されている。

第一に、種類株主総会決議があることにより、種類株主に損害を及ぼすことが常に正当化されるかという問題がある。米国の累積的優先株式の累積未払配当請求権の縮減という会社の行為が、当該優先株主に損害を及ぼすものであり、普通株主との間の公正な利害調整という観点からは問題がありそうであるにもかかわらず、種類株主総会決議で承認された例が少なくないのは、その典型例である。これは、優先株主の権利を縮減するとしても、ストレートにそうするのではなく他の証券等との交換など交換条件が提供されることが通例であるので、優先株主にとっての利益不利益の判断がわかりにくくなっているし、また、優先株主が同意しない場合には会社の事業展開にさまざまな支障が生ずるというような可能性が示唆されるために、種類株主総会決議を成立させざるをえない状況が往々にして生ずるためであると考えられる。[72] これが問題であるとすると、会社の決定がある種類株主にとって不合理な不利益を及ぼす効果をもつ場合に、種類株主総会による種類株主の承認があることにより、不合理性が除去されたこととしてよいのかという問題となる(73)。

第二に、第一の問題とは正反対の方向であるが、前述のように、種類株主総会決議という手段は、種類株主総会を開催するという手続的な負担が会社にとって大きいばかりでなく、実質的にも強力すぎる手段であるという批判がある。ある会社の行為について種類株主総会決議を要するということになると、種類株主総会決議がなければその会社の行為は効力を生じえないのであり、種類株主総会決議という調整手段は、種類株主に拒否権を与えるに等しく、会社の行為に対する制約としては強力すぎるとされるのである(74)。会社法は、このような批判を受けて、法定の種類株主総会決議を要しない旨を定款で定めることを大幅に容認することとした。種類株主総会決議を一定の場合に要するという法規整は、比較法的には普遍的なものであり、種類株式を発行し、その種類株主に損害を及ぼすような行為を会社がしようとする場合であるにもかかわらず、種類株主総会決議を要することが実務的に負担であって種類株主の保護のしすぎであるという種類株主総会無用論とでもいうべき批判が諸外国でも普遍的であるとはいえないように思われるが(75)、種類株主総会決議という利害調整手段がかなり硬直的な手段であるという問題があるということはいえるであろう。

第三に、種類株主総会決議という手段が利害調整手段として機能しうる局面は種類株式間の利益対立のさまざまな局面のうちのごく一部に限られるという問題があると考えられる。種類株主総会決議を要する会社の行為は、比較法的にみても法定されたものに限定されるのが一般的であるし、わが国でもその点は同じであり、対象となる種類株主に生ずる不利益の類型としては、前述の①や③に該当する。しかし、種類株式間の利害が対立する局面は会社法で列挙されたものに限らないということは、前記三での具体例の検討でも明らかにされたとおりであり、その多くは、不利益の類型としては主として②に該当する。そして、②のような類型の利害調整を種類株主総会決議で行うということについては、定款の自治に基づいて拒否権付株式の任意種類株主総会決議を要すると定められる場合は別として(76)、法律上の規整として強制することは、種類株式間の②の類型の利害対立の事例は無限に拡大しうるものであることに照らすと、不適切かつ不可能であろう。(77)(78) したがって、この局面における利害調整手段は、種類株主総会決議以外の手段を模索する必要がある。

(2) 定款の自治の拡大がもつ意味

会社法は、種類株式制度についても、定款の自治の範囲を拡大したことは前述のとおりである。各種類株式間の利害調整についても事前に定款で定めることができる範囲が拡大されたのであるから、定款の自治に対する法的な介入は極力すべきではないという考え方が生じうるであろう。(79) ある会社の行為によりある種類株主に不利益が生ずることになるとしても、当該種類株主は不利益を回避するための方策を定款で定めることが可能なはずであったのだから、不利益を救済するような法的介入は望ましくないという発想である。会社法では、種類株式の内容として拒否権を定めることができるのであるから、種類株主としては不利益を予防するためには事前に種類株式の内容として拒否権を規定することで自衛しておけばよかったという発想はその典型である。

このように定款の自治の範囲の拡大は、種類株式の利害調整のための法的介入に対して制限的な効果を持ちうることは一般的には否定しがたいことであろう。しかし、いくつかの留保も必要である。

第一には、定款の自治が機能するには、当事者間に実質的な交渉が行われる基盤が存在することが必要であるというべきであり、これはベンチャー企業などの閉鎖的な会社や公開会社でも優先株主が少数の金融機関である場合などにおいては肯定できるとしても、上場会社等で種類株主が多数あるような場合には妥当しないであろう。会社の行為に際しての種類株式の取扱いについて定款で定めることは可能であるとしつつ内容が合理的なものであるかぎりという留保が付されてきたのも、そのような定款の自治の限界が意識されているからであり、このことは正当である。

第二には、定款の自治により、種類株式間の利害調整についてあらかじめ定款で定めておくことができる事項には限界があるのではないかということである。種類株式に生じうる不利益の類型を上記のように①〜③に整理してみたが、この類型化を使うすると、前述のように、①の不利益は種類株式の権利内容に関するものであって事前に種類株式間の利害調整を図った定めを合意しやすいと考えられるのに対して、②や③の不利益は、形式的には同じ会社の行為であっても、その経済的な意味はその行為が行われる具体的な会社の財務状況等によりまったく異なりうるものであるから、事前に利害調整について合意をしておくということは困難であるといわざるをえない。[80] もっとも、種類株式の内容として拒否権を定めることができるのであるから、不確定な将来の不利益を回避する手段としてはこれを用いればよいではないかという反論はありうるかもしれない。そのことは、確かに否定しがたいことではあるが、種類株式に拒否権を与えることは、会社の行為の自由を大きく制約することになりうるので、たとえ閉鎖的な会社であったとしても活用には限界があるものと思われ、[81] そうであるとすると、拒否権を定めておかなかったことは自衛を怠ったのだから利害調整のための法的介入をすべきでないという帰結を一直線に導くのは単純に過ぎよう。[82]

(3)　他の利害調整手段―公正要件と株式買取請求権

以上の検討により、種類株式間の利害調整手段として、一面では種類株主総会という手段はさまざまな意味で限界があるとともに、定款の自治により利害調整のための法的介入を排除するということにも限界があることが明らかにされた。このことからは、種類株主総会以外の利害調整手段をやはり用意しておく必要があるということになろう。とりわけ種類株式に生じうる不利益の類型としての②や③についてこのような利害調整手段の必要が大きいといえるであろう。

ここですぐに思いつくのは、利害調整についての公正さ（fairness）を会社法上の各種の規定の解釈の中に盛り込んでいくという発想であり、米国では、優先株式の累積未払配当請求権の縮減問題を契機として今日に至るまで学説がさまざまに模索してきたところである。米国では、公正さの要件は、具体的には、取締役または支配株主の信認義務

(fiduciary duty) という法制度の種類株式に対する適用の有無として論じられることになっている。わが国でも、種類株主総会決議は利害調整手段としてはあまり適切でないとする論者は、代替手段として利害調整が不公正であることを株主総会決議の取消事由としての特別利害関係により著しく不公正な決議がなされたことという事由に該当するというような解釈論を提示するのは(83)、公正さを要件とする発想にほかならない。また、トラッキング・ストックの発行を契機に、わが国においても、種類株主間の公正な利害調整を図ることが取締役の義務となるかどうかといったことが議論されたのも、公正さという要件を問題としていることにほかならない(84)。このような公正さの要件をより具体化できないかということは、今後の大きな課題となろう。

もっとも、米国においても、公正さの要件の必要性が学説により度重ねて主張されてきたにもかかわらず、判例においては不利益を受ける種類株主の救済にはきわめて消極的なのが一般的であるという状況が依然として続いている(85)。この点で、親会社等の支配株主と子会社等の従属会社との利益相反関係に対しては支配株主の忠実義務の理論により公正さの厳格な審査が行われることとはかなり対照的な状況がある(86)。このことがいかなる理由によるものかは理論的にはきわめて興味深いところであるが、公正さの要件が理論的にいわれるほどには実務上は機能しやすいとはいえないということがあるのかもしれない。

そのように考えると、不利益を受ける種類株主の救済としては、株式買取請求権が大きな役割を果たさざるをえないということになる可能性がある。わが国では、改正前は、種類株式間の利害調整手段として株式買取請求権を活用するという発想がなかったが、会社法は株式買取請求権の認められる場合を大幅に増やしたことは、その意味で大きな意義があったということができる(87)。もっとも、会社法の株式買取請求権は法定された場合に認められるにすぎず、実際上これが機能するのは組織再編の場合に限られよう(88)。また、組織再編の場合についても、株式買取請求権が認められることにより、組織再編に際しての種類株式の取扱いについて、およそ法的な限界がないということにはならないであろう。これに対して、種類株式に生ずる不利益の類型のうち②については、株式買取請求権は認められておらず、これによる救済は不可能であるから、②の類型の不利益については、やはり公正要件を織り込んだ解釈理論が求められなければならないであろう。

4　若干の解釈論

(1)　損害を及ぼすおそれの有無

以上の一般的な考察を踏まえた具体的解釈論の構築は未だ難題であるが、まとめを兼ねて若干の具体的な解釈問題に関する私見の方向性を述べておきたい。

まず、種類株主総会決議を要することになる要件および定款で種類株主総会決議を要しない旨が定められている場合において種類株主が株式買取請求権を有することになる要件としての種類株主に損害を及ぼすおそれの有無の判断については、改正前からの解釈と同様に、種類株式間の割合的な権利を不利益に変更するものかどうかによるものとすることから出発すべきである。もっとも、前述のように、会社法の下では、種類株式の構成要素は会社に対する割合的な権利だけに着目しない譲渡制限や拒否権に拡大されたことから、損害を会社に対する割合的な権利の変動ということに着目することで足りるのかという疑問が生ずる余地はある。ただし、このことから、損害の及ぶおそれの有無を、総合的に種類株式の権利内容が不利益に変更されるかどうかに着目するということになると、その判断は困難となり、すべての種類株式の種類株主総会決議を経ておくことが必要となりかねず、種類株式間の利害調整を硬直的なものにしてしまうことになる(89)。譲渡制限や拒否権が定められるのは実際上は閉鎖的な会社や種類株主が金融機関等であり閉鎖的でそれなりの交渉力があるのが通例であろうから、損害の及ぶおそれの有無は割合的な権利の変動の有無に着目することでよいと考える。

以上に対して、組織再編については別途の検討が必要となる。前述のように、組織再編の場合には、種類株式の権利変更や株式の割当てについて株式分割等が行われる場合と同様に種類株式間の割合的権利に変動を及ぼすか否かの基準により判断するか、端的に株式価値の増減の基準により判断するかという点について意見が分かれうるが、この点については、後者の立場によるべきではないかと考える。その理由としては、まず実質論としては、合併等の組織再編がある場合においては、種類株式を発行している会社一社の中での種類株式の権利変更では済まず、組織再編が種類株式に及ぼす影響については抽象的一般的には判断しがたいということがある。(90) 改正前において、割合的な権利の変動の有無により種類株主総会の要否が決まるという伝統的な解釈による場合に、どの種類株主に損害が及ぶか判断不能であるから、いずれの種類株式についても種類株主総会決議を要するという解釈が有力であったのは、(91) 割合的な権利の変動の有無を基準とする解釈の問題を示唆するものである。また、割合的な権利の変動の有無だけを基準とすることで問題がなくなるわけではない。以上のことから、損害が及ぶおそれの有無は、株式価値の増減に従い判断すべきであると考える。この解釈は、会社法三二二条一項一号から六号までの行為と、七号以下の組織再編とで、損害が及ぶおそれの有無の判断基準を区別する解釈であり、条文解釈論としてはやや不自然であるが、種類株主の株式買取請求権については、一号から六号までと、七号以下が別の規定に基づく株式買取請求権として分けて規定されていることからしても、(92) 会社法三二二条一項では、各種の会社の行為を列挙するが、それは条文配置の便宜のためであって、会社の行為の実質に即して損害が及ぶおそれの有無の判断基準が異なるという解釈も、許されないものではなかろう。(93)

(2) 種類株主総会を要する会社の行為

会社法三二二条一項各号列挙の事項が限定列挙か否かについては、立案担当者も解釈に委ねるという立場のようであるが、(1)で述べたような意味における損害が及ぶおそれのある場合に該当する会社の行為があれば、類推適用があるというべきである。前述のように、株主総会決議に基づく自己株式の取得については、類推適用の可能性があるというべきである。

これに対して、損害が及ぶおそれがあるとしても、前述の不利益の類型でいえば②の類型については、種類株主総会という制度が予定している損害というべきではなく、種類株主総会決議を類推適用すべきでない。種類株主の不利益に対する救済は、以下のように別の手段により図られるべきである。

(3)　全部取得条項付種類株式の取得決議

全部取得条項付種類株式の取得を決定する株主総会決議は、他の種類株主とともに株主総会が構成されたり、あるいは全部取得条項付種類株式が無議決権であり他の議決権を有する種類株主だけが株主総会を構成する場合には、種類株主間の利益が対立しうる典型的な局面であるが、実際に利害対立がある場合についても種類株主総会が予定されていないことは立法趣旨から明らかであり[94]、種類株主間の利害調整は、種類株主総会とは別の手段で考えざるをえない。この点については、すでに主張されているように[95]、特別利害関係を有する株主が議決権を行使したことにより著しく不利益な内容の決議が成立したという決議取消事由があるとするのが最も無難な解釈であろう[96][97]。

もっとも、そのことを前提としても、検討すべき問題点はある。これもすでに指摘されているように、(取得される全部取得条項付種類株式の保護という観点からであるが)取得を決定するには「正当な事由」が必要ではないかという問題や[98]、全部取得条項付種類株主は裁判所に取得価格の決定を求めることができることを株式買取請求権が与えられていることと同様に見て、そのことにより全部取得条項付種類株主が不利益を受ける決定であっても決議は有効としてよいか、といった問題が考えられる。私見としては、全部取得条項付種類株式という制度を立法的に認めた以上、「正当な事由」を要するというような解釈には無理があると考えるが、複数の種類株式がある状況下で全部取得条項付種類株式の経済的な価値を公正に反映しておらず、その他の種類株式が利益を得ることになるような取得の決定は著しい不公正があるものとして取消事由があると解すべきであると考える。全部取得条項付種類株主に取得価格の決定の請求ができるとされていることにより、取得を決定する株主総会決議において公正さが要求されないという解釈はとるべきではない[99]。

(4) その他の利害対立局面における不利益の救済法理

全部取得条項付種類株式の取得以外でも、株主総会の決議事項とされる会社の行為については、利害が対立する場合には株主総会決議の瑕疵の問題として、不利益を受ける種類株主の救済を図ることが可能である[100]。しかし、株主総会決議事項ではない会社の行為でも種類株式間に利害対立があるものは少なくないが、この場合にそもそも不利益を受ける種類株主の救済が必要か、また必要であるとしてどのような法的手段によるべきかは最も未解明の問題であり、今後の課題である。取締役が種類株式間の利害調整についてどのような義務を負うかといった問題を軸に検討がされるべきであろう[101]。

(5) 株式買取請求権における買取価格

種類株主に株式買取請求権が認められる場合における買取価格は、組織再編の場合に関しては、シナジーを公正に反映した価格という基準であることは会社法の立法趣旨から明らかであるが、組織再編以外の場合については基準が明らかでない。組織再編の場合と異なり、会社内部における効果しかないのでシナジーという問題は生じないから、会社の行為がなければ有すべきであった価格という基準によることで問題はなさそうでもある。しかし、ある種類株式の権利を不利益に変更することにより、他の種類株式の価値が増大するような場合においては、組織再編におけるシナジーの発生の場合と同様に買取価格に反映されなければならないであろう[102]。

(71) たとえば、菅原・前掲注(1)三一九頁は、「技術的困難が全くないのに、客観的に明白に実質的公平に反する格別の定めは、たとい不利益を受ける種類の株主総会の決議(商三四六条)があっても、その瑕疵は治癒されないものというべきである」とする。

(72) Brudney, Standards of Fairness and the Limits of Preferred Stock Modifications, 26 Rutgers L. Rev. 445 (1973) は、累積未払配当請求権の縮減がどのような事情で種類株主総会で承認されることになるかとその合理性の有無を分析する。

(73) 出口正義「種類株主総会の立法論的考察」同『株主権法理の展開』三二七頁（文眞堂、一九九一）は、違法・不当な定款変更の株主総会決議が取消・無効とされたときに、種類株主総会がそのような違法・不当な決議を有効なものとすることになるかという疑問を提示する。

(74) 出口・前掲注（73）三二六頁。

(75) 米国でも、合併の場合に種類株主総会決議を要しないとする州会社法は一般的ではない。ただ、デラウェア州会社法は、種類株主総会は法律上は要求されず、他方、株主の株式買取請求権が認められており（松尾・前掲注（39）四三七頁以下参照）、会社法の規整はこれに近いものということができる。ドイツでも、合併等の場合にはやはり種類株主総会決議が必要とされていることについては、松尾健一「合併における種類株主総会決議の要否―ドイツ法を参考に」同法五六巻五号一一三頁（二〇〇五）。

(76) ベンチャー企業における拒否権条項の例として、高原達広「種類株式設計の多様化―ベンチャー企業における種類株式の利用〔下〕」商事一七〇三号三二頁（二〇〇四）。

(77) 会社法三二二条一項に列挙されている事項以外にも種類株主総会決議を要する事項を類推適用により解釈論上認めることはありうるとしても、同項に列挙された行為と同様に種類株式の割合的な権利の変動（①の類型の不利益）が生ずる場合に限られるべきであろう。改正前から、①の類型以外の会社の行為について種類株主総会決議の対象となるする解釈論が主張されることがあるが（たとえば、大杉謙一「トラッキング・ストック」法教二五〇号六〇頁（二〇〇一）は、トラッキング・ストック株主とその他の種類の株主の間の事業分野の調整について、トラッキング・ストック株主の期待を害する場合には商法三四五条・三四六条の類推適用によりトラッキング・ストック株主の種類株主総会決議を要するとする）、種類株主総会の守備範囲の拡張は問題である。

(78) 改正前より種類株主総会決議を要する場合として学説によりあげられていたものとして、種類株式発行会社が株主割当てにより新株を発行する場合があり、各種類株式の時価をそれぞれ発行価額とする場合には、種類株主総会決議は不要であるが、時価が異なるにもかかわらず同一価額で発行する場合には不利益を受ける種類株主の種類株主総会決議が必要であるという見解が主張されていた（菱田政宏「数種の株式と新株発行・株式分割」民商五一巻六号九〇四頁以下（一九六五）、神崎克郎ほか「座談会・優先株発行の機動性確保と商法改正⑵」民商九七巻二号一六八頁〔洲崎博史〕（神崎克郎ほか『優先株制度（企業金融と商法改正3）』五六頁（有斐閣、一九九二）所収）。しかし、このような新株の発行価額の決定という問題は、本文の種類株主に生ずる不利益の類型でいえば②の類型に該当するのであって、種類株主総会決議の対象として適切な事項かどうかは問題ではないかと考えられる（会社法三二二条一項四号は株主割当てによる株式を引き受ける者の募集を種類株主総会決議の対象とするが、これは、株式の発行により種類株式間の割合的権利関係を変動させる場合に適用されるべきものである）。また、発行価額についての不利益を問題とするのであれば、株主割当てに限らず公募や第三者割当てについても種類株式間での利害対立はありうるであろう。むしろこの問題は、新株の有利発行規制の中でいかに種類株式間の利害調整を図るかという観点から考察すべきではないかと考えられる。いずれにせよ、募集株式の発行に関する種類株式間の利害調整についての法規整は検討の余地が大きい。

(79) 神田・前掲注（43）七一頁のように拒否権を定款で定めることができることとした趣旨から法定の種類株主総会についてはそれが必要な事項を解釈で拡大すべきでないという主張はその一例である。相澤・前掲注（5）八八頁〔相澤哲＝細川充〕は、「種類株主の利益の保護については拒否権等の別途の制度によっても図ることができるものと考えられることにかんがみ、法律上種類株主総会の開催が義務づけられる場合を限定する改正が行われている」とするが、種類株主総会以外の法的介入手段についても同様のことが妥当するという発想がありうるであろう。

(80) 江頭・前掲注（10）一三五頁は、組織再編について、あらかじめ定款に種類株主に交付する金銭等の割合等を定めておくことは、通常困難である旨を述べる。神田＝武井・前掲注（23）一八四頁も、「組織再編における割当ては当該時点における当事会社の財務状況や相手会社との交渉によって決せられるものであって、一義的に明確に予め定款に規定を設けることは極めて困難であろう」とする。

(81) 高原・前掲注（76）三二頁以下は、ベンチャー企業においてはベンチャー・キャピタルの求めにより多種多様な事項についての拒否権を定款に盛り込むことも多いが、「あまりにも過剰な拒否権対象事項の設定は、ベンチャー企業の日々の業務の機動性を害するだけでなく、他の普通株主の経営関与の機会を反射的に低減させる効果を持つこととなる。また、過剰な拒否権対象事項の設定が、将来、追加的に資金調達する際に新規の投資家を募る過程で投資家の投資意欲をそぐ可能性もないわけではない」という問題を指摘する。

(82) 米国では、後述のように、種類株式間の利害調整について、判例は定款の自治を強調して法的な介入には消極的な傾向が顕著であるが、そのような中で、定款の自治による自己責任が最も徹底しているはずのベンチャー企業における種類株式間の利害対立の問題が近時議論されている。Bratton, Venture Capital on the Downside: Preferred Stock and Corporate Control, 100 Mich. L. Rev. 891 (2002); Bratton, Gaming Delaware, 40 Willamette L. Rev.853 (2004); Fried and Ganor, Agency Costs of Venture Capitalist Control in Startups, 81 N.Y.U. L. Rev. 967 (2006).

(83) 出口・前掲注（73）三三一頁以下は、ある種類株主に損害が生ずべき株主総会決議は、当該種類株主以外の種類株主が現行法でいうところの会社法八三一条一項三号にいう特別利害関係人に該当し、決議に取消事由があるとする。

(84) 大杉・前掲注（77）五九頁。

(85)　高橋真弓「優先株主と普通株主の利害調整」一橋一二二巻一号八八頁（一九九九）は、種類株主の権利は契約としての定款の定めにより決定されるべきであり、一部学説のような取締役が各種類株主に対して信認義務を負うという考え方は一般的ではないという米国の状況を紹介する。

(86)　江頭憲治郎『結合企業法の立法と解釈』（有斐閣、一九九五）参照。

(87)　加藤・前掲注（33）二三頁。

(88)　会社法三二二条一項二号から六号までの株式併合等については、定款であらかじめ種類株式の取扱いについて定めておくことが容易であるから、株式買取請求権による救済が必要な場合はあまり考えられない。

(89)　種類株式間の利害調整についてこのような問題を生じさせることになったことは、譲渡制限や拒否権を種類の構成要素としたことの問題ということができるであろう。

(90)　配当に関する優先権などの種類の構成要素は具体的な発行会社の財務状況によって経済的な価値が決まるのであり、組織再編があり他の会社との離合集散が図られる場合には経済的な価値が大きく変わるということは、組織再編に際して当然には再編先に承継されない新株予約権と組織再編の関係に類似した面があるように思われる。このことは、組織再編に際して、種類株主の形式的な割合的権利の変動に着目した利害調整をすることの意味を疑わしいものとすることになるであろう。

(91)　前掲注（62）。

(92)　加藤・前掲注（33）二三頁以下は、種類株主の株式買取請求権について、会社法三二二条一項二号～六号の場合と七号以下の場合とで別に規定され、損害の及ぶおそれの要件が前者では規定されているのに対して、後者では規定されていないという区別について、前者では定款で種類株式の取扱いについて合理的な定めをしていれば損害が及ぶおそれがないため株式買取請求権を否定できるという解釈で正当化されるのに対して、後者では株式買取請求権を否定することはできないということから説明できる旨を述べる。種類株式の取扱いについての定款の定めは七号以下の組織再編の場合には元々難しいということ（前掲注（80）参照）はこのような説明を支えることになろう。

(93)　組織変更の場合に種類株式の価値の増減に着目して損害が及ぶおそれの有無を判断し、その意味での損害があれば種類株主総会決議を要するとするのに対して、組織変更以外の前述の②の類型の不利益が生ずる場合には種類株主総会を要しないと解釈することとの間には論理的には一貫性がないという批判はありうるであろうが、これは種類株主総会という制度を種類株式間の利害調整手段としてどこまで活用するかという立法政策判断の問題であり、組織再編の重大性によりその他の会社の行為と区別されているという説明が可能であろう。

(94)　相澤・前掲注（5）四三頁〔相澤哲＝豊田祐子〕。

(95) 笠原・前掲注(69)二四五頁以下。

(96) 種類株式がある場合に当然に特別利害関係があるということではなく、全部取得条項付種類株式の場合には構造的に特別利害関係となりやすいということであろう。

(97) 笠原・前掲注(69)二四二頁が指摘するように、全部取得条項付種類株式が株主総会決議において議決権を行使できない場合には、通説的な解釈によれば決議取消訴訟の原告適格が認められないという問題などがあり、解釈論としては取消事由ではなく決議無効事由とする解釈論が必要となるかもしれない。

(98) 藤田・前掲注(70)五六頁以下。

(99) 全部取得条項付種類株式の取得が決定される場合と一口にいっても、債務超過会社が一〇〇パーセント減資をする場合と、敵対買収防衛策の発動としてする場合とでは利害状況は全く異なるのであって、それぞれの場合に即して考察することが必要であろう。

(100) 合併比率の不公正が合併無効事由となるかという問題に関しては、近時の有力な学説は、独立当事者間の合併については無効事由とはならないとしつつ、親子会社関係のように支配従属関係にある場合には、子会社株主にとって合併比率が不公正な場合には、合併承認決議が特別利害関係により著しく不公正なものに当たるとして取消事由を帯びるとともに合併無効となるとする。江頭・前掲注(10)七六二頁、田中亘「組織再編と対価柔軟化」法教三〇四号八一頁(二〇〇六)。このような当事者間の構造的な利害対立が株主総会決議の瑕疵や組織再編の法的効力に結びつくという考え方が、種類株式間の利害調整にも応用できるかについては、さらに理論的な検討が必要である。

(101) 種類株式の取扱いについて定款で定めを置くことは認められるが、その定めが合理性を有すれば有効といわれる。合理性の有無をどのように判断するかの基準を明らかにすることも課題となる。

(102) 藤田・前掲注(70)三〇四頁以下は、一〇〇パーセント減資の目的で全部取得条項付種類株式を取得する場合に即して、一〇〇パーセント減資による企業再建がもたらす効果(一種のシナジー)を新株主が独占してよいかを検討しているが、債務超過会社を別とすると、当然に独占してよいというべきではないとする。

五　おわりに

本稿では、会社法の下における種類株式間の利害調整について、新たにどのような問題が生じているのか、および利害調整の手段のあり方について考察を試みた。しかし、問題の入口にようやく辿り着いた程度のことのようである。また、本稿での考察は、多様なものとなりうる種類株式に具体的に即したものとなっておらず、その点でも限界がある。序説というタイトルを付けざるをえなかった所以である。

〔新堂幸司＝山下友信編『会社法と商事法務』五九頁～一一五頁（商事法務、二〇〇八）〕

〔編注〕　本稿の考察を踏まえて、種類株式に関する会社法の規定の注釈を執筆した（山下友信編『会社法コンメンタール3株式［1］』（商事法務、二〇一三）の一〇七条・一〇八条・一一〇条～一一二条・一一四条・一一五条、岩原紳作編『会社法コンメンタール7機関［1］』（商事法務、二〇一三）の三二一条～三二五条・三四七条）。

会社役員賠償責任保険と会社法

一　はじめに

平成五年商法改正により代表訴訟に関する規定の改正が行われた。代表訴訟の目的の価額の算定について財産上の請求にあらざる請求とみなすこと（商二六七条四項）、従って、訴訟提起に際して納めるべき手数料（印紙代）の額が八二〇〇円とされたこと、および、代表訴訟を提起した株主が勝訴した場合に、従来から認められていた弁護士報酬に加えて訴訟を行うのに必要な費用で訴訟費用でないものについても会社に請求しうることとされたこと（商二六八条ノ二第一項）という、ある意味ではささやかな改正である。(1)

しかし、特に、前者の改正は高額の責任を追及する代表訴訟の提起の段階でこれまで存在してきた大きな制約を取り払うものであるだけに、折からのバブル経済時代の企業不祥事の後始末にかかわる代表訴訟活用の動きにはずみをかけているようである。(2)

このような法改正により、代表訴訟が頻繁に提起されるようになるかどうかについて、研究者は今のところかなり懐疑的であるが、(3)会社実務においては、代表訴訟の脅威を急速に感じ始めたようであり、そのことから急速に会社役員賠償責任保険（Directors and Officers Liability and Company Reimbursement Policy：以下、便宜、「ＤＯ険」という）への関心が高まっている。この責任保険は、平成二年よりわが国でも損害保険会社により発売されている。この保険は、以前から紹介もされていたが、実際には海外とくに米国の子会社の役員の責任リスクをもっぱら念頭において引き受けられていたにとどまり、国内での役員の責任リスクが現実的なものとして意識されていたことはなかった。しかし、情勢は急速に変わりつつあり、この保険の利用に関する会社法の見地からの議論も急速になされるようになっている。

（1）改正の内容については、吉戒修一「平成五年商法改正法の解説（一）（二）」商事一三二四号一一頁、一三二六号二頁（一九九三）等参照。

（2）現在までの代表訴訟の実例につき、法務省民事局参事官室編『一問一答平成五年改正商法』一八頁以下（商事法務研究会、一九九三）参照。この後も、大型の代表訴訟提起の報道がなされている。

（3）たとえば、江頭憲治郎「改正商法の内容について」『経団連資料No.2・改正商法の解説』六頁（一九九三）など。

二　ＤＯ保険の内容

現在発売されているＤＯ保険は、米国等で一般的に用いられている保険約款にならうものであり、そのために約款の正文は英文であり、和文翻訳は参考となるにすぎない。会社役員を示す用語も、会社の取締役および役員（director and officer）というように米国の会社法に即したものとなっている。ＤＯ保険の内容については、既に多くの紹介があるので[4]、ここでは概略のみ述べる。

（1）　契約関係者

会社が保険契約者、取締役・役員全員が被保険者とされる。日本の会社が加入する場合は、取締役および監査役がこれに当たるものとして引き受けられる（以下、取締役・監査役を一括して役員ということとする）。会社が保険契約者となることから、会社が保険料支払義務を負うことが予定されている。

(2) 担保内容

保険者の担保内容は、AとBとから構成されている。担保Aは役員の責任担保であり、被保険者たる役員が、その地位に基づいて、いかなるものであれ不当な行為（wrongful act. 違法な行為と訳される場合もある）を理由に損害賠償請求を受けたことによる損害をてん補する。ただし、会社が役員に対して補償を与えた場合は除かれる。

担保Bは、会社の補償にかかわる担保であり、役員がその地位に基づいていかなるものであれ不当な行為を理由に損害賠償請求を受けたことから生じる損害について、会社が法律、定款等により役員に対して補償したかぎりにおいてそれによる損害を会社に対しててん補するものである。したがって、担保Bについては、会社を被保険者とする損害保険であると考えられるが[5]、日本国内での保険の引受においては、会社による役員に対する補償が行われていないという理由で、担保Bが適用されることはない。

担保A・Bいずれにおいても、担保される役員の責任は、会社以外の第三者に対する責任のみならず、会社に対する責任の両者を含む。会社に対する責任は、会社自身が追及する場合と、代表訴訟により株主が追及する場合との両者を含むが、保険の引受にあたっては、普通保険約款を補充する特約により会社自身が追及する場合等は免責とされることが多いようである。

担保条項でいう、不当な行為とは、義務違反、過失、過誤、誤った陳述、誤解を招く陳述、不作為もしくは行為、その他会社役員であることを理由として賠償請求されるすべてのことがらというように定義されており、要するに役員たる地位に基づく民事責任発生原因となる行為を網羅しているものと解される。

(3) てん補される損害

担保Aでは、役員が損害賠償請求を受けたことによって被った損害をてん補するものとされ、この損害は、法律上の損害賠償金、判決金額、和解金、および防御費用をいう。罰金、科料、過料、課徴金、懲罰的損害賠償金等、ならびに被保険者に対する法的な手続によらずに定められた金額等は含まれない。賠償金等と防御費用の合計額が保険金額を限度としててん補される。防御費用については、損害賠償請求が最終的に解決した後にてん補されるのが原則であるが、保険会社はそれ以前に前払いすることもありうる。ただし、この前払いは保険会社の裁量に従うものと規定されている。

保険契約においては、予め約定された免責金額を超えた損害額のみがてん補されることとされ、また、免責金額を超える損害額についても、予め約定された比率のみがてん補される（縮小てん補）。これらにより、被保険者たる役員は損害のうちの一部を自己負担しなければならなくなる。

(4)　免責事由

保険会社が保険給付を行わない免責事由として、①法律上許されない個人的な利益を実際に得たことにより生じた請求にかかわる損害、②不誠実な（dishonest）、または犯罪行為を実際に行ったことにより生じた請求にかかわる損害等が列挙されている。

（4）　近藤光男「取締役の責任とその救済（三）」法協九九巻一号一二九〇頁以下（一九八二）、甘利公人「会社役員賠償責任保険（一）（二）」上法二六巻一号二一九頁以下（一九八三）など。わが国のＤＯ保険の解説として、石川茂「わが国における会社役員賠償責任保険」ジュリ一〇一二号七九頁以下（一九九三）。米国でも統一約款はないようであるが、各社の約款の大要は共通しているようであり（実例につき、J. Olson & J. Hatch III, Director and Officer Liability: Indemnification and Insurance. Appendix 10-1 et seq. (1990)）、わが国の保険会社の約款も米国の約款と概ね共通である。

（5）　もっとも、保険実務上、担保Ｂの適用があるとしても会社がその被保険者であるという理解は必ずしもとられていないようである。

三　利用者ニーズからみたＤＯ保険

ＤＯ保険は、米国の会社法を念頭に置いているために、国内法上の責任リスクについてもそのまま使用すると、わかりにくい部分があることは否定できない。また、この保険を利用しようとする役員の立場に立てば、そのニーズに十分答えているかどうか疑問がもたれるかもしれない。

担保Ｂは、現在は死文である。米国では、会社による役員に対する補償の制度が整備されているため、役員が責任を追及される場合に、会社がまず役員に対して補償し、その支払分について保険会社が担保Ｂに基づき会社にてん補することが多いといわれている。補償制度と責任保険が一体の制度となっているのである。これに対して、わが国では、会社の補償、とくに事前の補償が許されないとすると、担保Ｂが適用されることはなく、責任を追及される役員は、仮に責任を負うべきでない場合であっても、ひとまずは自腹をきって弁護士を雇い防御に努めなければならない。この保険では、保険会社は被保険者のために防御する義務を負っておらず、あくまでも防御費用をてん補するだけである。担保Ａによる防御費用の前払いは、あくまでも保険会社の裁量に係っており、最終的には保険により防御費用がてん補されるとしても、当座の役員個人の負担は大きい。代表訴訟により責任の追及を受けた場合に、責任がないことが最初から明白な場合であっても、多くの場合は防御を遺漏なくするためには、有能な弁護士を雇うことをしておかなければならないであろう。

その他、免責事由は相当に抽象的な規定とされているので、どこまでが免責となるかは必ずしも明確ではないということがある。不誠実とは何を意味するか、個人的な利益を得るとはどこまでを含むのか、など必ずしも明確ではない。保険会社の解釈としては、会社に対する責任について考えれば、忠実義務違反の責任はカバーされないし、違法な行為を故意に行った場合も不誠実に該当し免責ということのようである。したがって、役員がこれらの理由により有責と最終的に判断された場合には保険でカバーされることはなく、一般的には、忠実義務とは区別される経営判断上の過失がカバーされるにすぎない。経営判断上の過失責任についていわゆる経営判断原則が適用される場合には、適正な経営判断を行っているかぎりで有責とされる可能性はあまり高くはないであろうから、実際上は、理由がないのに代表訴訟を提起され防御に努めたことによりかかる費用をてん補することに主たる意味があることになろう。

保険会社が保険に基づくてん補義務を負う場合にも、取締役の自己負担が合意される。取締役が有責とされた場合のみならず、取締役が完全に勝訴した場合も等しく適用されるもののようであるので、代表訴訟の被告とされた場合には勝訴したとしても自己負担をゼロとはできない。さらに、いうまでもなく、保険金額は保険会社の引受判断により自ずから限度があるから、昨今提起されているような巨額な責任を追及する代表訴訟において仮に役員が有責とされたような場合はＤＯ保険がかかっていても全部をてん補してもらうことは無理であろう。

四　ＤＯ保険と会社法

(1)　ここでは、ひとまず、役員が自ら保険契約者となり、保険料も支払う場合について考えよう。このように役員個人が保険契約者・被保険者として責任保険を付すのであれば会社法上は何ら問題がないようにいわれることが多いが、(6) 会社法上の適法性について疑問とする議論がないとはいいきれない。

責任保険も保険の一般原則に基づき被保険者の故意に招致した事故についててん補するものは適法ではありえない（商六四一条）。しかし、それ以上に、そもそも責任保険の対象とすることが不可能であるとされる民事責任は現在では一般論としては存在しないように思われる。

役員の責任についても、役員がその地位にあることに起因して、会社以外の第三者に対して損害賠償責任を負うリスクについては、自ら責任保険を付すことは許されないという見解は、まずないものと思われる。

これに対して、会社法上の、会社に対する民事責任（代表訴訟の対象となる）についても付保の限界はないのであろうか。もしありうるとすれば、会社法上の会社に対する民事責任は役員に対して義務の適正な履行を担保するための制度的保障であって、これが保険によりカバーされるとすれば役員が義務の履行を怠る誘因として作用することになりうるから、問題であるということであろう。

これに対するわが国の会社法学説の答は、必ずしも明確ではないが、仮に役員の責任を全部保険に転嫁することとすれば、やはり問題があるとする見解が主張される可能性がないとはいえないのではなかろうか。後述のように、会社が保険契約者として保険料を支払う場合を念頭に置いた議論においては、役員が相当の自己負担をすることが適法であることの重要な前提条件とされるように思われるが[7]、それが、保険が役員の義務懈怠の誘因とならないようにするということを理由とするのであれば、役員が自ら付保する場合についても等しく当てはまることであろう。

確かに、責任を負っても全部保険でカバーされるとすると、役員は経済的には一切痛みを感じないことになり、義務の懈怠につながるおそれが大きく、会社法の精神からは問題があるということであろう。これは、要するに、会社法上の会社に対する民事責任は、一般的な民事責任とは質が違うということを意味するのであって、そのような理解をすべきかどうかが問題なのである。この点は、ＤＯ保険について考える場合の大前提として確認されておくべきことである。

実際には、保険において、前記のように、役員の自己負担が取り決められるので、少なくともそれが適正な水準であれば問題はないとされるのではないかと推測される[8]。わが国の役員は、一般的には国際的に見てそれほど高い報酬を受けているわけではなく、それほどの資産も有しているようには思われないから、ある程度の自己負担があるということは十分の抑止となることは肯定してよかろう。しかし、それだけではなく、会社に対する民事責任の種類についても考慮する必要がある。

第一に、重過失による責任についてどう考えるか。保険法的には責任保険においても重過失を担保することは特に問題はない。しかし、会社法的には、義務の懈怠の可能性を懸念するのであれば重過失を担保することも問題があるという議論はありうるかもしれない。なお、約款にいう不誠実な行為という免責事由が重過失を含むとは解釈しにくい。

第二に、米国法の枠組みでは、注意義務（duty of care）と区別される忠実義務（duty of loyalty）違反による責任として位置づけられるような責任も担保してよいかという問題がある。約款では、私的な利益を違法に得た場合が免責とされており、これは忠実義務違反による責任を一般に免責する趣旨であるとすれば、問題は回避されているといえるが、約款のかかる免責事由イコール忠実義務違反といってよいのかは疑問がないわけではない。また、わが国では、注意義務違反と忠実義務違反とが明確に区別できるかは問題である。

いずれも、現行法の下での解釈は必ずしも明確ではないが、結論としては、現在のＤＯ保険のような内容であれば、保険として不適法とまでいう必要はないように思われる。

(2)　前述のように、現在のＤＯ保険では、会社の役員を一括して被保険者とし、会社が保険契約者として保険契約を締結することが予定されている。米国等において認められているように、会社が保険契約者として保険料を支払う義務を負うことを前提とした契約方式となっている。現在、このような会社による保険契約の締結および保険料の負担が商法上許されるかどうかが議論されている。これは、そもそも、役員自ら保険契約者としてＤＯ保険を付すことができるかという前記の問題とは区別して考えるべき問題である。

最近の学説は、会社が保険契約者となって保険料を支払うことには問題があり、役員は報酬として保険料相当額の支払を受けた上、自己負担により保険料を支払わなければならないとするものが多数である。(9) 私も、このような処理をすれば会社法上も問題ないことは当然であると考える。

もっとも、報酬に当たるとしても、会社が保険料を負担することは同じなのであるから、このような手続によるだけで会社による付保を正当化してよいのかどうかを疑問視する見解はありうる。(10) 確かに、現行法の下では、役員全員の報酬総額の限度額を総会で決議すれば足りるとされるので、責任保険の保険料も決議された限度額の範囲内で支出するのであれば、それ以上に特に何らかの手続を踏む必要はないとされるのではないかと思われる。しかし、それでは、開示の点について特に配慮されないかぎり、ＤＯ保険が付されたかどうかを株主が知ることはできない可能性がある。報酬規制の趣旨を、お手盛り防止という観点からのみ理解するためにこのようなことになるのであろうが、性格的には、通常の報酬とＤＯ保険の保険料とは相当異なるものであり、後者については、付保されているということ自体が株主にとっては重要な意味があることだともいえ、報酬規制に乗せるという方法が最善の解決か問題がある。しかし、そのことは、報酬規制に乗せずに、会社が保険料を支払うことが適法であるという結論を導く理由としては十分ではないというべきである。

なお、報酬規制の適用を受けず、役員を全員被保険者として会社が保険契約を締結することを、商法二六五条の利益相反取引として扱うという考え方もありうるが、その場合には、取締役全員が利害関係者であるから取締役会では承認をなしえないという懸念が指摘されている。(11) 商法上、このような利益相反取引について取締役会では承認しえない場合に株主総会決議で承認するということは認められないであろうから、現行法の下で異議なく付保するには、報酬に含まれるとして総会決議を受けておくのが安全な方法だということになる。

ところで、会社実務および保険実務の本音としては、会社が法律上も保険契約者となり、報酬規制を経ずに保険料を負担することとしたいということのようである（報酬として取り扱われると、取締役個人の所得として所得税の課税対象に含まれてくるという実務的な問題もある(12)。このようなことは可能か。代表訴訟の対象となる責任に関して、論じられる場合の論点は次のようなものである。

まず、責任免除との関係で、会社が保険料を負担して役員に保険保護を提供することは、会社が役員に対して責任を免除してやるのと同じで、許されるものではないという議論が考えられる。しかし、役員の責任免除に関する現行法の規制（商二六六条五項）が会社による付保まで一挙に射程に置くものかどうかは一概にはいえない。

もっとも、逆に、会社が付保したことにより、役員の賠償資力が確保され、会社にとっても有利だからという理由により会社による付保を正当化できるかどうかは疑問である。このような理由づけは、代表訴訟の対象となる会社に対する責任に関してあげられるのであるが、保険実務では、会社が自ら原告となって責任を追及する場合については、保険者免責とする特約が付されることが通例なのであって、単純に会社の利益になっているとはいいがたく、実質的には、ＤＯ保険は役員に対して責任からの免脱の利益を与える保険となっていることは否定しがたいことなのである。

そこで、責任免除の規制との関係はひとまずおいて、より積極的に会社が報酬としてではなく、保険契約を締結し、保険料を負担することを認める根拠があるかどうかを考えよう。

この場合に、比較の素材として、会社が従業員や役員のために自動車責任保険を付保することは異論なく認められているという例があげられるかもしれない。役員や従業員が会社の業務として自動車を運転する場合に、個人的に責任を負うことがあることは不可避であり、そのような業務に関連した責任について会社が責任保険を付すことは、役員に利益を与えるものではあっても、報酬とまでいうべきものではなく、会社の当然負担すべき経済的負担だと考えられるが、そのことと同視しようというのであろう。

このことは、役員が第三者に対して負う責任については、ある程度当てはまるかもしれない。役員は、第三者に対する加害行為をなし責任を負ったとしても、それが会社の業務上の行為に起因するかぎり、会社が補償することが一切許されないというものではないであろう。ここでは、いささか局面は異なるが、使用者責任に関して、責任を履行した使用者の被用者に対する求償が当然に全額認められるものではないという法理(13)が参考となるのではないかと思われる。企業内の人間が第三者に対して個人的に責任を負う場合であっても、企業活動上生じた責任であるかぎり、当該個人が当然に全面的に負担しなければならないというものではない。会社が従業員や被用者のために予め責任保険を付すことも同じような意味を有するものであると考えられるのである。会社の役員についても同じようなことがいえるかどうかは、従来あまり議論されていないようであるが、役員といえども、会社に対する義務違反の有無、加害行為の主観的態様等によっては会社が損失を最終的に負担するということは十分考えられようし、会社が役員のために責任保険を付すようなことも同様の趣旨で認められる可能性があろう。

これに対して、会社に対する責任についてはどうか。これについても役員の職務の遂行過程においては、責任が発生する可能性は常にあるのであり、第三者に対する責任と区別する必要はないという議論がなされるかもしれない(14)。しかし、質的には必ずしも同じでない。会社は民事責任規定の保護主体であり、その会社が責任主体である役員のために責任保険を付す行為が当然に可能かどうかは疑問の余地がある。ここでは、利益相反という事情があることは否定できないし(15)、商法の民事責任規定を全面的にではないが、部分的には修正する免責特約があるともいえるのである。

もっとも、この責任保険が対象とする事故のうち、役員が根拠のない代表訴訟を提起され、勝訴すべき場合を考えれば、このような訴訟において十分な防御をすることは、単に役員個人の利益にだけ資するのではなく、役員が有責とされることは会社の信用にもかかわることであり、会社自身の利益にも資するという側面はあろう。また、この局面は、会社と役員との間の委任契約に基づいて、代表訴訟で勝訴した役員は費用償還請求権を根拠に会社に訴訟費用の補償を請求しうるかという従来から争いのある問題(16)と性格を共通にする問題であり、その点について肯定できるとすれば、保険についても基本的には肯定の方向で考えるべきではないかと思われる。しかし、責任保険は、役員が完全敗訴する場合も、免責事由に該当しないかぎり、保険給付をするのであり、そのかぎりでは、会社が当然に付保することが許されるのかは、問題がないとはいえない。保険をつけることと、賠償請求権の事前放棄や責任免除とを直ちに同視すべきものではなかろうが、そうだからといって、役員敗訴の場合にも保険保護の及ぶ保険を付す権能が会社にあるということには直結しない。

会社が保険料を負担してやらなければ役員に有能な者を任用することができないおそれがあるから、これは会社の当然負担すべき費用であるという議論も、現行法の下での解釈論に当然につながるものではないであろう。

（6）　たとえば、前田庸＝阿部一正「商法改正案に関する質疑応答」商事一三三〇号四一頁〔前田庸〕（一九九三）、吉戒・前掲注（1）(二)四頁など。
（7）　江頭・前掲注（3）九頁など。
（8）　もっとも、江頭・前掲注（3）九頁は、一〇〇〇万円単位の自己負担が必要ではないかとする。
（9）　江頭・前掲注（3）論文一〇頁、前田＝阿部・前掲注（6）四一頁〔前田庸〕、元木伸『平成五年改正会社法の解説』二六頁以下（中央経済社、一九九三）など。これに対して、会社が保険料を支払ってよいと明らかに主張するものとしては、近藤光男「取締役責任保険の保険料支払い」商事一三二九号四〇頁以下（一九九三）。また、今井宏＝伊藤智文「株主代表訴訟と監査役」監査役三二〇号二八頁〔今井宏〕（一九九三）、落合誠一「平成五年商法改正」法教一五六号一一頁（一九九三）は、必ずしも明確ではないが、会社が支払うことができるという解釈に肯定的な立場をとるようである。
（10）　近藤・前掲注（9）四三頁、落合・前掲注（9）一一頁。
（11）　岩原紳作＝高橋宏志＝吉戒修一＝久保利英明＝石坂昌美「株主代表訴訟制度の改善と今後の問題点」商事一三二九号三三頁〔久保利英明〕（一九九三）など。
（12）　税務当局は、会社が保険料を支払う場合に、会社の経費として処理できるという考え方のようである。中村慈美「法人が負担する役員賠償責任保険料の取扱いについて」税務会計一二〇四号二三頁以下（一九九〇）。
（13）　最判昭和五一・七・八民集三〇巻七号六八九頁。
（14）　近藤・前掲注（9）四二頁。

(15) 神田秀樹＝鈴木進一＝遠藤博志＝藤野信雄「座談会・改正商法等をめぐる実務上の諸問題」税経通信四八巻一一号八頁〔神田秀樹〕(一九九三)。

(16) 北沢正啓『新版注釈会社法(6)』三八三頁(有斐閣、一九八七)参照。なお、米国のような会社の役員に対する補償についての法規定のないドイツでも、委任契約の一般原則に基づき会社が役員が責任追及を受けたことに対して会社に対する義務違反がないような場合は補償をすることを認めている。Mertens, Kölner Kommentar zum Aktiengesetz, 2. Aufl., 1988, Bd. 2 Lief. 1, § 84 Anm. 76ff.

五　問題解決の方向

会社が役員のために責任保険を付してよいかということは、立法で解決すれば最も簡明な解決になる。現に、米国では、州法で会社による付保を認めてきたし、英国でも、一九八九年会社法[17]により会社が付保できることを明文化した。英米とも、保険の内容については法律の上では、あまり厳しく制限していない。しかし、いずれも、現在国際的に概ね共通して保険会社が提供しているようなDO保険を前提として、そのような保険を会社が付すことは認めているのである。その背景には、そういう保険保護を受けさせることが取締役の任用のための当然の行為であると認めざるをえないという認識があるのであろうし、また、現在提供されているような保険であるかぎり、取締役を完全に無責任の状態に置くものではなく、民事責任の抑止機能を著しく阻害するものではないという判断もあるのであろう。そして、いずれも、取締役に対する報酬規制の問題として処理するのではなく、正面から保険をつけてやることの可否の問題として処理されているのである。

こういう外国の状況を考えれば、本来は、わが国でも、報酬規制のような迂路を経ずに、端的に会社がDO保険を付すことを認めるべきかどうかという観点から考えるべき問題であろう。そして、立法政策的には、これを認めることは不合理ではないと考える。会社の役員は会社および第三者に対して民事責任を負う可能性を常に負う者であるが、そのような民事責任についてリスク回避的な姿勢をとる合理的な者であれば、そのために必要な保険のコストの負担は当然会社に対して要求するであろう。そのようなコストを会社が支払うこととしても、役員がお手盛りで額を決めうるような主観的なものとはいえない。むろん、どの程度の保険を購入するかは一概に決まらず、それにより保険料の額も大きく変わってくるであろうが、これも実際には無制限のものではなく、保険会社の引受可能な範囲には自ら限度があるであろうから、報酬規制その他の利益相反規制に乗せなければならないような弊害は必ずしもないのではないかと思われる。むしろ、英国法が規定しているように(18)、会社が保険に加入した場合については、そのことについて開示することを義務づけておけばそれでよいことである。

ただし、立法論として考えてみても、保険の内容について保険市場の決定にのみ委ねてよいのか、会社法的に何らかの制約を課さなくともよいのかは十分検討すべき問題である。とくに、会社に対する会社法上の責任については、全部を保険でカバーすることになれば、実質的には役員を無責任にするおそれがあるのであって、何らかの強行法的制約を規定するという考え方も十分ありうるところである。ただ、保険の内容について法律で細かく限定をしていくということは実際には難しいであろうから、実際に販売されている保険が合理的なものであることを前提として立法するという考え方もありえようし、英米の会社法はそういう解決をしているのである。

現行法の下での解釈に戻れば、前述のように会社がＤＯ保険の保険料を支払ってよいとする主張もあるが、その論拠が必ずしも十分な説得力をもつかどうかは見解は一致しない。現在のようなＤＯ保険であるかぎり、やはり報酬規制に従って役員個人が報酬のなかから保険料を負担することとする方式とすることが安全な方法ではあろう。

もっとも、第三者に対する責任であるかぎり、現在のＤＯ保険のような仕組みの保険について会社が保険料を支払うことを認める余地は十分あろう。これに対して、会社に対する責任については、直ちに同様のことはいえないが、保険の仕組みに修正を加えることは考えられるであろう。たとえば、代表訴訟において被告とされた役員が勝訴した場合に、会社が防御費用を補償することができるかどうかが議論されているが、これが肯定できるとすれば、会社が補償することにより被る損害を会社に対しててん補する損害保険として構成することは可能であろう。もともと、いかにＤＯ保険といえども、故意に負った責任や忠実義務違反による責任をカバーするものではなく、経営判断上の過失に基づく責任が実際には対象となることになる。この場合に、役員が適正な義務の履行に努めているかぎりにおいて最終的に取締役が有責とされる可能性は低いのであり、役員の保険に対するニーズの重点も防御費用のてん補にあると考えられる。そうであるかぎり、勝訴の場合の防御費用を会社が補償できるということを認めたうえ、会社がそれにより被る損害をてん補される保険とするのであれば、その保険料を会社が支払うことは認めてもよいであろう。

このような保険を超えて、現在のＤＯ保険のように、取締役が会社に対して有責である場合も含めて損害をてん補するような責任保険について、会社が保険料を支払うことを認める余地はないのであろうか。ＤＯ保険をつけておけば会社の損害回復につながるから会社の利益となるという理由は前述のようにあげにくい。役員は責任を追及されることが不可避であるということもそれ自体は理由となりえない。やはり、会社が保険をつけてやることは、取締役にそれだけの便益を与えているものであることを正面から認めるべきであろう。

ただ、そのような便宜を与えることが、非常に歪んだ結果をもたらすかといえば、決してそういうものではないと考えられる。前述のように、国際的には、このような保険料のコストを会社が負担することは今日ではむしろ一般的に認められていることである(19)。わが国では、会社が保険をつけてやらなくとも役員の成り手がなくなるわけではなかろうといっても、役員の地位に伴う責任リスクに鈍感な者を前提として会社を経営させることがさほど合理的なことであるとは思われない。むろん、報酬規制に乗せて処理することは可能であろうが、報酬といっても役員給与等とは性質を大いに異にするものであり、リスク回避的な者を役員に任用しようとすれば、会社が当然負担すべき定型的なコストであり、お手盛りの危険もないものとして、いちいち報酬規制や利益相反取引規制を適用する必要があるのかという観点から議論することも考えられるのではなかろうか。

もっとも、その前提としては、ＤＯ保険が役員に対して損害をてん補する範囲が、役員に対して会社および第三者に対する民事責任を課している趣旨を没却するものであってはならない。役員の一部自己負担や免責事由をいかに定めるべきかが議論されるのもそのためであるが、会社法上それらがどのような内容のものであれば会社の保険料支払を許容してよいのかを、なお検討する必要があろう。

(17)　一九八九年会社法一三七条で、同条は、一九八五年会社法三一〇条三項を改正し、会社が役員の責任保険を付すことができる旨を定めるものである。
(18)　一九八九年会社法一三七条二項。
(19)　なお、ドイツでも、解釈論としては、会社が役員賠償責任保険の保険料を支払ってよいとする学説がある。Mertens, Kölner Kommentar, a.a.O. (N.16), §84 Anm. 83.

〔ジュリスト一〇三一号四八頁～五五頁（一九九三）〕

〔編注〕　本稿の公表直後に、わが国の会社の役員向けのＤ＆Ｏ保険として、会社役員賠償責任保険の約款が作成され、これに基づきＤ＆Ｏ保険がわが国でも急速に普及し、今日に至っている。本稿でも示唆したように、会社が保険契約を締結し、保険料も支払うことについて、会社法上の役員の責任免除規制、利益相反規制、役員報酬規制との関係でどのように評価すべきかについて、第三者に対する責任と会社に対する責任を分け、また役員が勝訴（無責）の場合と敗訴（有責）の場合を分け、それぞれ上記規制との関係で検討した結果、役員が代表訴訟により会社に対して敗訴した場合のみは会社が保険料を支払い保険契約を締結することには問題が残るということから、役員が代表訴訟で敗訴した場合の保険保護のみは特約として分離し、役員が保険料を負担する（会社が支払うのであれば役員報酬として扱う）というわが国独特の保険のスキームとされた。このようなＤ＆Ｏ保険の約款については、私も参加した共同研究の成果として、山下友信編著『逐条Ｄ＆Ｏ保険約款』（商事法務、二〇〇五）が刊行されている。

このような日本版のD&O保険であるが、代表訴訟で敗訴した場合の保険が特約として分離され、役員が保険料を負担するというスキームは、諸外国では見られないものであり、そのほかにも近時選任が強く求められている社外役員・独立役員、あるいは増加しつつある外国人役員、さらにはグローバルに活動している役員にとって適切な保険保護となっているのかについては、疑問も持たれるようになっている。私も、同じような問題意識から、比較法研究として、山下友信「D&O保険と会社法―ドイツ法の場合」『青竹正一先生古稀記念・企業法の現在』五二五頁（信山社、二〇一四）を公表した。さらに、山下友信＝山下丈＝増永淳一＝山越誠司＝武井一浩「座談会・役員責任の会社補償とD&O保険をめぐる諸論点――ガバナンス改革と役員就任環境の整備――〔上〕〔中〕〔下〕」商事二〇三二号六頁、二〇三三号四頁、二〇三四号四二頁（二〇一四）がD&O保険の最新の問題について論じている。

取締役の責任・代表訴訟と監査役

一　はじめに

平成五年商法改正法は、代表訴訟に関して、訴訟提起時の訴訟手数料の計算方法を改めるという改正を行い（商二六七条四項参照）、代表訴訟の提起に関する障害の一つをなくした。このため、代表訴訟による会社役員の責任追及が容易になったと社会的にも受けとめられ、マスコミ等で大きくクローズアップされている。改正法施行前から、既に企業不祥事を契機として、代表訴訟の手段に訴えようとする動きはあったが、さらにその動きが促進されている。(1)

代表訴訟は、昭和二五年商法改正により商法上の制度とされたが、最近まで活用されることがきわめて稀な制度であった。このことにはさまざまな原因があるが、いずれにしても、会社役員の会社に対する損害賠償責任が裁判上追及され、それが認容されるという事態は、中小会社ではままあることであったが、大会社においては、会社が倒産して倒産手続の中で責任を追及される場合を除けば、ほとんど想定されていなかったものと思われる。万一、不祥事を起こしたり、経営に失敗したような場合も、役員の責任のとり方は、辞任であったり、減給というような処分を自ら課したりすることにとどまり、法律上の責任の有無が厳格に判断されてきたことは稀れであるように思われる。ところが、代表訴訟は、このような責任問題の処理の仕方を一気に厳密な法律上の争いの場に移すものであり、これまで曖昧に済まされてきたことの処理の仕方を一変させる可能性をはらむものである。

ところで、取締役の責任を追及する代表訴訟は、その性質上監査役にも重大な関係がある。監査役が理想的に任務を遂行しているかぎり、理由のある代表訴訟が提起されることはありえないと抽象的にはいうことができる。代表訴訟で原告株主の請求が認容されるようなことがあれば、それはとりもなおさず監査役監査の機能不全を意味し、監査役の法的責任という問題にも及んでくる。そういう事態に立ち至らないようにするには、監査役はいかなる行動をとっておくべきかが問題である。他方、代表訴訟が常に理由あるものではなく、請求を棄却されるのが相当なものもありうる。そういう理由のない代表訴訟が提起された場合に、会社はどのような対処をなしえ、その中で監査役はどのような役割を果たせばよいかも問題となりうる。

代表訴訟が現実に提起されることが稀であっただけに、学説等においても、代表訴訟に関する法律問題について必ずしも詰められた解釈論が確立されていないように思われる。本稿では、監査役という立場から見て、取締役の責任および代表訴訟に関連してどのような法的問題があるかを検討する。

（1） 最近の状況につき、河本一郎「株主代表訴訟は起こしやすくなったが……」エコノミスト一九九三年九月二八日号一八頁以下。

二　株主からの訴え提起請求がなされる以前における監査役の任務

取締役の責任追及は株主が監査役に対して訴え提起の請求をした後にはじめて問題となるものではない。監査役は取締役の職務の執行を監査することを任務とし（商二七四条一項）、この任務は継続的に果たされなければならず、そのために、監査役には調査権（商二七四条二項・二七四条ノ三）、差止請求権（商二七五条ノ二）などの各種権限が法定されているし、また、取締役会に対する報告義務（商二六〇条ノ三第二項）なども法定されている。定時総会に提出される監査報告書では、取締役の職務遂行に関し不正の行為または法令もしくは定款に違反する重大な事実のあるときはその事実を記載しなければならないとされるが（商二八一条ノ三第二項一〇号）、定時総会に至る前においても、監査役は常時監査を行う必要がある。

取締役の義務違反による責任の問題についていえば、監査役は、取締役の職務の執行を継続的に監視し、責任を負うような行為の端緒があれば事前に是正を求めるべきことは当然である。そのために差止請求権等の権限が法定されている。それにもかかわらず不幸にして、事後的に有責かどうかが疑われる事態が発生した場合には、商法の解釈上有責かどうかを判断しなければならない。

仮に、有責であることが疑われる事態が発生した場合にはどうすればよいか。会社を代表して責任追及の訴えを提起することは監査役の権限であるが、そこに至るまでのプロセスは単純ではないであろう。有責が疑われる取締役について、調査の上、有責であることの判断が固まれば、なぜ有責かの根拠を示して責任の履行を求める。ただし、この請求の主体が監査役かどうかは問題であるが、少なくとも監査役にもその権限があるものと解すべきである(2)。もっとも、有責の取締役がある場合に、その責任の履行を求めることは取締役の任務にも属することであろうから、監査役のみが請求することにはならない。

責任があると判断される取締役が有責であることを否認する場合には、監査役としては、裁判外の請求をし、それでも履行しなければ訴訟を提起する。

このような監査役の責任追及について、監査役はどのような行為準則に従うべきか。この点についてもあまり明確に述べられた見解がない中で、今井宏教授は、次のように述べられる(3)。すなわち、訴えを提起するほどの必要があるかどうか、裁判外の請求で事が足りるかどうか、会社の信用等に対する影響の有無・度合い、会社の人的・時間的・

金銭的な負担、勝訴の可能性といった各種の要素を総合的に考えるべきであるが、取締役の義務違反に基づく責任についていわれるような経営判断原則が適用されるものではない。

経営判断原則が適用されないことについては、異論はないであろうが、右の見解では、たとえ、法律上は取締役が責任を負うと判断される場合であっても、その責任を法律の解釈上認められるところに従い訴訟を提起してまで追及することが絶対的に必要であるとまでは考えられていないようである。確かに、取締役が無資力であったり、賠償額が少額にすぎないような場合は、ことさらに訴訟を行っても会社にとって有害無益であり、訴訟に訴えなければならないというべきではなかろう。また、可能なかぎりの調査をしたが、責任があることを証明できそうもないということであれば、訴訟を提起する必要はない。これに対して、取締役の責任を追及することが会社の社会的信用を損なうおそれがあるというようなことは、敢えて訴訟を提起しなくともよいということの根拠となりうるものであろうかは、議論の余地があろう。少なくとも、取締役の責任があることがはっきりしており、それが重大なものである場合には、訴訟の提起をすることが監査役の義務になるというべきである(4)。このような場合には、いずれにしても、監査報告書では、重大な法令違反ありとして記載しなければならないのであって、そこで何もなしと記載したのであれば、明瞭な監査役の義務違反があることになる。

もっとも、いきなり訴訟を提起するというような事態はあまり考えられず、まずは、裁判外の責任追及がなされるであろう。この段階で、監査役は和解をすることで事を処理できるか。たとえば、一億円の損害賠償請求権がある場合に三、〇〇〇万円で和解することができるか。一億円の賠償請求権があることが明確であれば、この和解は、取締役の責任の免除は総株主の同意を要するとする商法二六六条五項に抵触するおそれがある。

そもそも、監査役に和解をなす権限があるのかどうかもあまり明確ではないが、仮にそれが肯定されるとしても、和解そのものがそもそも可能であろうか。

実際には、責任があるのかどうか一義的には判断しえない場合が少なくないであろう。一般の法的紛争では、責任の有無が明確でない場合に、請求額の一部を支払うことなどで和解することなどは珍しくないであろうが、そういうことはここでも可能か。これも責任免除の制限との関係で許されないというべきか。

万全の注意を尽くして判断しても法的結論が未だ一義的にはっきりしない場合に、和解をする余地はないとまでいうべきではないであろう。取締役の責任というものは、一般の受任者の義務と異なり、あくまでも訴訟の場での白黒の決着をつけなければならないというのも行き過ぎであると思われる。和解が責任免除の実質を有するものであるかぎりは、無効であるというべきであろうが、すべての和解がそうであるとは断言しえない。代表訴訟が提起された後の訴訟上の和解の可否については、争いがあるが、それを肯定するのであれば、裁判外の和解も一概に許されないとはいいきれない。もっとも、その場合、株主の代表訴訟は提起しえないものになるのかということにも疑問が残る。[5]濫用されれば、株主の代表訴訟の提起の権利を損なうからであるが、他方では、一人の株主でも責任追及をしようとすれば、代表訴訟により最後まで法律どおりの処理をしなければならないことになる現行の制度の合理性については議論の余地もあろう。[6]もっとも、和解や責任の免除をルーズな要件のもとで認めることは問題である。

（2）今井宏「会社訴訟と監査役」同『株主総会の理論』二六四頁（有斐閣、一九八七、初出一九七八）。

（3）今井宏＝伊藤智文「株主代表訴訟と監査役」月刊監査役三二〇号一八頁以下（一九九三）。なお、今井・前掲注（2）二七四頁以下も参照。

（4）鴻常夫『新版注釈会社法⑹』四七四頁（有斐閣、一九八七）は、監査役が取締役の責任を追及することは監査役の権限であると同時に義務であるとする。

（5）北沢正啓『新版注釈会社法⑹』三七九頁（有斐閣、一九八七）は、取締役の責任を追及する株主代表訴訟提起後の会社による裁判外の和解等について、許されないものとするが、代表訴訟提起前についても同様とするのかどうかは明らかではない。

（6）たとえば、森本滋『会社法』二六〇頁（有信堂、一九九三）は、現行の免責規定は代表訴訟制度に配慮してきわめて厳格であるが、代表訴訟の終了制度や取締役の責任を免除・軽減する合理的な手続的規整を設けるべきであるとする。

三　株主からの訴え提起請求がなされた場合の監査役の任務

会社に回復すべからざる損害を生ずるおそれがある場合を除き、株主は、会社に対して書面をもって取締役の責任を追及する訴えの提起を請求し、会社がこの請求がなされた日から三〇日内に訴えを提起しないときにはじめて、当該株主は会社のために訴えを提起することができることになる（商二六七条一項・二項）。換言すれば、取締役が会社に対して責任を負っていると考える株主は、原則として、いきなり取締役に対して代表訴訟を提起することができず、まず監査役による訴え提起をするかどうかの判断にまたねばならない。

小会社を除きこの株主の会社に対する訴え提起請求を受けるにつき会社を代表するのは監査役である（商二七五条ノ四後段）。会社と取締役の間の訴訟については、監査役が会社を代表するものとされているので（商二七五条ノ四前段）、訴え提起請求の具体的な相手方も監査役とされるのである。

このようにして監査役が訴え提起請求を受けた場合に、監査役は訴えを提起すべきか否かを判断しなければならなくなる。監査役は、訴えを提起するか否かの決定権限を有する。(7) 請求を受けてから三〇日内に訴えを提起しなければ、請求した株主は代表訴訟を提起できることになる。監査役が三〇日という期間内に訴えを現実に提起しなければ、株主は代表訴訟を提起することができるのであって、監査役は短期間内に困難な判断の必要に迫られる。三〇日という期間の短さを考えると、この判断は相当むずかしいことがありうるであろう。

監査役は、三〇日内に訴えを提起すべきか否かの判断をするのに必要かつ可能な調査をしてもなお結論が出ないことがあっても、監査役としての義務に違反するということはない。必要な調査は、事実関係の調査とともに、法律問題の調査にも及ぶであろう。法律問題については、専門家としての弁護士の意見を聴取しておくことが望ましいことはいうまでもない。調査の上、有責と判断される場合には、上述のように、監査役が会社を代表して訴訟を提起する。この段階での和解などが可能かは前述のとおりである。

今回の商法改正により、商法特例法上の大会社については、監査役会制度が法定された（商特一八条の二第一項）。監査役会は、商法特例法の定める権限のほか、その決議により監査の方針、会社の業務および財産の状況の調査の方法その他の監査役の職務の執行に関する事項を定めうる（商特一八条の二第二項本文）。これにより複数ある監査役の間で、各監査役の任務の分担を決定することが可能になる。しかし、改正法は、監査役会の制度を法定したとはいえ、監査役が独任機関であるという性格は維持しており、監査役会の前述のような定めが監査役の権限の行使を妨げないことが明記されている（商特一八条の二第二項ただし書）。

取締役に対する責任追及の訴えに関する監査役の権限の行使についても、各監査役が単独で行使でき、監査役会における多数決決議で各監査役の権限行使を排除することはできない。訴訟を提起するかどうかについて、監査役会において監査役全員が慎重に協議し、意見の摺り合わせをすることは可能であるし、望ましいことであるが、最終的には、各監査役が独自に判断しなければならない(8)。

いよいよ訴訟を提起する場合にも、監査役の意思の統一が必要であるということから、会社を代表する監査役の決定および訴訟追行の方法などを監査役会決議で定めるものとする見解があるが(9)、反対の株主の訴訟行為を排除することはできない(10)。

(7)　鴻・前掲注（4）四七四頁、今井・前掲注（2）二六〇頁。
(8)　この点につき詳しくは、今井＝伊藤・前掲注（3）一七頁参照。

(9) 龍田節「新監査役制度の運用」代行リポート一〇四号八頁(一九九三)。
(10) 今井＝伊藤・前掲注(3)二二頁以下参照。

四 代表訴訟継続中の監査役の任務

(1) 株主により代表訴訟が提起された場合に、会社は代表訴訟に参加することができる(商二六八条二項)。この場合の参加は、通説によれば、共同訴訟的当事者参加であるといわれている。(11) これは、原告としての立場での参加であるから、当然監査役が会社を代表することになる。

この参加の目的は、一般に、原告株主と被告取締役がなれ合いで訴訟を進行・終結させることを防止するものであると思われる。原告株主と被告取締役が通謀して被告取締役無責の結論となるように訴訟を進行させるような極端な場合は、監査役は参加して責任を追及するための訴訟行為をしなければならない。また、代表訴訟において和解が許されるかどうかについては議論があるところであるが、(12) それが禁止されていないとすると、不当な和解がなされないように監視するためにも参加しておく意味がある。訴えの取下げ、請求の放棄についても同様のことがいえる。

ところで、監査役はこのようにして会社を代表して参加することができることは問題がないが、参加するかどうかはいかなる基準で判断すべきか。

原告株主は、訴え提起後遅滞なく会社に対し訴訟告知をなすべきこととされている(商二六八条三項)。これは、会社に対して参加の機会を確保させることとともに、代表訴訟の判決効が会社に対しても及ぶことの手続的正当性を確保することを目的とするものと考えられる。(13) この告知がなされているかぎり、会社としては、参加しないで代表訴訟がいかなる終結の仕方をしても判決ないし和解に拘束されることになる(ただし、再審が許される場合(商二六八条ノ三は別である)。

このことを前提とすると、監査役が被告取締役有責と判断する場合には、原告株主の不当あるいは不十分な訴訟遂行により会社の損害賠償請求権が侵害されないように原則として訴訟参加をしておくべきであろう。有責であるとは判断していないが、代表訴訟の進行如何では、新たな証拠等が出て、有責が疑われるような事態に立ち至る可能性がないとはいえない。そのような場合には、途中から参加することが必要になるかもしれない。いずれにせよ、監査役としては、代表訴訟の経過を十分監視しておく必要がある。

参加した場合に、監査役としては、終局判決にまでいくか、途中で和解するかの選択肢がありうる。和解ができるかどうかは、学説上争いがあるが、この点についても、和解が責任免除の実質を有しないのであれば、適法としてもよいのではないかと思われる。もっとも、原告株主が反対すれば和解は成立しない。

(2)　監査役の判断では、被告取締役無責であるという場合はどうすべきか。この場合には、共同訴訟的当事者参加は構造上適当な方法とはいえない。

そもそも、会社が被告取締役を援助する可能性はあるかについて議論があるが、その点をいずれに解しても、監査役の任務は、取締役の職務の執行の監査にすぎないから、監査役として、被告取締役の援助活動をすべき立場にはないというべきである。

このような場合に、会社としてはいかなる対処が可能かという問題があり、会社は被告取締役側に補助参加しうるという見解がある[14]。この場合には、会社と取締役との間の訴訟ではないから、監査役が会社を代表するのではなく、代表取締役が会社を代表するとされる[15]。現に、会社が代表取締役の代表の下に被告取締役に補助参加している事例がある[16]。ただし、この事例では、原告株主側が異議を申し立てていないので、補助参加が適法なものと裁判所により明確に判断されているわけではない。

このような補助参加については、まず、会社法的には、実質的には会社が被告取締役を援助することになるがそれは許されることかという問題があるし、訴訟法的には、補助参加の許される要件としての参加の利益というものがあるのかという問題があろう。後者についていえば、代表訴訟では、会社の被告取締役に対する損害賠償請求権が訴訟物とされており、被告取締役が敗訴して有責と判断されることにより会社は利益を享受することになる。これだけからみれば、会社が被告取締役側に補助参加しようとしても、形式論としては参加の利益があるとは考えがたい。補助参加は、訴訟当事者の訴訟行為により自己に不利益が及ぶことを防止しようとする制度であるから、権利の帰属者である会社が自らの権利がないというような主張の下に被告側に立つことは論理矛盾ではないかと思われる。

もっとも、会社にとってみれば、代表訴訟被告取締役が敗訴することは、会社の信用にも大いにかかわることであり、また、濫用的な代表訴訟である可能性もありえなくはなく、その観点からは、被告取締役の防御活動を援助したいと考えることは常識的には理解できないわけではない(17)。しかし、補助参加がその適切な方法かどうかは問題があろう。補助参加以外には会社は何らかの手続的関与が可能かについて、商法の認める会社の参加の性質について、独立当事者参加とする見解があり(18)、このような解釈によった場合の会社のとりうる方法についてはもう少し考えてみる価値があるように思われる(19)。

(11) 北沢・前掲注(5)三七四頁以下。
(12) 学説については、北沢・前掲注(5)三七七頁以下。
(13) 商法学説は、北沢・前掲注(5)三七七頁のように、会社の参加の機会の保障を目的とするものとする。これに対して、代表訴訟の判決効が会社および株主に及ぶための手続的保障をも目的とする見解もある。谷口安平「株主の代表訴訟」鈴木忠一＝三ヶ月章監修『実務民事訴訟講座5会社訴訟・特許訴訟』一〇六頁(日本評論社、一九六九)。
(14) 中村直人「改正された代表訴訟制度と実務の対応」企業会計四五巻一〇号四一頁(一九九三)。なお、北沢・前掲注(5)三七七頁は、会社が補助参加しうるとするが、これは会社が株主側に補助参加しうるという趣旨であろう。
(15) 中村・前掲注(14)四一頁。
(16) 大阪地判平成二・二・二八判時一三六五号一三〇頁。
(17) もっとも、監査役としては、取締役が責任を負わないという判断をしたから自ら訴訟を提起していないが、代表訴訟で取締役が有責とされれば監査役の責任問題に波及するというような実質的利害があるということはあるかもしれない。
(18) 谷口・前掲注(13)一〇七頁。なお、岩原紳作＝高橋宏志＝久保利英明＝石坂昌美「株主代表訴訟制度の改善と今後の問題点」商事一三二九号二六頁(一九九三)参照。
(19) 米国の代表訴訟においては、会社は必ず被告とされる。この場合に、会社がどのような訴訟上の地位に立つかについては、谷口・前掲注(13)一〇六頁のほか、浜田道代「代位訴訟(THE DERIVATIVE ACTION)」証券研究九四巻一三三頁(一九九一)参照。

五　おわりに

監査役は、会社に対して善良な管理者の注意をもってその職務を執行しなければならない(商二八〇条一項・二五四条三項)。取締役の責任が問題となるような局面においても、十分な注意を尽くして、法律上の義務を尽くさなければ、会社に対して損害賠償責任を負う(商二七七条)。取締役の責任追及についても、法律上責任がありながら取締役がこれを履行しないということになれば、訴訟の方法に訴えてでも責任を追及することが必要である。監査役が何もしなくとも株主代表訴訟の可能性があるからといって監査役が任務を怠ってよいというものではない。訴訟によってでも白黒をつけるということはわが国の経済界では最も嫌われることであろうが、監査役の任務はそういう常識とは相容れない任務の遂行を要請することがあることの認識が重要である。

他方、現行法上、実体法的には、取締役の責任免除の規制が必要以上に厳格ではないかというような問題があるし、手続法的にも代表訴訟に関してさまざまな問題が指摘されている。それらのことが、会社あるいは監査役がとるべき行動についてもいささか硬直的な結果をもたらしているのではないかという疑いがないではない。取締役の責任問題が現実のものとなりつつある今、立法論的な検討の余地も少なくないものと思われる。

〔商事法務一三三六号一一頁～一六頁（一九九三）〕

〔編注〕　株主代表訴訟制度については、本稿の執筆時以降、二〇〇五年の会社法まで段階的に改正されてきた。本稿三の株主からの訴え提起請求がなされた場合の監査役の任務に関しては、監査役はいわゆる不提訴理由書を請求株主等に通知しなければならない（会社八四七条四項）という新たな制度が設けられている。代表訴訟提起後の和解については、手続規定が設けられ（会社八五〇条）、会社が和解の当事者でないときは、裁判所は会社に異議を述べるべき旨の催告をしなければならず（会社八五〇条二項）、監査役は会社を代表して異議を述べることになる（会社三八六条二項二号）。責任免除については、総株主の同意による責任の全部免除に加えて、株主総会決議または取締役会決議に基づく責任の一部免除の制度が設けられたが（会社四二五条・四二六条）、いずれも一部免除の提案については監査役の同意が要件とされており（会社四二五条三項・四二六条二項）、監査役がどのような判断の下で同意することができるかという新たな解釈問題が生じている。これらにより、監査役が判断しなければならない事項が追加されている。それらの点を除けば、取締役の会社に対する責任が発生した可能性がある場合に監査役がとるべき措置については、本稿二・三で論じたような解釈問題は引き続き存在すると考えられる。

本稿四で論じた、会社が被告取締役側に補助参加することができるかという問題については、判例（最判平成一三・一・三〇民集五五巻一号三〇頁）がこれを認めた後、会社法では、これを認める明文の規定が設けられた（会社八四九条三項）。しかし、会社法の解釈としても補助参加の利益を要しないのか否かについてはなお議論があるところである。

支払い見込みのない手形振出と取締役の対第三者責任

一　はじめに

商法二六六条ノ三第一項に基づき株式会社の取締役の対第三者責任が肯定された判例の中で、きわめて大きな割合を占めるのが支払いの見込みがないにもかかわらず手形が振り出されたという類型の事案である。このような類型に属する事案は、手形債務以外の履行の見込みがない債務の負担という類型とともに、誤認取引の誘発という類型に属するものとして整理されている(1)。

大多数の判例において、手形振出の事案に関して、取締役の責任が肯定される場合の論理は次のようなものである(2)。まず、手形の支払いを受けられなかったという第三者の損害は、いわゆる直接損害とされることも、間接損害とされることもあるが、最判昭和四四・一一・二六（民集二三巻一一号二一五〇頁）以来確立されている両損害包含説では、いずれにせよ商法二六六条ノ三第一項の適用がある。この両損害包含説では、一設的に、取締役に、会社に対して任務を懈怠したことにつき悪意または重過失が存したこと、および、そのような任務懈怠と第三者の損害との間に相当因果関係の存することが責任発生の要件とされるが、取締役が、支払いの見込みがないことを知りながら、または、支払えるものと軽信して手形を振り出し、その後手形金が支払えなかった場合にはいずれの要件も充たされるという判例がきわめて多い。さらに、判例では、手形を振り出した取締役以外の取締役にも代表取締役であるか否かを問わず商法二六六条ノ三第一項に基づく責任が肯定されることが多い。これは、いわゆる監視義務を怠ったことが会社に対する任務懈怠になるということに基づくものである。

このようにして、両損害包含説をとる判例の下では、直接手形を振り出したか否かを問わず取締役の商法二六六条ノ三第一項に基づく責任が肯定されることが多いわけであるが、このような判例の傾向に対しては批判もないわけではない。批判の最たるものは、判例の考え方によれば、会社が左前になったところで手形が振り出されれば、直ちにそれについて取締役の責任が発生することになり、取締役は保証人的立場に立たされてしまうが、これは苛酷であるという批判である。(3) この批判を意識してのことかどうかは明らかではないが、比較的新しい判例では、悪意・重過失がない、あるいは相当因果関係がないなどの理由で責任を認めないもの、また過失相殺により責任を軽減するものが増えつつある。(4)

しかし、このような責任を否定した判例の論理にも批判がないわけではなく、結局、現在の判例・学説にはかなりの混乱があるといってよい。問題の解決のためには、商法二六六条ノ三第一項の一般論的解釈論もさりながら、どのような場合に責任を肯定し、どのような場合に否定すべきかの指標を明らかにすることが重要であると考えられる。本稿では、とりあえず、準備作業として、手形振出の事案に関して、まず不法行為責任の成否を検討し、それを踏まえて、商法二六六条ノ三第一項についての既存の学説―特に両損害包含論と間接損害限定説―による解決の当否を検討し、問題点を探り解決の方向を模索したい。

(1) 龍田節『注釈会社法(4)』四七六頁以下(有斐閣、一九六八)参照。
(2) 手形振出と取締役の責任に関する判例を検討するものとして、更田義彦「手形の振出と取締役等の責任(上)(下)」NBL二一三

号三二頁、二一四号三九頁以下（一九八〇）参照。

（3）　吉川義春「判批」民商六四巻四号一〇五頁（一九七一）、田村諄之輔「取締役の第三者に対する責任」北沢正啓編『判例と学説(5)商法I』三三二頁以下（日本評論社、一九七七）、佐藤庸「取締役の第三者に対する責任の加重軽減」『鈴木竹雄先生古稀記念・現代商法学の課題上』一三二五頁（有斐閣、一九七五）など参照。特に、いわゆる名目的取締役に責任を認めることに対する批判的意見が少なくない。

（4）　個々の責任を否定する論拠については、更田・前掲（注2）のほか、吉川義春「取締役の第三者に対する責任—昭和四四年最高裁大法廷判決以後の判例の傾向（その一）（その二・完）」民商七八巻臨時増刊号(2)三三〇頁以下（一九七八）、八三巻二号二三〇頁以下（一九八〇）などを参照。

二　支払い見込みのない手形振出と取締役の不法行為責任

支払い見込みのない手形を振り出した取締役の不法行為責任が追及された例は多くないが、次のようなものがある。まず、①東京地判昭和三八・九・一三（下級民集一四巻九号一七七〇頁）は、少なくとも二〜三〇〇〇万円の債務超過の状態で、五ヶ月にわたり自動車部品の代金の支払いのために計九〇万円余の手形を振り出した代表取締役の不法行為責任が追及されたケースであるが、裁判所は次のように述べてこれを認容した。「被告（代表取締役）は前示認定の状況の下で訴外会社が債務超過にあることを知り、これを回復するに十分な対策を実施せず、漫然僅かな売上をつづけていたこと及び訴外会社は原告との取引開始後約六ヶ月で営業を廃止し支払不能に陥ったことと前記（一）ないし（三）の諸点を考え併せると被告は昭和三五年三月頃原告から自動車部品の買入を始め、その後その代金支払のため本件手形五通を振出し、更に本件部品を買入れた際には、少くとも、右手形及び代金の各債務が支払不能になることを予見しなかったことについて過失あるものといわなければならない。」[5]「原告の本件手形及び物品代金の債務支払不能による損害は訴外会社代表取締役である被告の過失ある不法行為に因るものであると解せられる。蓋し、物的会社である株式会社はその資産のみが債権者の唯一の担保であるから、債務超過に陥った以上、代表取締役は債務超過解消のため合理的な対策を講ずることなく、漫然これを知らぬ相手方と取引をし、その結果相手方に損害を与えた場合、右代表取締役の行為は違法というべきであって、同人に故意過失あれば民法第七〇九条による責任があるからである。このような場合、詐術その他の作為がなく、単なる黙秘だけの不作為によるときでも不法行為を認めることは代表取締役の回復の努力を圧迫し企業の維持を困難ならしめるものと考えられないでもないが、上述の考えは合理的な対策を講じないことを要件とするものであるから決して代表取締役の正当な努力を制限するものではなく、会社財産のみを共同担保とする会社債権者を保護し、取引の安全を護るものである。」

取締役の不法行為責任を肯定したものとしては、さらに②東京高判昭和四六・八・九（判タ二七〇号三一九頁）がある。これは、既に事実活動を中止し、資産としては預金九一万円余しかない甲株式会社の代表取締役Yが、取引先の乙会社に対して、甲会社名義で本件手形を含む一三九通、合計金額四、二〇〇万円余の融通手形を振り出したというケースである。乙会社は、放漫経営をつづけ、遂に融通手形を交換していた他の会社の倒産に伴い倒産するに至ったのであるが、本件手形振出当時までは、甲会社振出の手形は、乙会社の資金振込みにより無事決済されていた(6)。裁判所は次のように判示してYの責任を認めた。「右認定の事実によればYは昭和三七年七月頃から昭和三八年一〇月頃までの間に甲会社の代表者として前記の如き多数の融通手形を振出しながら、その間A（乙会社の代表取締役）からは乙会社の営業内容について説明はなかったし、また自ら積極的にこれを問いただすこともしなかったというのであるから、Yは右手形の振出にあたり、それより生ずる危険、すなわち乙会社の無資力のため右手形が不渡りとなりその取得者が損失を蒙ることを防止するための何らの措置を採らなかったというほかない。そうして、甲会社の如き実体のない会社に対して融通手形の振出を求めることがそもそも尋常ではないのであるから、Yには一層の注意と配慮が要請されるうえに、本件各手形を振出した昭和三八年一〇月当時においてYがAに説明を求めるなり自ら調査するなりすれば、右認定の乙会社の資産的窮状がある程度判明したであろうことはみやすいところであるから、Yの右不作為は当然に責めらるべく結局Yは甲会社の代表者として本件各手形を振出すについて過失があるものというべきである。」

この①、②の二判決とやや対照的であるように見えるものとして、③前掲最判昭和四四・一一・二六の原審判決（大阪高判昭和三九・七・一六判時三八五号六四頁）がある。事案は周知のところであるが、資産状態が相当悪化していたのに鋼材を買入れ代金支払いのために手形を振り出した代表取締役（本件では被告とされていない）が詐欺行為をなしたとの原告側の主張に対して、裁判所は、取引にあたり同人に詐欺の意思があったとまでは認められず不法行為は成立しないとした。

これらの数少ない判例から一定の傾向を見出すことはむずかしいが、少なくとも、①、②の判決から見るかぎり手形を振り出した取締役の不法行為責任はかなり緩やかに認められる可能性がある。特に一般論のレベルではその傾向が窺われる。絞りとしては、合理的な対策を講じないまま手形を振り出したこと（①）、不渡り防止のための措置をとらなかったこと（②）があげられているが、支払い見込みのない手形を振り出す場合にはこのような事情が存することが多いであろう。これに対して、③では、原告の主張の仕方にもよるのであろうが一見したところ欺罔の意思が要求されているのであり、①、②よりかなり厳しい判断基準がとられている。③を除いて、手形を振り出した取締役については不法行為責任発生の可能性をかなり広く認める判例があり、また、前掲最判昭和四四・一一・二六も商法二六六条ノ三第一項の責任とは別に不法行為責任発生の可能性を認めるにもかかわらず手形所持人が取締役個人の責任を追及するのに不法行為を根拠とするケースが稀れであるのはいかなる事情によるものであろうか。これは逆にいえば何故にかかる事案について商法二六六条ノ三第一項が好んで根拠とされるかを問うことに他ならないが、一つには、一般に債務が履行できない可能性が大きいにもかかわらず債務不履行を防止するための適切な措置をとらないまま債務を負担するだけでは不法行為にはなりにくいという①、②とは異なる常識的判断が責任を追及する側にもあるからではないかと考える。そして、この常識的判断は基本的に妥当であるとも考えられる。すなわち、債権者が債務不履行によって被る損害という被侵害利益との相関関係では、債務を負担したことが不法行為を形成するには、債務負担者の側にかなり強い違法性が存在することが必要であろう。そしてこの違法性の要件は、単に取締役が会社の資産状態について黙秘していたというだけでは充足されず、取引社会の通念に照らして甚だしく不適当な行為をしたという場合―原則として許されるかけひきの範囲を逸脱する欺罔行為があった場合―にはじめて充足されると考えるべきであろう。(8) 手形を振り出した会社の資産状態についてはそもそも債権を取得する際に可能なかぎり確認すべきであり、それを怠って債権を取得しておきながら支払不能になると取締役個人の責任が容易に追及できるということはおそらく取引社会のルールとしては妥当ではあるまい。かく解すると、少なくとも一般論としては、①、②は取締役の不法行為責任を安易に認めすぎるのではないかとの感が深くなる。

他方、振出に直接関与しなかった取締役について、不法行為責任が発生することはきわめて困難であり、実際にそのような責任の追及が行われた例もきわめて稀れである。(9) おそらく、不法行為責任は、前述のような意味で違法な行為を他の取締役や使用人がしているのを相当具体的に知っており、それを中止させうる地位にありながら敢えて放置しているような場合に例外的に認められるにとどまるであろう。ただし、取締役が代理監督者として民法七一五条二項により責任を負う可能性はあることには注意しておかねばならない。(10)

（5） 被告が、オートバイの風防八、〇〇〇個を販売して利益をあげるという案に合理性が認められないこと、原告との取引開始後売掛金が激減し正当な営業をしていたか疑問であること、また、売上げが原告との取引額を下回っていたということである。

（6） 一審判決（東京地判昭四五・二・二五判時六〇六号八七頁）は、Yは乙会社が手形資金をつくることができると確信していたのは、乙会社の倒産が連鎖倒産によることなどから見てやむをえないところであって、故意または過失があったとはいえないとして請求を斥けた。なお、同判決では、商法二六六条ノ三第一項の責任もないとされている。

(7)　最判昭和四七・九・二一判時六八四号八八頁は、会社に資力がないのを知りながら使用人に資材を買入れさせた代表取締役の不法行為を認めた原審判決の判断を正当としている。

(8)　大塚市助「判批」ジュリ三四六号九八頁（一九六六）（前掲①の判批）では、違法性の要件に関連して、債務超過の事実を積極的に個々の取引の相手方に告知する義務は、代表取締役には存しないと解するのが妥当であるとされる。もっとも、常識的に見て不渡りとなることが明々白々であるような場合には、積極的な欺罔行為はなくとも、不作為による欺罔があるとして、違法性の要件は充足されるということはありえよう。しかし、相手方が十分に確認もせずに手形を取得したというような場合にまで責任を認めることの妥当性は疑わしく、不作為による欺罔をあまり広く認めるべきではあるまい。これに対して、塩田親文＝吉川義春「取締役の第三者に対する責任」『総合判例研究叢書・商法⑾取締役の第三者に対する責任』三四一頁以下（有斐閣、一九六八）は、不作為による不法行為とする点は別として、①判決の態度は、妥当なものとする。

(9)　前掲大阪高判昭和三九・七・一六では、名目的代表取締役に対して詐欺についての共同不法行為責任および他の代表取締役に対する代理監督者としての責任（民七一五条二項）が追及されているがいずれも斥けられている。前掲最判昭和四四・一一・二六以後は、商法二六六条ノ三第一項の責任だけが主張されている事例が圧倒的であり、不法行為責任は、いわゆる詐欺行為の類型の事案で比較的多く選択的に主張されるにとどまる。

(10)　ただし、判例の一般的傾向から民法七一五条二項の責任が認められる可能性は小さい。上柳克郎「両損害包含説」同『会社法・手形法論集』一二七頁（有斐閣、一九八〇）参照。

三　両損害包含説による解決

両損害包含説は、前掲最判昭和四四・一一・二六により確固な判例理論となり、下級審判例も基本的にこれに従っているものと見られる。手形振出の事案についても、この両損害包含説においては、直接損害・間接損害のいずれとされるかにかかわらず商法二六六条ノ三第一項の責任が発生しうるものとされている。その際、取締役の悪意・重過失は、会社に対する任務懈怠につき存すれば足り、第三者を害することについての主観的要件は不要とされる点に両損害包含説の大きな特徴がある。

まず、手形を振り出した取締役について考えよう。支払い見込みのない手形を振り出したことによる損害は直接損害と把えられるのが通常であるが、何故に取締役の行為が任務懈怠になるかという点については、必ずしも納得できる説明が個々の判例において明らかにされていないということが、直接損害の事案一般について指摘されている。[11] 判例には、単に、手形を振り出した取締役に職務を行うにつき悪意・重過失があったとだけ述べるものもあるが、そうなると悪意・重過失は、むしろ第三者に対する加害について必要な主観的要件と考えられていると読んだ方が素直であろう。

あくまでも任務懈怠を問題とするのであれば、どのような場合に悪意・重過失による任務懈怠があると認められるのであろうか。まず、当該手形の振出が直ちに任務懈怠となることは例外であると思われる。少なくとも取引社会の通念上著しく不相当ではない手段で財産的利益を入手し、その対価として手形を振り出したのであればその取締役は会社に対する任務を果たしていることが多いであろう。[12] 例外的に任務懈怠となりうるのは、融通手形を振り出し、その結果それまで順調に経営されていた会社が倒産してしまったというような場合であろう。

このように、当該手形の振出だけをとらえて任務懈怠性を見出すことが困難であるとすれば、残る可能性としては、取締役が自己の義務を怠り会社を倒産させたという点に任務懈怠性を見出さねばなるまい。しかし、この場合には、倒産させたことにつき、取締役に悪意・重過失という甚だしい義務違反が存しなければならないのであって、いわゆる放漫経営が行われて、そのために倒産したことが必要になる。ところが、実際の判例では、放漫経営と手形振出の事案は、別の類型の事案として把えられていると思われる節がないではなく、放漫経営がなされたとはいい切れないケースでも手形を振り出した取締役の責任が認められていることがあるように思われる。[13]

そうすると、結局、判例では、任務懈怠が認められないケースにおいても振り出した取締役の責任が認められているのであり、一般論と具体的な判断には食い違いがあるという批判は少なからず当たっているということができる。そのためか、会社に対する任務懈怠性は、不渡りを出すことが会社の信用を傷つけることになるという点に求められるという、甚だ茫漠とした見解すら主張されることになる。(14) しかし、不渡りを出すことの危険性は大かれ少なかれ会社（とくに中小規模の会社）にはつきものであり、右のような見解の下では取締役の責任は著しく広がってしまうことになる可能性がある。

このように、任務懈怠をどこに見出すかという点に大きな問題がある一方で、それ以上に一般論のレベルにおいても、両損害包含説には、取締役に悪意または重過失による任務懈怠があれば直接損害について何故に第三者が一般原則以上に保護されるのか説明がつかないという理論上の問題がある。(15) 第三者を保護するためだというだけでは何ら説得力ある説明にならない。直接損害に関して、この点の説明をすることはおそらく不可能であろう。

それにもかかわらず、両損害包含説により手形を振り出した取締役について対第三者責任を認めることは、結局、不法行為責任の発生についての一般原則をさしたる根拠なくして緩和することになる。前述のような不法行為責任発生の要件が備わらなくとも、会社に対する任務懈怠につき悪意・重過失があればよいことになるからである。しかるに、前述のごとく任務懈怠が存したかどうかはあまり問われることなく商法二六六条ノ三第一項の責任が認められていることに鑑みれば、両損害包含説は取締役に結果責任的な責任を負わせているという批判もあながち的はずれともいえない。判例の結論が実質的に支持されうるとすれば、支払い見込みのない手形の振出はそれだけで責任を発生させるに十分であるという価値判断しかないというべきであろう。

次に、手形の振出に関与しなかった取締役についても両損害包含説ではいわゆる監視義務違反ということから広く責任が認められる。前述のように、不法行為責任をこのような取締役に対して追及することは容易ではないため、商法二六六条ノ三第一項が事実上唯一の責任追及の手段となるのである。なお、この場合手形所持人の損害は、間接損害とも構成しうるものであるが、直接損害と構成されることもなくはない(16)。

このような手形所持人の損害について手形振出に関与しなかった取締役の責任は商法二六六条ノ三第一項によれば容易に認められる。なぜならば、そのような取締役は、往々にして名目的な取締役にすぎないのであり、監視義務などそもそも尽くす気もないのであるが、会社法上は、取締役に就任した以上、名目的であるから義務を尽くさなくともよいという主張は通らず、監視を全くしていないことは、任務懈怠の最たるものといえるからである。しかも、直接手形を振り出した取締役については任務懈怠ということを認めることには難点があるのに対して、監視義務を怠った取締役にははっきりと任務懈怠性が見出せるのである。

しかし、この論法をおしすすめれば自ら手形を振り出した取締役以上に監視義務を怠った取締役の責任が認められやすいことになるが、そのことはいかにして正当化されるのであろうか。その点の説明がされなければ、手形を振り出した取締役の方が行為の帰責性ははるかに大きいにもかかわらず、監視を怠ったにすぎない取締役の方が第三者に対する責任が認められやすいというのは倒錯した議論であるという常識論に基づく批判をかわすことはできないように思われる。また、同時に手形を振り出した取締役について以上に、不法行為責任の一般原則を緩めてしまうことについてもやはり説明不十分であるといわざるをえず批判を免れないであろう。

かくして、手形所持人の損害を直接損害として、両損害包含説の立場から、取締役の商法二六六条ノ三第一項の責任を認めることにはきわめて大きな問題があるといわざるをえないことが明らかである。

なお、両損害包含説の中には、直接損害については、悪意・重過失は会社に対する任務懈怠について要求されるのではなく、第三者に対する加害について要求されるとする見解もある(17)。不法行為責任は故意または過失があれば発生するので、主観的要件については商法二六六条ノ三第一項をもち出す実益はないわけであるが、右の見解が、不法行為責任の今ひとつの要件である違法性が備わらなくとも、商法二六六条ノ三第一項の責任は発生するというのであれば実益はある。(18) 仮りに、手形振出の事案で、不法行為責任の発生のためには欺罔ないしそれに準ずる行為が必要であるとし、それにもかかわらず商法二六六条ノ三第一項の責任が発生すると考えればまさに実益はあるわけである。しかし、ここでも、何故に実質的な違法性の要件が備わらないのに商法二六六条ノ三第一項の責任が発生するかの説明は十分でない。あるいは、会社が有限責任制度の上に成り立っているため第三者を保護する必要が大きいという理由づけがなされるかもしれないが、(19) それは当っていない。なぜならば、資力がないのに債務を負担する危険性そのものは自然人またすべての法人に共通に存在するのであり、債務負担のみをとりあげて、それによる損害を直接損害と把えるのであれば、とくに株式会社、有限会社の債権者のみが厚く保護される理由はないものといわなければならないのである。

(11)　たとえば、菱田政宏「株式会社の取締役の第三者に対する責任―商法二六六条ノ三適用の範囲と要件」民商七八巻臨時増刊号(2)三一二頁以下（一九七八）。
(12)　龍田節「判批」論叢六六巻三号九六頁以下（一九五九）参照。
(13)　そのような色彩の強い例として、東京高判昭和四七・九・一八高裁民集二五巻四号三六〇頁、東京高判昭和五二・一〇・二七判時八七四号八五頁などをあげることができよう（後者は直接には平取締役の責任が問われたケース）。
(14)　吉川＝塩田・前掲注（8）六六頁以下、横山匡輝「手形の不渡と平取締役の責任」判タ四〇九号三四頁以下（一九八〇）など。
(15)　上柳・前掲注（10）一二六頁は、前掲最判昭和四四・一一・二六に関連して、商法二六六条ノ三第一項を民法不法行為規定より不法行為の成立要件を緩和する規定と解することについても相当に慎重でなければならないとされる。
(16)　そもそも両損害包含説では直接損害・間接損害を区別する実益はほとんどなく、会社に対する任務懈怠を問題とするかぎりでは常に間接損害的な構成がとられることになるが、反面、間接損害限定説の考えているような厳密な意味で間接損害的構成がなされているわけでもないように思われる。
(17)　菱田・前掲注（11）三一二頁以下。

(18) 菱田・前掲注(11)三〇〇頁は、虚偽の事実を開陳することは詐欺であり、民法上の不法行為を構成することになるが、特に問われていないのに会社の財政状況を開陳しなくても、民法上の不法行為を構成するとはいえないとした上で、民法上の不法行為の成立が難しい場合にも取締役の悪意・重過失による加害行為に対して第三者の損害回復を取締役に認めることは有益といえようとされているのは、本文のような意味合いにおいてのことであろう。

(19) 菱田・前掲注(11)三〇〇頁、三一二頁以下はそのような理由づけをなすものと解される。

四　間接損害限定説による解決

間接損害限定説の見解[20]の下では、支払い見込みのない手形振出の類型は、一般的には直接損害の事例に属するものと解されており、そのかぎりでは、商法二六六条ノ三第一項の問題ではなくなり、不法行為責任の問題とされる。しかし、間接損害限定説をとっても、支払い見込みのない手形振出の事案で、商法二六六条ノ三第一項の責任が全く問題にならないわけではない。ただ、間接損害限定説が商法二六六条ノ三第一項の立法趣旨を会社債権者保護という点に求めることから、両損害包含説とは問題のアプローチが異なってくるのであり、いわゆる放漫経営およびそれに対する監視義務違反という観点から取締役の責任の有無が判断されることになる。

まず、間接損害限定説では、取締役が会社に対して任務を懈怠したことについて悪意・重過失があり、それにより会社に損失が生じたことが必要である。具体的には、取締役としての義務を甚だしく怠った場合であり、いわゆる放漫経営という類型および監視義務違反という類型として論じられるような事案である。この場合、手形を振り出した取締役も、監視を怠った取締役も、いずれも任務を懈怠したという点で帰責事由の面では同質のものとして扱われる。ただし、監視義務違反ということについてはそれがどこまで及ぶかという解釈問題は残る。その点を別にして、間接損害限定説では、単に支払い見込みのない手形を振り出したということは、当該手形の振出が原因となって倒産したという例外的なケースを除いては、独立して問題になることはなく、手形振出の前後の一連の取締役の行動が問題にされることになると思われる。

以上のような取締役の任務懈怠により会社に損害が発生した結果第二次的に被った第三者の損害について取締役は損害賠償責任を負う。会社が倒産して手形について支払いを受けられなかったということであれば、手形所持人は右の意味での間接損害を被ったといえることになりそうである。

しかし、この点には問題がある。まず、取締役の任務懈怠と手形振出の前後関係である。経営順調な会社が手形振出の後に、取締役の任務懈怠の結果倒産したというようなケースでは、まさに会社に損害が発生した結果第二次的に手形所持人に損害が発生したといってよい。ところが、元々任務懈怠があり会社は何時倒産しても不思議でない状況でさらに取締役が手形を振り出したような場合、当該振出行為は任務懈怠の一環にすぎず、あるいは当該振出行為自体は会社の経営を改善するためになされたもので任務懈怠性は認められないかもしれない。しかし、そのような場合にも、間接損害の定義が前記のようなものである以上は手形所持人の損害は取締役の責任の発生することになる間接損害であるといわざるをえないのではあるまいか(21)。

しかし、利益衡量としては、会社の経営が健全であった段階で手形を取得した者と、すでに取締役に任務懈怠がありその結果経営が悪化している段階で十分な確認もなく手形を取得した者との間には保護に値する程度にはかなりの相違があるようにも思われる(22)。後者のような手形所持人にも商法二六六条ノ三第一項に基づく救済を認めるのであれば、不法行為責任の一般原則は大幅に緩和されてしまうことになるが、それを正当化するのに漠然と会社債権者の保護というだけでは足らないと考える。ところが、会社の経営が健全であった段階で手形を取得した所持人は保護されるということの説明は、以下のように考えれば可能である。すなわち、債権取得以前の段階では債権を取得しないという対処の仕方が可能であるのに対して、取得後は会社財産はもっぱら取締役の管理に委ねられており、会社財産の維持は取締役が適正に任務を遂行するか否かにかかっており、債権者は原則としていかなる対処もできないため、会社財産の減少に対して特別の保護を与えるべきであると考えることが可能であろう。そのことから、有限責任制度の上に成り立つ会社においてのみ取締役に一般原則では認められない特別の責任が発生すると考えられるのである。(23)

間接損害限定説が商法二六六条ノ三第一項の趣旨を会社債権者の保護という点に求めるのであれば、それはまさに右のような意味合いにおいてであるべきであり、形式的に間接損害に該当してもそのすべてについて取締役の商法二六六条ノ三第一項の責任が発生するものと考えるべきでない。この観点からは、間接損害限定説においても、間接損害の定義以外に、取締役の責任発生を制限する何らかの判断枠組が必要であると思われる。そこで端的に保護に値する会社債権者であることという要件を設けることが一つの可能性として認められよう。(24)その場合、保護に値するか否かは、会社債権者は債権取得後にはその満足は取締役が適正に任務を果たすか否かに係っているため商法二六六条ノ三第一項の責任が法定されているという認識に即して判断されるべきであり、この観点からは、経営が悪化して再建の見込みがない段階で手形を取得した者は原則として保護に値しないというべきである（不法行為責任の成否は別問題である）。けだし、その者には手形を取得しない自由があったのであり、会社の資力について判断を誤ったというだけでは右のような趣旨と解される商法二六六条ノ三第一項の保護対象には含まれないといえるからである。さらに、たとえば、手形を振り出した取締役以外の取締役が名目的取締役であって任務を遂行していないということを手形取得時に知っていた所持人については、名目的取締役による会社財産の維持を期待していたとはいえず、従ってその手形所持人は保護に値せず、名目的取締役の商法二六六条ノ三第一項に基づく責任は発生しないといってもよいのではなかろうか。(25)

もっとも、これらの絞りをかけることにより商法二六六条ノ三第一項の責任は発生しないとしても、会社の取締役に対する損害賠償請求権について手形所持人は債権者代位権を行使すれば同じような結果を得られることは否定しようがない[26]。したがって、商法二六六条ノ三第一項の責任について右のような絞りをかけることの実益は乏しいといわざるをえないが、同項が会社債権者の保護の観点からの規定であるという理解をするかぎり実益の如何にかかわらず絞りをかけておくべきであろう。

そのほか、間接損害については、第三者の損害は、会社の取締役に対する損害賠償請求権の額に限られるかという問題がある。この点は、多くの説が認めるように、限定されると解しておくべきであろう[27]。

このような間接損害限定説によることのメリットは、不法行為責任の発生しない場合にもさしたる根拠もなく商法二六六条ノ三第一項に基づく責任を認める両損害包含説の欠陥を免れているということとともに、商法二六六条ノ三第一項の存在意義を実質的に無理なく説明しうるということに見出せると考える。そして、会社に対する任務懈怠につき悪意または重過失が存することが責任発生の要件として明瞭に位置づけられ、その際に経営判断の原則を適正に考慮した上で取締役の責任の有無を判断できるから、両損害包含説でありがちな結果責任的な取締役の責任の肯定という傾向の進展も防ぐことが期待できる。この説と不法行為責任についての法理論を組み合わせることにより、支払い見込みのない手形振出の事案について、最もバランスのとれた結論が導かれるのである。

(20)　ここでは故佐藤教授の見解をもって、間接損害限定説を代表するものとする。佐藤庸『取締役責任論』(東京大学出版会、一九七二)、特に一八八頁以下にその概略が整理されている。
(21)　佐藤・前掲注(20)一二九頁、一九七頁は債権の取得は任務懈怠の後でもよいとする。
(22)　菱田政宏・前掲注(11)三二三頁は、直接損害として賠償責任が発生するか否かは別として、間接損害としては、取引前の取締役の会社に対する加害行為については、取締役の行為と第三者の損害との間に相当因果関係はないとされる。
(23)　佐藤教授の間接損害限定説では会社債権者保護とは本文で述べたところより広く把えられていたように思われる。佐藤・前掲注(20)一二九頁など参照。
(24)　菱田・前掲注(11)三二三頁、塩田＝吉川・前掲注(8)一八五頁では相当因果関係の問題とされているが、債務不履行や不法行為においていわれる相当因果関係と異なる意味内容を持つことに留意すべきである。

(25) 菱田・前掲注(11)三二五頁。なお、会社に支払い見込みがないことを知った上で債権を取得した債権者についてはもちろん保護に値しない。

(26) 間接損害限定説に対して、それでは商法二六六条ノ三第一項の存在意義が乏しくなるとして批判される(龍田・前掲注(12)九九頁)所以である。しかし、商法二六六条ノ三第一項によった場合、損害賠償責任の免除、放棄・和解については取締役は債権者代位権による場合と異なり会社債権者に対抗しえないというかぎりで実益はあるし(佐藤・前掲注(20)一九七頁)、適用範囲が狭いというだけでは積極的な批判とはならない。

(27) 龍田・前掲注(12)一〇〇頁は、第三者の会社に対する債権額が大きくても、間接損害というかぎりは、会社の受けた損害額だけが第三者の被った損害額といわなければならないとされ、上柳・前掲注(10)一二一頁以下では債権者代位権との均衡が根拠にされている。

五　総　括

以上において、支払い見込みのない手形を振り出した場合の取締役の責任につき、不法行為責任の有無とともに、両損害包含説・間接損害限定説によった場合どのような結果になるかという角度から考察を行った。

すでに述べたように、この種の事案に対して商法二六六条ノ三第一項の責任を広く認めることに対してはかなりの批判があるにもかかわらず、それではどのような場合に責任を認めるべきかについては明確な指標が必ずしも確立されていない。本稿ではこの課題に迫るべく、若干の準備作業を行ったにすぎないが、その中ですでにかなりの問題点が浮かび上がってきたといってよいように思われる。

まず、不法行為責任の成否という点では、一部の判例にはかなり緩やかに責任を肯定する傾向が見られる。そうであるかぎり、一方で、商法二六六条ノ三第一項に基づいて取締役の責任を安易に認めるべきでないという批判をする者は不法行為責任の成否についてどう考えるかということを明確にした上でのことでなければ批判としての意味は乏しくなると思われる。他方で、判例に見られる不法行為責任の傾向が正当ということであれば、手形所持人を保護するために無理に商法二六六条ノ三第一項の責任を拡大することの必要性はあまり大きくないと思われる。商法二六六条ノ三第一項に基づき責任を認める判例には、取締役の悪意・重過失を第三者に対する加害についてのみ問題とすると理解できるものが多く存在する。そして、その場合、判例は実質的には不法行為責任についての判断枠組と同じ判断枠組で結論を下しているものと思われる。

次に、不法行為責任だけでは、監視義務を怠った取締役の責任を肯定することはきわめて困難であり、両損害包含説をとることのメリットは大きい。しかし、片方で不法行為責任が成立しないという結論が妥当であるというのであれば、他方で商法二六六条ノ三第一項の責任を安易に認めることにも慎重であるべきであり、むしろ民法七一五条二項など不法行為責任規定についての再検討を行うことが必要であろう。

結局、この問題は会社の資力を信用して手形を取得した者をどの程度保護すべきかという問題に帰着する。この点、中小規模の株式会社、有限会社では財産状態の開示がきわめて不十分であるという現状に留意すべきではあろう。しかし、会社の資力を安易に信用したことを度外視して、取締役の責に帰すべき事情のみを把えて責任を拡張することは大局的には疑問であり、会社の無資力の場合に取締役の第三者に対する個人的責任が発生するという一大例外を認めるには、やはり、それに相応しい実質的根拠が必要であろう。従って、不法行為にせよ、商法二六六条ノ三第一項にせよ、取締役の側に欺罔行為か、それに準ずる行為があるというようなかなり強い違法性が存することが必要であろう。これに対しては、責任を広く認めた上で、過失相殺を十分に活用すればよいという批判があるであろうし、それにより柔軟な解決が図られることになるのかもしれないが、前提として責任を安易に認めてしまうことにはやはり躊躇を覚える。そして、このように考えると、監視義務を怠った取締役については通常その責任を認めないことになるが、行為の違法性は、その取締役に欺罔行為がない以上認められないのでありこの結果はやむをえないのではあるまいか。

以上のように考えると、手形を振り出したこと自体についての責任はかなり制限的にのみ認められるが、これは、債務者の資力についての保証は当然には存しないという現行法秩序の一般原則にかなうものであり、それ以上に手形所持人が保護される根拠は存在しない。

しかし、株式会社、有限会社が債務を負担する場合には、自然人や無限責任制度の上に成り立つ会社と異なり会社債権者が保護されるべき特殊事情がある。それは、とりもなおさず、会社債権者の唯一の会社財産の維持がなおざりにされやすいということであり、そのために商法は取締役に会社に対して厳しい責任を課しているのであるが、それは実際には追及されることがあまりなく空振りに終わることが少なくないこと、また、株主・社員による免除すら可能であること（商二六六条五項六項および有三〇条ノ二第三項参照）などに鑑み、取締役に、特に任務懈怠につき悪意・重過失があったという帰責事由の大きい場合に、会社債権者にも直接、損害の回復を図れるようにしたという説明が商法二六六条ノ三第一項の趣旨の説明としては最も説得力があるように思われる。その意味では、同様の説明をする間接損害限定説がこの種の事案については基本的に支持されうるし、最も妥当な解決をもたらすものと考える。その場合、責任の発生する間接損害にさらに絞りがかけられるべきことはすでに述べたとおりである。(28)

(28) なお、手形振出の事案に関しては、損害賠償請求権の範囲（手形金額か割引金額かなど）、手形転得者を受取人と同視してよいかなどの細かい解釈問題が存するが、その検討は後日に譲る。

〔『上柳克郎先生還暦記念・商事法の解釈と展望』二八五頁～三〇一頁（有斐閣、一九八四）〕

〔編注〕　平成一七年改正前商法二六六条ノ三第一項は、会社法四二九条一項に実質的に受け継がれているので、本稿で論じた解釈問題は現在でも存在する。もっとも、支払見込みのない手形の振出に関して取締役の対第三者責任が追及されるという類型の裁判例は、平成期に入るころからはあまり見られなくなった。

Ⅱ　金融商品取引法

西ドイツにおける証券投資者保護法理の一断面

――銀行の助言・説明義務を中心として

一　序　説

証券投資者保護という一つの政策目的の実現にとっては、まず、発行者による会計書類等の開示を通じての一般的情報提供が大前提とされることはいうまでもない。しかし、大衆投資者にとっては、その能力的限界などから発行者により提供される情報は必ずしも容易に利用しうるものではなく自己の投資決定に有効に役立てうるものとは限らない。そこに証券業者や投資顧問業者による投資助言が重要な意味を持ってくる契機がある。

証券業者の投資勧誘・助言については、既にわが国でも虚偽の情報を利用した勧誘などの禁止は証券取引法上行なわれているところである(1)。しかし、これらの規制は、いずれかといえば、一種の業法的規制の域を出るものではなく、そのような規制に違反する行為が行なわれたとしてもそこから直ちに損害賠償などの効果を導きうるのかは必ずしも明らかでない。また、これら証券取引法上の諸規制は、虚偽の情報を利用した勧誘の禁止など消極的な側面についての規制であって証券業者の適切な投資判断のための積極的な助言や説明の義務までを根拠づけることにはかなり無理がある(2)。

このようなことがいえるとすると、投資者の投資判断にきわめて強い影響力を持つ証券業者に対して適切な助言・

説明を投資者に与えることを義務づける根拠を証券業者と顧客投資者の間の契約関係の中に見出せないかどうかを検討してみることもそれなりに意味のあることではないかと思われる。

ところで、(西)ドイツにおいては証券業務を行なう銀行に対して、判例・学説上、投資者たる顧客に対する助言(Beratung)・説明(Aufklärung)義務が課されることが認められている。[3] 本稿は比較法的考察の素材の一つとしてドイツにおける銀行の助言・説明義務について考えてみたい。

後でみるように、この義務は、元来、問屋(Kommissionär)に課される委託者の利益保護(Interessenwahrung)義務の中の一つとして認められてきたものであり、現在でも問屋の義務という観点から論じられることが多い。しかし、近時では、理論的側面からも問屋の義務という位置づけとは別に信頼責任論の立場や証券業務を行なう銀行の投資者保護原理から導かれるところの固有の義務として位置づけようとするCanarisやHoptの新たな試みも見られる。そこで、本稿でも、伝統的な観点からの助言・説明義務についての考え方とそれに対する近時の学説の主張するところの交錯に留意しつつ検討を行ないたい。

(1) 証券取引法五〇条、五八条一項一号、二号、証券会社の健全性の準則等に関する省令一条一号参照。

(2) ルイ・ロス＝矢沢惇編『アメリカと日本の証券取引法・下巻』四二八頁〔竹内昭夫〕(商事法務研究会、一九七五)では、証券取引法五〇条、五八条違反の行為についても、一般不法行為責任の成立を認めるとともに、欺罔または重要事実の不開示の場合には顧客は錯誤による無効または詐欺による取消を主張できるとされるが、たとえば、アメリカでいわれる適合性の原則として説明されるような責任をわが国で認めうると明言するものはきわめて少ない。神崎克郎『証券取引法』三五五頁(青林書院、一九八〇)は、日本証券業協会の規則に違反して証券会社が投資者の投資目的、財産状態および投資経験等に適合しない証券取引の勧誘をして投資者に損害を生じさせたときは、それによる損害賠償責任を負わなければならないとされる(直接の根拠は不法行為(民法七〇九条、七一五条)に求めるのであろうと思われる)が、現状ではそこまで断言するのが一般的な見解であるとはいい難いように思われる。たとえば河本一郎＝大武泰南＝神崎克郎『証券取引ハンドブック』一七二頁〔神崎克郎〕(ダイヤモンド社、一九八二)では、顧客に不適合な証券を推奨しない義務は、まだ法的義務にまで高められているとはいえないと述べられている。また、北川善太郎『消費者のための契約ガイド』二五〇頁〔森本滋〕（日本消費者協会、一九八一）も同旨である。

（3）　いうまでもないが、いわゆるユーバーサル・バンク・システムの中で証券業務を行なっている西ドイツの銀行の法的責任と日本の証券会社の法的責任の早計な比較は慎まねばならない。

二　助言・説明義務の理論的根拠

(1)　問屋の助言・説明義務とその拡大

既に前世紀の末から認められてきた問屋の助言・説明義務とは、次のようなものである。すなわち、まず、問屋は、商法（以下、HGBという）三八四条一項により、通常の商人の注意をもって受託した取引を実行するとともに、その際には委託者の利益に配慮して、かつ、その指示に従うことが義務づけられるが、この委託者の利益に配慮する義務は、誠実義務（Treupflicht）ともよばれる。(4) そして、この誠実義務の中の一つの具体的義務として、委託者に適切な助言・説明を与える義務が認められるという形で議論されている。その実質的根拠としては、取次契約は信任取引（Vertrauensgeschäft）であるということがあげられている。(5) すなわち、取次契約が信任取引たる所以は、結局、取次契約が他人の事務配慮（Geschäftsbesorgung）たる性質を有するからであり、ここでは、売買契約に典型的であるように契約の両当事者が互いに自己の利益を主張して、その交渉の結果契約的正義が達成されるという構造的前提が存在せず、委託者の利益の実現が多かれ少なかれ問屋の裁量に委ねられざるをえないのである。そうであるからこそ、特に委託者が当該委託について十分な判断能力を有しないことが問屋にも認識可能である場合には、委託者が損失を被らぬように配慮することが問屋に要求されるのであり、その具体的あらわれとして、損失を被らないようにするための助言・説明が問屋により与えられねばならないという結論が導かれる。(6)

なお、問屋のこの誠実義務に含まれる助言・説明義務は取次契約成立前の交渉段階においても認められており、一説によれば、(7)問屋は契約締結前既に、ある種の信義誠実に基づく配慮義務、特に、委託者が契約締結についての決定をし、またその契約の内容形成に重要である諸事情を伝達し、開示する義務を負うものと述べられている。そして、この問屋の義務は契約締結上の過失責任の問題とは切り離され（というのは、契約締結上の過失論では、すべての契約に際して責任が発生するのか、当事者間に特別の信頼関係が存する場合にのみ責任が発生するのかという問題があるからであると思われる）、取次の場合には、常に信任関係が存し、それに基づき契約締結前に説明義務が問屋に課されるものとされる。もっとも、この契約締結過程における義務がいかなる性質の義務であるのかは明らかでないが、おそらく、純然たる契約上の義務ではなく、次に扱うCanarisらの信頼責任論につながる考え方であると思われる。

ところで、このように元来問屋の義務として認められてきた助言・説明義務は取次以外の場合、特に証券の売買取引（Proper- oder Eigengeschäft）の場合にも拡張して認められることが古くから判例・学説によって肯定されてきている。(8)しかし、問屋の助言・説明義務が前述のように取次契約の信任取引性、すなわち他人の事務配慮性に根拠づけられるものとすると、それとは本質を異にする給付交換契約（Austauschvertrag）の類型に属する売買取引にそれをそのままおし及ぼすことは本来できないはずである。それにもかかわらず、売買取引においても銀行に助言・説明義務を認めるには、問屋の義務という観点を離れた論拠が求められなければならない。そのような論拠は、まず助言契約等の存在を擬制するという方法によることが考えられるが、証券業務に関してはほとんど支持されず、別の試みとして、Canarisをはじめとする信頼責任論の立場からの議論が有力になりつつある。

Canarisは、大要次のようにいう。(9)銀行と顧客の間には、事実上の状態である取引上の結びつき（Geschäfts-verbindung）(10)という法律行為的接触から生ずる信頼関係（Vertrauensverhältnis）に基づき、ＢＧＢ二四二条（信義則）を介して法定の（すなわち法律行為的意思に基づかない）債務関係が成立し、(11)その債務関係に包含される保護義務

(Schutzpflicht) の一つとして、顧客は損害を与えないようにする助言・説明義務が認められ、その違反の効果として損害賠償責任が生ずることになるのである（いいかえれば、ここでの助言・説明義務というのは通常の給付義務とは区別される、それに違反すれば（損害賠償）責任を生ずるという意味における義務である）。このように、取引上の結びつきから生ずる信頼関係に義務の根拠を求めるときには、取次であるか売買であるかの区別は意味を持たなくなる。[12] しかも、Canaris は、ここでの証券の売買は、類型的に見ても通常の売買契約ではなく、銀行法的構成要素 (bankrechtlicher Komponent) により影響されている特殊なものであるということによっても保護義務を認める自説を補強している。[13] なお、信頼関係の存在は、当事者の接触の濃さの程度によってさまざまな段階があるのであり、それに応じて銀行の尽くすべき保護義務の程度も異なってくる。[14]

このような信頼責任論の立場からの助言・説明義務の根拠づけの実益は、ドイツ固有の事情である不法行為責任成立要件の厳格さを回避しうるということが一般的な背景となっているものと思われるが、[15] Canaris はさらに単に銀行が誤った助言を与えることを禁止するだけにとどまらず、それ以上に、顧客が誤った、もしくは過度に危険な行為 (Maßnahme) を企図していることが銀行に認識可能な場合に、警告ないし説明の義務を課すことも可能とするということを述べている点に注目したい。[16]

このような信頼責任論の立場からの説明に対して Hopt は批判的である。すなわち、Canaris らのいうところの取引上の結びつきという概念そのものが広すぎるし、逆に取引上の結びつきが存しない場合には（一回的取引）、相手方は保護を受けられない。また、取引上の結びつきということは銀行・証券取引に限って存するのではなく他の分野でも存しうるが、そこでもここでの投資者保護から求められる程度の他人の利益を考慮する義務から派生する助言・説明義務を導き出すことは到底無理であるとし、ここでの助言・説明義務は、銀行と投資者顧客の間の関係固有のものとして導かれなければならないとする。[17] また、Hopt によれば、取次取引についてはともかく、売買取引のような給付交換型契約に他人の利益配慮の義務を認めることはできないとされるので[18]個々の証券取引契約の中に義務づけの根拠を求めることは問題の解決にはならない、そこで、Hoptは、結局、憲法の採用する社会的国家原理の下位原理としての（社会的弱者たる）投資者保護原理（Anlegerschutzprinzip）に銀行の義務の基本的根拠を求める。[19]そして、この投資者保護原理により銀行が一般の私法主体以上に投資者の利益に配慮すべく義務づけられるのは銀行の果たしている仲介者機能（Mittlerfunktion）[20]に実質的理由があるのであり、それはここでは銀行契約（Bankvertrag）[21]という枠契約（Rahmenvertrag）により現実化されており、その故に助言・説明義務など投資者の利益保護のための銀行への強力な義務づけが可能であるというのがHoptの主張の骨組である。注意すべきは、Hoptは銀行契約の存在に助言・説明義務の根拠を見出すが、それは、助言・説明義務が単に契約上の（私的自治に根拠のある）義務として把えられるのではなく、銀行契約の存在は投資者保護原理を採用する法秩序が銀行に対して具体的義務づけを行なうことを正当化するための触媒的意味を持たされているという点である。[22][23]

　このように、結論的に銀行に一定の助言・説明義務が課されることは異論がないものの、その根拠については大きな対立があり、理論的にきわめて困難をはらんだままの状態となっている。しかし、次に述べる助言・説明義務の具体的な内容には基本的には大差があるとはいえない。ただ、後述の免責可能性など助言・説明義務の具体的内容に微妙な対立を生み出すことになる。

（4）Schlegelberger-Hefermehl, HGB, 4. Aufl., Bd. 4, 1966, § 384 Anm. 1.

（5）Düringer-Hachenberg, HGB, 3. Aufl., Bd. 5, 1932, § 384 Anm. 2 ; Koller, HGB Großkommentar, 3. Aufl., Bd. 4, 1980, § 384 Anm. 3.

（6）Koller, a.a.O (N.5), § 384 Anm. 3. なお、誠実義務の今一つの重要な具体化として、問屋は委託者の利益を犠牲にして自己の利益を図ってはならないという原則が導かれる。

（7）Düringer-Hachenberg, a.a.O. (N.5), § 384 Anm. 5.

（8）Vgl. Canaris, HGB Großkommentar, Bd. 3, 3. Teil, Bankvertragsrecht, 2. Bearbeitung, 1981, Rdn. 1896. なお、情報提供者の責任一般を論じた松本恒雄「ドイツ法における虚偽情報提供者責任論（一）～（三・完）」民商七九巻二号一八七頁、三号三八〇頁、四号五四八頁（一九七八～一九七九）、特に（二）民商七九巻三号三八〇頁以下は本稿のテーマにも言及しており有益である。

（9）Canaris, a.a.O. (N.8), Rdn. 1880, 1896, 12ff. u. 100 ; Canaris, C-W., Vertrauenshaftung in deutschem Privatrecht, 1971, S. 442ff. u. 538ff. なお、Koller, a.a.O. (N.5), § 384 Anm. 4 も概ね同じ根拠づけをとる。

（10）Geschäftsverbindung がどのような場合に認められるかは明確ではないが、銀行取引について Canaris は、銀行と顧客の間の関係は、原則として個別の取引において創り出されるものではなく、たいていは比較的長期の継続と、しかも、不特定多数の取引発生に向けられているのであり、その場合に Geschäftsverbindung が存するとしている（Canaris, a.a.O. (N.8), Rdn. 1）。一般的には、Müller-Graff, Die Geschäftsverbindung als Schutzpflichtverhältnis, JZ 1976, S. 153ff.

（11）この法定の債務関係はいわゆる第一次的給付義務を欠く法定の債務関係（gesetzliches Schuldverhältnis ohne primäre Leistungspflicht）とよばれる（vgl. Larenz, K., Lehrbuch des Schuldrechts, Bd. 1, Allgemeiner Teil, 11. Aufl., 1976, S. 93ff.）。このような債務関係の中に相手方の保護義務（Schutzpflicht）が認められ、その中に説明義務等が包含されるわけである。なお、保護義務一般の説明として、奥田昌道『債権総論（上）』一八頁（筑摩書房、一九八二）参照。

（12）なお、Canaris が取引上の結びつきを信頼責任発生のキイポイントとしているのは、逆の面からいえば、銀行と顧客の間の継続的な取引関係（これを銀行契約（Bankvertrag）という包括的契約が存在するものと見うるかどうかは争われており、Canaris は否定的に解している）の中で行なわれる個別の金融、証券に関する契約だけでは、信頼関係の存在を認めることが困難であることを示しているものといえよう。もっとも、個別の契約締結過程において契約締結上の過失責任が発生することはありうる。他方、Canaris のいう、法定の債務関係が認められるかぎり契約締結過程だけでなく、その成立後にも履行過程も含めて（当初の助言を後発事象などの発生の場合事後的に訂正する義務を課しうることになる）銀行の責任を課すことが可能になる。

（13）Canaris, a.a.O. (N.8), Rdn. 1896.

（14）問屋について、Koller, a.a.O. (N.5), § 384 Anm. 4.

（15）契約責任論への傾斜傾向の一般的背景については、林良平＝石田喜久夫＝高木多喜男『債権総論（改訂版）』九四頁以下（青林書院新社、一九八二）およびそこにあげられている諸文献を参照せよ。

（16）Canaris, a.a.O. (N.8), Rdn. 1880.

（17）Hopt, K.J., Der Kapitalanlegerschutz im Recht der Banken, 1975, S. 250ff.

（18）Hopt, a.a.O. (N.17), S. 244 u. 246.

(19) Vgl. Hopt, a.a.O. (N.17), S. 219ff. なお、社会的国家原理というような憲法上の原理と私法上の法原則を結びつける思考方法はわが国では無縁のものであるが、西ドイツではたとえば普通取引約款のコントロールの根拠を社会的法治国家原理に求める Krause の見解(Krause, Allgemeine Geschäftsbedingungen und das Prinzip des sozialen Rechtsstaats, BB 1955, S. 265ff.)が存するように、決して奇異な思考方法ではない。

(20) 証券発行市場、流通市場その他の局面で制度的に企業と投資者の間に介在して個々の行為を行なう銀行の機能であり、経済的側面における強力な権力によりその機能の実行過程において銀行が自己または企業の利益を図り投資者の利益を犠牲にすることを防止することを法秩序が要請するのであり、このような銀行の仲介者機能という観点から、銀行法、取引所法上の銀行に対する実定法上の諸規制が説明されうるとする。Hopt, a.a.O. (N.17), S. 381ff. そして、この仲介者機能に基づく法規制は立法による必要はなく、司法的にも形成されうるとされる(vgl. Hopt, a.a.O. (N.17), S. 285)。

(21) 銀行契約は、継続を志向した、事務処理(Geschäftsbesorgung)を内容とするサービス契約(Dienstvertrag)であり、その中で行なわれる個々の契約とは区別されうるとされる。Hopt, a.a.O. (N.17), S. 398ff.

(22) Hopt, a.a.O. (N.17), S. 391ff. u. 401ff.

(23) なお、Hopt は、銀行契約が存しない場合についても、それが一回的契約に関しては報告、助言、証券売買、取次のような各契約が存在していること、また、銀行と顧客の間に契約が有効に成立していない場合については、それが継続的関係であれ一回的関係であれ、そこに投資者保護原理に基づく、一定の投資者保護義務を内容とする法定の債務関係の存在を認め、それらに彼のいう仲介者機能を見出し、程度こそ弱いが銀行契約が存する場合と同様の助言・説明義務を認める(Hopt, a.a.O. (N.17), S. 404ff.)ので、結局は、銀行のほとんどすべての活動に関連して助言・説明義務が生ずることになっている。

三　助言・説明義務の具体的内容

(1) 義務具体化のための判断ファクター

銀行がどれだけの助言・説明義務を尽くさなければならないかということは、この義務が信義則などの一般条項(原理)に求められるのであるから、一概にはいえない性質のものである。ここでは、まず、Canaris が証券取引に即

して判例を主たる素材として整理しているところを要約することとする。(24)

まず、考慮されるべきファクターの第一は、顧客の人的性格とその取引経験であって、たとえば、一見して有価証券取引に不慣れな者に対しては、取引所取引の危険について説明してやらねばならないが、経験のある商人に対してはそのような説明を与える義務はない（ただし、商人に対しては全く義務がないというわけではない）。

次に、証券取引により追及される目的が考慮されなければならない。すなわち、確実な投資をせんとしている顧客に対しては、その目的にかなう証券しか推奨してはならず、まして、銀行が自身でその証券の売買について金融上の利害関係を有している場合に、そのことを理由に当該証券を推奨してはならない。逆に、顧客が短期的な投資を目論んでいる場合には、銀行は相場下落の危険について説明すべきで、たとえば、その危険を少なくする手段について助言すべきである。これに対して、顧客の目的が投資にではなく、投機にある場合には、弱い程度の助言・説明しか要求されない。もっとも、投資目的と投機目的の区別は流動的であるからこの点の区別をあまり重視すべきでないともされている（今日の市場・経済状況の下では、長期的に証券を保有することは合理的な行為とはいえず、しばしば買い換えることも必ずしも投機的意図のあらわれではなく、経済的合理性の原則にかなうものであるとされる）。なお、投機目的の場合であっても、投機的ファクターに関係のない、あるいは異常で顧客にはわかりえない範囲のことがらについては助言・説明の必要がなくならない。

助言・説明の対象となることがらの面では、顧客にとって必要不可欠な情報であるかぎり選択された投資形態に結びついた税金面の有利不利について、その他、国の貯蓄報奨金（Sparprämie）のような特典について注意を与えるべきである。

さらに、投資決定にとって重要な事実について説明されるべきであるが、これは事実の種類により異なり、一般的に公知の事実、たとえば、一般的な経済状況や相場の警告についてまで助言・説明する必要はない。もっとも、銀行がこれらの事実について尋ねられた場合に虚偽の説明をすることは許されないし、また、顧客が誤った評価をしていることまたは全く考慮の外に置いていることが銀行にも認識可能である場合は説明を与えるべきである。顧客が売買しようとしている証券の相場についても公知の事実と同様のことがいえる。しかし、相場の動きが激しく売買がその時点で合目的的とは思われないときには、顧客にその旨を注意すべきである。委託の直前に相場の停止されたような場合も同じことがいえる。

なお、きわめて例外的な場合には、委託を受けた後でも、激しい相場の変動についての再確認ないし説明義務が生じるとされる。

銀行のみが知っており、または、銀行が顧客よりもよりよく判断しうる事実については、より詳しい説明がなされるべきである（なお、内部者情報の問題については四で検討する）。たとえば、有価証券の流通可能性やそれに関連した法律問題、発行企業の経営の堅実性（Solidität）や収益状況についてなどである。もっとも、銀行が単に企業指揮者の報告に依存し、それを顧客に明示した場合には、銀行は、その企業が履行補助者に当たるものと見てＢＧＢ二七八条（履行補助者の行為による債務不履行責任）の要件に従ってのみ責任を負えばよい。銀行が積極的にある証券の売付けを推奨するような場合、企業からの報告を単にそのまま伝達し、自己の事後判断は行なわれていないことを明らかにしないかぎり、企業の堅実性、収益見込みや、時によっては機関の報告の正しさについても義務を負うものとされる。それに対して、一般的投資助言の範囲内では、原則として、企業の状態について調査する必要まではないが、特別な疑点については追及し、または顧客にその旨を注意しなければならない。なお、外国証券については、より強い注意ないし調査が要求される。

判例の整理を中心としてCanarisが以上の諸ファクターをあげているのに対して、Hoptは、彼のいう個別的開示としての助言・説明義務の範囲を決定すべきファクターとして、①説明の必要性の程度、②銀行と顧客の間の取決め

(Absprache) の如何、③継続性などお互いの関係の強さ、④顧客が保護を受けることを放棄していないかどうか、⑤営業上・経済上の負担可能性の五つをあげ、それらの相関関係で具体的になすべき助言・説明の内容が決まる（その意味で可動的システム（bewegliches System）であるという）とする。[25] このファクターの中では、経済上の負担可能性という面への着目が注意をひくものである。[26]

(2) 助言・説明義務履行の際の行為準則

以上に述べた諸ファクターに基づいて決定される助言・説明義務を果たす上で、銀行はどのような行為準則に従わねばならないかが次の問題である。この面では従来の学説・判例は体系的に整理されているとはいいがたい。そこで、ここでは、Hopt の整理しているところ[27]（Canaris も理論的根拠づけは別としてこの整理を基本的に採用している）に従って三つの行為準則について見ていくのが有益である。[28]

① 真実義務 (Wahrheitspflicht)

銀行が助言・説明義務を負っている場合には常に顧客に真実に従い情報を提供すべき義務を負う。この義務は事実のみならず評価（Wertung）の側面についても当てはまる。

顧客に知らせるべき情報の内容の面では、三つに分類され、特定の証券の評価に必要な知識（特殊知識、Spezialwissen と称されている）、一般的な市場状況に関する知識（市場知識、Marktwissen と称されている）については、情報提供が強く要請されるのに対して、取引の法的仕組など特定の種類の有価証券取引に結びついたリスクに関連する知識（基礎知識、Grundwissen と称されている）については例外的にのみ助言・説明をすれば足りるものとされる。

事実についての情報のみならず、投資者はその事実についての解説と評価を盛り込んだ説明を必要としているのであるから、銀行は、その面も合せて助言・説明をすべきである。もっとも、そのことは、客観的に適中する予想が要求されることを意味するものではなく、注意深い専門家としての助言が与えられれば足り、助言者たる銀行が、自己の見解が偶然のものではなく、事実と信頼の置けると思われる情報に基づいて形成され、その情報が助言を支えうるものであることに確信をもっていれば足りるのである。

真実義務を補完する行為準則として、完全性の原則と、明瞭性の原則が認められるべきである。完全性の要件を満たすためには、適切な決定を投資者自身がするために知っていなければならないすべてのことがらを伝達しなければならない。従って、企業評価によくない方向で働く情報も伝達しなければならないし、取引所における噂のようなものも、相場に影響を及ぼす以上、場合によっては知らせるべきである。これに対して、明瞭性の原則は、判断力において劣る投資者に適切な投資判断をさせうるようにするという個別開示の社会的保護目的から要請されるものであり、次のようなことが要請される。すなわち、事実、噂、推測、自己の意見は明瞭に区別されねばならない。助言の根拠を示さなければならず、助言者の認識に根拠が欠けているか、助言者がその根拠を利用しえなかったときはその旨を注意しなければならない。もし、助言者が与える情報ないし助言の正確性について自身でも完全に確信がないときにはその旨も明らかにすべきである。その他、税法上の問題をはじめとする国の経済政策上のことがらについても、相場に影響がありそうな場合などには伝達すべきである。

② 調査（Nachforschung）・照会（Erkundigung）義務

この調査・照会の義務は、証券の側面と顧客の側面の両面にわたって認められる。

証券に関しては、助言者は、良い助言を与え、または顧客に適切な事実についての情報を与えうるように、必要な基礎的知識、市場知識、特殊知識を有していなければならないという義務である。基礎知識については、助言者の活動に際して一般的に、市場ないし特殊知識については、その時々の情況に応じて入手していなければならないとされる。銀行は経済や証券市場の状況について継続的にフォローしなければならず、そのために、取引所や相場、経済に関する刊行物を規則的に閲読すること、計算書類・株主総会報告書、取引所通信（Börsenbrief）などを調査分析することなどが要求される。また、助言の基礎となっている情報についてはその信頼性を、また、情報提供者についてもその信頼性を注意深く審査しておかねばならない。

顧客の面に関しては、まずさまざまな投資の流動性（Liguidität）、収益性（Rentabilität）、確実性（Sicherheit）についての知識ないし評価、および取引についての適格な選択、証券の適切な混合（Mischung）についての調査・助言だけでは十分でないということがいえる。なぜならば最善の投資というものは存在するものではなく、各々の顧客に最も適切な投資のみが存するからである。従って、助言者は、助言に先立って投資者の個人的事情について照会しておかねばならないのである。具体的には、まず、投資目的（高度の流動性か、最大限の確実性か、大きいリスクを伴っても迅速で高度の収益の証券か、標準的証券だけか、また外国証券も含むのかなど）、また、顧客の金融上・生活上の状況（投資額、投資継続期間、資産状況、納税義務、年齢、職業、身分）の両面について調査しておかねばならないのである。

③　組織義務（Organisationspflicht）

助言者は企業組織の面でも適切な助言を与えることができるような体制を整えておくべき義務であるといえよう。このような義務は従来必ずしも十分に確立されているとはいえないが、真実義務、調査・照会義務の履行の前提であるともいえよう。具体的には、助言を与える信用機関は、特に能力を備えた、または訓練を受けた証券助言者のみを任ずべきであり、また、訓練が過大な費用を要するときには、組織内部に証券投資助言・管理部門を設け、その部門ないしその所属者に、助言・説明を必要とする顧客が信頼できるよう確保していなければならないのである。また、助言行為は、企業内部の規準と指図により統一され、相応するコントロールにより継続的に監視されること、助言を与えるために意味を持つ新しい法律制度の展開についてなど、投資者保護のために必要な情報が組織の上部から下部へと流れるようにされていること、さらに、許される範囲では内部者情報も投資者保護に必要なかぎりでは提供されるようにされていることが体制的に確保されていることが要求されるものと述べられている。

(3) 義務違反の効果

故意または過失により助言・説明義務に違反した銀行は損害賠償責任を負う。賠償すべき損害は原則として消極利益(negative Interesse)=信頼利益であるとされている。[29] 換言すれば、代金、手数料額等の返還により契約が締結されなかった状態に戻すという解決がなされるのである。従って、適切な助言が与えられていたとしたら得べかりし利益の賠償までを認めるものではない。

(24) 以下、Canaris, a.a.O. (N.8), Rdn. 1881~Rdn. 1886 の要約である。その他、Koller, a.a.O. (N.5), § 384 Anm. 6~Anm. 11 も参照。
(25) Hopt, a.a.O. (N.17), S. 414~430.
(26) Koller, a.a.O (N.5), § 384 Anm. 11 もコスト的要因と顧客に生じうべき損害とを衡量すべき旨を認める。
(27) Hopt, a.a.O. (N.17), S. 431~440.
(28) Canaris, a.a.O. (N.8), Rdn. 1887.
(29) Koller, a.a.O. (N.5), § 384 Anm. 16.

四 利益相反・内部者情報と助言・説明義務

(1) 利益相反関係についての開示義務

証券業務を行なう銀行が顧客との間の証券取引に関連して、顧客の利益と衝突する利害関係を有することがあるが、[30] 取次行為に関してはかねてより、銀行はそのような場合、誠実義務(Treupflicht)に基づき自己の利益を優先させることは許されず、顧客の利益を優先させねばならない(さもなくば当該取次の受託を拒絶すべきである)ということが認められてきた。[31] そして、このことの延長として、銀行の与える助言は顧客の利益に合致するように行なわれなければならず、手数料その他の収入を高めることを目的とした助言を与えるような行為は許されないとされる[32]。しかし、この顧客の利益優先の原則を超えて、利益相反関係の存在することを開示することまでが銀行に要求されるものであるかどうかについては見解が分かれている。

Canarisは、この点について、基本的には開示義務は否定すべきであるとする。その理由は詳しくは述べられていないが、顧客の利益は顧客の利益優先の原則という実体的原則により十分に保護されうるのであり、それに加えて顧客に対して銀行の有している利害関係を開示し、それによって強制的な根拠なくして顧客に銀行の内部事情（Interna）を見せてやることまでは要求されえないとされる[33]。

これに対して、Koller、Hoptは、一定の範囲での開示義務を肯定する。Kollerは、単に問屋が自己固有の利害関係を有しているということがあっても、その利害関係が信義に従った取次の執行を妨げるのでないかぎり通知する義務を負わせるものではないが、問屋の固有の利害関係により委託者の目的を最善に実現することが妨げられる場合にはその点についての説明義務が肯定されるとする。すなわち、顧客の利益を優先すべしという原則によって実際に顧客の利益が十分に保護されるかどうかは、とくに介入権の行使が可能な場合にはきわめて疑わしいものであり、委託者は、注文について、できるだけ利益衝突に直面しない相手方の選択をすることについて利益を有しており、そのことから、委託者の目的をなおざりにすることが具体的に危惧される場合に、執行行為に関する固有の利益を開示すべき問屋の義務を確立することが正当化されるものとされている[34]。もっとも、Kollerも、この開示義務の範囲については、特に有価証券の取次についてきわめて大きい例外を肯定する。すなわち、有価証券の取次においては利益の衝突が通例であり、委託者にはその回避の可能性が開かれておらず、説明ないし開示をさせても実益はなく、顧客も、たとえば銀行が自己売買を行なっていることなど利益の衝突について当然に予測しなければならない状況にあるし、自己売買についての開示義務を課すと、むしろ銀行の利益を不当に害してしまうことが指摘されている[35]。

Hoptも一定の範囲での利益相反関係の開示義務を肯定するが、(36) それは、開示により投資者に対して、顧客の利益優先の原則以上に付加的な保護を顧客に与えることになる場合であるとされる。この観点から、類型を分け、投資者が直ちに認識しうることがら—報酬など—については特に開示の必要性がない。また、投資者に原則的に重大な効用をもたらさない反面で銀行の活動領域に対する重大な介入となる事実—たとえば、銀行と会社の取引上の関係、銀行の証券ポートフォリオや自己売買取引など—についても開示は要求されないとする。これに対して、指摘（Hinweis）をしないことが投資者に誤解を与えることになる場合には利益衝突の存在について開示することが義務づけられるものとされる。その例として、株式法一一八条二項五文(37)を手がかりにして、信用機関（銀行等）の取締役が発行企業の監査役であったり、また逆の兼任があるような場合に、投資者はそのまま当該信用機関を信頼して取引するか、他の信用機関に乗り換えるかの選択をなすことができるようにすべきものとされる。その他の例として、通常の範囲を超える割戻し（Bonifikation）の約定があるような事実などについても開示義務が肯定されている。

（2）内部者情報についての開示義務

西ドイツにおける内部者取引の規制は経済団体の自主規制にとどまっており、その規制の実効性についても疑問であるとされている。(38) ところで、銀行が発行企業との特殊な関係などから内部者情報を入手している場合に、本稿で問題としている証券投資者に対する助言・説明に際していかなる扱いがなされるべきであるかということが議論されている。

まず、銀行が自己の有する内部者情報を利用して、委託者の不利益において自己の利益の実現を図ることが許されないということについては異論がない。(39) 問題は、銀行が証券取引の勧誘に際して内部者情報を顧客投資者に開示する義務を負うかどうかである。

Canarisはそのような開示義務を否定する。(40) その理由として、第一に証券市場における機会平等を歪曲するということがあげられる。このことは、仮にある銀行がすべての顧客に対して情報を提供したとしても変わりはない。というのは、他の銀行の顧客との関係でやはり機会の平等が害されるからである。また、開示義務を認めることは、人材の交流、金融その他の取引関係などから多くの情報を握っている大銀行を競争上不当に有利な地位に置くものであるとする。第二に、内部者情報の開示義務を認めることは銀行秘密（Bankgeheimnis）の保持義務の違反につながる危険性を理由としてあげる。そして、秘密保持の義務は、顧客である企業が秘密の保持について合理的な利益を有しないときといえども認められるのであるから、内部者情報の開示は、それが企業に重大な不利益を及ぼすものでないときでも認めるべきでないとする。しかして、Canaris は、きわめて例外的な場合についてのみ開示義務を認める。その例としてあげられているのは、企業が秘密保持の保護の下に、たとえば誤解をさせ、株主を欺罔することを目的とする報告（Mitteilung）を通じて詐欺的に相場の操縦を行なっているような場合である。その場合、銀行は、緊急避難（刑法五三条、民法二二七条）の観点から秘密保持義務の違反が正当化され、従って、民法二四二条（信義則）により顧客に対して開示が義務づけられるのである。(41)

このような Canaris の否定説に対しては、利益相反の場合と同じく、Koller(42)、Hopt(43) らの限定的な開示義務肯定説が主張される。これらの論者は、銀行秘密の保持の利益は投資者保護原理等に基づく個別的開示の要請に決して優先するものではないとして、結論として、株主の解説請求に対する拒絶事由を定める株式法一三一条三項一号を類推し(44)て、企業にとって重大でないとはいえない不利益が及ぶおそれがないかぎりで、秘密保持義務に優先して内部者情報の開示義務を肯定する。Koller は、Canaris のいう市場における機会平等という点については、たしかに大銀行が競争上有利な地位を与えられることになるが、銀行に一律の開示義務を課さずに、恣意的に情報の提供をなさしめる方がより問題であるし、また、開示義務を認めればきわめて短期間に競争的地位にある問屋＝銀行にも情報は知られるであろうという。そして、法律の課題は個々の市場関与者（銀行）の恣意に係らしめる以上に市場の透明性を高めることにあるということから、前記のような基準で開示義務が認められるべきものとする。[45] ところで、開示義務を肯定する場合に、銀行はすべての顧客に対して情報を開示しなければならないかどうかが問題である。この点については、Hoptは、銀行は投資者一般に対して内部者情報の開示の義務を負うものではないが、その顧客に対する関係では、銀行が情報の提供を一部の顧客にのみ行なうことは情報を知らない顧客の利益を害することになる以上、既に紹介した助言・説明義務の範囲の決定基準とされる五つのファクターに照らして同じ状況が存するかぎりすべての顧客に対して同じように必要な内部者情報の提供が行なわれるべきであるとする。[46]

(30) 利益相反関係の例として、顧客の大量の証券の売却により相場が下がり銀行が自身で保有する当該種類の証券の価値が下落することが予見される場合、銀行にとっては収益性の高い預金等の方に顧客の資金を寝かせてしまう場合、証券の売上高に応じて報酬ないし手数料を入手しうるという場合などである。Vgl. Canaris, a.a.O. (N.8), Rdn. 1888.
(31) Düringer-Hachenberg, a.a.O. (N.5), § 384 Anm. 26 ; Koller, Interessenkonflikte im Kommissionsverhältnis, BB 1978, S. 1734.
(32) Canaris, a.a.O. (N.8), Rdn. 1888.
(33) Canaris, a.a.O. (N.8), Rdn. 1890.
(34) Koller, a.a.O. (N.5), § 384 Anm. 14.
(35) Koller, a.a.O. (N.5), § 384 Anm. 14.
(36) 以下については、Hopt, a.a.O. (N.17), S. 446ff.
(37) 株式法一二八条二項五文は、信用機関が株主のために議決権を行使せんとする場合に、信用機関の取締役員が会社の監査役会に、または会社の取締役員が信用機関の監査役会に所属するときには、そのことを株主に通知しなければならないものと定めている。
(38) 前田重行「西ドイツにおける内部者取引の自主規制について」『鈴木竹雄先生古稀記念論文集・現代商法学の課題・中』八五三頁以下（有斐閣、一九七五）参照。
(39) Canaris, a.a.O. (N.8), Rdn. 1892 ; Koller. a.a.O. (N.5), Anm. 13.
(40) 以下は、Canaris, a.a.O. (N.8), Rdn. 1984.
(41) Canaris, a.a.O. (N.8), Rdn. 1894.

（42）Koller, a.a.O. (N.5), § 384 Anm. 14.
（43）Hopt, a.a.O. (N.17), S. 448ff.
（44）株式法一三一条三項一号は株主の解説請求を取締役が拒絶しうる事由として、解説を与えることが合理的な商人の判断に従えば、会社または結合企業に重大でないとはいえない不利益を与えるものであると認められることを明示している。
（45）Koller, a.a.O. (N.5), § 384 Anm. 14. なお、Hopt によれば、企業にとって重大でないとはいえない不利益を与えるものとは認められないケース（すなわち、銀行の開示義務が肯定されるケース）として、内部者情報が既に一部に漏洩している場合、会社の機関が不当な内部者取引を行なっている場合、会社自身が内部者情報を利用して相場操縦などを行なっている場合があげられている。Hopt, a.a.O. (N.17), S. 469ff.
（46）Hopt, a.a.O. (N.17), S. 471ff. ただし、具体的にどのようにして開示すべきかについては必ずしも明確でない。

五　免責とその制限

現実の銀行と顧客との間の法律関係は銀行取引約款により規律され、その中には銀行の情報提供に関する免責条項が置かれている。ここで問題としている助言・説明義務に基づき与えられる助言その他の情報提供についてもこの免責条項に服することは自明のごとく考えられている(47)。

ここでは、一九六九年改定以後の約款をフォローしておきたい。

まず、一九六九年約款第一〇号は以下のごとく規定していた。

「銀行は顧客に対して、最善の知識に従い、すべての銀行業務上の報告および助言を行なうものとする。……ただし報告および助言の多様性を考慮して、これら報告・助言は、いかなる義務性も、また、法律上許容されるかぎりにおいて民法二七八条に基づく責任も排除してのみ与えられる。銀行は、さらに、報告および助言提供を万一行なわなかったことに基づく責任も引き受けるものではない。」

この約款条項によれば銀行の免責がきわめて広範囲に認められるため強い批判を受けてきた。とりわけ問題であるのは、法律上許されるかぎりでＢＧＢ二七八条に基づく履行補助者の行為についての責任が免責されるという点である。判例上、本人または指導的従業員（leitende Angestellte）の故意または重過失に基づく責任の免責は許されないとされてきており、(48)この免責に対する制限は上記約款でも及ぶものと考えられるが証券業務に関する助言・説明が指導的従業員によって与えられることは例外的であったので実際上銀行が免責となる可能性が大きかったのである。このことから、Hopt は、彼のいう投資者保護原理を強行法規範であるとすることから免責のより強い制限の可能性を導き、非指導的従業員に重過失のある場合にも免責不可と主張していた。(49)

この一九六九年約款は一九七六年に文言の点で若干変更されたが、実質的な変更を加えるものでないとされた。(50)それに続く一九七七年の改定は約款規制法の制定に伴うものであった。すなち、約款規制法一一条七号は、指導的従業員であるか否かを問わず履行補助者の重過失について免責する条項を無効とした（かつ、この免責禁止は契約交渉過程での義務違反に基づく損害賠償にも及ぶものとされる）ため、これに合致するような約款への改定が必要となったものである。そして、この一九七七年改定では、銀行の行なう情報の提供について信用に関する情報提供とその他の情報提供に分けて規定されることになった。助言・説明義務に関しては後者に関する一〇号⑵が問題となる。

「⑵その他すべての銀行業務上の報告および助言の提供ならびにそれらを行なわなかったことについては、銀行は、重大な過失に対してのみ責任を負う。」

この改定により、指導的従業員であるか否かを問わず履行補助者に重過失があれば銀行は責任を負うことが明らかにされた。約款規制法一一条七号は商人間取引には適用されない（同法二四条一号）ところ、この免責条項は商人間取引であるか否かを問わず重過失については責任を負うものとされたので、商人間取引に関するかぎり約款規制法よりも厳しい条件の下で免責されるということになっている。

ところで、この一九七七年約款による軽過失免責に対する問題であるが、現在ではあまり批判は見られないようである。

(47) Vgl. Hopt. a.a.O. (N.17), S. 515ff.; Schneider, G., Anlegerschutz im Recht der Effektenkommission, 1977, S. 35ff.

(48) Vgl. Ulmer-Hensen-Brandner, AGB-Gesetz, 3. Aufl., 1978, §11 Nr. 7 Anm. 8-13 (Hensen). なお、銀行の情報提供とその免責一般については、後藤紀一「銀行秘密と西ドイツ普通銀行取引約款」岡山商大論叢一四巻二号一一〇頁以下(一九七八)参照。

(49) Hopt. a.a.O. (N.17), S. 522ff.

(50) 後藤・前掲注(48)九八頁以下参照。

六　おわりに

以上、かけ足でドイツにおける議論の一端を垣間見てきたわけであるが、とりあえず我々にとって興味深いのは次の諸点であるといえよう。まず、不当な勧誘の禁止、さらには投資者のための積極的助言・説明の義務づけが契約法の側面において把えられてきているということである。むろん、虚偽の助言・説明あるいはなすべき助言・説明についての不作為について不法行為責任の成立しうることも認められてはいるが、それはむしろ補足的に論じられている。このように問題が主として契約法的レベルの問題として議論される背景には、すでに述べたように不法行為責任が認められるための要件が相対的に厳格であるという事情があることはいうまでもあるまい。他方、このドイツ法固有の事情を認識した上で、なおも興味深いのは、銀行の証券業者としての助言・説明義務を我々の常識的観念からみてかなり高いレベルまで認めていこうとする傾向の存在するという点である。そのような義務づけを可能としているのが、問屋の誠実義務という考え方であり、また、それを克服して売買取引をも含めた証券取引一般に応用された保護義務違反を理由とする信頼責任論であった。もっとも、この信頼責任論自体、論者により内容的には一義的ではないことと相俟って不透明な部分を残したものとなっている。Hoptのように、憲法上の原理に究極的な根拠づけを求めざるをえなくなるのも信頼責任論の不透明さと、それにもかかわらず、投資者保護の観点から、かなり高度の義務づけを可能にしようとする政策的意図の存することの両面に原因があると思われる。ただ、その試みが十分に説得力を有しているかどうかの点については少なからざる疑問点も認められるものといわねばならない。いずれにしても、理論的側面を含めて今後の展開を見守っていく必要があると思われる。なお、本稿では省略した判例の事案の詳細な分析については近い将来、稿を改めて紹介することとしたい。

最後に、わが国における問題状況について若干の感想を記しておく。

わが国では、従来、証券取引に関しての不当勧誘についての民事責任の問題はもっぱら不法行為の問題として議論されている(51)。その際、証券業者ないしその従業員、外務員の行為の違法性の判断基準としては、もっぱら証券取引法上の規定が引合いに出される傾向が著しい。具体的には、証券取引法五〇条ないしそれに基づく証券会社の健全性の準則等に関する省令一条、及び証券取引法五八条などである。このように証券取引法上の法規違反を手がかりに不法行為責任の成否を判断する方向自体誤りであるとはいえないし、また、上記の規定の解釈を柔軟に解していけばかなり高レベルにまで投資者の被害の救済を図ることも不可能ではあるまい。ただ、前述のようにこれらの規定は虚偽情報の利用等による不当勧誘の禁止という色彩が強く、その解釈として、ドイツで主張されているような助言・説明義務のレベルまでの行為義務を認めることは相当に困難であろう。証券業者は顧客に対して当該顧客に適合する証券を推奨しなければならないという、いわゆる適合性の原則(52)が取引倫理であって、なかなか法的な義務に高められないと認識されていることはこのことを裏付けるものである。他方、不法行為責任の発生を認めるか否かの判断基準を証券取引法上の諸規定に求める場合に懸念されるのは、形式的に証券取引法の規定に違反さえしていなければ証券会社の責任は発生しないとされることにつながりやすいのではないかということである。仮りにそのような傾向があるものとすると、証券取引法の規定を巧妙にくぐることにより投資者たる顧客に不当な被害を与えておきながら、証券会社は民事責任を免れるという事態も想定されよう。典型的には、売買一任勘定取引の形態をとらず個々の委託については形式的な承諾を受けながら最終的には過当な取引により高額の損失を被らせてしまうような場合である。おそらく、このような事例で証券会社の不法行為責任を肯定することにはかなりの躊躇が感じられるであろう。ただ、責任を否定するとしても、証券取引法上の違反がないということをその理由とするのはあまりに形式的な考え方ではないかと思われる。不法行為責任発生の要件としての違法性の有無は不法行為法独自の観点から判断されるべきものであって、証券取引法規違反の事実があるか否かはあくまでも一つの判断材料にすぎない。従って、少なくとも、不法行為責任の存否は具体的事例に即してより実質的に判断する方向へ向かうべきである。

ところで、視点を少し変えると、ここで問題としている証券取引の勧誘→委託（ないしは売買）契約関係の成立→具体的な履行という一連の局面は契約を中核とする投資者と証券会社の接触過程にほかならないのであり、そこでの諸行為についての証券会社の法的責任も、第一次的には契約責任の観点からアプローチすることが（従来わが国ではあまり行なわれてこなかったけれども）可能なはずである。[53] ただ、筆者には現在のところ、具体的な結論を導くだけの十分な準備がない。したがって、ここでは、究明されるべき若干の問題点を指摘するにとどめる。

まず、取引が取次の形をとって行なわれる場合に、問屋としての証券会社の義務はどのようなものであるかを考える必要がある。わが国の商法においては、ＨＧＢ三八四条一項のように注意義務（Sorgfaltspflicht）と委託者の利益に配慮する義務（Interessenwahrungspflicht）を区別して明示する考え方はとられておらず、委任契約の一形態であるとして問屋は善管注意義務を負うとのみ説明されている。[54] そこで、わが国でいわれる善管注意義務に、ドイツでいわれているような委託者の利益に配慮すべき誠実義務のごとき義務を包含しうるものかどうかがまず検討されるべきであろう（おそらくこの問題は委任一般について、善管注意義務の中に、いわゆる忠実義務の内容とされるような義務が包摂されうるか、という問題につながる問題であろう）。

次に、上記の問屋の誠実義務ということが法的に考えうるとしても、実際に最も問題となるのは委託契約が成立する前の交渉段階における勧誘行為であり、正確には委託契約に基づく問屋の義務とは性質を異にすべき問題である。(55) すなわち、勧誘のプロセスをとってみれば、そこでの問題は、契約交渉過程において契約当事者（となる者）は他方当事者に対してどのような義務を負うかという問題に還元されよう。(56) そして、これを考えるときに最も参考になるのはドイツにおける信頼責任論ないしはそれと結びついた保護義務論であろう。そこでは本稿で紹介したような助言や説明を与える義務は保護義務の中の具体的義務として位置づけられているのである。ところで、わが国においてもこの保護義務の考え方を採用する試みは既に行なわれているところである。(57) 最も新しく、簡潔かつ明解な説明として奥田教授の述べられているところによれば、(58) 保護義務とは債権者・債務者間において相互に、相手方の生命・身体・所有権その他財産的利益を侵害しないように配慮すべき注意義務であるとされ、信義則を根拠とするものであるとされる。そして、このように定義される保護義務は契約成立前の段階、成立後履行過程の段階、契約関係終了後の段階のそれぞれにおいて認められるものとされる。

このような考え方を証券取引に応用することが許されるとすれば、(59) 証券の売買の委託契約成立前の段階において、証券会社は投資者の財産上の利益を不当に害しないように配慮すべき義務を負っているということが可能であろう。そして、わが国の保護義務論がドイツのそれと同じ性質のものであるといえるとすれば、その具体的義務としての助言・説明義務を保護義務の中に包含せしめることも可能になろう。その際、どのような場合にどの程度に助言・説明が与えられるべきかの決定基準としては、おそらく、証券会社が顧客の投資判断に対してどの程度の影響力を及ぼしていたか、またどの程度の継続的取引関係が存していたかという面が重視されることになるものと思われる。[60]

ところで、このように保護義務違反に基づく責任という角度から証券会社の責任を検討する実益は何であるか。まず、取次契約ではなく売買契約についても同じような証券会社の義務づけが可能となるということがあげられる。[61]しかし、それ以外の点は問題である。不法行為責任と債務不履行責任の重要な相違点とされる消滅時効期間はここではあまり重大な問題となることはあるまい。次に、故意・過失という主観的要件の立証責任がいずれの当事者に課されるかという問題についても、近時ではその違いは相対化されており結論に大差を生ぜしめるものとは考えられない。[62]他方、証券会社が尽くさねばならない義務の程度という面でも、ドイツやわが国の保護義務論において、特に不法行為上の行為義務より高い義務を課すという色彩はほとんど見られない。これらのことからいえば、わが国ではもっぱら不法行為責任の問題として論じていけば足りるようにも考えられるが、それにもかかわらず何らかの意義を求めるとすれば、前に述べたような不法行為責任というアプローチが陥りやすい硬直性の弊を免れるという点、また、助言・説明という形で証券会社の尽くすべき義務が客観化されるということであろう。[63]いずれにしても、契約責任からのアプローチをとったからといって直ちに結論に大差を生ずるというものではなく、要は実態に応じて責任発生のための諸要件を、他の取引分野における民事責任論を横目にながめつつ、細かく詰めていくことが今後の課題となろう。

(51) アメリカおよびわが国における投資勧誘の問題を詳しく検討したものとして、神崎克郎「証券会社の投資勧誘の規制」同『証券取引規制の研究』一六五頁以下(有斐閣、一九六八)参照。

(52) 具体化した自主規制として、日本証券業協会の「協会員の投資勧誘、顧客管理等に関する規則」、「証券従業員に関する規則」(特に九条三項五号)など。

(53) 神崎・前掲注(51)一七七頁以下は証券会社の善管注意義務の観点からの考察も行なわれている。

(54) たとえば、西原寛一『商行為法(第三版)』一六八頁以下(有斐閣、一九七三)、石井照久＝鴻常夫『商行為法下巻』一二一頁(勁草書房、一九七八）、平出慶道『商行為法』三七八頁以下（青林書院新社、一九八〇）など参照。

(55) 神崎・前掲注（51）一七八頁では、周到な専門家を標準とする証券会社の高度の善管注意義務は、顧客の証券売買委託の執行に要請されるのみならず、顧客の売買委託の勧誘にもまた要請されると述べられているが、問題の性質は若干異なることは否定できまい。

(56) 主として契約締結上の過失として論じられる問題に属する。

(57) 一般論として、松坂佐一「信頼関係としての債務関係」同『債権者取消権の研究』二七九頁以下（有斐閣、一九六二）、北川善太郎『契約責任の研究』三〇〇頁以下（有斐閣、一九六三）、奥田昌道「契約法と不法行為の接点―契約責任と不法行為責任の関係および両義務の性質論を中心に」『於保不二雄先生還暦記念・民法学の基礎的課題（中）』二〇七頁以下（有斐閣、一九七四）。もっとも、保護義務の定義、付随義務との区別（用語法を含めて）など微妙な違いも見られる。

(58) 奥田・前掲注（11）一八頁以下。保護義務が契約法ないし債務不履行法上の義務とされるゆえんは、当事者が契約ないし債権債務の関係を媒介として、債権者・債務者という特別な結合関係に入ったことのゆえに、相互に相手方の法益に干渉し関与する可能性が濃厚となったこと、および各当事者が相互に相手方の法益を侵害しないことへの信頼を付与していることに求められるとされる。

(59) 保護義務の概念が現実にわが国で具体的に活用されている例としては、雇傭契約における使用者の安全配慮義務の例をあげうるが、従来はそれに代表されるように生命、身体に対する侵害が主として念頭に置かれてきており、財産的利益に対する侵害の面の議論はいまだ十分でない。詳しくは、國井和郎「契約責任論の体系的素描―裁判例から見た安全配慮義務」Law School 一三〇号六〇頁（一九八一）。

(60) Canaris が助言・説明義務の根拠である保護義務の発生を、原則として取引上の結びつきという、継続的関係を志向した関係の存在する場合に認めるのも、単に一回的取引については助言・説明義務を認めることはかなり困難であることを意味するものであろう。

(61) すでに神崎・前掲注（51）一八〇頁では、職業的専門家としての証券会社の、証券投資に関する助言・勧誘に対する顧客の信頼という点からは、証券会社の顧客に対する義務に関して、自己売買と委託売買の相違は、決定的重要性を持たないとされていた。この点の理由づけも本文のような考え方をとれば十分に可能となる。

(62) 安全配慮義務と立証責任の問題については、國井和郎『民法判例百選（第二版）』一四頁以下（有斐閣、一九八二）参照。

(63) ただし、わが国の保護義務論でもそれに属するとされる助言・説明義務の面での具体的検討はいまだ十分ではないように思われる。

〔インベストメント三五巻五号一九頁～二七頁、六号三一頁～三九頁（一九八二）〕

〔編注〕　本稿をさらに発展させて四年後に「証券会社の投資勧誘」（本書一五〇頁）を執筆した。また、本稿および「証券会社の投資勧誘」の公表から間もなくドイツの助言・説明義務については大きな判例法理の変更があったが、これについては、二〇一三年に公表の「事業者に対する複雑なデリバティブ取引の勧誘と金融商品取引業者等の責任——二〇一一年ドイツ連邦通常裁判所判決を素材とした一考察」（本書一八三頁）で紹介した。

証券会社の投資勧誘

一　はじめに

証券会社の投資勧誘は、被勧誘者に対して新たな投資意欲を生ぜしめる。また、投資勧誘に当たり証券会社によりもたらされるさまざまな情報は、投資者（特に個人投資者）の投資判断にきわめて大きな影響を与える。不適正な投資勧誘は、個々の顧客投資者に被害を与えるばかりでなく、証券市場そのものを機能不全に陥らせることにもなりかねない。証券取引法が、証券会社の投資勧誘に関して規制するのもそのためである(1)。さらに、証券会社の構成する団体の自主規制により、法律の規制が補完されることが期待されている(2)。

ところで、このような規制により適正な投資勧誘が確保されているといえるかどうかは疑問とせざるをえない。世上聞かれるさまざまな不祥事はこのことを裏付ける。ここから、現在の規制システムは何故に十分に機能しないのか、また、どのような規制が必要で望ましいかを考えることが迫られる。本稿では、一つの準備作業として、アメリカ、(西)ドイツにおける規制の展開を概観することを中心課題とするものである。

（1）　投資勧誘に関する規制としてあげられるのは、証券取引法五〇条一～三号、証券会社の健全性の準則等に関する省令（以下「健全性省令」とする）一条、証券取引法五四条一項三号、健全性省令三条四～七号のほか証券取引法五八条一～三号など。なお、投資勧誘に関する規制一般については、神崎克郎『証券取引法』三五〇頁以下（青林書院新社、一九八〇）参照。

（2）　日本証券業協会の各種公正慣習規則、特に、「協会員の投資勧誘、顧客管理に関する規則」（公正慣習規則九号）、「証券従業員に関する規則」（公正慣習規則八号）、「広告に関する規則」（公正慣習規則七号）、「店頭における株式の売買その他の取引に関する規則」（公正慣習規則一号）などに投資勧誘に関する規定が含まれている。

二　アメリカ法

1　序　説

ブローカー・ディーラーによる不当な投資勧誘は、コモン・ロー（特に詐欺（fraud））および衡平法（特に信任義務違反）、州のブルー・スカイ法の法規整に服するが、それ以上に大きな役割を果たすのは連邦証券諸法による規制である。そこでの規制は、具体的には、一連の詐欺禁止規定と、自主規制機関による規制とから構成される。

詐欺禁止規定として、まず、一九三四年証券取引所法（Securities Exchange Act）一五条(c)項(1)号は、ブローカー・ディーラーが証券取引所以外での、州際通商の手段による技巧的、欺罔的またはその他詐欺的な計略または企図の手段（manipulative, deceptive or other fraudulent device or contrivance）により証券の売付け、買付けをなし、またはその勧誘をなし、もしくはなさんとすることを禁止する。そして、SECは、本号の目的のために技巧的、欺罔的またはその他詐欺的である計略または企図を定義する規則およびレギュレーションを制定すべきものとされる。これを受けて、規則一五c一—二は、一般的な定義を行うほか、一連の規則により具体的な詐欺的行為が規定されている（規則一五c一—三～同15c一—九）。[3]

この証券取引所法一五条(c)項(1)号は、ブローカー・ディーラーの詐欺禁止に関する特別規定であるが、ブローカー・ディーラーによる投資勧誘については、一般的詐欺禁止規定である証券取引所法一〇条(b)項ならびに同規則一〇b―五、および一九三三年証券法（Securities Act）一七条(a)項も、しばしば証券取引所法一五条(c)項(1)号と重畳的に適用されている。これらの詐欺禁止規定の違反は、SECによるブローカー・ディーラーおよびその使用人（セールスマンなど）に対する懲戒的行政処分、罰則の対象となるほか、後述のような民事責任を発生せしめる。詐欺禁止規定は、証券取引所法一五条(c)項(1)号に基づく一連の規則は別として、きわめて抽象的な規定の仕方をとっており、その具体化は、SECによる運用とともに判例法の展開に委ねられる。[4] そのうちで、特に重要な意味を持つのは、看板理論（shingle theory）と、あるいはその具体的発現とみられる過当取引（churning）についての法理の発展である。次節では、この二つの問題についてまず検討する。

投資勧誘は、さらに各種自主規制機関の規則により規制される。まず、証券取引所法一五A条(b)項(6)号に基づき、[5] 全米証券業協会（NASD）は、公正慣習規則（Rules of Fair Practices）を定めている。その中で投資勧誘に関して最も重要な意味を有するのはいわゆる適合性（suitability）の原則を定める右規則第三章二条である。この適合性の原則は、また、証券取引所法六条(b)項(5)号に基づいて[6] 制定される証券取引所規則にも見出される（ニューヨーク証券取引所規則四〇五条など）。なお、適合性の原則は、自主規制機関の規則のみならず若干のSECの規則にも見出される。[7]

これら各規則に見出される適合性の原則は、伝統的な詐欺禁止以上のレベルでブローカー・ディーラーの投資勧誘を規制するものと考えられる。しかし、規則の規定の仕方の抽象性からして、どのような運用が自主規制機関によってなされているかは関心の持たれるところである。また、適合性の原則がブローカー・ディーラーの民事責任を考える場合にどのような意味を持つかということも重要な問題である。これらを最後に検討する。

2　看板理論

証券諸法上の詐欺禁止規定の解釈として、ブローカー・ディーラーは、自己が推奨する証券に関して、十分な推奨の根拠を有していなければならないという原則が形成されてきた。これを看板理論とよぶ。(8)看板理論の起こりは、ディーラーが顧客に対し、ある証券をその市場価格を大幅に超える価格で売り付けたというケースにおいて、ブローカー・ディーラーは、ブローカー・ディーラーとしての看板を掲げることにより、顧客に対し公正かつ適正に取引をなすことを黙示に表示するものであり、当該ケースのごとき大幅な利ざやを付して売り付けることは連邦証券諸法上の詐欺に当たるとしたSECの行政処分およびそれを肯定した判例である。(9)

SECは、引続きこの看板理論を、ブローカー・ディーラーは推奨に関して相当の根拠を有していなければならないという原則の理由づけとした。(10)明確にされたのは、まず、ボイラー・ルームとよばれる販売方法に関してである。この販売方法は、多くの場合無価値な証券を、長距離電話などにより手当たり次第の見込客に対して高圧的なキャンペーン方式で売り付けるというものであった。この場合、セールスマンにはブローカー・ディーラーよりおざなりの売らんがための情報が提供されるにすぎない。SECによる懲戒処分の効力を争う行政訴訟において、裁判所は、「ボイラー・ルームのセールスマンは、ブローカーにより供された意見およびパンフレット以外の知識を有しておらず、それを公衆にもたらす前に、その正確性をチェック、調査ないしは確認しない場合には、自己の義務を充足するものではない」と判示したのである。(11)

このようにして拡張された看板理論は、さらにボイラー・ルームではないケースにおいても適用されるに至った。SECのそのような運用は、Hanly v. SEC(12)によって判例法上も認められた。これは、店頭証券の売付けに関連したセールスマンに対するSECの懲戒処分について争う訴訟である。事案は、欠損（倒産）状態にあり、新製品を開発したが、その製造資金を欠き、ライセンス契約や他会社との合併話も不調、新製品の試供テストでも評価は悪いという会社の株式を新製品の開発により短期間内に二倍に値上がりするなどと表示して売り付けたというものである。セールスマンは、欠損状態にあることは知っていたが、新製品の開発ということによりその内容を十分に調査せず楽観的推奨をしたのである。SECは、彼らの楽観的な表示または推奨は虚偽であり、かつ、ミスリーディングであった、詐欺は、断定的な虚言とともに発行会社の悪化した財務状況、フィルター（新製品）の製造不能、フィルターの商業的実現可能性に関する知識の欠如および継続中の交渉の消極的結果のような、知られていた、または合理的に確認されえた逆の情報の開示なくしてなされた推奨の中にも見出されると判断したが、裁判所は次のように述べてこれを支持する。「要するに、各申立人の訴えが判断されねばならない基準は厳格である。彼らは推奨について十分かつ合理的な根拠があるのでなければ証券を推奨することはできない。彼は自己が知っている事実および合理的に確定されうる事実を開示しなければならない。自己の推奨により、彼は合理的な調査がなされ、その推奨はその調査に基づく結論によるものであることを黙示に示している。セールスマンが証券についての本質的情報を欠くときには、そのことならびに情報の欠如から生ずるリスクを開示すべきである。」「証券ディーラーによりなされなければならない独立の調査の程度は各々のケースで異なるであろうが、セールスマンは会社に関する情報について発行者に盲目的に依拠してはならない。最近設立された小規模会社により発行された証券は、明らかに、より徹底した調査を必要とする。」[13]

かくして、ブローカー・ディーラーあるいはそのセールスマンは、証券の価値の判断にとって重要な情報について知らなかったという場合にも詐欺禁止規定に違反するものとされる。欺罔の意思あるいは scienter を必要としないのである。その意味では、ブローカー・ディーラーに高度の義務を課すものといえるが、反面で、この法原則は、SECの懲戒処分をめぐるものであることに注意しなければならない。すなわち、合理的調査を尽くさないでなされた推奨により直ちに民事責任が発生することにはならない[14]。これは、損害賠償責任の発生には、scienter の存在を必要とするという今日の規則一〇b－五をめぐる判例法[15]から当然に推測される。この行政処分と民事責任の要件の非同一性に十分に留意すべきであろう。

3　過当取引

顧客の信頼あるいは無知に乗じて、ブローカー・ディーラーがもっぱらあるいは主として手数料等自己の利益を得るために、顧客の口座（account）の性格に照らして量および頻度において過大である取引を誘引し、かつこれを実行することというように定義できる過当取引については、証券取引所法規則一五c一―七が、ブローカー・ディーラーに裁量権限（discretionary power）が与えられている場合について詐欺的行為として禁止している。この規則は、いわゆる売買一任勘定（discretionary account）に関するものであるが、過当取引の弊害は、形式的に売買一任勘定が設定されていない場合にも見出される。SECは、すでに一九四〇年代から、売買一任勘定であるか否かを問わず、過当取引を詐欺禁止規定に違反するものとし、ブローカー・ディーラーに対し行政処分を下してきた。(16) これに対して、ブローカー・ディーラーの過当取引に基づく民事責任の有無が裁判所において争われることは一九六〇年代終りまではほとんどなかった。しかし、一九六〇年代の終り以来民事責任を追及する訴訟が見られるようになり、今日では過当取引に関する民事責任についての判例法が定着しようとしている。(17) 以下、この判例を中心にブローカー・ディーラーの責任を検討する。

(1)　責任の一般原則

判例は、一般的に以下の要件の下にブローカー・ディーラーの責任を認める。①ブローカー・ディーラーが口座における取引についてコントロールを行使していること。②口座における取引が口座の性格に照らして過大であること。③ブローカー・ディーラーが、詐欺を行う意思をもって、または顧客の利益を故意もしくは reckless に無視して行為すること。(18) この一般原則の形式的根拠は、証券取引所法一〇条(b)項および同規則一〇b―五、同法一五条(c)項(1)号および同規則一五c一―二、証券法一七条(a)項であり、これらの諸規定が重畳的に適用法令とされるのが一般である。このように過当取引に基づく責任は、連邦証券諸法上の責任であるが、コモン・ロー上の詐欺、または信任義務違反を理由としても責任は発生しうる。[19]多くの訴訟では、連邦証券諸法上の詐欺禁止規定違反とコモン・ロー上の詐欺、あるいは信任義務違反が重畳的に主張される。このことの目的は、主として、後述のように懲罰的損害賠償を請求することにある（連邦証券諸法上は懲罰的損害賠償の請求は認められない）。

(2) 具体的判断基準

① 口座のコントロールについて　売買一任勘定が存する場合に限られないことはもはや自明とされている。実質的に、顧客が、ブローカー・ディーラーの推奨に従っていればコントロールの存在が認められる。判例に出てくる多くの事例では、顧客は証券取引については素人であり、一連の経緯から容易にコントロールの存在が認められているように思われる。[20]

この点に関連して、ブローカー・ディーラーは各取引執行後に確認書を、また、一カ月ごとに月次計算書を送付しているのが通例であるが、そのような書類を異議なく受領することにより顧客は各取引について承認したことになり、禁反言（estoppel）、懈怠（laches）ないし放棄（waiver）の法理により責任を追及しえなくなるかという問題がある。しかし、過当取引をめぐるケースにおいてはそのような理由によるブローカー・ディーラーの抗弁は認められていない。たとえば、Hecht v. Harris, Upham & Co.[21]では、右のような書類を異議なく受領したことにより顧客はその知識および理解力によれば取引が投資目的に不適合である、また顧客の指図に反したという主張をなすことは禁反言ないし放棄の法理により許されないが、取引の量および頻度が過大であったと判断するに十分足りる能力までは有していなかったとして禁反言ないし放棄の法理の適用は斥けられている。その他の事例でもこの点を理由とするブローカー・ディーラーの抗弁はほとんど認められていない。

② 取引の過当性について　取引が過当か否かを判断する場合には、多くのケースにおいて、ターン・オーバー比率[22]の大小、買入れ証券の平均的保有期間、同一証券の出し入れ取引（in and out trading）の存否、報酬の額などが

総合的に考慮される。ターン・オーバー比率については、一九六〇年代までのＳＥＣの行政処分事例では、一カ月平均約八を上限とし、三年間に四・五を下限とする、推定では二カ月に一以上の数字があれば過当と判断されるであろうといわれていた[(23)]。民事責任をめぐる判例でも数字はさまざまである。低いものとしては、一年間で二というものがある[(24)]。証券の平均保有期間については、保有証券の処分のうち、何パーセントのものが、六カ月以内、九〇日以内、三〇日以内になされたかが問題とされている例がある[(25)]。短期間に同一証券の買付け、売付けが繰り返されていることがしばしば重要な徴候とされている。報酬については、当該顧客の投資額に対する比率のほか、当該ブローカー・ディーラーないし当該セールスマンの収入において占める割合などがしばしば問題とされている[(26)]。

以上の諸ファクターを総合して過当性が判断されるのであり、絶対的な基準があるわけではない。また、当該口座の性格により過大か否かの判断は異なるはずである（判例もこのことを明らかにしている[(27)]）。ここにおいて後述の適合性の原則の考え方を組み込むことが必要となってくるのである[(28)]。ただ、ここでは過当取引ということになれば詐欺として扱われるので、適合性原則違反が民事責任の根拠となるかということは問題にしないでよい。

③　scienterについて　①、②の点で要件が充足されると判断される場合には、特にscienterについて詳しい判断なしに責任が認められるのが通例である。①、②に関する諸事情から少なくともrecklessnessは通常の場合当然に推認されるということであろう。

(3)　損害賠償額の算定方法

これについては、二つの異なる算定方法が判例上用いられている。第一は、ブローカー・ディーラーの手数料または利益のみの賠償を認める考え方である（quasi contractual method）[(29)]。第二は、手数料ないし利益に加え、口座の被った取引損失の賠償をも認める考え方である（out of pocket method）[(30)(31)]。quasi contractual methodは、賠償額を手数料・利益に限定することにより明確な解決が得られ、取引損失の賠償を認めることに対して、取引損失が過当取引によりもたらされた損害であるか否かは疑わしく、また、損害賠償の抑止効についても手数料・利益の賠償を認めることで十分であるとする。[32] これに対して、out of pocket method の立場からは、quasi contractual method ではブローカー・ディーラーは得た利益を吐き出しさえすれば足りることになり抑止効に乏しい、また、手数料・利益だけでは顧客の損害のすべてが回復されたかどうかは疑わしいと批判する。初期の判例が quasi contractual method を採用していたのに対し、比較的新しい判例には out of pocket method を採用するものが見受けられるようになっている。

(4) 懲罰的賠償など

連邦証券法に基づく民事責任について裁判所は懲罰的賠償（punitive damages）を課すことはできないとされている。[33] しかし、連邦証券法上の詐欺とともに、コモン・ロー上の詐欺、または信任義務違反が合せて主張されている場合には、連邦裁判所は懲罰的賠償を課すことができる。もちろん、懲罰的賠償を認めるためには、適用される州法の定める要件—一般的には害意（malice）などきわめて強い主観的帰責事由—の存在を必要とする。近時の判例では、補償的賠償（compensatory damages）の二倍ないし三倍の懲罰的賠償を認めるものが見受けられるが、[34] これらのケースがそれ以前のケースと比べてとり立ててブローカー・ディーラーの悪質性において目立っているとも思われない。責任強化の傾向があるといってよいであろう。

懲罰的賠償とともに、近時、コモン・ロー上のネグリジェンスまたは詐欺を理由として精神的苦痛の賠償をも認めるケースがある。[35] しかし、その一件はかなり極端な賠償を認めており（三万ドルの経済的損失（economic loss）に対し、一〇〇万ドルの精神的苦痛に対する賠償を認めている）、これが一般化できるかどうかは疑わしい。[36]

4 適合性の原則

適合性の原則は、まず各種自主規制機関の規則において規定される。すなわち、全米証券業協会（NASD）の公正慣習規則（Rules of Fair Practices）三章二条は、顧客に対して証券の買付け、売付けまたは交換を推奨する場合には、会員は、もしあれば、当該顧客により、その者の他の証券保有および財産状況ならびに必要性に関して開示された事実に基づき、推奨が当該顧客のために適合していると信ずるにつき相当の理由を有していなければならないと規定する。

また、ニューヨーク証券取引所（ＮＹＳＥ）規則四〇五条は、各会員は、各顧客、各注文、当該会員により受諾されまたは保有されている各現金または証拠金口座および各会員により受諾されまたは保有されている口座についての代理権を保有する者に関して重要な事実を知るために適正な注意（due diligence）を尽くすことを求められると規定する。他の証券取引所でも同様の規則が定められている(37)。

適合性の原則はＳＥＣの若干の規則においても見出される。まず、ＮＡＳＤの非会員のブローカー・ディーラーについて規制する証券取引所法規則（ＳＥＣＯ規則）一五ｂ一〇―三は、顧客に対して証券の買付け、売付けまたは交換を推奨する非会員のブローカー・ディーラーおよび各関係者は、顧客の投資目的、財産状況および必要性に関する相当の調査の後、当該顧客により提供された情報およびその他当該ブローカー・ディーラーおよび各関係者により知られている情報に基づき、推奨が当該顧客にとって不適合でないと信頼するにつき相当の根拠を有していなければならないと規定する。このほか、証券取引所法規則一五ｃ二―五では、証券の売付け、買付けに関する信用の拡大または貸付けの提供についての詐欺禁止の具体化として、取引が当該顧客にとって適合していると合理的に決定されなければならない旨定める。

これらの適合性の原則を規定するといわれる各規定をみると、文言の上からだけでも必ずしも同一内容ではない。すなわち、ＮＡＳＤ規則では、文言上はブローカー・ディーラーが顧客の投資目的等を積極的に調査することまでは要求していないのに対し、ＮＹＳＥ規則、ＳＥＣＯ規則ではそのような調査を要求している。加うるに、適合性の内容ないしは基準というものはこれらの規定の文言上必ずしもはっきりしない。自主規制機関やＳＥＣの行う懲戒手続の中で明らかにされていくのを待つしかないが、その点十分な情報が入手できない[38]。学説には適合性の具体的基準を明確にせんとする試みが見受けられるが[39]、いまだ通説のごとき見解があるわけではない。

このように、適合性の原則の具体的運用については今後の調査に委ねざるをえないが、アメリカでは、さらに、各自主規制機関の定める適合性の原則に違反したことによりブローカー・ディーラーの民事責任が発生するかということが大きな問題となっている。これは、自主規制機関の規則違反により民事責任が認められるかという一般的問題の一環でもある[40]。

この問題について判示するものとして、まず、Buttrey v. Merill Lynch, Pierce, Fenner & Smith, Inc.[41]がある。破産した個人ブローカー・ディーラー（A）が単独株主となってブローカー会社を設立したが、それも破産した。破産に先立ち、Aはブローカー会社の顧客の預り資産を、詐欺的に、ブローカー会社名義での被告ディーラーを通じての投機的取引に回しており、ブローカー会社に損害を与えた。このような事実関係の下で、ブローカー会社の破産管財人が、NYSEの適合性原則に関する規則違反などにより被告を訴えた。被告は、ブローカー会社名義での取引に際して、ブローカー会社の事情を調べるべきであったというのである。判決は、主張されている規則違反が直ちに（per se）訴求可能ではない、被告による単なる判断の誤りは連邦法上の請求原因を支持しない、しかし、本件で主張されている事実は破産者の顧客に対する詐欺に匹敵し（tantamount to fraud）民事責任を生ぜしめると主張する。このケースの事案は、破産したブローカー会社の顧客に対して詐欺に匹敵する行為があるとされているように、中心的問題は顧客とブローカー・ディーラーの直接の関係ではなくやや特殊なものといえる。しかし、「詐欺に匹敵する」という基準は、次の Rolf v. Blyth Eastman Dillon & Co.[42]により受け継がれた。

事案は次のようなものである。かなり活発な投資経験のある医師が、被告ブローカー会社の紹介により某投資顧問と投資顧問契約を締結したところ、投資顧問が次第に投機的な運用をなし、さらには自己の相場操縦にも医師の所有株式を活用して、損害を与えた。ブローカー会社の代表者（これも被告）は、当初は自己自身でも推奨をしていたが、途中からは投資顧問のする推奨に従い医師のために取引を執行していたにすぎない。判決は、このような事実関係の下で、まず過当取引についての責任は否定したが、適合性原則に関する規則違反については、ブローカーの規則違反が詐欺に匹敵する場合には民事責任が発生するとした上、「本件においてこの基準に合致するということは、違反が原告に対し詐欺として作用し、かつ被告が scienter により行為したことを意味するであろう」とする。そして、詐欺の認められる根拠として、ブローカー会社の代表者は、原告の投資意図を知らず、投資顧問を紹介するときにどのようなタイプの投資家かを知らなかったこと、また、投資顧問の詐欺的な運用を知りながら、あるいは reckless に無視して、原告に何らの注意も与えなかったことをあげる（scienter も備わっているとする）。

ところで、このような詐欺に匹敵という基準[43]がいかなる意味を有するのか必ずしも明確ではない。すなわち、これらのケースではたとえば、規則一〇b―五による責任は認められるか否かについて、これが肯定されるとすれば、適合性原則違反を責任根拠とする意味があるが、逆であれば適合性原則を持ち出すことにどれだけの意味があるか疑問である。Rolf 事件は、その判断の仕方から見るに、多分に後者の理解をとる可能性のあることを示しているように思われる。ただ、非常に微妙な判断に係っていることは否定できない。

判例には、このほか、端的に適合性原則についての規則違反により民事責任が発生すると判示するものもある[44]。しかし、傍論のように思われるケースである。

ところで、一九七〇年代後半から傾向は一変する。連邦最高裁判所はこの時期相次いで連邦証券諸法の規定に基づきいわゆる黙示の民事責任（implied civil liability）を認めることについて消極的な態度を明らかにした[45]。そして、自主規制機関の規則違反に基づく民事責任についても、それらの最高裁判例に依拠して、否定的に解する判例が相次いでいる[46]。ただ、これらの判例が、前掲の Buttrey 事件や Rolf 事件の判決の判断を踏襲しなかったと言い切れるかどうかは必ずしも明確ではなく、今後に問題を残すこととなっているといえる。

結局、アメリカにおける適合性の原則の有する意味合いは、多分にあいまいなものではないかとの疑問が残ることになる。少なくとも、投資勧誘に関する法的規整原理としては完成されたものとはほど遠い状況にあるといってよいのではあるまいか(47)。

(3) 規則一五c一―二(b)項は、「重要な事実についての虚偽の説明およびなされる状況の下で説明を誤解を招くものとしないために必要な重要な事実を説明することの省略で、その説明または省略が虚偽または誤解を招くものであることを知り、または合理的に信ずる理由がありながらなされたもの」であると定義する。
(4) Assmann, H.D, The Broker-Dealer's Liability for Recommendations, 1982は、ドイツ人学者によるものであるが、適合性原則を含めて、最近までの状況をよくフォローしている。
(5) ブローカー・ディーラーの登録団体の規則は、詐欺的行為・実務を防止し、取引の正当かつ衡平な原則を促進するものでなければならないとする。
(6) 証券取引所法一五A条(b)項(6)号と同じような要件を定める。
(7) 証券取引所法規則一五b一〇―三、同一五c一―二―五。
(8) 看板理論の展開については、R. Jennings-H. Marsh, Securities Regulation 553 et seq. (5th ed. 1982) を参照。
(9) Charles Hughes & Co. Inc. v. SEC, 139 F. 2d 434 (2d Cir. 1943).
(10) 6 L. Loss, Securities Regulation 3708 et seq. (1969).
(11) Kahn v. SEC, 297 F. 2d 112 (2d Cir. 1961); Berko v. SEC, 297 F. 2d 116 (2d Cir. 1961). 後者については、Note, New and Comprehensive Duties of Securities Sellers to Investigate, Disclosure and Have an "Adequate Basis" for Representations, 62 Mich. L. Rev. 880 (1964).
(12) 415 F. 2d 589 (2d Cir. 1969).
(13) 415 F. 2d 597.
(14) ただし、Herring v. Hendison, 218 F. Supp. 419 (S.D.N.Y. 1963) のごとく、ボイラールームのケースについて証券法一二条(2)号によりセールスマンの責任が認められる可能性がある(証券法一二条(2)号は過失があれば責任は発生する)。

(15) Ernst & Ernst v. Hochfelder, 425 U.S. 185, 96 S. Ct. 1375, 47L. Ed. 2d 668（1976）など。
(16) Note, Churning by Securities Dealers, 80 Harv. L. Rev. 869（1967）.
(17) Rath, Damages in Broker/Customer Suits, 15 Rev. Sec. Reg. 855（1982）.
(18) 一例として、Mihara v. Dean Witter & Co., 619 F. 2d 814 (9th Cir. 1980).
(19) 州法のみを根拠にして州裁判所で責任が追及され、これが認容されるケースもある。Twomey v. Mitchum, Jones & Templeton, Inc., 69 Cal. Rptr. 222（Ct. App. Cal. 1968）; Pierce v. Richard Ellis & Co., 310 N.Y.S. 2d 266（Civil Court of City N.Y., 1970）.
(20) Carras v. Burns, 516 F.2d 251, 259（4th Cir. 1975）では、顧客の能力の欠如は直ちにコントロールの存在を推定せしめると述べる。
(21) 283 F. Supp. 417, 434（N.D.Cal. 1968）.
(22) 算定方法は一律でないが、Note, *supra* note 16, at 875 では、標準的な方法は、一定期間中のすべての買付け総額の、平均的投資額（各月の終了時の投資額の累積総額を月数で除して得られる）に対する割合として算定されるとする。
(23) Note, *supra* note 16, at 876.
(24) 若干のケースをみると、約一ケ月間で三・九六倍（Carras v. Burns, *supra* note 20）、一年間で約三〇倍（Judy Kravitz v. Pressman, Frohlich & Frost, Inc., 447 F. Supp. 203（D. Mass. 1978））、二年半で一四倍（Mihara v. Dean Witter & Co., *supra* note 18）など。
(25) Stevens v. Abbott, Proctor & Paine, 288 F. Supp. 836（E.D.Va. 1968）.
(26) たとえば、Hecht v. Harris, Upham & Co., *supra* note 21, at 436.
(27) Carras v. Burns, *supra* note 20, at 258.
(28) 責任追及の根拠としてしばしばＮＡＳＤやＮＹＳＥの適合性原則に関する規則が合せて援用されていることは理由のないことではない。
(29) Hecht v. Harris, Upham & Co., *supra* note 21, at 440（ただし、過当取引の手段として用いられた商品取引については取引損失の回復を認める）; Stevens v. Abbott, Proctor & Paine, *supra* note 25, at 850 など。
(30) Fey v. Walston & Co., 493 F. 2d 1036（7th Cir. 1974）; Miley v. Oppenheimer & Co. Inc., 637 F. 2d 318（5th Cir. 1981）.
(31) なお、Note, *supra* note 16, at 885 では、さらに今一つの方法として、Loss of bargain method をあげる。これによれば、適切に運用されていたら得られていたであろう利益についても賠償が認められる。この方式を採用する判例は見当たらない。
(32) 以下の両方の優劣の議論については、Note, *supra* note 16, at 883 et seq.; Rath, *supra* note 17, at 857 et seq.
(33) 証券取引所法二八条(a)項は、同法に基づく民事責任は現実の損害（actual damages）を超えては認められないとする。

(34) Mihara v. Dean Witter & Co., *supra* note 18; Miley v. Oppenheimer & Co. Inc., *supra* note 30; Malandris v. Merrill Lynch, Pierce, Fenner & Smith, Inc., 447 F. Supp. 543 (D. Col. 1977) など。

(35) Malandris v. Merrill Lynch, Pierce, Fenner & Smith, Inc., *supra* note 34.

(36) なお、米国法律協会（ＡＬＩ）の連邦証券法典案では、概ね現在のＳＥＣの実務、判例に合致する一般的定義による過当取引を違法とし（一六〇六条）、民事責任については、手数料・利益、支払利子に加えて、裁判所は一六〇六条に掲げられた諸ファクターに鑑み裁量により追加的な額の賠償を認めうるとして一律の解決を避けている。ALI, Federal Securities Code, vol. Ⅱ, 671, 763 (1980).

(37) アメリカン証券取引所規則四一一条など。なお、ＮＹＳＥ規則四〇五条は、本来は顧客保護というよりも顧客の非倫理的行為による損失からブローカー・ディーラーを保護するという性格の規定であったとされる。6 Loss, *supra* note 10, at 3715. しかし、今日では顧客保護の観点からの適合性の原則の根拠とすることは問題なく認められている。

(38) この点については、Assmann, *supra* note 4, at 61 et seq.

(39) Mundheim, Professional Responsibilities of Broker-Dealers: The Suitability Doctrine, 1965 Duke L. J. 445（特に顧客の資力を超えるような取引の推奨が禁じられるべきことを強調する）; Cohen, The Suitability Rule and Economic Theory, 80 Yale L. J. 1604 (1971)（ポートフォリオ理論を用いることにより適合性の有無が判断されるべきであるとする）。

(40) 一般的には、Jennings-Marsh, *supra* note 8, at 862.

(41) 410 F.2d 135 (7th Cir. 1969). これに先立ち、Colonial Realty Corp. v. Bache & Co., 358 F. 2d 178 (2d Cir. 1966) では、自主規制機関の規則違反により民事責任が発生しうること、その基準としてコモン・ロー上存しない義務であるか否かということが重要な役割を果たしうるものと判示していた（適合性原則に関するケースではない）。

(42) 424 F. Supp. 1021 (S.D.N.Y. 1977).

(43) 同じ立場に立つものとして、Wolfson v. Baker, 444 F. Supp. 1124 (M. D. Fla. 1978). これに対し、Miley v. Oppenheimer & Co. Inc., *supra* note 30, at 333 は、規則違反は直ちに民事責任を生ぜしめるものではないが、過当取引の責任の有無の判断に用いられるべきものとする。

(44) Avern Trust v. Clarke, 415 F. 2d 1238 (7th Cir. 1969).

(45) Touche Ross & Co. v. Redington, 442 U.S. 560, 99 S. Ct. 2479, 61 L. Ed. 2d 82 (1979) など。

(46) Jablon v. Dean Witter & Co., 614 F. 2d 677, 679 et seq. (9th Cir. 1980) では、議会が私訴権（private right of action）を黙示に認める規則を制定する権限を委譲する意思があったか否かという基準および取引所の規制が私訴権が正当に黙示されるように作成されているか否かという基準をあげ、適合性原則はそもそも最初の基準を充たしえないとして、私訴権を否定する。Emmons v. Merrill Lynch, Pierce, Fenner & Smith, Inc., 532 F. Supp. 480 (S.D.Ohio. 1982) ; Thompson v. Smith Barney, Harris Upham & Co., 539 F. Supp. 859 (N.D.Ga. 1982) も同旨。

(47)　米国法律協会（ＡＬＩ）連邦証券法典案の解決は次のとおりである。まず、適合性の原則はＳＥＣの規則制定権の対象とされる（九一五条(a)項(3)号）。しかし、自主規制機関の規則制定権を排除するものではないと思われる。自主規制機関の規制違反に基づく民事責任については、ＳＥＣが規則により指定するか、または裁判所が私訴権を認めることがコモン・ローおよび衡平法の原則および同法典一七二二条(a)項（法典違反に基づく民事責任の存否について定める）の基準に合致すると判断する場合（ＳＥＣの規則により排除されるものを除く）に私訴権が認められるとする（一七二二条(a)項）。そして、ＳＥＣの規則制定に当たり考慮すべき事情を、当該自主規制機関の規則はＳＥＣにより採択、変更等されることが要求されたものであるか否かなど四つの基準を明示する（一七二二条(c)項）。ALI, *supra* note 36, vol. I, 407, vol. II, 768 et seq. これからだけでは具体的結果はわからない。

三　ドイツ法

1　序　説

ドイツにおいては、証券に関する投資勧誘は、ユニバーサル・バンク・システムの下で証券業務を営む銀行(48)の行うところである。ユニバーサル・バンク・システムに起因するかどうかは別として、日本、アメリカにおけるような証券投資についての激しい販売圧力はかけられていないということができる。(49)いわゆる過当取引が一般には見られないとされているのはそのあらわれである。(50)あるいは、電話や家庭訪問などにより積極的な勧誘をすることは好ましくないと考えられているともいわれる。(51)しかし、これらのことから、投資勧誘に関して問題が存しないということは早計である。一見明白に不当な過当取引のようなことはない反面、以下でも見るように、金融・証券の幅広い商品を提供する銀行は、より微妙な投資助言を与えることが期待されるのである。これが、ここで特にドイツ法を取り上げる主たる理由である。この場合、ドイツにおいては、日本、アメリカのごとき包括的証券取引規制法を欠くことから、問題は主として一般民事法のレベルにおいて生じている。一般民事法が動員されねばならないことにドイツ固有の問題があるのではあろうが、逆にわが国では従来必ずしも十分ではなかった取引の私法的構造に即した問題解決のあり方は参照するに足ると考えられる。具体的には、銀行の助言・説明義務（Beratungs- und Aufklärungspflicht）について検討する。これは、銀行は、投資者（顧客）に対して必要な助言・説明を与えなければならず、不正確または不当な助言、説明を与え、または必要な助言・説明を怠った銀行は損害賠償責任を負うという法理である。[53]

なお、このほかに、いわゆる灰色資本市場における投資仲介業者（Anlagevermittler）の責任についても簡単に言及する。投資の対象こそ異なるが、投資勧誘という点では共通の問題が存するからである。

2　銀行の助言・説明義務

(1)　法的根拠

投資勧誘に当たり、助言・説明義務が認められる根拠は一様でない。銀行と投資者の間に投資助言契約が成立している場合、契約の主たる義務として助言・説明義務が発生することは明らかである。[54] 投資助言契約が黙示に締結されたと認定されることもある。[55] 判例では、さらに取引上の結びつきの存する場合の信義則に基づき助言・説明義務が認められ、[56] あるいは、取次委託・売買いずれの場合も含めて銀行と投資者の間の契約の付随義務として助言・説明義務が認められている。[57]

学説では、まず取次委託契約について、商法（以下、ＨＧＢという）三八四条一項二文にいう委託者の利益擁護義務（Interessenwahrungspflicht）[58] として銀行の助言・説明義務が認められる。[59] この委託者の利益擁護義務の中核は、問屋は委託者の不利益において自己の利益を図ってはならないということであるが、問屋の専門的助言者としての性格により助言・説明義務も利益擁護義務の一部とされる。ただし、取次契約の成立前（勧誘段階）については助言・説明義務は認められないとする見解もある[60]。

取次委託契約上の義務と位置づけると、売買契約の場合の助言・説明義務を基礎づけることができない。そこで、より一般的な助言・説明義務の根拠づけが行われる。すなわち、契約締結上の過失理論により契約成立過程における虚偽または不当な助言・説明についての責任を認めよう[61]。さらに契約成立の前後を通じて、統一的な信頼責任として位置づけるのがカナーリスである[62]。ここでは取引上の結びつきに起因する顧客の銀行に対する信頼が根拠とされる。

信頼責任論に基づく助言・説明義務の根拠づけに対してはホプトの批判がある。取引上の結びつきが広く把えられすぎていると批判する[63]。そして、助言・説明義務は、社会的国家原理に由来する投資者保護原則から導かれるとする[64]。しかし、このような議論は、伝統的な私法理論から飛躍すること甚だしく、理由づけとしては積極的な支持を受けていない。結局、現在のところでは、大勢としては、広い意味での信頼責任として助言・説明義務違反による責任は位置付けられているといえる。この場合の信頼は、銀行の専門家としての地位に由来するものというべきである[65]。また、信頼は、具体的には銀行と投資者の間の接触により形成されるが、銀行契約（Bankvertrag）というか、単なる取引上の結びつきというかはともかく、継続的取引関係が形成された場合に強力なものとなるが、一回的取引の場合にも認められえないものではない[66]。

(2)　助言・説明義務の具体的内容

以上の如く、助言・説明義務の法的根拠については対立があるが、結果としての義務の内容についてはかなりの程度に見解の一致がある。最も詳細に論じているホプトの見解を中心にみていこう。

まず、職務の内容を考える場合に考慮されるべきファクターとして、説明・助言の必要性（たとえば、商人とそれ以外の投資者に分けると、前者については原則として必要性が否定されるのに対し、後者については初心者に限らず、すでにある程度の期間相当額の投資をしている者についても原則として必要性が肯定される[67]）、取引の種類、相互の関係の緊密さ（継続的取引のある場合には強力な銀行の義務が認められる)、保護の放棄の有無(素人が専門家の如き外観で現われたり、意識的に高度のリスクを選択する場合)、銀行の経済的負担可能性(経済的に負担しえないような場合まで銀行は義務づけられるものではない)があげられる。そして、以上の諸ファクターの総合的考慮の下に具体的ケースにおける助言・説明義務の内容が決定される。画一的な助言・説明義務があるわけではない(68)。

助言・説明義務は内容的には、以下の三つに整理される(69)。

イ　真実義務(Wahrheitspflicht)　銀行は投資者に対し真実に従い情報を提供しなければならない。情報は、当該証券に関する情報(受注状況、収益状況、配当状況、経営陣の動向、相場の動向など)、市場一般に関する情報(一般市場動向、取引所のムード、業種の現状・展望、税制改正の動きなど)、証券取引の基本的仕組に関する情報に分けられる。最後のものは、原則として新規未経験の顧客に対してのみ説明すれば足りる。

必要な助言・説明は、事実のみでは不十分であり、事実に即しての評価判断の提供も義務の内容となる。この場合求められているのは、客観的に的中する予想ではなく、注意深い専門家としての助言であり、「助言者自身がそのような説明ないし助言の正しさ(Richtigkeit)について確信を抱いており、その意見が大雑把ではなく、事実と信頼できると思われる情報に基づき形成され、この情報が助言を支えるような場合」であるとされる。

真実義務の下ではさらに次の下位準則が妥当する。まず、完全性の原則であり、投資者が自分自身で適切な決定を下すために知らねばならないことはすべて知らせねばならない。さらに、明瞭性の原則として、事実、推定、評価はそれぞれ区別して示されること、助言の根拠が示されるべきこと、出所の調査が十分でなく、または確認しえないときはそれを示すべきこと、助言者が助言に自分で完全に確信していないときはそのことを示すべきことなどがあげられる。

真実義務に関して、助言・説明の修正義務が認められるか否かが問題とされる。まず、最初から瑕疵ある助言・説明であった場合には、銀行は義務違反の責任の発生を防ぐために損害の発生する前に修正しなければならないのは当然であるのに対して、後発事象により当初の助言・説明が不正確になった場合には修正義務は一般的には否定されている。(70) これを認めると、銀行は一旦した推奨および顧客の寄託証券について継続的監視をしなければならなくなるが、これは経済的コストの側面からも否定されるのである。例外とされるのは、投資者との間にきわめて緊密な取引関係があり、継続的に意見の交換が行われているような場合である。(71)

ロ　調査・照会義務　　投資対象である証券の側面と、顧客投資者の人的側面について銀行は相当の調査・照会を義務づけられる。前者の証券に関しては、助言を行う者は必要な知識（当該証券に関する知識、市場に関する知識、証券取引についての基本的知識）を持たねばならない。そのためには、各種の情報を含む雑誌・新聞等の定期的閲読、発行会社の開示資料のフォロー、税制の動向のフォローなどが必要となる。顧客に関しては、客観的に正しい投資というものは存在せず、それぞれの顧客に適した投資というものしか存在しない。従って、助言を行う者は、助言を与える前に投資者の投資決定に影響を及ぼす人的事情を調べねばならない。投資の目的、財産、生活状況等である（投資総額、投資継続期間、財産事情、納税義務、年齢、職業、身分、投資目的（確実性・流動性、投資・投機、株式・確定利子証券、外国・国内）など）。ここにおいて、アメリカにおける適合性の原則が意識的に参照されている。(72)

ハ　組織義務　　銀行は、顧客の損害をできるかぎり発生させないような経営組織を形成する義務を負う。もっとも、このような義務は一般私法上完全に確立されているわけではなく、慎重な扱いが必要ともされるが、一つの義務であることは承認されている。具体的には、助言担当者が継続的に必要な情報をフォローできるような体制となっていること、継続的な研修が行われていること、十分な助言担当者が投入されていること、助言担当者のコントロールが十分に可能な体制がとられていることなどである。(73) さらに、後述の内部者取引禁止に関係する指針を助言担当者に承認させることも組織義務の中に含まれるとされる。(74)

(3) 利益相反関係、内部者情報と助言・説明義務

取次委託契約にあっては、前述の委託者の利益擁護義務に基づき、問屋たる銀行は自己の利益を優先させることは許されず、顧客の利益を優先させなければならない（もしくは受託を拒絶しなければならない）ということが認められている。売買取引の場合にも同様のことがいえるか否かは必ずしも明らかではない。自主規制としての取引者・助言者規則（Händler- und Beraterregeln）では、顧客の利益優先がうたわれている(75)（一条）。このような実体的原則とは別に、助言・説明義務の一環として利益相反関係の開示が義務づけられるか否かが議論される。カナーリスが、右の顧客の利益優先の原則により顧客の利益は十分保護されており開示義務は認められないとするのに対し(76)、ホプトは、委託報酬など投資者が直ちに認識しうることがら、投資者に原則的に重大な効用をもたらさない反面で銀行の活動に対する重大な介入となる事実―たとえば銀行と発行会社の取引関係や銀行の証券ポートフォリオや自己売買の内容など―については開示義務を否定しつつ、発行会社と銀行の間の役員兼任関係など、指摘をしないことが投資者に誤解を与えることになる場合には開示義務を肯定する。また、通常の範囲を超える報酬を発行会社から受ける約定についても開示義務を肯定する(77)。

内部者情報と助言・説明義務の関係も困難な問題を含んでいる。カナーリスは、銀行の有する内部者情報の顧客に対する開示義務を否定する(78)。当該銀行の顧客間あるいは他の銀行の顧客間での不平等を生じること（個別的開示が考えられているからであろう）、銀行の秘密保持義務違反につながることなどを根拠とする。そして、発行会社が投資者を欺罔するような情報伝達により詐欺的に相場操縦をしているような場合にのみ緊急避難の観点から、秘密保持義務違反が正当化されるとともに顧客に対する開示義務が認められるとする。これに対し、ホプトは、発行会社の秘密保持の利益は投資者保護原則に基づく投資者に対する個別的開示の要請に優先するものではなく、株主の解説請求に対する拒絶正当化事由を定める株式法一三一条三項一号を類推して、発行会社にとって重大でなくはない不利益が及ぶお

それのないかぎりで秘密保持義務に優先して内部者情報の開示義務が認められるとする。もっとも、具体的に開示義務が認められているのは、内部者情報が一部にすでに漏洩している場合、会社自身あるいは会社の機関が不当な内部者取引を行っている場合などに限られている(79)。

(4)　助言・説明義務違反の効果

助言・説明義務違反について、故意または過失があれば、銀行は損害賠償責任を負う。軽過失があれば責任が発生するという点は契約法の一般原則に従うものである(80)。もっとも、この点に関連して、近時、投資情報誌発行者の予約購読者に対する不実記事掲載に基づく責任について、連邦通常裁判所（以下、ＢＧＨという）は重過失ある場合にのみ責任が発生すると判示しており(81)、問題がないわけではない。しかし、ＢＧＨのいうような責任の限定に対して学説は批判的であり(82)、また、銀行の助言・説明義務に直接援用すべきものでもない。

損害賠償の範囲については、消極利益＝信頼損害（Vertrauensschaden）であるとされる(83)。すなわち、投資者は誤った助言・説明ないしは助言・説明の懈怠がなかったような状況に戻される。具体的には、出捐した金額（代金・手数料）の返還である。

投資者の側の共同過失（Mitverschulden）に基づく過失相殺をすることには、特に一般投資者については消極的に考えられている(84)。

銀行との取引に当たって、原則として契約内容に組み入れられる銀行取引約款では、重過失に基づいてのみ銀行は解説・助言（ないしその懈怠）について責任を負うとする(85)。このような軽過失免責を不可欠とする見解があるが(86)、他方で、対非商人取引については本人または履行補助者の重過失免責のみを無効とする約款規制法（ＡＧＢＧ）一一条七号に違反するものではないが、同法九条の一般条項に基づき無効とされる余地は残っている(87)。

3　灰色資本市場における投資勧誘と民事責任

株式・債券に対する投資が今一つ個人投資家を引きつけない反面、一九七〇年代以降高い収益を売り物とした各種の投資形態が急速に発展した。公開合資会社の有限責任社員持分、閉鎖型不動産投資信託、海外商品先物取引などがそれであり、これらは灰色資本市場（Grauer Kapitalmarkt）とよばれる。[88] しかし、これらの新しい投資は往々にして不健全な企画であったり、高度のリスクが付きものであり、投資者に被害を与えやすい。それにもかかわらず、このような新しい投資形態に対しては法の規制がほとんど加えられていない。[89] ただ、一九七八年に、企業持分および信託財産持分の売出しについて、目論見書の作成義務を課すとともにその虚偽記載についての民事責任等の制裁を規定した「財産投資持分の売出しに関する法律政府草案」が作成されたが、[90] 立法はその後見送られている。このような規制の欠如を、判例は一九七〇年代後半から目論見書責任（一般目論見書責任）を認めることによりカバーしてきている。[91] すなわち、売出しのための目論見書における虚偽記載について、契約締結上の過失の法理に基づき、売出し関係者は責任を負わされることになるのである。判例上この責任を認められた者は、目論見書作成者、同意の下に自己の見解が目論見書に記載されている者、投資会社の業務執行者、発起人、黒幕（会社に対して影響力を行使する者）、目論見書を利用して投資持分の販売に当たる銀行、投資顧問、投資仲介業者などである。契約責任であるとはいいながら、本来の契約当事者といえない者にも責任が広く認められていることに理論的興味が持たれるが、本稿で関係のあるのは、投資仲介業者の責任である（銀行は原則として灰色資本市場には関与していないようである）。すなわち、投資仲介業者こそが、灰色資本市場における投資勧誘の中枢的機能を果たしているのであり、投資対象の違いこそあれ、そこでの投資勧誘についての責任は、すでに検討した銀行の助言・説明義務の問題と境を接した問題なのである。

判例は、投資仲介業者の責任を次のように根拠づける。[92] すなわち、目論見書に関して契約締結上の過失責任が発生するのは、目論見書の記載の完結性・正確性について信頼を与えることにより投資者の意思決定に影響を与えるからであるが、投資仲介業者は、経験のある専門家として人的な信頼を惹起し、販売目論見書の正確性について追加的保証をなすためである。投資仲介業者の法的地位は必ずしも明確でないが、いずれにせよ投資契約の当事者とは考えられていない[93]。それにもかかわらず、契約締結上の過失責任が認められるのは、契約当事者のみならず、代理人、仲立人その他代言者（Sachwalter）として商議にかかわり、契約成立に共働した者も、商議に当たり人的信頼を惹起するかぎり契約締結上の過失責任を負うという一般理論[94]が背景にあるものと思われる。

銀行の助言・説明義務は、銀行と投資者の間の契約に起因して認められるのに対し、投資仲介業者の目論見書責任は、目論見書という客観的な記載にまず着目し、その上で仲介という接触に起因して認められる責任である点で次元を異にする。しかし、投資助言に関して、専門家としての地位に対する信頼に基づき責任が認められるという点は共通する。これは大いに注目してよいことであると思われる。

(48) いわゆる三大銀行をはじめとする信用銀行（Kreditbank）のほか、個人銀行（Privatbankier, 合名会社・合資会社形態のもの。個人企業としての銀行はもはや営業許可を受けえない。信用制度法二a条参照）、貯蓄金庫（Sparkasse）、信用協同組合（Kreditgenossenschaft）などが証券業務を営む。

(49) 銀行は、特に小規模投資者との証券取引の収益性が低いこともあって、預金を受け入れ、その貸付けにより収益を高める方を選好する傾向があるといわれる。Hopt, K. J., Der Kapitalanlegerschutz im Recht der Banken, 1975, S. 119f.

(50) Hopt, a.a.O. (N.49), S. 121f.; Kübler, Müssen Anlegerempfehlungen anlegergrecht sein ?, Festschrift für Coing, 1982, S. 205.

(51) Hopt, a.a.O. (N.49), S. 121. 他の要因もあるのであろうが、家計保有金融資産の中で有価証券、特に株式の占める割合は、アメリカに比べるとかなり低い。Bierich, Renaissance und Rückschläge am Aktienmarkt, in, 30 Jahre Kapitalmarkt in der Bundesrepublik Deutschland (hrsgn. von Bruns, G. und Häuser, K.), 1981, S. 81.

(52) 取引所法（Börsengesetz）は、証券取引所の組織および運営（相場の決定、上場許可要件など）について定めるにとどまる。信用制度法（Gesetz über das Kreditwesen）は、銀行の行政的監督一般について定めるにとどまり、証券取引に即した規定は置かれていない。銀行等の自主規制としては、内部者取引指針（Insiderhandel Richtlinien）および取引者・助言者規則（Händler- und Be-

raterregeln）が存在する。投資勧誘については、これら二つの自主規制が関係するほか、取引所法八八条が、相場操縦・目論見書等の虚偽記載につき、また、同法八九条が未経験等に乗じての取引所での投機取引の勧誘につき罰則をもって禁じるという規制があるにすぎない。

（53） 山下友信「西ドイツにおける証券投資者保護法理の一断面—銀行の助言・助言義務を中心として⑴⑵」インベストメント三五巻五号一九頁以下、同六号（一九八二）三一頁以下（本書一一三頁）参照。

（54） 銀行実務上は、定期・不定期に投資助言を供する財産助言契約（Vermögensberatungsvertrag）や、財産運用を委ねる財産管理契約（Vermögensverwaltungsvertrag）などの形で行われる。Hopt, a.a.O.（N.49）, S. 103ff.

（55） 灰色資本市場に関するケースではあるが、BGH WM 1973, 164; BGHZ 74, 103.

（56） RGZ 27, 118.

（57） RGZ 42, 125.

（58） HGB三八四条一項二文は、問屋は委託者の利益を擁護する義務を負う旨規定する。

（59） Düringer-Hachenberg, HGB, 3. Aufl., Bd. 5, 1932, § 384 Anm. 2.

（60） Baumbach-Duden-Hopt, HGB, 25. Aufl., 1983, § 384 Anm. IB は、委託前は要求がなければ助言・推奨は義務づけられないとする。

（61） 契約締結上の過失の一般理論において、一方当事者に説明義務が課せられうることはすでに確立しているといってよい。Larenz, K., Lehrbuch des Schuldrechts, Bd. 1, 12. Aufl., 1982, S. 94ff.

（62） Canaris, C-W., Bankvertragsrecht, 2. Aufl., 1981, Rdn. 1880. 銀行と顧客の間の取引上の結びつき（比較的長期にわたる不特定多数の取引）により、銀行は顧客の法益に対し影響可能性（Einwirkungsmöglichkeit）を有するに至る結果として特別の信頼関係が発生するとされる。この実質的理由に基づき、銀行と顧客の間には、法定の債務関係（主たる給付義務を欠く債務関係）が発生し、この債務関係上の銀行の義務として助言・説明義務が認められるというのである。

（63） Hopt, a.a.O.（N.49）, S. 250.

（64） 詳しくは、山下・前掲注（53）⑴二二頁以下。

（65） カナーリスの議論では、銀行の専門家性は必ずしも明確に持ち出されてはいない。しかし、判例では古くから専門家性が理由とされている。Z.B. RGZ 42, 131; RG JW 1911, 809.

（66） Koller, HGB Großkommentar, 3. Aufl., 5. Bd., 1. HalbBd., 1980, § 384 Anm. 4.

（67） 未経験の仕立屋主人に定期取引（Termingeschäft）の危険性について説明をしなかった銀行の責任を認めたケース（RG WarnR 1916, Nr. 227）と、投機の経験のある企業経営者には説明の必要なく、責任はないとしたケース（RG WarnR 1919, Nr. 227）が見られる。なお一般に投機的投資を恒常的に行う者に対しては損失発生の可能性については助言・説明義務は否定される。Hopt, a.a.O. (N.49), S. 419. しかし、これはその他の情報の説明義務まで一切ないとするものではないと考えられる。

(68) たとえば、一回性の取引の場合、認識可能な説明の必要性、助言についての合意、相互の関係の緊密さというファクターが欠け、銀行の義務は原則として否定される。反対に、財産助言契約や財産管理契約の存する場合には右の諸ファクターが備わり、強力な義務が認められる。これらの中間のケースでは、たとえば寄託取引の顧客については、そもそも銀行の助言についての合意がないし、経済的コストの側面からも多数の顧客の証券を継続的に監視して助言・説明を与える義務は認められないのに対し、取次委託であれ売買であれ、証券の得喪についての取引にあっては、説明の必要性のファクターが特に重視され、このファクターが存すればコスト上の理由にかかわらず一般投資者に対して銀行は助言・説明のイニシアチブをとるべきであるとされる。Hopt, a.a.O. (N.49), S. 427ff.

(69) 以下は、Hopt, a.a.O. (N.49), S. 430ff.

(70) Heinsius, Anlageberatung durch Kreditinstitute, ZHR 145, S. 192.

(71) Heinsius, a.a.O. (N.70), S. 192.

(72) Kübler, a.a.O. (N.50), S. 202ff. は、適合性の原則の考え方がドイツ法上無縁のものではなく、アメリカ法の参照されるべきことを強調する。

(73) Vgl. BGH WM 1964, 609 では、租税優遇貯蓄報奨金付貯金契約を締結する銀行は、助言担当者に対し税法改正について知識を与える配慮をしていなければならないとするが、これは組織義務という観点から説明しうる。

(74) Heinsius, a.a.O. (N.70), S. 191.

(75) 信用機関は、顧客の利益のためでない理由により、特に信用機関、業務指揮者、助言担当従業員の自己保有分を減少させもしくは増加させる目的またはこれらの者の自己の取引遂行のために相場を操縦する目的で、有価証券取引を推奨すること、および有価証券の売却・買入れの委託に基づき、相場上委託者の不利益をもたらす自己の取引を企てることを禁止する。信用機関の業務指揮者、助言担当従業員についても同様とされる。

(76) Canaris, a.a.O. (N.62), Rdn. 1890.

(77) Hopt, a.a.O. (N.49), S. 446ff.

(78) Canaris, a.a.O. (N.62), Rdn. 1890.

(79) Hopt, a.a.O. (N.49), S. 449ff.

(80) Kübler, a.a.O. (N.50), S. 216.

(81) BGHZ 70, 356.

（82） Hopt, Berufshaftung und Berufsrecht der Börsendienste, Anlageberater und Vermögensverwalter, Festschrift für Fischer, 1979, S. 253.

（83） Heinsius, a.a.O.（N.70）, S. 198.

（84） Heinsius, a.a.O.（N.70）, S. 199.

（85） 一九八四年一月一日改定の銀行取引約款一〇号二項は、「銀行は、銀行業務上の解説および助言ならびにその他の指示について、重大な過責についてのみ責任を負う。銀行が解説・助言および指示について義務づけられる場合には、その不作為につき、同様に重大な過失についてのみ責任を負う」と定める。

（86） Heinsius, a.a.O.（N.70）, S. 195ff.

（87） 特に、約款規制法九条二項二号の解釈として、契約の基本義務（Kardinalpflicht）については軽過失免責は許されないとする考え方が確立しつつあるが、助言・説明義務も基本義務と解される余地がある。Kübler, Anlageberatung durch Kreditinstitute, ZHR 145, S. 228f.

（88） 灰色資本市場およびそこでの投資形態については、Hopt, Inwieweit empfehlt sich eine allgemeine gesetzliche Regelung des Anlegerschutzes, Gutachten zum 51.DJT, 1976, G. 22ff.; Spannagel, Der alternative（graue）Kapitalmarkt, in, Der nicht organisierte Kapitalmarkt（hrsgn. von Bruns, G. und Häuser, K.）, 1984, S. 186ff.

（89） 後述する投資仲介業者に対しては、営業令（Gewerbeordnung）三四c条により、営業許可等営業警察上の規制が加えられている。

（90） Entwurf eines Gesetzes über den Vertrieb von Anteilen an Vermögensanlagen, Bundestag Drucksache 8/1405（1978）.

（91） 判例の展開については、Assmann, Entwicklungstendenzen der Prospekthaftung, WM 1983, S. 142ff. なお、目論見書責任という用語は、本来ドイツ法上、取引所法により作成・提出を義務づけられる上場目論見書（Einführungs- od. Zulassungsprospekt）における虚偽記載についての民事責任（取引所法三八条以下参照）を指すものであり、これとは区別する意味で一般目論見書責任の語が用いられる。

（92） BGHZ 74, 103.

（93） 投資仲介業者は、投資のため会社から報酬を受けて会社と投資者の間の契約成立に努める。これを商事仲立人と見ることができるとする見解（Lutter, Zur Haftung des Emmissionsgehilfen in Grauen Kapitalmarkt, Festschrift für Bärmann, 1974, S. 611）とこれに反対の見解がある（Köndgen, J., Zur Theorie der Prospekthaftung, 1983, S. 38ff.）。実体は仲立人であったり、代理商であったりさまざまなようである。前記判例は、この点には立ち入らずに責任を認めている。

（94） Larenz, a.a.O.（N.61）, S. 109ff.

四　若干の展望――むすびに代えて

証券市場のあり方そのものにより、その国の投資勧誘についての問題点ないしその規制手段が大きく異なることはアメリカ、ドイツの例をみても明らかであろう。ただ、いずれの国においても民事責任の占める比重が決して小さくないことは注目に値すると思われる。これに対し、わが国では、表に出てこない金銭的和解は別として、表立って不当な証券投資勧誘に起因する被害について民事責任が追及されることはあまり多くない。これには、さまざまな原因が考えられる。顧客投資者の投資資金がアングラマネーであり表沙汰にできない、投資者もいくら証券会社の口車に乗ったとはいえ、半ば以上は賭博と同じ気分で資金を投じたので被害の回復を求めるのが後ろめたい、などなど。しかし、民事責任の追及されにくい理由のひとつは、責任を追及するための法理が十分に確立していたとはいい難いということに求められるのではないかと思われる。本稿において、外国の民事責任法理を中心に概観したのもそのためである。

ところで、投資勧誘の規制は、事前の予防的規制と事後の制裁的規制の両面がうまく噛み合ってこそ目的を達成することができる。すなわち、特に事後の行政処分ないしは罰則という制裁を背景にして一定の禁止行為を定めそれを遵守させることにより、そもそも不当な投資勧誘を行わしめないことがまず要請されることはいうまでもない。証券取引法上の投資勧誘規制にかかわる諸規定（証取法五〇条、五八条、健全性省令一条、三条など）はそのような観点に基づくものである。しかし、それだけでは十分でない。禁止行為に違反したとしても、制裁としての行政処分、罰則は、その結果の重大性に鑑み容易には発動されないであろう。また、個々の投資者との接触の中で投資勧誘が不当であったか否かがはじめて判断されるべきものであるが、それをいちいちチェックするだけの余裕が行政当局にあるとも思われない。また、行政処分・罰則の制裁が発動されるとしても、多くの場合、証券会社の従業員・外務員がその対象とされるにとどまり、不当な投資勧誘の行われる素地を作り出している証券会社そのものはほとんど影響を受けないであろう。それでは、トカゲの尻尾切りが繰り返されるにすぎなくなる。他方、不当な投資勧誘により被害を受けた者は、外務員・従業員に制裁が加えられることにより多少は腹の虫は治まるかもしれないが、それでは真に救済を受けたことにならない。損害の回復こそ被害者が望むものである。このように考えれば、事後的規整の一手段としての証券会社とその従業員・外務員の民事責任はこれまで以上に重視されてよいであろう。これに対しては、前述のような理由で被害者が表に出て争うとは思われないし、そもそも投資家は皆投機家であるという一般的状況の下ではあまり保護に値しないという反論がなされるであろう。しかし、全部の投資者が不健全な投資者ではないし、多少の金銭的余裕ができてついつい欲ボケに陥ったということの故に不当な投資勧誘に対して一律に保護に値しないと言い切ることは妥当でない。欲ボケというファクターは、民事責任法理の枠組の中でしかるべく処理されればで足りるといわればならない。

そこで、比較法的考察を踏まえてわが国の民事責任法理について若干の指摘を行う。本格的な考察は後日に期す。まず、責任を不法行為責任の方向に基礎づけるか、それとも契約責任の方向に基礎づけるべきか。わが国では、従来前者の方向が支配的であった。特に、証券取引法中の禁止規定（証取五〇条、五八条など）を不法行為責任発生の要件としての違法性の根拠あるいは徴憑とする考え方が有力である。[95] これは、なるほどきわめて自然な法律構成である。わが国の不法行為規定の柔軟性に鑑みればこの方向で被害の救済を図ることは十分可能である。

しかし、他方、契約責任の方向が全く無意味であるともいいきれない。投資勧誘は、証券の取次委託ないし売買という契約をめぐる証券会社と投資者の接触の一コマにほかならない。そうであれば、そのような契約的接触の特質に即して契約責任のあり方を考えることが、そのような契約的接触の多様性を捨象して一般的な形で禁止規定を定める証券取引法の規定と結合した不法行為責任の方向よりも、よりキメの細かい処理が可能となるであろう。また、証券取引法上の禁止規定は、その違反に対して行政処分ないし罰則の制裁が予定されていることとの関係でかなり悪性の強い行為の消極的禁止の性格を濃厚に有しているが、証券投資に関する専門的知識・情報におけるギャップの大きさに鑑みるならば、証券会社の専門家性はこれまで以上に強調されてよく、そうするとその専門家としての高度の義務を前提とした責任は、証券取引法の禁止規定と結合した不法行為責任法理では十分まかないきれないのではないかと思われる。このように契約責任の方向で考察することが無意味でないとすると、その場合にはドイツの解釈論の示す方向が十分参考になるように思われる。全面的検討は後日に譲るとして、ここでは右のような観点から、わが国でもしばしば生じている過当取引の処理と適合性の原則の有する意味について若干の指摘をしておく。

まず、過当取引について。商品取引に関して過当取引を理由に不法行為責任を認める判例が定着しつつある(96)。これについて、賛成する側も反対する側も、契約は有効としながら、勧誘が不当であるため不法行為責任が成立するというと、商品取引員は契約上の義務を履行すると不法行為責任が発生するという奇妙な結果になるとして疑問を呈する(97)。しかし、これは取引の全体構造を見落した議論であると思われる。私見によれば、過当取引の事例においては、個々の取次委託契約ないし売買契約とは別に、証券会社と投資者の間には、投資顧問契約に準ずる契約か、少なくとも継続的取引関係に基づく、ドイツ法にいう法定債務関係の存在を認めうる。そして、投資者の証券会社に対する信頼に乗じて過当な取引を行わしめることは、この契約ないし法定債務関係上の義務（一般的には与えられる時点において正しく、かつ正当な（投資者の利益に合致する）助言・説明を与える義務といってよい）に違反するものであり、それにより債務不履行責任が発生する。この場合、個々の取引を実行することも右の証券会社の義務違反を構成するものであり、証券会社は個々の取引の実行は義務づけられず、むしろ実行しないことが義務づけられるというべきである。従って、投資者は個々の取引についてその有効性を主張しえない。その根拠はこうである。投資者は、全体としての取引が、証券会社により不当に行われたことの責任を追及しているのであり、実質的根拠は、自己の投資判断の入り込む余地がなかったということである。ところが、個々の取引の有効性を主張することは、右の全体としての取引は不当であったということと矛盾するものであり、そのような主張は自家撞着するものとして許されるべきでないと考える（そうでないと、投資者はたまたま利益のあがった取引のみを選んで賠償を求めうるという不当な結果になる）。投資者が特定の取引の有効性を主張するのであれば、その取引が自己の投資判断に基づくもので、全体の過当取引とは独立のものであることを明確に主張・立証しなければならないものというべきである。(98) 以上のように考えることにより、過当取引について不法行為責任を認めることに対して呈される前記疑問は解消されることになる。なお、過当取引に基づいて認められる賠償額は、証券会社の手数料・利益に限られず、取引損失の賠償も認められるべきである。けだし、取引損失は過当取引により直接に生ぜしめられた損失にほかならないからである（ドイツ法ではこれを認める。アメリカの手数料・利益に限定する立場は正当でない）。残る問題は、過当性の判断基準である。過当か否かは投資者の性格、投資目的に照らしてはじめて決まるものであり一律の基準なるものは存在しえない。具体的判断においては、アメリカの判例において考慮されているような諸ファクターによらざるをえまい。将来、裁判上、裁判外での事例が積み重ねられれば、ターン・オーバー比率を中心にある程度の目安が得られるであろう。

適合性の原則について。現在までの議論の仕方は、証券業協会の規則に定められる適合性の原則が、取引倫理としての意味しかないか、それとも既に法的義務の段階に達しており、この原則に違反することは損害賠償責任の発生原因となるかという形であるのが通例である。(99) しかし、このような議論の仕方は往々にして水掛論に終り、また、結論をオール・オア・ナッシング的に決めようとするもので決して生産的であるとは思われない。私見は見通しではあるが、民事責任の領域においては、証券取引に内在する危険性および投資者と証券会社の間の専門知識・情報量のギャップということを前提として、専門家としての証券会社は、契約交渉（勧誘）過程において、どの程度証券取引の危険性について説明（警告）する義務を負うかという問題および証券会社と顧客投資者の間の法的接触のあり方いかんにより証券会社は、顧客の利益に合致した投資推奨をなすことを義務づけられることがあるかという問題の二つに整理されるのではないかと考える。いずれも、証券会社と顧客の投資者の間の契約にかかわる接触の内容如何に即して決定せられるべきことがらであり、自主規制機関の規則でどう定めてあるかということは直接は関係のないことである。こう考えた場合、第一の危険性の説明（警告）義務の問題については、要は危険の発生可能性がある場合に、自己決定による結果を引き受けさせるにはどれだけの情報が与えられなければならないかという問題である。この点、前述のごとき証券会社の専門家性に鑑みれば、所与の状況の下で投資者に自己決定を下す前提が欠けていることが証券会社側に十分に認識されうる場合（個人投資者にあっては原則としてそうである）には、当該取引の危険性について十分の説明（警告）が与えられねばならないし、証券会社に知られている当該証券に関して重要な事実も説明されねばならないであろう。これに対して、証券会社に十分認識可能な投資者の諸事情（財産状態など）以上に積極的に投資者の目的、財産状態など調査した上で当該取引について説明する義務までは当然には認められないであろう。ただし、証券会社の側からの勧誘が積極的に行われ、それが唯一の動機となって取引がなされる場合にはさらに一考を要する。これは、すでに第一の問題ではなく、場合によっては証券会社の投資推奨が投資者の利益に合致することまでが法律上要求されるかという第二の問題である。すなわち、証券会社と顧客の間の前述のごとき契約ないしは法定債務関係は、顧客投資者の信頼が強固に示され、証券会社が実質的に投資決定を支配している場合には、投資推奨が顧客の利益に最も合致することまでも証券会社を義務づけるものといってよいのではないかと思われる。顧客投資者の信頼は、取引関係が継続している場合に強固に示されるが、取引関係の開始に当たっても十分に示されうる。すなわち、証券会社が専門家として現われ、顧客がそれを信頼して取引に入るような場合である。このような場合、証券会社は顧客の利益に合致する投資推奨をなすには当然のごとく顧客の財産状態を知るよう努めねばならない。そうでなければ、たとえば危険の程度は低いが収益性も低い証券と危険の程度は高いが収益性は高い証券といずれを推奨するかなど決定しようがないからである。このようにして、顧客投資者の利益に最も合致する推奨をすることが義務づけられるが、実際に利益に合致するか否かの判断基準がきわめて困難な問題であることはアメリカ法の検討においても示されたところである。

(95) たとえば、神崎克郎「証券会社の投資勧誘の規制」同『証券取引規制の研究』二〇五頁（有斐閣、一九六八）参照。

(96) 河本一郎「証券・商品取引の不当勧誘と不法行為責任」『上柳先生還暦記念・商事法の解釈と展望』四九三頁以下（有斐閣、一九八四）参照。

(97) 河本・前掲注（96）四九五頁以下。

(98) 結局、投資者としては、取引全体の過当性を理由に損害賠償責任を追及するか、個々の取引についての投資勧誘の不当性（虚偽の説明など）を理由に個別に損害賠償を追及するかの選択を迫られることになろう。

(99) たとえば、神崎・前掲注（1）三五五頁はこれを肯定する。

〔『河本一郎先生還暦記念・証券取引法大系』三二七頁～三五一頁（商事法務研究会、一九八六）〕

〔編注〕 本稿の公表後間もなく、日本のバブル経済が崩壊する中で、ワラントや変額保険への投資により損失を被った投資者が説明義務違反による損害賠償責任を追及する訴訟が相次ぎ、裁判所も責任を認めるようになり、説明義務の概念はわが国でも定着した。また、適合性原則も、証券取引法、金融商品取引法等で法定されるに至り、さらに著しい適合性原則違反は不法行為責任を生ぜしめるという判例法理も生まれており（最判平成一七・七・一四民集五九巻六号一三二三頁）、本稿が考えていた以上の進展があった。これに対して、ドイツでは、本稿で紹介した判例法理はその後大きな変更があり、説明義務ではなく助言義務としての性格を強めているが、これについては、「事業者に対する複雑なデリバティブ取引の勧誘と金融商品取引業者等の責任――二〇一一年ドイツ連邦通常裁判所判決を素材とした一考察」（本書一八三頁）で紹介した。

事業者に対する複雑なデリバティブ取引の勧誘と金融商品取引業者等の責任

——二〇一一年ドイツ連邦通常裁判所判決を素材とした一考察

一　はじめに

リスクのある金融商品の投資勧誘を投資者に対して行う金融商品取引業者等（証券会社、銀行等）に民事法上説明義務が課され、これに違反した金融商品取引業者等は投資により損失を被った投資者に対して損害賠償責任を負うという判例法理が一九九〇年代以降わが国では確立しており、[1]また、金融商品取引法（以下、金商法という）にいう適合性原則（金商四〇条一号）についても、最判平成一七・七・一四民集五九巻六号一三二三頁により、民事法上も同原則違反が損害賠償責任を生じさせうるという判例法理が確立している。これらの判例法理に基づいて、リスクのある金融商品への投資により損失を被った投資者が勧誘した金融商品取引業者等に対して損害賠償責任を追及する民事訴訟は相変わらず絶えることがないが、近時は、個人投資者による責任追及のほか、事業者が複雑なデリバティブ取引により損失を被ったとして責任を追及する事例が多発しているところである。このような事例は、投資者が事業者であるということとともに、取引が複雑であるという二点において、従前の投資勧誘に関する民事責任が追及される事例の類型とはいささか異なる様相を示しており、この種の事例についての民事責任のあり方をどのように考えるかは、理論的にも大きな課題であると考えられる。

このようなわが国の問題と類似して、ドイツでも、二〇〇〇年代に中小事業者や地方自治体が複雑なデリバティブ取引により大きな損失を被るケースが頻発し、その後取引を勧誘した銀行に対する民事訴訟が多数提起されるようになった。そして、このようなケースについて、わが国の最高裁判所に相当する連邦通常裁判所（ＢＧＨ）が二〇一一年三月二二日に銀行の責任を認める判決[2]（以下、本件ＢＧＨ判決という）を下し、そこでは、銀行の助言義務ないし説明義務について新たな考え方が示され、理論と実務双方に大きな衝撃を与えている。[3]これを見ると、わが国の判例法理ないし裁判実務とは相当に異なる考え方がとられており、理論的にも大いに興味深い論点が提示されている。本稿では、このＢＧＨ判決を紹介し、わが国における判例法理ないし裁判実務との比較分析を試みたい。

（1）　金融商品販売法三条の説明義務違反による同法五条の責任も追及可能であるが、この責任が問題とされている裁判例は、特に本稿の対象とする事業者に対するデリバティブ取引の勧誘ではほとんどない。
（2）　BGH Urt. v. 22. 3. 2011, BGHZ 189, 13.
（3）　Lehmann, Anmerkung zum BGH Urt. v. 22. 3. 2011, JZ 2011, S. 749 は、「（ＢＧＨの）判決がこのように熱狂的な興奮をもって迎えられることは珍しいものであった」とする。Klöhn, Anmerkung zum BGH Urt. v. 22. 3. 2011, ZIP 2011, S. 762 は、本件ＢＧＨ判決のほかにも自治体を当事者とする同種訴訟が複数ＢＧＨに係属中であるとする。

二　ドイツの投資勧誘に関する民事責任法理の概要

本件ＢＧＨ判決を検討する前提として、ドイツの投資勧誘に関する民事責任法理および証券取引法（Wertpaierhandelsgesetz. 以下、ＷＨＧという）による投資勧誘規制について、その概要を理解しておくことが必要である。

まず、ＷＨＧによる投資勧誘規制は、一九九四年の同法制定以来、証券業者の行為規制として規定されているが、現行の規制は、同法三一条が規定するところで、EUの二〇〇四年金融商品市場指令（MiFID: 2004/39/EC）に基づき二〇〇七年に改正されたものである。

WHG三一条は、一項で一般原則、二項〜三a項で不実表示禁止・情報提供義務、四項・四a項で投資助言等が行われる場合の証券業者の義務、五項で投資助言を行わない証券業者（ディスカウント・ブローカー等）の義務を規定する等の構成となっているが、特に本稿の問題に関わるのは以下の一項、四項、四a項の規定である。(4)

①　証券業者は、以下の義務を負う。

1　証券サービスおよび証券付随サービスを、必要な知識、注意および誠実をもって、その顧客の利益になるように遂行すること

2　利益相反の回避に努め、合理的な判断によれば顧客の利益の侵害のリスクを回避するために第三三条第一項第二文第三号による組織的な措置が十分でないかぎりでは、(5)顧客のための取引の実施に先立ち顧客に対して利益相反の一般的な態様および根拠を一義的に説明すること

④　投資助言または金融ポートフォリオ管理を行う証券業者は、顧客から、特定の種類の金融商品または証券サービスについての取引に関する顧客の知識および経験、顧客の投資目的ならびに顧客に対して顧客に適合した金融商品または顧客に適合した証券サービスを推奨することができるために必要である顧客の財産状況についてのすべての情報を入手しなければならない。適合性は、顧客に対して推奨される具体的な取引または金融ポートフォリオの範囲における具体的な証券サービスが当該顧客の投資目的に合致するか否か、顧客にとってそこから生ずる投資リスクが顧客の投資目的に対応して財産的に負担可能か否か、および顧客がその知識および経験によりそこから生ずる投資リスクを理解することができるか否かにより判断される。証券業者は必要な情報を取得しないときは、投資助言と関連して金融商品を推奨し、または金融ポートフォリオ管理に関連していかなる推奨もしてはならない。

④ａ　第四項第一文に掲げる証券業者は、その顧客に対して、入手された情報によれば顧客にとって適合する金融商品および証券サービスのみを推奨することができる。

一項は、証券業者の一般原則として、顧客の利益の実現義務と利益相反がある場合に係る義務が規定される。四項および四ａ項は、投資助言および金融ポートフォリオ管理を行う証券業者について、顧客に関する情報を入手した上で、顧客に適合した投資推奨をする義務を規定するものである。この四項・四ａ項は金融商品市場指令一九条四項の規定とほぼ同じであり、証券業者が顧客の情報を入手しなければならないとした上で、顧客に適合した推奨をしなければならないという規定内容であるが、その適用があるのが投資助言または金融ポートフォリオ管理を行う証券業者に限定されている。しかし、ここでいう投資助言を行うということの意味は、わが国でいう金融商品取引業者等が投資助言契約や投資一任契約を締結して行う投資助言に当たるものに限られたものではなく、証券業者が（見込み）顧客に対して行う投資助言であれば明示であるか黙示であるかを問わず該当する(6)。

他方で、四項・四ａ項の規定の文言から見ると、わが国でいう狭義の適合性の原則のように、投資者の属性により推奨すること自体が禁止され、その前提として顧客の属性に関して調査質問しなければならないという規制も含まれていることは明らかであるが、それにとどまらず、知り得た情報に基づき顧客に適合した内容の助言をする義務を負うというわが国でいう広義の適合性の原則に相当する規制も含んでいるように思われる(7)。

このようなＷＨＧの行為規制は、公法的な業者監督規制であり、投資勧誘に係る証券業者の民事責任の問題とは、一応体系的には区別されると考えられている。もっとも、ＷＨＧの行為規制が民法八二三条二項にいう保護法規ということであれば違反が不法行為責任を根拠づけることになるが、一般には、その点は否定的に考えられており(8)、民事責任は、ＷＨＧの行為規制を参照しながら、民事法独自の問題として論じられている色彩が強い。

そこで、民事責任に関する判例法理として確立しあるいは生成発展しつつあるところを概観すると、投資助言契約が締結される場合には助言義務が証券業者すなわちドイツでは主として銀行（以下でも、銀行の助言義務の問題として述べる）に課されることは、すでにＷＨＧの制定前の一九九三年六月六日のＢＧＨの Bond 判決以来、確立した判例法理となっている。[9] [10] その際に、投資助言契約が締結されているということの意味については、投資助言契約が明示に締結される場合のみでなく、黙示に締結があると認められる場合も含まれることに異論はなく、投資助言を実質的に含む投資勧誘をするような証券取引では一般的に助言義務が認められると考えてよい。[11] この結果、上記ＷＨＧ三一条四項の適用される場合とほとんど重なっているということができる。

この銀行の助言義務の内容は、Bond 判決以来、投資者に適合する助言をする義務と投資対象に適合した助言をする義務とから構成されるというものであることが確立している。投資者に適合する助言をする義務は、顧客の知識状況とリスク受容性（Risikobereitschaft）[12] を考慮した助言をする義務をいう。この義務を履行するためには銀行は顧客の知識と投資目標を考慮しなければならず、従前の取引関係からそれらがわからなければ顧客に質問しなければならない。この限りでいわゆる know-your-customer ルールが助言義務にも盛り込まれている。[13] 投資対象に適合した助言をする義務は、推奨する投資対象が投資者の知識状況およびリスク受容性を考慮したものでなければならないという義務であるが、その中心は、推奨する投資対象の内容およびリスク等についての説明をする義務、あるいはリスク等について警告する義務である。[14] このことから、ドイツで助言義務の問題として取り扱われる問題には、わが国でいう説明義務の問題も包含されているということができる。

さらに後に見るように、本件ＢＧＨ判決では、銀行の利益相反に関する説明義務が問題とされているが、利益相反に関しても民事法上の判例法理の展開がある。[15] すなわち、二〇〇〇年一二月一九日のＢＧＨ判決[16] は、銀行が顧客の財産管理者との間で、当該財産管理者が銀行から報酬および預託手数料の分配に与る合意を結んだときは、銀行は顧客の利益を実現する義務に基づき財産管理者が分配に与る事実を開示する義務を負い、これに違反した場合には顧客の被った損害についての賠償責任を負うものとした。さらに二〇〇六年一二月一九日のBGHのKick-back判決[17]は、銀行が顧客に対して投資信託を推奨したが、銀行は、発行上乗せ金および年次管理手数料から隠れたリベート（キックバック）を受領することになっている場合には、銀行は顧客に対してリベートを受領する事実を説明し、銀行の投資推奨が顧客の利益の観点からのみ行われているのか、できるだけ多くのリベートを受領するという銀行の利益の観点から行われているのかを、顧客が判断できるようにしなければならないとして、顧客が取引により被った損害の賠償責任が認められた。このような銀行の利益相反についての説明義務による損害賠償責任についても、WHG三一条一項二号の利益相反に係る行為規制を直接の根拠として認められているものではなく、投資助言契約上の義務違反またはその成立過程における契約締結上の過失責任として根拠づけられている[18]。

このように、銀行は、利益相反がある場合には、その利益相反を顧客に対して説明する義務を負うものとされるが、半面で、銀行があらゆる利益相反について説明する義務を負うわけではない。一般論として、銀行による金融商品の販売において販売価格に利益マージンが含まれているようなことがらにまで説明義務が認められるわけではないとされており、二〇一一年九月二七日のBGHのLehman判決[19]も、リーマン・ブラザース社の関係会社が発行した債券がリーマン・ブラザース社の破綻で支払不能となったことにより損害を被った投資者が販売銀行に対して損害賠償責任を追及した事案について、販売銀行は利益マージンについての説明義務を負うものではないとしている。

（4）　WHG三一条については、川地宏行「投資取引における適合性原則と損害賠償責任（一）」法律論叢八三巻四・五合併号四一～六二頁、六七～七三頁（二〇一一）参照。

（5）　WHG三三条一項二文三号では、証券業者の組織義務（Organisationspflicht）の一つとして、証券業者と顧客との間および顧客相互の間での利益相反による顧客の利益侵害を回避するための適切な措置をとるべき義務を定める。

（6）Koller, in: Assmann, H.-D./Schneider, U. (hrsg.), Wertpapierhandelsgesetz Kommentar, 6. Aufl., 2012, § 31 Rz. 131.

（7）Koller, in: Assmann/Schneider (hrsg.), a.a.O. (N.6), § 31 Rz. 131ff. においても四項の見出しは「投資助言」としている。

（8）川地・前掲注（4）六〇～六二頁参照。

（9）BGH Urt. v. 6. 6. 1993, BGHZ 123, 126. 証券業者の助言義務・説明義務は Bond 判決前から確立していたが（山下友信「証券会社の投資勧誘」『証券取引法大系』三三〇頁以下（商事法務研究会、一九八六）（本書一五〇頁））、現在では、助言義務の基本概念は Bond 判決により確立されたという位置づけがされている。

（10）川地・前掲注（4）三五～三六頁。

（11）Bamberger, in: Derleder, P./Knops, K./Bamberger, H. (hrsg.), Handbuch zum deutschen und europäischen Bankrecht, 2004, S. 1086–1087（投資者が投資についての説明ないしは助言を求める場合であると、金融機関が投資についての説明ないし助言をすることを申し入れる場合であるとを問わず、求めないし申入れにより助言についての対話がされることにより黙示の助言契約が成立するものとされる）.

（12）リスク受容性の意義については、リスクに対するその人ごとの態度であるとされ、リスクの高い・中くらい・低いを選択させたり、目標を収益、成長、チャンスのうちから選択させたりすることにより把握するものとされている。Koller, in: Assmann/Schneider, a.a.O. (N.6), § 31 Rz. 140.

（13）Bamberger, in: Derleder/Knops/Bamberger (hrsg.), a.a.O. (N.11), S. 1111.

（14）Bamberger, in: Derleder/Knops/Bamberger (hrsg.), a.a.O. (N.11), S. 1117.

（15）ドイツにおける金融・証券取引全般についての利益相反の規制については、前田重行「ドイツにおける金融機関の利益相反行為とその規制」金融法務研究会編『金融機関における利益相反の類型と対応のあり方（金融法務研究会報告書一七）』二二頁（二〇一〇）参照。

（16）BGH Urt. v. 19. 12. 2000, BGHZ 146, 235.

（17）BGH Urt. v. 19. 12. 2006, BGHZ 170, 226.

（18）BGH Urt. v. 19. 12. 2000, BGHZ 146, 235, 239 ; BGH, Urt. v. 19. 12. 2006, BGHZ 170, 226, 232.

（19）BGH Urt. v. 27. 9. 2011, BGHZ 191, 119.

以下、本件ＢＧＨ判決を紹介する。ＢＧＨがどのような思考プロセスを辿っているかを示すことにも意味があるので、基本的には関係部分の全文を翻訳する。

三　本件ＢＧＨ判決

〔事実〕　ＢＧＨがまとめた事実関係は以下のとおりである。Ｘは、トイレ衛生関係事業を営む中規模企業である。Ｘは、二〇〇二年にＹ銀行とは別の銀行との間で二件の想定元本一〇〇万ユーロ、期間一〇年の金利スワップ契約を締結していた（Ｘが変動利息の受取、五・二五～五・二九％の固定利息を支払う内容）。二〇〇五年一月～二月に、ＸはＹから、金利の低下によりＸの上記スワップ契約の負担を軽減させるために（その時点で一二万四七〇〇ユーロ～一三万八二五ユーロのマイナス時価であった）、その当時二年もの金利と一〇年もの金利の一・〇二％ポイントのスプレッドが将来拡大するという予測に基づく「CMS（constant maturity swap）-Spread-Ladder-Swap-Vertrag」（定訳が存在しないようなので、以下、「本件スワップ契約」または「本件ＣＭＳＳＬＳ契約」という）を推奨され、二〇〇五年二月一六日に契約が締結された。これによれば、Ｙは、二〇〇万ユーロの想定元本額から五年の契約期間につき、半年ごとに年三％の固定利息の支払をし、Ｘは、初年度は年一・五％を支払い、その後は最低〇・〇％で、スプレッド（ベーシスレートA1〔EURIBORベーシスの一〇年ものスワップ中央レート。以下、「A1」という〕－ベーシスレートA2〔EURIBORベーシスでの二年ものスワップ中央レート。以下、「A2」という〕）の推移による変動レートによる利息の支払を以下のような算式に従い支払うものとされていた。

2006年2月20日～2006年8月18日：1.50％＋3×［1.00％－（A1－A2）］
2006年8月18日～2007年2月19日：前期の変動レート＋3×［1.00％－（A1－A2）］
2007年2月19日～2007年8月18日：前期の変動レート＋3×［0.85％－（A1－A2）］

2007年8月18日～2008年2月18日：前期の変動レート＋3×［0.85％－（A1－A2）］
2008年2月18日～2008年8月18日：前期の変動レート＋3×［0.70％－（A1－A2）］
2008年8月18日～2009年2月18日：前期の変動レート＋3×［0.70％－（A1－A2）］
2009年2月18日～2009年8月18日：前期の変動レート＋3×［0.55％－（A1－A2）］
2009年8月18日～期間満了時：前期の変動レート＋3×［0.55％－（A1－A2）］

また、重大事由によらない中途解約は、三年経過後に契約の市場価値の清算金の支払と引換えにのみ可能とされていた。

Ｙによる助言時の交付文書では、スプレッドが激しく低下するとＸの支払が受取を超えるリスクを指示し、損失リスクは「理論的には無限」と記載されていた。しかし、契約時に八万ユーロのマイナスの市場価値であったことの指示はなかった。二〇〇五年秋からＹの予測に反してスプレッドが継続的に低下し、一年経過後、Ｘの側の差金支払義務が生じた。二〇〇六年一〇月二六日にＸが詐欺を理由に取り消したが、Ｙはこれを拒否した。二〇〇七年一月二六日にＸが五六万六八五〇ユーロの市場価値の清算金支払をして契約が清算された。

Ｘは、二〇〇八年二月五日に、初年度の受取利息を差し引いて五四万一〇七四ユーロの支払を請求する本訴を提起した。

一審は請求棄却[20]。控訴審[21]もＸの控訴を棄却。控訴審判決では、本件スワップ契約が賭博であり良俗違反として無効である、本件スワップ契約がＹの詐欺によるもので取り消す、本件スワップ契約締結時にＹの助言義務ないし説明義務違反があった等のＸの主張をすべて斥けた。助言義務ないし説明義務違反の主張については、本件スワップ契約はリスクが高い契約であるとしても、Ｘでは契約締結に際しては支配人である経済学士が担当しており、スワップ契約の経験もあることから、Ｙの助言義務ないし説明義務違反は認められない、スワップ契約締結時にマイナスの市場価値であったことについての説明義務はないなどと判示した。Ｘが上告。

〔判旨〕　判決は、賭博による良俗違反、詐欺取消し等のＸの主張には立ち入る必要がないとした上で、助言義務について以下のように判示し、控訴審判決を破棄しＸの請求を認容した（なお、以下の判旨においては、見出しは筆者が付したものであり、また、判例・文献等の引用部分は省略している）。

(1)　助言義務について

「攻撃されずかつ法的瑕疵のない控訴裁判所の認定によれば、当事者間に助言契約が締結された。」

「これによれば、Yは助言銀行としてXに対して投資者と投資対象に適合する助言をする義務を負う。その際、助言義務の内容および範囲は、個別ケースの事情による。基準となるのは、一方では、顧客の知識の状態、リスク受容性および投資目的であり、他方では、景気の状況、資本市場の展開のような一般的リスクならびに投資対象の特殊性から生じる特別のリスクである。投資決定にとって重要な事情に関する顧客に対する説明が正しくかつ完全でなければならない一方で、投資対象の評価および推奨は、前記の所与条件を考慮して、事前的にのみ観察して支持できるものでなければならない。投資者および投資対象に適合する助言に基づきされた投資決定が事後的に誤ったものであるというリスクは投資者が負担する。」

(2)　投資者に適合する助言をする義務について

「控訴裁判所のこれまでの認定によれば、YがXに対する投資者適合的な助言についての義務を果たしたということを前提とすることはできない。控訴裁判所の認定によれば、推奨されたCMSSLS契約は、『一種の投機的賭博』というリスクのある取引である。それに応じた高いリスクを引き受ける受容性がXにあったか否かは、当事者間で争われている。控訴裁判所は、不当にも、Xの側の交渉には、Xの支配人―経済学士―が関与していたことから、彼女によりスワップ契約の構造とその数学的定式についてプレゼンテーション文書で使用された計算例について理解され、それによりYはXの高いリスクの引受についての一般的受容性を検討する義務を負わなかったという理由により、その争点は無関係とした。この判断は、上告審の審理に耐えるものではない。」

「まず正当にも、控訴裁判所は、助言銀行はBGHの判例によれば、投資推奨をする前に知識の状態、経験および投資目的(Zweck)およびリスク受容性を含む投資目標(Ziele)について質問する義務を負うということから出発する。この義務は、―Yのような―証券サービス業者については監督法上も規定されている(WHG旧三一条二項一文一号ないし新三一条四項)。この調査義務は、助言銀行に、この諸事情が、たとえば顧客との長期の取引関係やその従前の投資行動から既に知られているときにのみ無くなる。」

「Ｘは、Ｙが Ｘのリスク受容性を調査しなかったと主張する。Ｙは、このことは、具体的な助言の状況および Ｘの従前の投資行動に照らして必要でなかったと主張する。このＹの主張は正当ではない。」

「助言する銀行が、―本件のように―商品のリスクについて計算例に基づいて説明し、また『理論的には無限の』損失リスクを示したとしても、銀行は、本件で問題となっているようなＣＭＳＳＬＳ契約のような高度に複雑に仕組まれた金融商品にあっては、取引をする顧客が高いリスクを負担する受容性があるということから直ちに出発することはできない。顧客の投資目標（Anlagenzielen）―投資目的（Anlagenzweck）とリスク受容性―と合致する商品のみを推奨することがまさに投資助言者の任務である。投資助言者は、投資助言の前に既に―判例および監督法上要求されるように―顧客のリスク受容性について質問しなかったときは、いまだ顧客の投資決定の前に顧客が投資助言者により説明されたリスクについてあらゆる点において理解したということを確実にすることによってのみ投資者適合的な推奨の義務に応えることになりうる。そうでないとすれば、投資助言者は、その推奨が顧客のリスク受容性に応えるものであるということから出発できない。そのためには、Ｙは、その損失リスクが―Ｙの損失リスクと異なり―金額において限度がなく、理論的に存するのみならずスプレッドの対応する展開により常に現実的な可能性があることをＸが認識することを確保しなければならない。そのような認定は欠けている。」

「控訴裁判所の見解に反して、Ｘの側では助言に経済学士が参加していたということは意味を持たない。一方では、ＢＧＨは、既に何度も、その職業上の活動の遂行との関連で実際上知識および経験を有したという具体的な根拠が存在しないかぎり―それは控訴審裁判所が認定しなかったが―、顧客の職業上の資格だけでは、金融取引に関連した知識および経験を認めるためには十分ではないとしてきた。トイレ衛生の中規模企業の支配人としての活動は、本件で問題となっている投資商品の特殊なリスクに関する知識には縁がない。他方では、控訴裁判所は、顧客の専門知識から顧客のリスク受容性が導かれ得ないことの判断を誤っている。専門知識に相応する予備知識は、助言者により引き受けられる顧客の投資目的を調査し、またそれに適合した商品を推奨する義務に影響を及ぼさない。」

「推奨されたＣＭＳＳＬＳ契約に対応するＸの高いリスク選好を、Ｙはこれまでの投資行動からも導くことができなかった。既に二〇〇二年に他の銀行と締結した二つの金利スワップ契約は、明らかに単純な構造を示しており、リスクに関しては比較可能でない。このことは、Xは、—その主張するように—これらの契約を変動利率の与信に関するヘッジ取引として締結したのであれば、特に妥当する。そのような反対のリスクがある関連原因取引が存在するのであれば、金利スワップ契約は、オープンなリスクポジションの投機的な引受に資するのではなく、金利水準の有利な展開への参加を同時に放棄して、変動利率の資金受入れの固定利率の債務負担との『交換』のみを目的とするものである。仮に二〇〇二年にXがスワップ契約を対応する原因取引なしに締結したのであったとしても、Xは、これらの契約により—CMSSLS契約と反対に—無限の損失リスクを負うことになるわけではない。そこでは、Xの支払は、固定利率により計算されるので、Xの最大リスクは、この利率—五・二五%〜五・二九%—と『ゼロ』との間に限定される。二つの契約は二〇〇二年からYの助言の時点まで一二万四七〇〇ユーロ〜一三万八二五ユーロの額のマイナスの市場価額を有していたという、Yがそのことについて本件との関連で示した状況は、従って、決定的な意味を持たない。」

「いまだオープンな、Xの主張によれば『安全性を指向して』投資しようとしていたというXのリスク受容性の解明のためには、本来ならば当裁判所は、事案を控訴審の判断の破棄の後控訴裁判所に差し戻さなければならないところである。しかしながら、既に他の理由によりYはその助言義務に従わなかったという事実が確定されるので、そのようなことは必要でない。」

(3) 投資対象に適合する助言をする義務について

「Yは、Xに対して投資対象適合的に助言したものではなかった。」

「助言する銀行に求められるところは、CMSSLS契約のような複雑な仕組みでリスクのある商品にあっては高いものがある。この金利賭博のリスクは、Yの見解とは反対に、変動金利支払義務の計算についての推移が跡づけられうるということによっては、おおよそのところのみでも捉えられない。むしろ、助言銀行は、顧客に対して、顧客にとって上方に無限の損失リスクについて『理論的』のみでなく『スプレッド』の展開次第で現実的かつ破滅的でありうるということをわかりやすくかつ過小評価しないような態様で、特別に明らかに目にとまるようにしなければならない。そのためには、変動利率の計算の定式のすべての要素（レバレッジの係数、ストライク、前期の利率との連動、〇%の顧客の最小レート）および『スプレッド』のあらゆる想定される展開における具体的な効果（たとえば、レバレッジ効果、「メモリー効果」）（筆者注・変動レートが前期の利率と連動することとなっていることを意味するものと思われる）についての立ち入った説明のみでなく、金利賭博への参加者の間でのチャンスとリスクのプロフィールは対称的なものでないということについて顧客に対する一義的な説明が必要である。すなわち、顧客のリスクは無限である一方で、銀行のリスクは、─その『ヘッジ取引』と無関係に─〇％での変動金利のキャップ（いわゆる「フロア」）により、年三％に確定された銀行の支払義務を上回りうる顧客のマイナスの利子支払義務は算出され得ないということにより当初から小さく限定されていた。これらすべてのファクターの説明なくして助言銀行は、顧客が取引のリスクを理解したということから出発することはできない。程度については個別事例の事情にもよることになる説明は、このように高度に複雑な商品においても、顧客が取引のリスクに関して基本的なところで助言銀行と同等の知識および認識状態にあるということが保障されなければならない。なぜならば、そのようにしてのみ、顧客にとって、顧客が提供された金利賭博を受け入れるか否かについての自己責任による決定が可能となるからである。」

「Ｙが投資対象適合的助言についてのこの高い要求に適合したか否かという問題の答えは、さらに事実審裁判所の認定を要するが、Ｙはその余の助言義務違反を犯したことのために、立ち入らないでおくことができる。」

(4)　当初マイナス価値についての説明義務違反について

「控訴裁判所の見解と反対に、Ｙは、Ｘに対して、Ｙにより推奨された契約が締結された時点においてＸにとって想定元本額の約四％の額（約八万ユーロ）のマイナスの市場価値を示していたということを説明しなかったことによりその助言義務に違反したものである。上告は、マイナスの市場価値は単に─顧客にとって契約締結の時点で純粋に理論的な─事前の契約終了の場合において清算金支払として支出されるべき額を示すものにすぎないので対応する説明はされる必要はなかったという控訴裁判所の判断を逆転させる。それは、顧客にとってのマイナスの当初価値の意味を把握しないものである。むしろ、当初価値には、Ｘによる問題となっている金利賭博の判断にとって決定的な意味がある。なぜならば、それは、Ｙの重大な利益相反の現れだからである。」

「助言契約により銀行は、顧客利益に対してのみ向けられた推奨をする義務を引き受けている。従って、銀行は、助言目的を疑問のあるものとし顧客利益を危うくする利益相反を回避し、またこれを開示しなければならない。この民事法的原則は、監督法上は、ＷＨＧの適用のある取引の領域については同法三一条一項二号において規定されている。」

「これによれば、ＹはＸに対して、Ｙにより意識的に仕組まれたＣＭＳＳＬＳ契約のマイナスの当初価値について説明しなければならない。」

「一方側の利益が他方側の鏡像的損失となるＣＭＳＳＬＳ契約の推奨に際しては、Ｙは助言銀行として、重大な利益相反状態にある。金利賭博の相手方として、Ｙは、顧客の利益に相対立する役割を引き受けている。Ｙにとっては、金利支払の『交換』（英語のスワップ）は、ベーシス価値―スプレッドの拡大―の推移についてのその予測がまさに生じず、Ｘがそれにより損失を被るときにのみ有利であることが判明する。これに対して、Ｘの助言者として、Ｙは、Ｘの利益を保護する義務を負う。Ｙは、したがって、Ｘの最大限の高い利益に配慮しなければならないが、そのことはＹ自身にとっては対応する損失を意味するのである。」

「Ｙは、この利益相反について、ＹはＸの『賭博の相手方』としてのその役割を、契約で合意された継続期間中保持するのではなく、『ヘッジ取引』により直ちに他の市場参加者に転嫁したということにより解決されたと考えている。これは正当ではない。『ヘッジ取引』の締結後は、スワップ契約の継続期間にわたるスプレッドの推移は、Ｙはこの反対取引により既にそのコストをカバーし、その利益を獲得したということの故によってのみ、Ｙにとってはどうでもよくなっている。Ｙは、このことを、スワップ契約の条件を意識的に同契約は契約始期においてＸにとっては想定元本の四％のマイナスの市場価値（約八万ユーロ）を示すように仕組んだことにより可能とした。Ｙが主張するように、契約のその時々の現在市場価値は金融数学的計算モデルに基づき、―場合により含まれるオプション部分を考慮して―当事者の予測による将来の固定的および変動的金利支払が対比され、また、対応する支払期日現在の金利のファクターにより評価時点で割り引かれるというような態様で算出される。変動的利率の推移は当然不知であるから、顧客の将来の支払義務は、計算時点で計算上算出される期間利率に基づくシミュレーションモデルにより算出される。『市場』が―用いられるシミュレーションモデルによれば―Ｘが引き受けるリスクの締結時点での想定元本額の約四％マイナスであると評価するのであれば、そのことは、Ｙにとっては、そのチャンスがその額だけプラスであると評価されているということを意味する。Ｙは、この利益を『ヘッジ取引』により買い取ってもらうことができたのである。」

「Ｙにより仕組まれた原始的なマイナスの市場価値は、かくして、その重大な利益相反の表れであり、Ｘの利益を危うくするものである。助言する銀行が、市場がＹにより推奨される商品により顧客が引き受けるリスクをその当時約八万ユーロ、マイナスと見ていることから利益を受けるのであれば、Ｙは、その投資推奨を顧客利益においてのみ行うのではない具体的な危険が存在する。『スプレッド』が拡大し、スワップ取引に基づく損失が予見可能でないという予測が助言時点で主張しうるものであるとしても、顧客の支払についてのきわめて複雑な金利計算公式が、同時に市場が顧客のリスクを―顧客に助言する―契約相手方の逆方向のリスクよりもマイナスに見るように仕組まれるということを顧客が知っていたのであれば、顧客の観点からは投資推奨が、他の光のもとに現れる。その際に、上告に対する反論の観点に反して、Ｙの仕組まれた利益マージンが市場で通常のものであり、顧客の利益のチャンスが重大には侵害されていないか否かは問題とならない。Ｙの助言給付の完全性は、契約締結の時点において計算モデルによれば、顧客がＹの投資推奨に基づき引き受ける圧倒的に顧客が損失を被るリスクをＹが『買い取ってもらっている』ということにより疑問が持たれるものとなるということのみが意味を持つ。」

「上告に対する反論が考えるのと異なり、Ｘの説明の必要性は、Ｘが締結時点でマイナスの市場価値について知っていたということの故になくなるものではない。控訴裁判所は、そのような事実認定をしていない。Ｘには、最初からマイナスの市場価値を有する投資コンセプトが二〇〇二年度において他の銀行と締結したスワップ契約に基づき知られていたのであり、スワップ契約は均衡とのとれたスタートチャンスを有するものではないということを知っていたということから出発しうるということが認められているかぎりにおいて、上告審での審理に耐えない法的結論である。認定されていないことであるが、二つの他のスワップ契約が締結時点において等しくＸにとってマイナスの市場価値を示していたとしても、Ｘがそのことについて他の銀行から説明されていたということを示したりそのことが明らかであることにはならない。Ｙの提出書類に基づき、Ｘには、金利水準がこの間に低下していたためにこの契約の市場価値はＹの助言時点である二〇〇五年はじめにおいてマイナスであったということだけが知られたにすぎない。」

「適切にもＹは、口頭弁論において、本件におけるように自己の投資商品を推奨する銀行は、自分がその商品により利益を得ることについて、原則として説明する義務を負うものではないということを明らかにした。このことは（筆者注・銀行が利益を得ること）、そのような場合においては顧客にとって明らかである。そのかぎりで生ずる利益相反は、特別の事情が加わる場合を除いて、そのことについて特別に示される必要はないという形で明らかである。本件で説明義務のある利益相反は、Yの一般的な利益獲得意思と、Yにより計算される利益マージンの具体的な高さとのいずれにおいても生じているものでもない。Yにより具体的に推奨される、直接契約締結に関連して顧客がYの助言給付に基づき引き受けたリスクを売却することができるようにするために、リスクの構造を意識的に顧客の不利に形成した商品の特殊性のみが説明義務を生じさせる。顧客は、－銀行の一般的な利益獲得意思と異なり－このことをまさに認識できない。－Yが示す－チャンスの移転はスワップ契約の条件において『明らかになっていた』ということは、このことを変更するものではない。Yが自認するように、個々のスワップの構成要素の確定は、多かれ少なかれ複雑な金融数学の計算を前提とするものであり、通常は銀行のみが計算する立場にあるのであって、顧客も計算する立場にあるとはいえない。」

(5) 過失相殺について

「Yが考えるのと異なり、損害賠償請求権は、Xの共同過失の故に民法二五四条による減額はされるべきでない。なぜならば、Xの業務執行者は、控訴裁判所による口頭の審問において、契約の基礎となるモデルについて理解していなかったにもかかわらず契約に同意したと陳述したからである。BGHの確立した判例によれば、情報提供義務を負う者は、原則として、民法二五四条一項により、被害者に対して、述べられたことを信頼してはならず生じた損害について共同の責任を負うということに反対することはできない。反対の見解は、投資者は通常与えられた助言の正しさと完全性について信頼することができるという説明および助言義務の基本思想に対立するものである。これによれば、請求権の縮減は本件では問題にならない。投資コンセプトなしで理解しなければならない投資を行うというXの決定は、まさに、投資者をして第一に『彼の』助言者の推奨に指向するようにさせ、それ以上の質問をしたり調査をすることをやめさせるようになる、この特別の信頼関係の表れである。」

(20) LG Hanau Urt. v. 4. 8. 2008, ZIP 2008, 2014.

(21) OLG Frankfurt a.M. Urt. v. 30. 12. 2009, ZIP 2010, 921.

四　本件ＢＧＨ判決の意義と学説等の評価

１　判決の構造とドイツ法における意義

本件ＢＧＨ判決は、判旨(1)においてＸ・Ｙ間に助言契約が締結されたという判断の下に、証券業者の助言義務に関する判例法理を適用するものである。判例法理に従い、本件ＣＭＳＳＬＳ契約の推奨が、投資者適合的助言であったか否か、および投資対象適合的助言であったか否かを順次判断している。投資者適合的助言であったか否かの判旨(2)、投資対象適合的助言であったか否かの判旨(3)のいずれについても、結論的には判旨はＹが適切に助言義務を尽くしたか否かについての結論は下していない。本来であれば、Ｙの助言義務違反の成否の判断は、控訴審までに認定された事実では結論が下せないので、控訴裁判所に差し戻されるべきところであるが、本件では、判旨(4)の当初マイナス価値についてのＹの説明義務違反が認められることから、その点だけでＹの助言義務違反の責任を結論づけることができたので、判旨(2)(3)の争点については判断をするまでもないということになったものである。この意味において、判旨(2)(3)は、傍論といってもよいのかもしれないが、そうであっても、判旨(2)(3)にも、複雑なデリバティブ取引を事業者に推奨する場合における助言義務の内容について興味深い判断が示されており、本件ＢＧＨ判決についての学説の論評においてもその点について議論されている。(22)

２　投資者適合的助言義務

投資者適合的な助言をする義務に関する判旨(2)においては、投資助言銀行としては、判例に従い、投資推奨をする前に知識の状態、経験ならびに投資目的およびリスク受容性を含む投資目標について質問する義務を負うということから出発する。そして、とりわけ、投資助言者は、投資助言の前に既に顧客のリスク受容性について質問しなかったときは、いまだ顧客の投資決定の前に顧客が投資助言者により説明されたリスクについてあらゆる点において理解したということを確実にすることによってのみ投資者適合的な推奨の義務に応えることになりうるとする。本件では、Xの担当者が経済学士であり、スワップ契約の経験があるとはいえ、複雑性が大きく異なる本件CMSSLS契約については、同人に説明するだけではリスク受容性があるものとしてXに同契約を推奨することは助言義務違反となるというのである。

この判旨(2)は、本件CMSSLS契約という複雑なデリバティブ取引については、取引について理解力のある担当者に説明しなければ推奨をしてはならないという読み方ができるが、これは、わが国でいえば狭義の適合性原則違反を認めることに相当する。ドイツでは、その際に、「説明されたリスクについてあらゆる点において理解したということを確実にする」ことが必要であるという判断基準を判旨(2)がとっていることが本件BGH判決の新しい判断であり、それが厳格に過ぎる基準か否かが議論されているが、本件CMSSLS契約の複雑性とリスクに基づく判断として理解されている。(23)

3　投資対象適合的助言義務

投資対象適合的な助言をする義務に関する判旨(3)については、判旨(2)以上に、控訴裁判所の認定した事実では判断の材料が不足しており、傍論としての性格が強い。その点を留保した上で検討すると、投資対象適合的な助言をする義務は、これまでの判例によれば、投資判断にとって重要な意味のある特定の金融商品の性質、特にそれ特有のリスクについての説明をする義務とされている。これについて、判旨(3)は、リスクについて数値で例示したり、損失は無限大という説明をするのみでは足らず、助言銀行は顧客がリスクの構造について助言銀行と同等の知識と認識状態にあるように説明をしなければならないという判断基準を示している。このような判断基準は、本件BGH判決前には見られなかったものであり、新しい判断基準を示したものといえるが、これを文字どおりに受け止めればきわめて厳しい判断基準であり、これをどう評価するかについて、本件ＢＧＨ判決に対する学説等の論評でも戸惑いを見せているという印象がある。(24) 判旨のような判断基準をとる場合には、銀行の助言義務は甚だ高度なものとなり、実務上は、助言銀行の担当者と同程度の金融に関する専門知識を有する担当者を備えた顧客でないかぎり、デリバティブ取引の推奨はできなくなるのではないかという疑問が呈されるように、(25) この判断基準を満たすような助言ないし説明は不可能となるということにもなりかねないためである。判旨(3)はあらゆる投資取引に適用されるものではなく、本件ＣＭＳＬＳ契約のような複雑なデリバティブ取引についての判断基準であると理解されるが、この基準がとられるかぎり本件ＣＭＳＳＬＳ契約のごときデリバティブ取引の販売は実際上不可能になるという見解がある。(26) これに対して、この結論を実質的に正当化する理論的根拠として、投資者におけるリスクの認知能力の限界という行動経済学の知見も参照するものもある。(27)

４　利益相反の説明義務

本件の結論に直結した判旨(4)においては、助言銀行は本件ＣＭＳＳＬＳ契約の締結に関して、同契約は締結時のＸにとっての当初市場価値が四％のマイナスであったということの説明義務を負い、Ｙはこの義務に違反したとする。その理由としては、ＹはＸと利益相反の状況にあり、Ｙの負う助言義務の故に、この利益相反についてＸに対して説明する義務があるされているのである。それでは、当初価値がマイナスであったということがＹ・Ｘ間で利益相反をもたらすとされるのはなぜか。判旨(4)の述べる理由は必ずしもわかりやすいものではないが、本件契約は、ＸとＹとの間の相対取引であり、ＹはＸの損失により利益を得るという立場にあるが、同時にＹは助言銀行としてＸの利益を図る義務を負うのであるから、このＹの二つの立場は利益相反の関係にあり、Ｙとしてはそのような利益相反がある場合にはこれを回避するのでなければ、顧客にこれを説明しなければ契約を締結してはならないところ、本件ＣＭＳ

SLS契約の内容を形成するに当たり、当初価値がマイナスであるということをもってXの不利益においてYが利益を得るような内容でYが本件CMSSLS契約を仕組んだにもかかわらず、これを説明しなかったことが、本件CMSSLS契約のそのような内容と価値はYの側のような金融の知識がないXには評価不能であることにより説明義務違反として評価されている。また、Yは、本件契約締結直後に、本件契約のポジションをヘッジ取引として他者に移転したことをもってしても、その移転取引により利益を確保した以上は利益相反が解消されるものではないとされている。

このような利益相反に関する判旨は、前述のようなBGHの利益相反についての説明義務の判例に新たな類型を加えるものであるが、これを判例の展開の中でどのように評価するかは難しいところである。(28) 相対取引で銀行が利益マージンを得ることは、投資者にとっても当然に予測されることであり、そのような利益相反まで説明する義務はないことについて意見は一致している。本件スワップ契約も、相対の取引であるから、Yが利益を得ることをもって説明義務が生ずるような利益相反と見ることができるのかは疑問もありうる。(29) 前掲 Kick-back 判決や Lehman 判決とどのように適用範囲が整理されるのかも必ずしも明らかではなく、判旨(4)がこの点について十分な理由づけとなっているかには疑問が持たれている。(30)

学説等の論評では、判旨(4)の結論についてもすべて否定的なわけではなく、別の理由づけを模索している。本件のような店頭デリバティブ取引のごときは複雑でありまた比較可能性が乏しいことから、取引当事者間の情報の非対称を放置して自己責任に委ねることが適切ではなくなるとするもの、(31) 金利スワップ契約のごときを銀行はまじめな（ehrlich）な賭博として提供し顧客と同一のリスクを引き受けているように見せているが、市場は銀行に有利な金利の展開を予測してリスクは対等ではないと評価しているときには、銀行がそのことを利用して利益を得ることは許されず、市場の評価を説明しなければならないとするもの、(32) 銀行の利益マージンについて説明義務が認められないのは、銀行が利益マージンを上乗せしていることは自明のことであると同時に、利益マージンは市場での競争によりコントロールされておりこれに委ねておくべきであるからであるのに対して、本件ＣＭＳＳＬＳ契約のごときは、市場による取引条件のコントロールが小さい反面で、顧客の事情をよく知る取引銀行が取引相手方となるものであり、顧客の銀行に対する高度の信頼が説明義務を正当化するとするもの(33)がある。これらの見解に共通するのは、本件ＣＭＳＳＬＳ契約のごとき複雑な店頭デリバティブ取引については、市場も有効に機能しないまま取引当事者間の情報の非対称により顧客が取引の経済的意義を評価できない状態で取引が行われ、そのことが隠蔽されたまま銀行が利益を得ていることが問題視されており、その故にこそ説明義務が導かれることになる。従って、判旨(4)のごとき利益相反についての説明義務が認められるのは、情報の非対称が著しくかつ市場も十分に機能しない、複雑な本件ＣＭＳＳＬＳ契約のごとき複雑なデリバティブ取引についてであるという射程の限定も導かれ、学説等の論評においてはこの点で意見は合致していると見られる(34)。現に、本件ＢＧＨ判決の下級審判決では、プレーン・バニラ・タイプのスワップ契約については本件ＢＧＨ判決の法理は適用されないとするものがあり(35)、本件ＢＧＨ判決は、やはり本件ＣＭＳＳＬＳ契約のような複雑なデリバティブ取引についての判例法理を示すものとする理解がとられている。

５　過失相殺

判旨(5)は、銀行は助言義務を負うのであるから、顧客はその助言に対して信頼することができるとして、過失相殺を否定するものである。ドイツでも、助言義務違反が認められても顧客側の共同過失により五〇パーセントのような過失相殺が認められることはあるが、顧客側の知識や経験が乏しい場合に過失相殺を認めることには判例は消極的であり(36)、判旨(5)も本件ＣＭＳＳＬＳ契約のような複雑な取引についていえば、Ｘのごとき投資者について過失相殺をすることは適当でないとするものであろう。

（22） 本件ＢＧＨ判決について論評するものとして、Schmitt, Aktuelle Rechtsprechung zur Anlageberatung bei OTC-Derivaten, BB 2011, S. 2824 ; Lehmann, a.a.O.（N.3）; Klöhn, a.a.O.（N.3）; Spindler, Aufklärungspflichten im Bankrecht nach dem "Zins-Swap-Urteil" des BGH, NJW 2011, S.1920 ; Walz/Leffers, Anlegerschutz im Werpapiergeschäft : Jüngste Entwicklungen Verantwortlichkeit der Organmitglieder von Kreditinstituten-Bericht über den Bankrechtstag am 29. Juni 2012 in Frankfurt a.M.-, WM 2012, S. 1457.

（23） Klöhn, a.a.O.（N.3）, S. 764. Walz/Leffers, a.a.O.（N.22）, S. 1439も、判旨⑶の判断基準は、銀行にその有する情報全体を移転する義務を負わせるものであり、情報提供義務の限界を超え顧客の自己責任原則を廃棄することになる旨の批判をしている。

（24） Lehmann a.a.O.（N.3）, S. 750は、顧客の損失リスクがスプレッドの展開次第で現実的かつ破滅的でありうるということをわかりやすくかつ過小評価しないような態様で、特別に明らかに目にとまるようにしなければならないという要求は、どんどん過激になるタバコのパッケージの警告文に似ているとか、リスクについての顧客の知識と認識を銀行と同等な水準にしなければならないという要求は、顧客を銀行のトレーダーと同じ水準にする必要があるというようなもので現実的でないという、やや感情的な批判をしている。

（25） Klöhn, a.a.O.（N.3）, S. 763.

（26） Spindler, a.a.O.（N.22）, S. 1922.

（27） Klöhn, a.a.O.（N.3）, S. 763は、知識のある投資者であっても楽観的なバイアスがかかることによりリスクについての認識がぼやけたものとなりうることは行動経済学の研究からも裏付けられることが判旨⑶を説明するものとする。

（28） 本件ＢＧＨ判決に先立ち、当初市場価値は、収益の見通しおよびリスクにとって重要な意義があり、銀行はこれを説明しなければならず、銀行はスワップ契約に含まれるオプション料を具体的に説明し、銀行が報酬としていくらを請求しているかを知らせなければならないとしたものとして、OLG Stuttgart Urt. v. 27. 10. 2010, ZIP 2010, 2189.

（29） Walz/Leffers, a.a.O.（N.22）, S. 1460.

（30） 本件ＢＧＨ判決に関する前掲注（22）の各論評もいずれもとりわけ利益相反についての説明義務を認める判旨⑷については、かなり懐疑的なトーンを示している。

（31） Spindler, a.a.O.（N.22）, S. 1923.

（32） Lehmann, a.a.O.（N.3）, S. 751.

（33） Klöhn, a.a.O.（N.3）, S. 763.

（34） Klöhn, a.a.O.（N.3）, S. 763 ; Spindler, a.a.O.（N.22）, S. 1923 ; Lehmann a.a.O.（N.3）, S. 752 ; Walz/Leffers, a.a.O.（N.22）, S. 1459も判旨⑷は金融商品の高度の複雑性とリスクによってのみ正当化しうるとするが、境界は不明確であると批判する。

（35） OLG München Beschl. v. 9. 8. 2012, ZIP 2012, 2147 ; LG Köln Urt. v. 27. 3. 2012, BB 2012, 1053 ; OLG Köln Urt. v. 18. 1. 2012, I-13

U 235/10, 13 U 235/10-, juris.

(36) Bamberger, in: Derleder/Knops/Bamberger (hrsg.), a.a.O. (N.11), S. 1129-1130.

五　日本の同種紛争に関する裁判実務との比較

1　日本の類似事案についての裁判例との解決の比較

本件ＢＧＨ判決の事案は、銀行が中小事業者に複雑なデリバティブ取引を推奨したというもので、最近わが国で紛争が多発している銀行や証券会社が中小事業者や学校法人等に複雑なデリバティブ取引を推奨したという事案と基本的には共通するものがある。わが国のこれまでのこの種の裁判例では、後述のように責任の成否に関する判断枠組みは、適合性原則違反と説明義務違反による不法行為責任というものであるが、後掲別表に整理した裁判例（プレーン・バニラ・タイプのスワップ契約に関する事例は含まず、オプション売りがオプション買いの三倍等にされたレバレッジがかかったものなど複雑なデリバティブ取引事例に限定している）では、適合性原則違反を認めたものは皆無であり、責任は説明義務違反に求められている（①②③④⑤⑧）。傾向的に整理すれば、適合性原則違反が認められないとされる事情としては、事業者であることや事業の規模や資産の大きさなどに加えて、デリバティブ取引等のリスクの高い取引の経験があることが挙げられている。また、説明義務違反が認められた事例では、取引の仕組みとリスクについての説明が不十分であったという事例もあるが（①④⑤⑧）、担保差入義務（②）や中途解約の場合の法律関係についての説明が不十分であったという事情（③）に着目して説明義務違反が認められている事例もあり、他方で、説明義務違反が認められないとされた事例（⑥⑦）では、取引の仕組みやリスクについて文書等により十分な説明があったという判断がされており、取引の仕組みやリスクについての説明義務違反の成立が認められることは容易でないことが明らかになる。

このようなわが国の裁判例の判断基準を本件BGH判決の事案に当てはめるとするとどのようになろうか。Xは、中小事業者であって、本件CMSSLS取引のような複雑なデリバティブ取引の経験はなかったが、プレーン・バニラ・タイプのスワップ取引の経験はあり、そうであるとすると、わが国の裁判実務では、適合性原則違反は認められない可能性はある。本件CMSSLS取引は、変動レートが前期のレートと連動するものとされていること、銀行のリスクが限定されていること、三倍のレバレッジがかかっていることから、後掲別表の裁判例で問題となっているデリバティブ取引と複雑さとリスクにおいて同程度ということができるので、その点からもわが国では適合性原則違反が認められる可能性は小さい。もっとも、わが国の裁判例における投資者側のデリバティブ取引等の投資経験や知識も裁判例毎に多様であり、単純な比較は難しい。なお、①は、CMSスワップ契約が問題となっている事例であるが適合性原則違反は争点となっていない。

また、説明義務違反については、Yがどのような説明をしたかの詳細が不明ということはあるが、損失は無限大であるという説明はしているようである。本件BGH判決は、助言義務違反に関しては、傍論的判断を示すにとどまるので、断定的なことはいえないが、控訴裁判所と比較すると、助言義務の水準は相当高度なものとするという判断は示しており、Yの助言義務違反も認められる可能性が高いと見るのが穏当である。これに対して、わが国の後掲別表の裁判例では、説明義務の水準については一義的なものがあるとはいえないように思われる。

本件BGH判決の直接の先例的意義は、利益相反という観点から、本件CMSスワップ契約のマイナスの当初価値に関する説明義務違反があるという点にあるが、このような利益相反的要素に着目する主張は、わが国の裁判例では、これまでのところ争点とされてこなかった。ただし、後述のように、最近ではデリバティブ取引の構造に着目する主張が見られるようになり、これは本件BGH判決にいう利益相反の問題に関連する。

2　理論的枠組みの比較

1においては、事案の解決という観点から単純な比較を試みたが、当然のことながら、責任の成否を判断する理論的枠組みはドイツと日本とでは異なる。この点を無視して、両国の判例を単純に比較することは適切ではない。ドイツで本件ＢＧＨ判決が銀行の責任を認めているのは、あくまでもドイツの理論的枠組みに基づくもので、わが国の理論的枠組みとは異なるという評価はあり得るであろう。それが適切かどうかを検討する。

まず、投資者適合的助言および投資対象適合的助言をする義務という意味での助言義務がドイツに特有なものではないかという点を考える。助言義務は、助言契約に基づくという位置づけであるから、わが国でいえば、委任契約に基づく善管注意義務に対応する義務であって顧客投資者の利益を図る義務として助言義務が認められるということができ、そのゆえにこそ義務づけられる助言も、わが国のような不法行為法上の義務よりも水準が高いものとされるということになりそうである。しかし、このような見方は適切ではない。ドイツについていえば、投資勧誘をする金融機関の責任の根拠を助言義務による債務不履行責任に求めるのは、不法行為責任の成立範囲が狭いということに多分に起因しているし[37]、他方、わが国についていえば、適合性原則違反や説明義務違反による不法行為責任の成立が認められているが、不法行為責任とはいえ投資勧誘という契約締結過程上の接触から生ずる責任であり、また、そのような責任の成立が認められる実質的な根拠としては、知識と経験において優位にある金融商品取引業者等の投資助言に顧客投資者が信頼しがちであり、そのことにより顧客投資者に自己責任で損失を負担させることが適切でない投資助言がなされることから顧客投資者を保護する必要があるということにあるのであって、金融商品取引業者等の専門家性とそれへの顧客の信頼に責任の根拠があると考えられる[38]。そのように考えれば、直接的な法律構成は両国で大きく異なるが、実質的にそれほどの違いはないといえるのである。

さらに、本件ＢＧＨ判決の助言義務の内容を見ても、投資者適合的助言義務として検討されているのは実質的にはわが国の適合性原則の判断にきわめて近いものを含むものといえ、また投資対象適合的助言義務として検討されているのは実質的にはわが国のリスクについての説明義務の判断にきわめて近いものということができる。

したがって、義務の法律構成が違うことによってのみドイツの判例法理が参考にならないという評価をすることは適切ではない。問題は、適合性原則違反の成否、説明義務違反の成否を実質的にどのような判断基準によるべきかについて、ドイツの判例法理が参考になるか否かの検討であるということになる。

次に、利益相反についての説明義務をどう考えるべきか。わが国では、二〇〇九年の金商法、銀行法等の改正により、業者監督法における利益相反の規制が導入され（金商三六条三項、金融商品取引業等に関する内閣府令七〇条の三、銀行一三条の三の二、銀行法施行規則一四条の一一の三の三）、利益相反により顧客の利益が不当に害されないようにするためにとるべき方法の一つとして顧客の利益が不当に害されるおそれがあることについて当該顧客に適切に開示する方法が示されているが（金融商品取引業等に関する内閣府令七〇条の三第二号ニ、銀行法施行規則一四条の一一の三の三第二号ニ）、私法上の利益相反に係る法律関係は必ずしも十分に解明されておらず、本件ＢＧＨ判決のような利益相反についての説明義務を認めるような判例法理は存在しない。ただ、近時の銀行取引に関する下級審裁判例には利益相反に着目した銀行の行為義務を問題とするものがあり、(39) 金融取引や投資取引についての説明義務違反が問題となっている事例についても実質的には金融商品取引業者等と顧客との間に利益相反的要素があることに問題の原因があると解しうることが示唆されている。(40) しかし、この問題はわが国はまだ萌芽的な段階にあることは認めざるを得ず、また、本件ＢＧＨ判決で問題としているような利益相反の類型についてはほとんど議論がなく、ドイツの判例法理を参考とする議論がわが国で可能かどうかの検討が必要となる。

3　適合性原則・説明義務のあり方についての検討

本件ＢＧＨ判決は、助言義務違反の責任という枠組みをとるものではあるが、デリバティブ取引について銀行にどのような行為が求められるかという観点から整理すれば、顧客側には複雑なデリバティブ取引を推奨するには、顧客がそのようなデリバティブ取引に相応しい理解力と経験を有することを確認しなければならないのであって、デリバティブ取引といっても複雑性において大きく異なるものであれば、従前のデリバティブ取引の経験があることから安易に理解力、経験およびリスク受容性を肯定してはならないという準則、およびデリバティブ取引についてのリスクの説明は、取引の複雑性により文書でリスクの大きさについて明確に記載してあることでは十分とはいえず、顧客が基本的なところで銀行と同程度にリスクの内容と性質について理解することができるだけの説明をしなければならないという準則を見い出すことができると考えられる。ただこの両者の準則を合わせると、受け止めようによっては、複雑なデリバティブ取引を個人投資者のみならずプロ投資者とはいえない程度の事業者に推奨することも、そもそも認められないということにもなりうる。これは、投資者の自己責任原則を否定するものではないかというドイツで持たれているのと同じような疑問も生じかねないものであり、そのような疑問には一面では説得力があると考えられる(41)。他方で、デリバティブ取引でも近時の紛争で見られるような複雑なものについては(42)、顧客が一通りの仕組みとリスクについての説明を受けたとはいえ、これを実質的に理解し得たといえるのかはさほど簡単に断定はできないのではなかろうか(43)。従前のデリバティブ取引の経験から、同じくデリバティブ取引といっても取引の仕組みの複雑性やそれに伴う特有のリスクが大きく異なるデリバティブ取引について、同一の水準の判断基準によりたやすく適合性の存否を判断したり、一通りの説明で説明義務は尽くされたという判断をすることには慎重であるべきであるという考え方には合理性があると考えられる。最判平成二五・三・七金判一四一三号一六頁は、事業者に対するプレーン・バニラ・タイプの金利スワップ契約について、取引の基本的な仕組みや、契約上設定された変動金利および固定金利について説明するとともに、変動金利が一定の利率を上回らなければ融資における金利の支払よりも多額の金利を支払うリスクがある旨の説明をしたことにより基本的に説明義務を尽くしたものとして、銀行の説明義務違反は認められないという判断を示したが、あくまでもプレーン・バニラ・タイプのスワップ契約に関する判断であり、そのかぎりでは私見としてもこれに反対するものではないが、複雑なデリバティブ取引についての判断基準をも示すものとはいうべきでないであろう。

4　利益相反に関する説明義務についての検討

本件BGH判決が結論の決め手とした利益相反についての説明義務という問題設定と問題解決が枠組みとして適切なものか否かはドイツでも議論のあるところで、学説等の論評では、むしろ批判的に評価されており、ただ非常に複雑な店頭デリバティブ取引についての解決としてはありうるものという評価が一般的であることは前述したとおりである。

わが国でも、すでにデリバティブ取引における当初市場価値がマイナスであり、そのことは裏返せば金融商品取引業者等が隠れた形で利益を得ていることを問題視する動きは見られるところである(44)。また、前掲最判平成二五・三・七の原審判決である福岡高判平成二三・四・二七判時二一三六号五八頁でも、大要、スワップ契約について、スワップ対象の各金利同士の水準が価値的均衡を著しく欠くため（銀行の利益や販売コストが折り込まれることによるとする）、ヘッジ効果が小さくなっており、契約は銀行に一方的に有利、顧客に事実上一方的に不利であって、説明義務違反が成立するのみならず契約が無効となるとしている。ここでも銀行が利益を得る取引の構造に着目され、問題意識としては、本件BGH判決と共通するものがあるといえる。

しかし、このような観点に対しては、金融商品取引業者等の自己計算取引として行われる相対の契約において一方当事者が利益を得ることについて利益相反の問題とすることについての理論的疑問が提示されることはドイツでも見られたし、わが国でも、前掲福岡高判平成二三・四・二七等を契機に議論が見られるようになっているが(45)、やはり基本的にはこれを利益相反の問題とすることは理論的に困難であると考えるのがわが国では無理のないところであろう。

その意味では、本件BGH判決を複雑なデリバティブ取引についてあるべき姿を示すものという評価をすることには慎重であるべきである。

しかし、他方で、金融証券取引業者等の自己計算による取引であっても、金融証券取引業者等が不透明な態様で利益を得ることについて何の制限もなくてよいかは別問題である。ドイツでも、学説等が、本件BGH判決の解決に合理性があるとすれば、複雑なデリバティブ取引については、市場が機能にしくい状況で情報格差により銀行が不透明な利益を得ていることに理由を求めていることは参考となるものである。そして、このような問題は、わが国の金商法の規制の体系の中で考えれば、誠実・公正義務（金商三六条一項）の問題として位置づけることができるように考えられる(46)。そのように考える場合に、具体的にどのような場合が義務違反とされるべきかは、ここで直ちに論ずることはできず、今後の検討課題というしかないが、見通しとしては、自己計算取引への介入はあくまでも限定的なものになるのであって、デリバティブ取引の複雑性の程度、金融商品取引業者等の得る利益の大きさ・異常さ、投資者の金融商品取引業者等への信頼の強さ（逆にいえば、金融商品取引業者等による投資者の投資判断への影響力の強さ）に着目することになろう。また、金商法上の誠実義務違反を重要な要素として不法行為責任が認められると考えられる(47)。いずれにせよ、この問題については、デリバティブ取引の複雑さやリスク、金融商品取引業者等の利益など取引の構造についての検討に踏み込むことが必要であるということが本件BGH判決が強く示唆するところである。

(37)　ドイツの不法行為責任法では、責任の認められる事由が権利侵害（絶対権に対する侵害に限定される。BGB八二三条一項）、保護法規違反（BGB八二三条二項）、良俗違反（BGB八二六条）に限定されており、本稿で問題としているような助言義務、説明義務違反による不法行為をBGB八二三条一項により根拠づけることはできず、BGB八二三条二項の責任も前述のようにWHG三一条が保護法規には当たらないので根拠づけることができない。

(38)　わが国でも適合性原則違反および説明義務違反による責任を助言義務違反として構成する見解もある。広義の適合性原則を助言義務として位置づける場合の根拠として、当事者間の信認関係に着目して信頼供与責任ということに求める見解として、潮見佳男「適合性原則違反の投資勧誘と損害賠償責任」新堂幸司＝内田貴編『継続的契約と商事法務』一八六〜一八七頁（商事法務、二〇〇六）。なお、前掲最判平成一七・七・一四の才口千晴裁判官の補足意見においては、オプション取引を継続していた証券会社は顧客のリスクを改善するための指導助言義務を信義則上負うものとする。これは、取引関係が開始され継続している段階での義務として考えられているが、取引開始前でも信義則上の助言義務を認めることは理論的に可能であると考える。

(39) 岩原紳作「金融機関と利益相反—総括と我が国における方向性」金融法務研究会編・前掲注（15）九二〜九七頁。

(40) 岩原・前注（39）九六〜九七頁。

(41) わが国でも、近時のデリバティブ取引や仕組債の投資勧誘についての適合性原則違反や説明義務違反による損害賠償責任を認める裁判例については、責任の成否の判断基準が厳格化されていることを指摘しつつ、その行き過ぎを問題視する見解がある。松尾直彦「店頭デリバティブ取引等の投資勧誘の在り方—『悪玉論』への疑問」金法一九三九号七〇頁（二〇一二）。また、和仁亮裕「デリバティブ取引と紛争解決」金法一九五一号二八頁（二〇一二）も、責任の強化には批判的である。

(42) 最も複雑性の高い取引のタイプについて、清水俊彦「デリバティブ損失問題の深相（一五）牙を剝くゴアラ」NBL九三一号八七頁（二〇一〇）および「同（一七）為替リスクの化け物」NBL九三四号五六頁（二〇一〇）。

(43) 金融商品取引業者等が取引を勧誘する過程で提供するさまざまな情報には取引を成立させようとする動機に出た情報も含まれることは容易に想像できるところであり、そのような情報により顧客にバイアスが生じれば、客観的な説明により顧客が冷静にリスクを評価して取引をすることができるか否かが疑問となる。このことは、上記のように、ドイツでも指摘されていることである。

(44) 佐藤哲寛『為替デリバティブ取引のトリック2』（PHP研究所、二〇一三）。

(45) 松尾・前掲注（41）七六頁は、店頭デリバティブ取引においては、組成業者や販売業者の手数料等（手数料、利益、コスト等）を考慮して条件が決められるので、リスクとリターンの関係がわかりにくくなっている面はあるが、このような手数料等は金融商品の原価や利益に当たるものであるから、顧客に対して説明する必要はなく、少なくとも投資経験を有する顧客には「リスクが大きい金融商品は相応にリターンが大きくなるように設計されること」を説明する必要はないとして、前掲福岡高判平成二三・四・二七は金融商品の価格に対して過剰な介入をするものであると批判している。また、青木浩子「ヘッジ目的の金利スワップ契約に関する銀行の説明義務—福岡高判平二三・四・二七を契機に—」金法一九四四号八一頁（二〇一二）も、前掲福岡高判平成二三・四・二七について、当該スワップ契約の利ざやは大きかったようであるものの、これを暴利行為や説明義務違反として争うことは難しいのではないかとする。これらの見解は、わが国の法律家の多くが共有しているものと推測される。

(46) 金商法の誠実・公正義務は、平成四年の証券取引法改正において証券監督者国際機構（IOSCO）の行為規範原則第一「誠実・

公正」を取り入れたものであるが、系譜的には米国の連邦証券規制における証券業者の行為規制において発展してきた看板理論（shingle theory）に連なるものであるということができる。看板理論においては、証券業者がディーラーとして自己計算取引を行う場合でも、市場価格をはるかに上回る価格で顧客に店頭取引銘柄の証券を売却する行為も連邦証券規制上の詐欺行為として位置づけられる（前田雅弘「証券業者のディーラー業務と投資者保護」証券取引法研究会国際部会編『証券取引における自己責任原則と投資者保護』五八〜六三頁（日本証券経済研究所、一九九六））。これは、本件ＢＧＨ判決で利益相反の問題として扱われている問題に類似の問題であるということができる。なお、ドイツでも、誠実・公正義務は前述のＷＨＧ三一条一項一号で規定されているが、これを民事責任に関連づける動きは見られないようである。

（47）　現在のところ、誠実・公正義務を直接または間接の根拠として民事責任が認められているのは証券会社による過当取引（churning）の類型であるが（石田眞得「過当取引と損害賠償責任」神田秀樹＝神作裕之編『金融商品取引法判例百選』八〇頁（有斐閣、二〇一三））、誠実・公正義務が民事責任につながることの例とはなろう。

〔『石川正先生古稀記念論文集・経済社会と法の役割』九一三頁〜九四八頁（商事法務、二〇一三）〕

〔別　表〕

判　決	原告	被　告	取　引	適合性原則	説明義務	過失相殺
①　東京地判平成21年3月31日判時2060号102頁	会社	証券会社	金利スワップ（CMSスワップ）	争点とされず	○（金利感応度分析表等を交付せず、これと大きく食い違うシミュレーション表により説明）	66.670%
②　大阪地判平成23年10月12日判時2134号75頁	会社	証券会社	通貨オプション	×	○（取引の仕組み・リスクについての説明は十分であったが、担保についての説明が不十分）	70%
③　大阪地判平成24年2月24日判時2169号44頁	学校法人	証券会社	フラット為替取引	×	○（リスクの説明は十分であったが、中途の場合の解約手数料の説明が不十分）	80%
④　大阪地判平成24年4月25日消費者法ニュース94号243頁	会社	証券会社	通貨スワップ	×	○（リスクの説明および中途解約の困難性の説明が不十分）	50%
⑤　大阪高判平成24年5月22日金判1412号24頁	会社	証券会社	仕組債（株価指数連動債）	×	○（仕組みおよびリスク等についての説明が不十分）	50%
⑥　東京地判平成24年6月5日TKC25494755	会社	証券会社	フラット為替取引	×	×	
⑦　東京高判平成24年7月19日金法1959号116頁	会社	証券会社	通貨オプション	×	×	
⑧　東京地判平成24年9月11日判時2170号62頁	会社	銀行・証券会社	通貨スワップ	×	○（時価評価額の変動要素の具体的内容、変動によるリスクの有無および程度の説明が不十分）	70%

Ⅲ　約款・不当条項規制

普通取引約款をめぐる論争

一　約款論略史

わが国における普通取引約款（約款）論については、河上正二教授のきわめて詳細かつ優れた学説史[1]があるし、本小稿で新たに付け加えることもなさそうであるから、次項以下の考察の手掛かりを得るために、河上教授の約款論史を参考としながら、約款論の発展を整理しておく（多数の文献の引用も河上論文に譲る）。

1　約款問題の発生

わが国での約款問題は、理論的な関心というよりは、現実的な解釈問題として現れた。これが、普通保険約款における免責条項について拘束力があるかという問題であり（保険約款の拘束力に関して、大判大四・一二・二四民録二一輯二一八二頁）、特に関東大震災後、地震免責条項の問題が社会問題化するに及んで（地震免責条項を有効としたものとして、大判大一五・六・一二民集五巻四九五頁）、約款という問題設定の端緒となった。

2　古典的約款論

約款という問題が設定されるようになると、外国法の理論的摂取が相次いで行われるようになった。これを古典的約款論ということが許されるであろうが、昭和初期から第二次大戦後一九六〇年代ころまでがその時代であるということができる。その理論の焦点は、約款の拘束力ということにあり、フランス流の附合契約論、ドイツ流の約款論(特に、L・ライザーの約款論の影響が大きい)のほか、制度理論、自治法規理論などにわかれて展開された。このような拘束力の説明理論として古典的約款論の最後をしめくくるのが、谷川久教授のいわゆる多元理論である。

3 七〇・八〇年代の約款論

約款に関する理論的関心が急速に高まり、古典的約款論とは一線を画した約款論が相次いで展開されるようになったのは一九七〇年代から一九八〇年代にかけてのことである。この時期になぜこのような約款論の流行を見たかを振り返ってみると、圧倒的にドイツにおける約款法の発展によるところが大きい。ドイツでは、一九七六年に約款規制法の制定という約款問題の立法的解決が実現することとなり、そのことがわが国の学者の大いなる関心をひくとともに、立法などは夢物語であったわが国では、もっぱら解釈論のレベルにおいて約款規制法の基礎となったドイツの第二次大戦前からの約款論の蓄積の摂取が開始されることとなったのである。この時期の約款論を集大成するのが、一九八八年の河上教授の『約款規制の法理』であるといえよう。

この時期の約款論の特質をあげれば、約款の拘束力というような古典的約款論の検討対象は依然として含まれているものの、関心の焦点は、約款の司法的規制のあり方ということにあるということができ、拘束力に関しても、それをあるべき姿としてその根拠をさまざまな理論的粉飾を凝らして説明するのではなく、顧客側が拘束されるにはどのような要件が備わっているべきかという約款の司法的規制の観点からの実践的課題として設定されていることに特色がある。そして、この時期においては、はじめて、司法的規制の根拠であるとか、その基準という問題についての理論的解明が本格的に着手されたということができる。時代を反映して、法と経済学的な手法も応用されはじめるようになる(ただし、法と経済学的な手法による約款論は、その後もこの分野においてはあまり発展していない)。

この時期に約款論が流行したことの背景として、ドイツにおける約款論の隆盛に追随したということが決してないわけではないが、わが国でも、消費者問題がモノの側面（欠陥商品、危険な商品など）だけでなく、契約の側面にも波及するようになったということがある。高度成長以後の消費社会の到来は、次々と新たな契約類型、特に、消費者信用取引などの金融・サービス関連の契約を生み出し、新規の契約であるだけに洗練に欠け（悪徳商法、詐欺商法も少なくない）、深刻な消費者問題を噴出するに至った。しばしば指摘されるように、古典的約款論の念頭に置いていた約款類型は、保険、銀行、運送といった伝統ある契約類型についての約款であり、各約款の条項について、顧客の利益が正当に考慮されていないという問題はもちろん数々あるが、消費者被害を集中的にもたらし社会問題化するような不当条項は必ずしも多くはなかった。ところが、新種の取引の約款では、不当性の程度はそれまでとは比較にならないほど増していったのである。このような世界においては、古典的約款論のような、まず拘束力ありきというような理論が説得力をもちえないことはいうまでもないことである。(2)

この時期の約款論が、不当な約款条項の規制のための理論的枠組みを十分提供しえたかどうかは、なお疑問がある。しかし、ともかくも、現実の消費者問題の解決は避けて通れない事態となっており、割賦販売法や訪問販売法の制定・改正をはじめとし、各種の個別取引類型（もっとも、悪徳商法など消費者被害が社会問題化したものに限られる）の立法を不可避としたし、消費者問題の認識の高まりという背景の下で約款の適正化（経済企画庁国民生活審議会による報告書の形をとっている）(3)というわが国特有の行政的手法で、約款の改善の手が付けられたというエポック・メーキングな時代であったといってよいであろう。

4　九〇年代の約款論

七〇年代・八〇年代にあれほど流行した約款論は、一九九〇年代に入って急速に勢いを弱めているように思われる。筆者の見るところ、約款論という問題設定をした研究で重要なものは少なくなっている。ただ、不当約款条項ないし不公正に関する規制のあり方について、立法論に比重をおいた研究が増加しつつあることが新たな傾向であるということができる。[4]

このような九〇年代の現象のよって来る原因はいかなるところにあるかを筆者なりに考えると、いろいろなことが考えられる。

まず、消極的な面からいえば、外国法研究に非常な力点を置くわが国の私法学の特質からみると、外国法の新たな理論的展開が新たな段階を迎えているということがあるのかもしれない。確証があるわけではないが、わが国の学説に最も影響力を持ったドイツ法においては、約款規制法の制定以来、約款問題は約款規制法という実定法の解釈問題として処理されるのであり、約款問題が論じられるとしても約款規制法の規制と離れての議論はあまり考えられなくなっている。こういう議論になれば、なんら立法措置がとられておらず、すべては解釈論として約款問題に取り組まなければならないわが国においては、ドイツ法理論を摂取するという手法はもはや必ずしも速効性をもつものとはなりえなくなったのである（従前よりなぜドイツ理論が目だって摂取されたかも一つの問題である）。また、ドイツ以外のヨーロッパ諸国でも、約款問題を含めた消費者契約の問題の解決は急速に立法的な措置による方向に移っているので（EUでは、不公正契約条項に関する指令の採択によりこの動きは決定的なものとなった）[5]、純粋理論は別とすれば、解釈理論としての約款論として直接参考とすべきものはあまり期待できないであろう。

その代わりにといってよいかどうかは別として、諸外国の立法に関する比較法的研究は相当の深化を遂げているということはいえるであろう。ただ、これが、わが国の立法論として未だ生かされていないが、今後、わが国でもなんらかの立法的措置が必要であるとの機運が高まってくれば（今のところではなんともいえないが）、立法論的な視点からの研究が再度盛り上がってくるかもしれない。

他方、積極的な面からいえば、約款論という問題設定そのものが有していた限界性が次第に明らかになり、問題設定の見直しが行われているという理論状況も生じているように思われる。約款論という理論枠組みは、約款というものに着目して企業取引（相手方は消費者に限らず、企業も含まれる）の基本構造を分析し、そこから生じる病理的問題を解決する理論を導くというアプローチであるといえるが、このような約款に即したアプローチは、約款における顧客保護という課題を提示することはできても、現代契約法の一大課題である消費者保護や企業間取引の規制という課題と決して直結するものではない。[6]

契約と消費者保護とか、企業間取引の法規整のあり方という課題の設定をしてみると、約款論が論じてきた課題以外にもさまざまな理論的課題が存在することが浮かび上がってくる。一九九一年私法学会シンポジウム「現代契約法論」[7]とその基礎となったＮＢＬ誌掲載の一連の研究論文は、現代における契約法のかかえる問題を網羅的に検討するもので、消費者契約にせよ、企業間契約にせよ、そこで提示されたような問題を抜きにしては今後の契約法の議論はできない状況になったということができ、約款についても、このような現代契約法理論の展開の中で把えていかなければならない時代を迎えている。

（1）　河上正二『約款規制の法理』四六頁以下（有斐閣、一九八八）。

（2）　（本論文は故岩崎稜教授追悼論文集である『昭和商法学史』に寄稿したものであるが）岩崎稜教授が約款について論じたものとしては、岩崎稜「普通契約条款の法源性」谷川久＝龍田節編『商法を学ぶ』八頁（有斐閣、一九七三）がある。約款の拘束力に関する判例・学説を批判的に論評した上（自治法規説について「エセ法社会学的理解による根本的誤りを犯しています」、制度理論について「カトリック社会理論信奉者でない者にとっては興味のないドグマにすぎません」、従来の約款論一般について「約款通用の現実を識らない空論です」といったような教授らしい表現が見られる）、大審院判例のいわゆる意思の推定理論は、約款の通用は取引力の弱い顧客が黙従した結果としての事実現象にすぎないことなどを考えれば、それなりに評価できるものであり、「約款使用企業側がその約款内容の効力を裁判規範としての国家法によって否認されるリスクを負うことは、いわば当然であり、そのリスクを約款を押しつけられる消費者など経済的弱者に転嫁すべく法解釈学が努力する必要はないといえます」として締めくくっている。このような評価は、当時の商法学説としては異端であったかもしれないが、今日では当たり前の認識となったということができよう。

（3） 経済企画庁国民生活局消費者行政第一課編『消費者取引と約款』（大蔵省印刷局、一九八四）、経済企画庁国民生活局第一課編『サービス取引と約款―ニュービジネス約款の適正化の方向』（大蔵省印刷局、一九八八）。

（4） 廣瀬久和「『内容規制』に関する一考察―『約款』規制法の意義と限界(1)」NBL四八一号二二頁（一九九一）、同「不当条項規制とその根拠―ルクセンブルクとオランダにおける問題―比較法的考察を中心に」私法五四号三二頁（一九九二）、同「内容規制の諸最近の立法を比較して」民事研修四〇一号九頁（一九九〇）（なお、廣瀬教授には、既に、廣瀬久和「附合契約と普通契約約款―ヨーロッパ諸国に於ける規制立法の動向」『岩波講座・基本法学(4)契約』三一三頁（岩波書店、一九八三）という先駆的研究がある）、松本恒雄＝鈴木恵＝角田美穂子「消費者契約における不公正条項に関するEC指令と独英の対応」一橋一一二巻一号一頁（一九九四。EC指令についてのその他の文献については、同論文参照）、経済企画庁委託調査（落合誠一ほか）『我が国における約款規制に関する調査』（商事法務研究会、一九九四）。同書は、委託研究としての性格上一般には公表されていないが、研究成果を踏まえた論考として、落合誠一「約款規制の現状と課題―『わが国における約款規制に関する調査』を中心に」損保五六巻三号一七五頁（一九九四）がある。

（5） 前掲注（4）の廣瀬教授の各論文参照。

（6） 契約と消費者保護についての基礎理論については、大村敦志「消費者・消費者契約の特性―中間報告(1)〜(4)完」NBL四七五号二九頁、四七六号四二頁、四七七号三六頁、四七八号五二頁（一九九一）参照。

（7） シンポジウム・星野英一ほか「現代契約法論―約款・消費者契約を機縁として」私法五四号三頁（一九九二）。

二　約款論の今日的意義

七〇年代・八〇年代の約款論は、前述のように、基本的には、ドイツ流の約款論の流れを汲むものが主流であり、企業が一方的に契約条件を作成し、顧客は交渉の余地なくこの契約条件を受け入れて契約をするしかないという現象を、約款問題として把え、これを約款の拘束力、解釈方法、内容的規制という三面から分析していくという構造を共通に持つものであった。もちろん、この時期には、既に焦点は、消費者保護のための内容的規制ということに移っているが、そうであるだけに、問題は既に約款論としては処理しきれないものを内在させていたということができるように思われる。というのは、約款の内容的規制ということは、結局は、これを解釈論として解決しようとすれば、司法的規制ということにならざるをえず、それは実質的には私人間の契約内容について裁判官が介入することにほかならないが、それがなぜ正当化されるのかという根本問題の解決なしでは問題の究極的解決はできないと考えられるためである。なるほど、ドイツ約款理論においては、なぜ約款の不当条項が効力を有しえないかについての解釈論的技術の枠を集めた諸学説が展開され、判例においても信義則を根拠に内容的規制の可能性が確立し、これが約款規制法制定の基礎となったということがあるが、わが国では、この簡明なドイツの判例理論はなぜか受容される気配がなく、不当な約款条項については裁判官による無効化（河上教授の表現では、直接的内容規制）を認めるという主張は驚くほど一般的なものでなかった(8)。論者のよって立つ立場は多様であるが、意思解釈ないし契約解釈を通じた不当条項の拘束力の排除といった手法が非常に流行し、その分、擬制的・技巧的な解釈論が目立った(9)。

この背景には、民商法がよって立つのは、契約自由の原則であり、不当性ということだけに基づく契約に対する司法的介入は許されないという考え方が暗黙の前提として非常に強く支配していたことがあるものと考えられる。

しかるところ、最近の民法学説は、約款という狭い枠組みを離れ、消費者契約というより広い視点に立ったことにより不当契約・不当約款条項に対する司法的介入に対するアレルギーからは相当解放されてきているように思われる。民法学説においては、契約自由から契約正義へというスローガンが盛んに繰り返されている(10)。皮肉にもこういう結果となった原因の一つとしては、続出する悪徳商法をはじめ不当契約・不当条項の程度がいっそう著しくなったことがあるのであろうか。また、一般条項に基づく司法的規制を正面から認める立法措置が諸外国、とくにヨーロッパ諸国で一般化してきていることが知られてきたことも寄与しているのであろう。

このような状況の下で、もう一度、約款論というものの今日的存在意義を求めるとすればどういうことになるのであろうか。この手がかりとなるのが、約款アプローチとよばれる立場をとる河上教授と交渉力アプローチとよばれる立場をとる山本豊教授との間の論争である。河上教授によれば、契約条件を一方当事者が作成し相手方にそのまま受容させるという、約款による取引の特殊構造のゆえに、契約一般に対するのとは区別される特有の理論が形成される基盤があるとされ、これは、約款論という理論領域の存在意義をなお認めようとする立場であるといえる[11]。これに対して、山本教授によれば、不当な契約条項に対する内容的規制が正当化される実質的根拠は、契約当事者間の交渉力の格差にあるのであり、約款アプローチをとり、形式的に約款であるかどうかにより内容的規制の有無を画すべきでないという主張がなされる[12]。この交渉力アプローチでは、約款が使用される取引であるかどうかは、内容的規制が認められるかどうかの決定的なメルクマールとはならない。

交渉力アプローチをとるかぎりにおいて、約款論の存在意義自体が揺らいでくる。もちろん、約款による取引という現象形態は実在するのであり、それが交渉力の面からみて問題のある契約の典型であることは間違いない。また、約款アプローチにおいても、形式的に約款が使用される取引であれば、契約当事者の属性などを問わずに画一的に内容的規制を及ぼすことを認めるわけではないであろうから[13]、実質的には交渉力アプローチの考え方は取り込まざるをえず、二つのアプローチでそれほど大きな違いがあるわけではない。違いが生じるのは、企業間取引においても内容的規制を認めるか、企業対消費者の取引で約款によるのではない取引についても内容的規制を認めるかという点などである。このようなアプローチの対立は、諸外国の解釈論や立法においても見られるところであり、早急に決着がつきそうにはない問題である。ただ、いずれにせよ、内容的規制という問題を設定するかぎり、約款という形式だけに即した伝統的約款論の議論の枠組みはそのままでは維持できなくなっているものと思われる。

（8）　河上・前掲注（1）三〇八頁以下では、「一旦は包括的な採用合意を認めた上でいわば事後的に個別的な条項の拘束力を限定して、裁判官による修正を可能とする立場」として、石田穣、石原全、加藤一郎各教授の見解をあげている。

(9) 河上・前掲注(1)三〇八頁は、「約款の個別契約への採用レベルで、同意の範囲を厳密化し、そこに内容的限界基準を設定する立場」として、安井宏、吉川吉衞、大塚龍児の各教授などの見解をあげている。
(10) 星野英一「契約思想・契約法の歴史と比較法」『岩波講座・基本法学(4)契約』一頁(岩波書店、一九八三)(同『民法論集(6)』所収(有斐閣、一九八六))。
(11) 河上・前掲注(1)四三一頁は、約款アプローチをとる理由を、「約款がその独自の隠蔽効果によって顧客の主観的認識を遠ざけていること、広範囲の定型的利用によって国家法秩序を一律に排除しているという特性、処理の対象をひとまず付随的条件部分に限定できるという問題限定機能、さらに法的安定性、規制の実効性、約款問題の包括的処理の可能性などの点で、規制の枠組みとしては『約款』アプローチを有効と考え、実質的に同じ状況下にある個別的契約へは、明確なクリテリアの提供を前提として類推を可能とする道を探っている」とする。
(12) 山本豊「付随的契約条件における自律と正義側(1)(2)完」法学四四巻三号三八〇頁、四号五〇六頁、特に五三七頁(一九八〇)(同『不当条項規制と自己責任・契約正義』(有斐閣、一九九七)所収)。
(13) 河上・前掲注(1)三九七頁以下の司法的規制理論の具体化では、交渉力アプローチの考え方が実質的に取り入れられているように思われる。

三　約款論と実務

学会では、流行テーマであり続けている約款論は、裁判などの実務にとってはどのような意味をもってきたのであろうか。

1　裁　判

拘束力という点については、丸ごと否定している事例は見られないので、根拠がなんであるにせよ、拘束力を認めるのが判例の立場なのであろう(もちろん、約款が使用されているが、契約全体が不当である等の理由で(ただし、契約の締結過程の不当性も考慮されることが多い)公序良俗違反であるとして無効とされる場合は少なくない)[14]。約款の解釈についても、学説が広く認めている客観的解釈ということ自体は、判例も認めているものと考えられる。免責条項等の制限的解釈や作成者不利益の原則は、採用するものもあるが、一般的ではない[15]。

問題は、内容的規制の側面である[16]。ここでは、七〇年代以降の約款論が試みてきた理論構成は、理論構成としてはほとんど受容されていないということができる。しかし、実質的にみれば、内容的規制が加えられている事例は決して少なくはないということもでき、約款論の影響も感じられる。

まず、約款作成者が意図しており、また、約款の文言にもそれが明確に現れているにもかかわらず、文言のとおりでなく、顧客側に有利な結論を約款の解釈を通じて導いている場合が少なくない。その典型は、保険約款に関する判例に見られるところである[17]。

これに対して、一般条項により約款が端的に無効とされている裁判例は、ないわけではないが、決して一般的ではない。使用される一般条項は、公序良俗によるものと信義則などがある[18]。ただ、約款条項に対して公序良俗違反による無効を認めたものは、司法的規制の理論の未発達であった昭和三〇〜四〇年代に若干あるものの、それ以後はむしろ影を潜めているようである。これに対して、信義則により約款の効力を制限している事例は、最近でも少しあるが、信義則違反により不当約款条項が無効とされるというよりは、約款条項をそのまま援用することが信義則に反して許されないという判断の仕方をしているものが多い。そうであるとすると、ドイツにおけるような信義則に基づき不当約款条項を無効としうるという内容的規制とは少し意味が違っていることになるが、視点を変えてみれば不当約款条項の一部無効を認めているのと実質的な差異はないということもいえるのであり[19]、評価は難しい。

全体としてみて、判例が、(解釈を通じたものも含めて)内容的規制に積極的なのか消極的なのかは評価が非常に困難であるが[20]、たとえば、約款適正化作業の中で適正な約款とされる水準までを実現することが判例の立場であるとはとてもいえないであろうし、確固たる内容的規制の基準についての考え方があるようにも見えない。もっとも、最近のニュー・ビジネスに用いられている約款を見れば著しく不当な条項は山積しているのであり、これが裁判所で争われたとすればなんらかの内容的規制が加えられるであろうことは容易に推測されるところである。その意味では、わが国の判例をもって、諸外国と比べて約款規制に消極的であるという評価をすることも必ずしも適当ではないと思われる。

ただ、わが国では、判例に登場する約款の事例について非常に偏りがあることも指摘されうるのではないかと思われ、そのことが判例の評価を難しくしているように思われる。たとえば、諸外国では、約款論形成の上で重要な意味を持っている売買における瑕疵担保責任排除・制限条項に関する判例はほとんどないのである。むしろ、消費者信用取引などの比較的新しい取引の問題が切実であるが、この分野の裁判例では、法規定の整備の立ち遅れが裁判所の判断を難しくしているように思われる。

2　行　政

約款の行政的規制は、伝統的には業法に基づく監督官庁の認可ないし行政指導という手法によるものであり、さすがにこのような行政的規制の対象となっている業種の約款では目に見えて不当な約款条項はあまりなかったが、先進的消費者保護の立場から見ると問題条項が決してないわけではない。この問題は、七〇～八〇年代の約款論の流行と、消費者保護意識の高揚を契機として新たな行政的規制の手法として試みられた約款適正化の作業の中で浮き彫りとなってきた(21)。適正化作業では、相当高いレベルの約款の改善をめざして提言を行ったが、業種によりその提言がかなり受容されたものと、結局は空振りに終わったものとに分れた。ここに適正化という手法の限界が露呈することになり、適正化という作業は現在では頓挫している(22)。

もう一つの行政的規制として、国民生活センターや地方自治体の消費者センター・苦情処理機関等による消費者相談・苦情処理をあげることができるが、権力的規制権限を有するものではないこともあり、不当約款条項の規制という面では限界がある。

3 立法

割賦販売法、訪問販売法など各種取引類型ごとの立法はあるが、約款の規制という面では、断片的なものにとどまる。むしろ、地方自治体の条例において実質的には不当約款条項に対する規制も含んでいる不適正取引行為規制の試みが進められつつあることが注目されるところである。(23) 諸外国の立法規制の研究が生かされるようになるかどうかは今後の展開次第である。

(14) 悪徳商法や先物取引に関して公序良俗違反であるとされた裁判例はかなりある。
(15) 約款解釈に関する判例については、河上・前掲注(1)二六九頁以下参照。
(16) 約款を含めた契約の内容的規制に関する現状と理論についての最善の参考文献として、大村敦志「契約内容の司法的規制(1)(2)完」NBL四七三号三四頁、四七四号三二頁(一九九一)。
(17) 保険約款の解釈による司法的規制につき、安永正昭「保険契約の解釈と約款規制」商事一三三〇号二五頁(一九九三)。判例は、任意規定を保険約款規制の基準としているとの分析がなされている。
(18) 解釈による以外の直接的な司法的規制に関する判例全体につき、河上・前掲注(1)二九五頁以下、山本豊「不当条項と公序良俗」法時六六巻三号一〇一頁(一九九四)。
(19) 公序良俗と信義則の関係につき、山本敬三「信義則、公序良俗」法教一四四号四二頁(一九九二)。
(20) 無効基準と適正基準・合理化基準という基準の複数性を示唆するものとして、北川善太郎「約款と契約法」私法四四号五九頁以下(一九八二)参照。
(21) 約款適正化については、前掲注(3)参照。
(22) 約款適正化作業の約款への反映については、経済企画庁委託調査・前掲注(4)五頁以下参照。
(23) 伊藤進「『不適正な取引行為』規制に関する都条例及び規則改正の概要」ジュリ一〇六五号一四頁(一九九五)。

四　約款論の行方

二で述べたように、伝統的な約款論は、その対象を変質・拡張しつつ展開していくことが予想されるが、不当約款条項の規制が重要な課題であることには変わりはない。約款論はさまざまな試みを展開してきたが、いずれも、司法的内容規制を理論的に根拠づけることを目的とするものであるということができる。ただ、上記のように、約款論が裁判所を十分に説得しきれているかどうか疑問がないではない。

現行法の下で、司法的規制に期待するとすれば、どういうことが課題となるか。まず、規制の根拠を何に求めるかについては、解釈論的には、考えられるバリエーションは相当出そろっているようにも思われる。しかし、それらの議論の実質には理解は示されているのかもしれないが、理論構成としてはあまり影響を及ぼしていないという現状を見ると、理論の方向を考え直して見ることも必要かもしれない。この意味では、司法的規制を期待するとすれば、既存の一般条項を活用する理論を改めて構築することが試みられてよいであろう。その点では、信義則、公序良俗の活用の理論の深化が考えられる。

信義則による規制を主張する論者は、約款作成者の相手方の利益を顧慮する義務という理由から規制の可能性を導くが、(24) 契約締結過程における信義則という考え方が説明義務などの面では相当程度判例によっても受容されつつある状況の下では、有力な規制根拠となりうる下地は備えているのであろう。しかし、契約締結過程における信義則という発想は、いまのところでは説明義務違反等による損害賠償責任を認める根拠としての位置づけしか有しておらず、これを不当約款条項の拘束力の排除ないし無効化の根拠とすることには今一歩の飛躍があろう。

これに対して、公序良俗の活用は、(25) これまでは、公序良俗違反ということの意味が一般論として著しく狭いものという前提認識があったためか、不当約款条項の規制根拠としては適切ではないとする論調が有力であった。しかし、最近の公序良俗に関する研究では、伝統的な公序良俗違反成立基準とは違う、対価の不均衡まで視野に収めた不公正契約の規制も可能とする基準を見出そうとする試みが進みつつある(26)。この試みを約款規制についても生かすことができるかどうかが今後の課題であろう。現在のところでは、不当約款条項の規制根拠としては理論構築が十分とはいえないが、公序良俗というような実定法上の根拠に基づく規制は、一般条項への白紙委任のように見えながら、問題の類型によっては、裁判官はかなり積極的に利用している手段であり、これを不当約款条項規制に活用することも期待できる素地は十分ある。

このように、司法的規制の根拠を基礎づけるとともに、司法的規制の基準の理論的基礎を確立するという課題も切実である。この面での理論は、むしろ、緒についたばかりといってよいかもしれない。任意規定を指標とするという基準論は、相当の支持があるようであるが、問題としては、売買などのような民商法上の典型契約については活用できる余地がかなりあるのに対して、わが国で不当条項の規制が問題となりやすい新種の契約については指標とすべき任意規定を見出すことは難しいということであろう。任意規定というような指標がない場合には、考慮すべきファクターにはどのようなものがあるかという議論は展開されつつあるが(27)、ファクター相互の関係などは未だ理論的には煮詰まっていないという印象が強く、裁判実務にとって未だ実用的であるとはいえないであろう。

現行法の下での司法的規制に限界があるとすれば、司法的規制を促進するような立法的手当は考えられるであろうか。この点では、諸外国で進んだ約款規制ないし不公正契約規制立法が参考となる。これらの立法では、契約自由の神聖視は廃棄され、約款ないし消費者契約に関する司法による不当条項規制を積極的に肯定する立場に立っており、これらは、今後わが国の契約法にも影響を与える可能性がかなりある。上記のように、現行法の下で一般条項を活用する途を模索するといっても、いろいろな問題がある。約款の不当条項のための一般条項を別途設けることにより、司法的規制が促進されることが期待されるという見方もできるであろう。ただ、一般条項だけでは、白紙委任という問題もあるし、かえって規制の抑制原因にもなりうる。諸外国の立法でも、一般条項とともにかなり具体的な不当条項のリストを法定しているのはそのためである。もちろん、不当条項のリストを設けるとしても、常に生じうる新たな約款条項にそのまま利用できるわけではない。しかし、不当条項のリストを設けることにより不当性の一般的レベルの指標としての意味を持つことは期待できるのではないかと思われる。

立法により司法的規制の道筋をつけることが課題とされなければならないとしても、それが万能というわけではない。個別事件における司法的規制の非効率性は古くより指摘されてきているところである。ヨーロッパ諸国の契約規制立法でも、不当条項の一般的規制を可能とする手続をなんらかの形で整備しているのも、そのことに基づく。具体的には、消費者団体等による不当条項差止訴訟（ドイツ約款規制法）、行政的委員会による不当条項規制（フランス消費者法典に基づく不当条項委員会制度など）などである。不当な約款条項が使用された後で個別契約ごとに司法的規制による救済を受けることが可能といっても、非常に社会的コストの高い方法である。もちろん、判例の反射的効果として約款の改善などは期待できるということはあるが、少なくとも時間はかかる。約款については、できうれば不当条項に対する事前ないし早期是正措置による予防が図られるべきであることは間違いない。もちろん、伝統的な業法上の監督官庁による認可というような規制はもはや拡大できるものではないので、新たな手続の構想の必要がある。

さらに、約款問題は、不当な約款条項を規制するだけでなく、合理的な約款形成による消費者保護も課題とすべきであると考えれば、それをも視野に収めた制度的枠組みはいかなるものであるべきかという検討も不可欠となってくる。約款論も制度設計のための政策学的側面を強化する必要がある。

(24)　河上・前掲注（1）三九三頁以下。

(25) 加藤一郎「免責条項について」加藤一郎編『民法学の歴史と課題』二二七頁(東京大学出版会、一九八二)は、不当約款条項規制を公序良俗違反に根拠づけようとする試みとして、以後の約款論にきわめて大きなインパクトを与えているということができる。

(26) 最近の公序良俗に関する研究として、椿寿夫「公序良俗違反の諸相―問題点の一スケッチ」『加藤一郎先生古稀記念・現代社会と民法学の動向(下)』一五三頁(有斐閣、一九九二)、山本(敬)・前掲注(19)四三頁、大村敦志『公序良俗と契約正義』(有斐閣、一九九五)、椿寿夫＝伊藤進編『公序良俗違反の研究―民法における総合的検討』(日本評論社、一九九五)。なお、一部無効という問題に関連してであるが、山本敬三「一部無効の判断構造(1)(2)」論叢一二七巻四号一頁、六号一頁、特に一三頁(一九九〇)も参照。

(27) 河上・前掲注(1)三九七頁以下。

五 おわりに

約款論の生成期においては、約款論の分野を支える研究者の主力は商法学者であり、約款の有する経済的機能・社会的機能の分析に大きな力が注がれた。当時の議論は、企業の視点に立ってややもすれば約款の合理的な側面を強調する姿勢が目だち、今日では歴史的回顧の文脈でのみ取り上げられ、それに代わって次第に約款論は逆に顧客の側の視点に立ち、約款は病理的現象をもたらすものとして批判的に検討される素材となった。その分、約款論は民法学・消費者保護法学のテーマとなってしまい、商法学からの貢献は、各種取引類型の約款に関するマージナルなものにとどまっている。商法学＝企業法論という方法論が意味があるのかどうかはさておき、約款ないし約款による取引は、商法学の重要な研究対象となるはずであるが、民法学の側に比べれば研究の層が薄いことは否定しがたい。このような約款論の辿った過程こそが、昭和商法学(平成商法学もこれまではとくに変わりはないと思われる)の特質を如実にあらわしているもののように思われる。(28)(29)

(28) 戦前からあまり変わることのない商法ないし商行為法の体系書の約款に関する記述を含む総論的記述と、総論的記述のない江頭憲治郎『商取引法(第二版)』(弘文堂、一九九六) 参照。
(29) 本稿校正中、谷口知平=五十嵐清編『新版注釈民法⒀』一六六頁以下の「序説Ⅷ普通取引約款」〔潮見佳男〕(有斐閣、一九九六)に接した。約款論の過去・現在・未来について示唆に富む記述がなされているので、参照されたい。

〔倉澤康一郎=奥島孝康編『昭和商法学史』一八七頁~二〇四頁(日本評論社、一九九六)〕

〔編注〕本稿は、執筆した一九九六年の時点で、私なりにわが国の約款論の現状をまとめてみたものであるが、その直後の一九九七年ころから、日本経済を活性化させるための規制緩和政策の下で行政に依存しない消費者保護を実現する手段として、消費者契約法の制定に向けた動きが経済企画庁の下で展開されるようになり、二〇〇〇年には消費者契約法の制定として結実した。もっとも、消費者契約法は、約款アプローチによらず、消費者契約における不当条項規制を行う立法とされた。これにより約款アプローチによる立法はわが国では見送られた状況となっていたが、民法(債権法)の現代化立法作業がはじまり、そこでは、企業間取引も含めて約款に関する規律(組入要件、不意打条項、不当条項規制、約款の変更)を設ける方向で検討が進められた。

免責条項と保険

一　序　説

わが国においては、普通契約約款（以下、ＡＧＢという）をめぐる紛争が裁判所に持ち込まれることが少ないことの結果として、ＡＧＢ中の条項がどのような基準により有効と判断され、または、無効とされるのかについての判例の展開が十分には見られない状況が続いている。その影響を受けてか、学説においても、ＡＧＢの条項の効力についての基準論を展開したものはきわめて少ない。これは、ＡＧＢの本質論や拘束力根拠論がきわめて盛んであることと好対照をなすことであるといってよい。

ところで、ＡＧＢの条項の効力の判断を迫られるのは裁判所に限られない。重要性を増しつつある行政による予防的コントロールや苦情処理等の事後的コントロールにおいても、直接または間接にＡＧＢの条項の効力についての判断が必要になることは決して少ないことではないと思われる。そうであるとすれば、ＡＧＢの条項がどのような場合に有効とされ、または無効とされるかの基準をできるかぎり実用可能な態様で明確にしておくことが有益であろうし、またさまざまなＡＧＢに対するコントロールをコントロールするためにも必要不可欠であろう。

もとより、ＡＧＢ（の条項）は、各々の取引類型に即して設定されるものであり、それぞれの取引類型の個性を離れてその効力を論じえないことはいうまでもない。換言すれば、ＡＧＢの条項の効力について打出の小槌的な基準というようなものはありえないのである。しかし、反面、各種のＡＧＢには性格を同じくするような条項が存することも否定できず、そのような性格を同じくするような条項を類型化して、それぞれの類型ごとに効力の有無の一応の基準（指針）を明らかにすることは、きわめて有益な作業であるといえよう。

本稿では、このような観点の下に、いわゆる免責条項の効力について、（西）ドイツの判例、学説を素材に若干の考察を行わんとするものである。免責条項についても、論ずべき点は多いが、本稿ではとりあえず保険との関連に問題を絞る。ＡＧＢが使用される取引は、通常、大量に反復継続されるものであり、その取引に起因して発生する損害についても定型反復性が見られるが故に、いかなる形にせよ保険が利用でき、また現に利用されていることが容易に予見されよう。このような保険の利用と免責条項がどのような関係にあるか、また、あるべきかを考察するのが本稿の課題なのである。

なお、用語について。本稿では、免責（Freizeichnung）とは、責任排除（Haftungsausschluss. 本来存すべき債務者（＝通常はＡＧＢ使用者）の債務不履行に基づく責任を全面的に免れしむること）・責任制限（Haftungsbegrenzung od. Haftungsbeschränkung. 本来存すべき債務者の債務不履行責任を金額の点で制限すること）[1]を包括した意味で用いる。そのような免責を規定したＡＧＢの条項が免責条項（Haftungsfreizeichnungsklausel）である。なお、自らの採用したＡＧＢを取引において利用する契約当事者（原則として企業）をＡＧＢ使用者、その契約相手方を顧客と称することとしたい。

（1）本来軽過失さえあれば責任を負うべきところ、重過失または故意についてのみ責任を負うというような条項を責任限定条項（Haftungsbegrenzungsklausel）と称することもあるようであるが、本稿ではそのような条項も責任排除条項に含める。なお、軽過失についての責任を排除する条項は本文の定義では軽過失責任排除条項と称すべきところであるが、慣用に従い軽過失免責条項と称することとする。なお、各種の瑕疵担保責任を排除・制限する条項も広義の免責条項に当たるが、ここでは債務不履行に関する責任とその排除・制限のみを考察の対象とする。

二　免責条項規整の概要

1　ＡＧＢＧ制定前

まず、民法（以下、ＢＧＢという）二七六条二項は、債務者は故意に基づく責任については予め免責の合意をすることとは許されないという契約一般についての制限を明示している。しかし、同項は、履行補助者の行為に基づく債務者の責任（ＢＧＢ二七八条参照）については規定するものではない。

これに対し、判例は、[2]第二次大戦前より、ＡＧＢによる免責の有効性の範囲を縮小してきた。帝国裁判所（ＲＧ）は、いわゆる独占理論により、ＡＧＢ使用者に独占的地位が認められる場合には、不当な条項は良俗違反（ＢＧＢ一三八条）として無効であるという一般論の下に、具体的には、ＡＧＢ使用者本人の重過失またはその指揮的従業員の故意もしくは重過失に基づく責任の排除・制限を定めた条項は無効とした。第二次大戦後、連邦通常裁判所（以下、ＢＧＨという）がＲＧの独占理論を捨て、ＡＧＢの内容コントロールをＢＧＢ二四二条の信義則等に根拠づけるようになって後は、ＡＧＢ使用者の独占的地位の有無にかかわらず、ＡＧＢ一般についてＡＧＢ使用者本人の重過失またはその指揮的従業員の故意もしくは重過失に基づく責任の排除・制限は許されないという判例理論が定着している。

ＢＧＨは、比較的最近、これらの故意または重過失に基づく責任の排除・制限の禁止に加えて、いま一つの免責条項規整についての判例理論を展開している。これは、一般的には、基本義務（Kardinalpflicht）違反についての責任排除・制限に対して、より厳しい限界を画す方向を示すものと位置づけられる。基本義務とは、一般的には、遵守することが本質的に重要な意味を有するもので、その遵守によりはじめて合意どおりの契約の履行の前提が備わることになる義務というように理解されている(3)。具体的に判例により基本義務であるとされたものとしては、石油供給契約における供給時の石油タンクの監視義務(4)、運送取扱契約における堪航能力担保義務(5)、運送契約における正当な船荷証券所持人に貨物を引き渡す義務(6)、水道供給契約における浄水供給を確保する設備の設置義務などをあげることができる(7)。そして、これらの義務違反については、本人またはその指揮的従業員の故意または重過失が存しない場合でもAGBによる責任の排除・制限は無効であるとされ、指揮的従業員でない履行補助者の軽過失に基づく責任の排除・制限は無効であることを明言する判決も見られる(8)。学説も、これらの基本義務違反についての判例は軽過失免責条項の規整原理として把えられることを認めている。ただ、何が基本的義務かについての指標は必ずしも明確であるとはいえない。

なお、責任制限条項については、特に見るべき判例の展開はないといってよい。

2　ＡＧＢＧの規整

約款規制法（以下、ＡＧＢＧという）は、まず、対非商人取引（ＡＧＢＧ二四条一項一文参照）においては、一一条七号により、ＡＧＢ使用者本人はもちろん、その履行補助者一般の故意または重過失に基づく責任の排除・制限を無効と規定した。本人または指揮的従業員の故意または重過失という従来の判例上の基準よりも厳しい基準を採用したわけである。なお、一一条七号は契約違反一般について規定するが、履行不能および履行遅滞による責任については一一条八号が、また一部履行遅滞および一部履行不能については一一条九号が規定している(9)。

このような具体的列挙条項とともに、一般条項たる九条が補足的に免責条項規整の根拠となる。免責条項が九条の観点から問題となるのは、主として軽過失免責条項（その中に基本義務違反に関する免責条項も含まれる）である。九条一項は、契約相手方に不当に不利益である条項は無効とし、同条二項において、同項一号・二号の各場合には不当な不利益が推定されるという構成をとる。同一号は、いわゆる任意規定基準を明文化したものであるのに対し、同二号は、「契約の本質から明らかになる本質的な権利または義務を、契約の目的の達成が危くされる程度に制限する」という基準を示す。立法過程からみて、この二号が前述の基本義務違反に関する判例理論を意識して作られた規定であることは明らかである(10)。しかし、判例の不明確さに起因して、九条二項二号の解釈についても混乱がある(11)。

ＡＧＢＧは、対商人取引については、二四条一項一文により、一〇条、一一条の具体的列挙規定は適用されないと定める。したがって、対商人取引における免責条項の有効性は、もっぱら九条により判断されることとなる。しかし、その際に、一〇条、一一条の列挙規定が一つの大きな目安としての意味をもつことは大方の認めるところである(12)。以上を基礎知識として、以下、保険と免責条項の関連について考察する。いうまでもなく、ＡＧＢＧはこのことについて具体的には何も規定しておらず、ＡＧＢＧ制定後は、九条の解釈問題として現われる。なお、以下論ずる問題の大きな割合を対商人取引におけるＡＧＢが占めていることも予め留意しておかねばならない。

（2）判例の展開については、Löwe,W./Graf von Westphalen, F./Trinkner, R. Großkommentar zum AGB-Gesetz, 2. Aufl., Bd. II, 1983, §11 Nr. 7 Anm. 3-8 (Graf von Westphalen) 参照。
（3）Graf von Westphalen, a.a.O. (N.2), §11 Nr. 7 Anm. 50.
（4）BGH Urt. v. 24. 2. 1971, BB 1971, 413.
（5）BGH Urt. v. 25. 6. 1973, NJW 1973, 1878.
（6）BGH Urt. v. 17. 1. 1974, VersR 1974, 590.
（7）BGH Urt. v. 19. 4. 1978, BB 1978, 827. なお、基本義務に関する判例を詳しく検討したものとして以下がある。Roussos, K., Freizeichnung von Schadensersatzansprüchen im Recht der Allgemeinen Geschäftsbedingungen, 1981, S. 40ff.
（8）BGH Urt. v. 25. 6. 1973 (N.5).
（9）従って、ＡＧＢＧ一一条七号は、実際にはもっぱら積極的債権侵害の類型について適用されることとなる。なお、ＡＧＢＧ一一条八号については、軽過失免責条項一般が有効であるとする見解と、軽過失責任制限条項のみが有効で、軽過失責任排除条項は無効であるとする見解の対立がある。Vgl. Wolf, Freizeichnungsverbot für leichte Fahrlässigkeit in Allgmeinen Geschäftsbedingungen, NJW 1980, S. 2334ff.

(10) Vgl. Vorschläge zur Verbesserung des Schutzes der Verbraucher gegenüber Allgmeinen Geschäftsbedingungen, Erster Teilbericht der Arbeitsgruppe beim Bundesminister der Justiz, 1974, S. 80ff.; Bundesministerium der Justiz, (hrsgn.), Entwurf eines Gesetzes zur Regelung des Rechts der Allgmeinen Geschäftsbedingungen (AGB-Gesetz), 1975, S. 68.

(11) 現在では、類型化という観点から有効・無効の基準を具体化しようとする方向が有力である。Wolf, a.a.O. (N.9), S. 2433ff.; Graf von Westphalen, Die Wirksamkeitsgrenzen von Haftungsfreizeichnungs- und Haftungsbegrezungsklauseln bei leichter Fahrlässigkeit gem. §9 AGB-Gesetz, WM 1983, S. 974ff. これに対し、シュロッサーは、基本義務という観点の設定そのものに批判的である。Schlosser, Haftungsgrund, Haftungsmaßstab und AGB-Gesetz, WM 1978, S. 562ff.

(12) 一例として、Graf von Westphalen, a.a.O. (N.2), §24 Anm. 12-18.

三　付保可能性と免責条項

1　保険利益享受約款

本節では、ＡＧＢにより免責とされる損害についてのリスクが何らかの保険の対象となりうる場合に、そのことは免責条項の効力の有無の判断にいかなる影響を及ぼしうるかという観点からの考察を行う。[13] その第一の局面として、いわゆる保険利益享受約款を取り上げる。

保険利益享受約款とは、顧客により保険に付され、または付されうる損害については債務者＝ＡＧＢ使用者は責任を免れるとする条項、または、それと同様の内容を定めた条項と定義されるが、このような条項は、ドイツにおいても、各種の運送約款を中心に広く用いられてきたところである。今日では、国際海上物品運送約款に関しては、いわゆる船荷証券条約を国内法化した商法（以下、HGBという）六六二条二項がこれを無効と明示しているが、その他の分野ではそのような規定は存しない。保険利益享受約款を文言通りに解釈すれば、顧客が本来AGB使用者の責任に係る損害について保険を利用し、または利用しうるかぎりにおいて、AGB使用者は一切責任を負わないこととなり、結局AGB使用者をほとんど無責任の状態におくことが目指されているのである。

しかし、このような広汎な免責の意図をもつ保険利益享受約款については、保険契約における請求権代位との関連からも全面的に効力を認めがたいことはわが国でも既に判例の示すところであり、ドイツにおいても、一定の制約下にのみその効力が認められている。次の判決はこれを明らかにする。

[BGH Urt. v. 16. 11. 1961, VersR 1962, 22]　これは、普通ドイツ運送取扱約款（ADSp）中の保険利益享受約款に関する事件である。一九五七年の段階のADSpの五七条五号（現行ADSp五七条b項と同一）は次のように定めていた。「運送・倉庫保険によりてん補され、一般通常の種類の運送・倉庫保険によりてん補されえた、または注意深い商人の支配的な慣行によれば一般通常の種類の運送・倉庫保険の枠を超えててん補される、内航運送取扱（……）における損失および損害……」については運送取扱人の責任は排除される。Aが運送取扱人Yに対して運送取扱を委託したが、その実行に際して損害が発生した。この貨物についてAと貨物保険契約を締結した保険者Xが請求権代位に基づきYに対し損害賠償を求めているというのが本件の骨子である。BGHは、次のように判示してXの請求を斥けている。「……損害の保険法上のてん補の可能性は、免責条項の有効性の問題において決定的に考慮されるべきである（BGHZ 33, 216. 後述三2参照）。ADSpへの五七条五号の挿入は、……何十年来運送取扱委託者の側における運送保険による損害のてん補が通常であったという考慮が決め手となっている。……信義誠実に合致しない、本人の重過失または指揮的従業員（代表者 Repräsentanten）の重大な注意義務違反についての運送取扱人の免責は、免責条項の有効性を疑問ならしめるばかりでなく、運送取扱委託者の運送保険者に対する保険請求権をも危くし、保険

保護の拒絶される場合にはこのことを理由に免責条項は打破されるものである。……このことは、しかし、運送取扱人またはその指揮的従業員（代表者）の重大な違反の場合にのみいえることであって、その他の従業員または運送取扱人の履行補助者であっても独立の企業の違反の場合には—重大な違反の場合でも—当てはまらない。」

この判決は、結局、運送・倉庫保険契約の締結が通常なされていることという第一の絞りをかけ、さらに、運送取扱人本人またはその指揮的従業員の故意または重過失の存する場合には運送取扱人の免責は許されないという第二の絞りをかけた上で、それらの絞りにひっかからない範囲で保険利益享受約款の有効性を認めたものと理解しうる。

ところで、このような理論の展開は、保険利益享受約款が存しなくとも、顧客が保険を付すことが通常であればＡＧＢ使用者の免責が許されるか否かという次段で検討する問題についてのＢＧＨ（判決の引用する BGHZ 33, 216）の考え方と全く同じであり、そのことから、形式的な保険利益享受約款の存否に対してはＢＧＨの見解では重大な意味は見出されていないということができる。(14) そこで、保険利益享受約款に関する右ＢＧＨの見解の検討をひとまず留保して、次段に進むこととする。

２　顧客による物保険の付保可能性と免責条項

付保可能性と免責条項の効力論の交錯する第二の局面は、本来ＡＧＢ使用者の責任に係る損害について、顧客が自分自身で物保険(15)を付すことが可能で、それにより顧客は保険金を入手して現実には損害がてん補されうる場合に、ＡＧＢ使用者はそのことを根拠に一般原則よりも広く自己の責任を排除しうるか否かという問題として現れる。ここでも、ＢＧＨの判決から出発しよう。

[BGH Urt. v. 29. 9. 1960, BGHZ 33, 216]　Ｙはハンブルグ港において船舶の監視（Bewachung）を業とする者であり、Ａとの間で船舶の監視契約を締結したが、船舶は夜間に沈没した。Ｙの使用したＡＧＢでは、船舶の滅失または毀損についてはー船舶当たり三〇〇ＲＭ（ママ）までのみ責任を負うと定められていた。Ｘは、Ａとの間で当該船舶

について船舶保険契約を締結していた保険者で、Ａに対し保険金を支払った後請求権代位に基づきＹに対し損害賠償請求権を行使しているのが本事件である。ＢＧＨは、六〇〇ＤＭのみＸの請求を認容した一・二審判決を支持した。

①「監視報酬は、両当事者間で争いがないように、Ｙにとっては、完全な責任リスクについては報酬の引上げによってのみ補てんしうる程度に低く算出されている。もっとも、もちろん、価格計算上の考慮は、ＡＧＢにおける不当な条項を何ら正当化しうるものではない。何故ならば、企業は信義誠実に合致しうるような条件に従い対価を計算しなければならないからである。……しかし、本件の取引条件においては、きわめて広汎な責任制限に対して異議がとなえられるべきではない。Ｙに対して自己の船舶を監視のために引き渡した船舶所有者は、その船舶について船舶保険契約を締結する可能性を有しており、また、通常、その可能性を利用している（そしてＡによっても利用された）。……船舶所有者は船舶の滅失・毀損に対して自らを守ることができ、また、通常そうしているから、ＹがそのＡＧＢにおいて自らの法律上の責任をほぼ完全に排除し、他の方法で自らを守ることを船舶所有者に委ね、それにより、しかし、監視報酬を低く保つ可能性が開かれているならば信義誠実に反することにはならない。船舶所有者の経済的な利益は、彼の船舶保険者とＹの責任保険者のいずれが損害を負担するかということにより左右されない。結局、Ｙが直接損害に関するかぎり完全にリスクを責任保険者に付すことを強制されるとすれば、船舶所有者は、さらに自分自身で船舶保険料を支払わなければならないのみならず、かえって監視料の引上げを甘受しなければならないであろう。」

②「責任排除が信義誠実に反するか否かの問題については、もちろん、個々の事例で合意された責任排除により被害者の保険者に対する保険請求権が危くされない場合にのみ保険保護による損害のてん補は決定的な役割を果たしうるのである。なぜならば、責任の排除により被保険者が保険請求権を有せず、従ってその者が損害に対して保険によりてん補を受けえないということになると、責任排除条項の妥当性の吟味の問題において、右（①）のような観点が

抜け落ちることになるからである。保険契約法（以下、ＶＶＧという）六一条によれば、保険者は、保険契約者が保険事故を故意または重過失により惹起させた場合には給付義務を免れる。保険契約者が保険の目的物の保管を委ねる第三者との間の合意により、その第三者本人の重過失―故意についての責任排除はＢＧＢ二七六条二項によりどのみち問題とならない―についての責任を保険者に対する関係においても有効に排除しうるとすれば、それは実際上危険の増加につながり、しかして、保険者が第三者に対する請求権に代償（Ausgleich）を見出すことなく保険者の給付義務を拡大することにつながる。しかれば、保険者の地位はＶＶＧ六一条の規定しない態様で悪化させられることになろう。他方、しかし、保険者は保険契約者が保険の目的物の保管を第三者に委ねたためにより有利な地位に置かれる権利も有していない。従って、ＶＶＧ六七条一項三文に含まれている基本思想を考慮して、判例は、保険契約者が経済活動においては通常の範囲において責任排除に合意するとの意思表示をなす場合には保険者の責任を肯定し、これに対して、責任の排除が非慣行的で、保険者の利益を信義誠実に反して侵害する合意である場合には保険者の給付義務を否定したのである。それに応じて、この判例によれば、基本的には、被保険者が契約相手方を本人の重過失についても免責とさせる場合にのみ、保険請求権はＶＶＧ六七条一項三文により危くされるのである。」ところで、本件では、Ｙ本人またはその指揮的従業員でない従業員の過責だけが問題であり、その従業員はＹの「保険法上の代表者」ではないから、仮に彼に重過失があってもＡの保険請求権は危くされない。従って、ＹはＡＧＢによる責任制限を有効に援用することができる。

このＢＧＨ判決はその後の多くの判決の踏襲するところとなっている。(16)

ＢＧＨのこの判決は次のように分析しうる。まず、①では、顧客が物保険を付すことが通常であるかぎり、ＡＧＢ使用者の免責は許されてよい、その根拠は、顧客は通常物保険に基づき損害のてん補を受けうるからであり、仮にＡＧＢ使用者の責任を認めれば対価そのものが引き上げられ結局顧客は不利益を被るということになる、ということが述べられる。これに対し、②では、しかし、顧客の保険請求権が危くされる場合には顧客は損害のてん補を受けられないのであるから、①の前提が欠け、従ってＡＧＢ使用者の免責は許されるべきではない、そして、保険請求権が危くされるのはＶＶＧ六七条一項三文の解釈として、通常でない免責の合意をなす場合であり、具体的には本人または指揮的従業員の故意または重過失について免責とする場合である、として①に対する制約が加えられる。[17]

このようなＢＧＨの論旨の展開に対しては、しかし、次のような批判が可能である。

まず、①の前半では、対価論（Preisargument）[18]は免責条項の有効性と関係がないことを明らかにしているのに、①の後段では対価が引き上げられるおそれがあることが免責条項の効力肯定の理由とされている。これは前後矛盾ではないか。ライザーは次のようにいう。[19]「なるほど、企業が契約処理に際してのリスクを転嫁する顧客にとっては、その顧客が保険により自らを守りうる場合にはその負担は容易である。しかし、企業にもまた、この場合に責任保険または他人のためにする物保険により、リスクを転嫁する代りに、自らを保護することは可能であろう。企業が保険料を節約するために、このことから目をそらし、顧客が、企業の負担すべき危険のために保険を付すことを当てにしているのであれば、その企業は、価格を安くすることによって免責を弁明する企業以上に進んだ考慮を受けるには値しない。」

次に、判決の結論自体についても批判される。ＢＧＨは、①では付保可能性を理由に免責条項の有効性をきわめて広く認めるようでいながら、②により結局ＡＧＢ使用者本人またはその指揮的従業員の故意または重過失についての責任まで免れしむることは許されないという。これは免責条項の有効性についての一般原則と結局同じであり、そうだとすれば、顧客による物保険付保の可能性を考慮するということは格別意味はなく、迂路以外の何物でもない。[20]

前者の批判は、おそらくそれ自体としては当たっているであろう。しかし、近時、対価論は一般的には意味を持ちえないとしつつ、保険に関するかぎりでは、それが経済的に持つ意味をかなり積極的に免責条項の効力論の中に位置づけようとする動きのあることも否定できないのである。

たとえば、ケッツは次のようにいう。[21]「ＡＧＢ条項の妥当性判断については、その条項により顧客の負担とせられたリスクが顧客と使用者のいずれによってより良く保険保護の下に置かれうるかが重要な役割を果たしうる。そのような関連では、『対価論』もまた意味を持ちうるのである。」そして、前掲ＢＧＨ判決を引用した後に、「もちろん、問題とされているリスクが当該顧客により『通常』保険保護の下に置かれているかどうかは重要でない。決定的であるのは、むしろ、当該事例の諸事情によれば、リスクがＡＧＢ使用者による（責任保険の締結による）のと、顧客による（物保険の締結による）のといずれがより良くてん補されうるかの衡量でなければならない。監視されるところの車両や船舶の盗難や毀損のリスクに関するかぎりは、原則として顧客の方がより良い保険契約者となる。なぜならば、顧客はＡＧＢ使用者よりも保険に付される利益の範囲をより良く判断しうるからであり、また顧客による、一つの物保険の締結は責任を負う監視企業として考察されているすべての者による複数の責任保険の締結よりも効率的[22]であるからである。」つまり、ケッツは、リスク処理の効率性という面からは、ＡＧＢ使用者に責任を負わせるよりも、ＡＧＢ使用者は免責とし、顧客の物保険による損害てん補に委ねる方がすぐれていることがありえ、前記ＢＧＨ判決の事例がまさにそうだというわけである。

このような法の経済学的分析に立脚した命題が妥当するためには、ＡＧＢ使用者が免責とされるのと引換えに、ＡＧＢ使用者が免責により免れた負担分に対応するだけ財・サービスの価格は低く設定されているという前提が備わっていなければならないはずである。[23]この点は次のように説明されるであろう。すなわち、顧客は、一般的には自己の物に発生するリスク全般についての保険を必要とするのでありその故にこそ通常物保険を付している。ところが、ＡＧＢ使用者の免責を認めないとすると、ＡＧＢ使用者は自己の責任リスクについて責任保険を付す必要に迫られる。その結果として責任保険料は価格に上乗せされるのが一般的である。むろん、この場合、物保険者は顧客に保険金を支払ったうえ、ＡＧＢ使用者に代位求償しうるから、その分だけ物保険の保険料は低くなるはずであるが、現実には代位求償が困難な場合またはそのために相当の費用がかかる場合が多いから、物保険の保険料はそれほど下がらない。(24)結果として、顧客はいずれにせよ通常支払う物保険の保険料に加えて責任保険料に相当する負担を迫られるのであり、それにもかかわらず顧客は特に有利な状態に置かれるわけでもない。ＢＧＨ判決はまさにこのような理由づけをなすものであろう。ＡＧＢ使用者は、免責を禁止された場合に、そのことによるコストを顧客に転嫁することが許されている以上は、右の議論は基本的には正当というべきであろう。むろん、このような効率性の面からの検討ですべての問題は処理しえず、後述のように、責任の種類等に基づく制約は必要であろうが、少なくとも商人取引においては重大な意味を持たせてよいのではなかろうか。なお、判例のように物保険が通常付されていることに着目するときの通常性と、ケッツらのいういずれの当事者の方が効率的に保険を付しうるかに着目するときの効率性とはどのような関係にあるか。実際には、重なり合う場合が多いであろう。理論的には、価格との結びつきを問題とするかぎり、効率性に着目するのが正当と思われる。しかし、顧客の物保険の方が効率的ではあっても実際には物保険の付保は通常行われていない場合を想定すると、ＡＧＢ使用者の免責を認めると、顧客の損害はほとんどてん補されないままで終わるという好ましくない結果の可能性も生じる。それを考えれば、物保険付保の通常性に着目するＢＧＨの立場にも相当の理由が認められよう。

ところで、ＢＧＨ判決に対する第二の批判にもかかわるが、物保険の付保可能性の観点からの免責条項の許容にはどのような限界が存するのか。ＢＧＨは、結論的には免責条項に対する一般的限界と同一の限界を認めているのであり、そのかぎりで第二の批判もそれ自体誤りではないように見える。しかし、そういい切れるか今少し検討してみなければならない。

ＢＧＨは、保険契約者が、通常でない免責の合意をなすことは、ＶＶＧ六七条一項三文の趣旨に基づき保険者の給付義務免責の効果を導くとする。これはドイツにおける通説に従うものである。(25) ＶＶＧ六七条一項三文は、直接には保険事故発生後の損害賠償請求権の放棄に対して、保険者の代位求償権の侵害の防止という観点から、保険者の給付義務免責の効果を定めたものである。(26) しかし、保険者の代位求償権の侵害は、保険事故発生前の損害賠償請求権の放棄によっても可能であるから、ＶＶＧ六七条一項三文の類推適用を認めることは基本的には正当である。ただ、この場合には、保険者が予め代位求償権の存しないことを知っていれば、そのことを前提に保険料率を設定することができるので、特に保険者免責の効果を認める必要はない。この観点からは、免責条項が通常のものであるかぎりは保険者は免責とされないというＢＧＨの見解は正当といえる。免責条項が通常用いられているものであれば、保険者は代位求償権を取得しないことを当然に知っていたとみなしてもよいからである。

しかし、これも無制限ではないことはＢＧＨも認めるとおりであり、ＢＧＨは、本人またはそれに準ずる者（代表者と称されている。(27) 以後の判例ではとくに説明なくこれが指揮的従業員と読み替えられている）に重過失の存する場合には保険者は免責されるとする。ＢＧＨは、これをＶＶＧ六一条の趣旨ということから導く。すなわち、重過失によって生ぜしめられた損害に対しては保険者は給付義務を免れるべきであるというのがＶＶＧ六一条の趣旨だというのである。(28) しかし、この点には必ずしも従い難いところがあるように思われる。ＶＶＧ六一条の趣旨は、重過失によって保険事故を生ぜしめた被保険者が保険契約に基づく利益を享受することを認むべきでないということであり、重過失により発生せしめられた事故一般については保険者は給付義務を免れるという趣旨は毛頭含まれていないからである。(29) とはいうもののＶＶＧ六一条を持ち出すことに全く理由がないわけでもない。被保険者以外の第三者が直接にではないにしろ、保険契約に基づく利益を享受しているというのであればＶＶＧ六一条の趣旨を援用することも的はずれとはいいがたいからである。重過失免責条項が合意されている場合のＡＧＢ使用者はまさに間接的に保険契約による利益を享受している者であるといいうる。保険利益享受約款のごとく保険契約に基づく利益を享受せんとする意図が文言上明らかな場合に限らず、ここで問題となっている重過失免責条項一般についてもそのようにいってよいであろう。問題は、VVG六一条の趣旨を援用することができるとして、何故に保険者を免責とすべきかということである。けだし、被保険者に対する保険者の給付義務は存続させた上で、保険者の代位求償権を、免責条項の存するにもかかわらず認めるという解決も論理的には考えうるからである。この点は、加害第三者＝AGB使用者にVVG六一条の趣旨が援用されうるような状況を作り出したことに保険契約者＝顧客も加功しているという点に強い帰責性が認められ、そのような行為の不当性に着眼して、そのような行為が行われることを防止すべく、放棄を禁じ、違反に対しては保険者免責の効果が認められるというのが一つの説明になりうるのではあるまいか。

以上のところからみれば、BGHの見解はそれ自体不当であるとはいえない。他方、保険者免責という効果は、VVG六一条の趣旨に由来するものとすれば、AGB使用者に重過失が存する場合に限り認められることになる。このことを裏返すと、軽過失についての免責の合意は必ずしも保険者の免責につながらないということである。次に見るように、現在では、軽過失免責条項も一定の場合には無効とされうるが、そうだとしてもそのことからは、保険者の免責を重過失免責条項のようには導きえない。ということは、重過失免責条項については前述第二の批判のごとく、顧客の物保険付保の可能性を考慮することは実際上無意味であるのに対し、軽過失免責条項については実際上かなりの意味があるということに他ならない。軽過失免責条項について論ぜられる場合に本件BGHの見解が概ね支持されていることはそのことを裏付けるものである(30)。

なお、前段で検討を留保した保険利益享受約款について。既述のように、BGHは保険利益享受約款がAGB中に挿入されていたか否かには意味を認めていない。あくまでも実質的に判断しようというのである。このことは基本的に正当であると思われる。顧客が物保険を付すことが通常でないにもかかわらず利益享受約款の効力を全面に認めると、顧客は、付保するにつきAGB使用者よりも適しているか否かを問わず物保険の付保を迫られる。これは効率性の面からも妥当でない。ＡＧＢ使用者の責任を認めた上で、その責任保険料が仮に全部転嫁されたとしても、顧客が物保険を付すために必要となるコストよりも低いことがありうるからである。そうだとすれば、保険利益享受約款によりＡＧＢ使用者が広い免責の利益を享受しているために財・サービスの価格が低くとどめられているという議論もそれだけでは説得力を持ちえないであろう。

３　ＡＧＢ使用者による責任保険の付保可能性と免責条項

本段では、ＡＧＢ使用者が、契約に基づく自己の責任について、責任保険を付すことが可能であるにもかかわらず、当該責任について免責条項を設定することが許容されるか否かという問題を検討する。常識的に考えれば、責任保険を利用しうる以上、ＡＧＢ使用者は自己の責任を排除・制限することに正当な利益を有しないようにも思われるが、保険を利用することに伴い新たに生ずる費用の面だけをとっても必ずしもそのようにいえないことは明白であろう。

ドイツにおいて、このような角度からの議論がなされるようになったのは古いことではなく、[31] はじめに述べたように、ＡＧＢＧ制定後議論の中心となっている軽過失についての免責条項の効力の問題の一環として責任保険の付保可能性というファクターが取り上げられるようになっているのである。そして、この責任保険の付保可能性をはじめて詳論したのは、Ｍ・ヴォルフであると思われる。ここでも、まず、ヴォルフの所説に耳を傾け、その後、やや異なる角度から問題を把えるケッツの所説をみることとする。

⑴　ヴォルフの所説

ヴォルフは、ＡＧＢＧの下での軽過失免責条項の効力の有無について、明確性を欠く基本義務か否かという角度からの吟味に代えて、軽過失免責条項が不当性を帯びる実質的根拠を類型的に抽出していくべきであるという方向を打ち出し、その一つの類型として、ＡＧＢ使用者が責任保険を付す可能性を有する場合をあげるのである。[32] その論旨の大要は以下のとおりである。[33]

契約責任の出発点は、契約責任の一般原則を定めるBGB二七六条であり、その基本思想に合致しない免責条項は許容されない。AGBGは一一条七号から見て軽過失についての免責禁止を一般的には法律の基本思想とみなさなかったものと考えられるが、損害の防止と正当な損害分担ということはそれにもかかわらず法律の基本思想といえる。個別的な契約当事者間だけで見れば、軽過失と偶然の限界は明確でなく、軽過失の有無如何により全損害について加害者・被害者のいずれか一方が負担しなければならないという規整にはもはや強行法的な正当性は認められず、軽過失免責を定めることも法律の基本思想に反しない。しかし、損害が損害共同体（Schadensgemeinschaft）に転嫁されうる場合には事情は全く別である。集合的損害分担システムによる場合、重大な損害の負担を多数の維持者に分配し、個々人を被害から救済することができるのであり、このシステムが可能な場合には、社会的国家原理が、個別契約当事者間では期待されえないような負担をある者に課すことを正当化する。そしてこのことは、法律の基本思想と考えらるべきである。

集合的損害分担は、とりわけ保険により可能である。問題は誰において集合的損害分担が最も良く確保されるかであるが、その目的はより多くのリスクが包含されるほどより良く達成されるといえるから、保険の締結は第一次的にはリスクの包含が最高度に可能である者に期待される。契約違反のリスクは多数の同質の契約を締結する企業において最高度に包含されうる。顧客により締結される保険では付保される保証がないし、高い保険料、管理費用を伴う多数の小額契約が必要となるので、第一次的にはAGB使用者としての企業に責任保険の形態で付保することが期待されるべきである。また、企業は通常保険についてより良い知識を有しているし、顧客の締結する物保険では、保険保護が失われる危険がある（VVG六七条一項三文、一六条、二三条）[34]のに対し、責任保険ではそのような危険は回避される。このように考えると集合的損害分担の観点からは、軽過失免責禁止と結びついた責任保険のシステムが最善である。その場合、責任保険が付保可能であることが前提となるが、反面、その付保が通常であることまでは要求されない。

以上の軽過失免責禁止の限界は、①責任保険の限界、すなわち、責任保険ではてん補されえない損害、[35] ②責任保険を付すことに過大な費用を要する場合、③顧客が物保険を付すことが通常である場合などに認められる。

以上が、ヴォルフの所説の骨子である。

(2)　ケッツの所説

ケッツはアメリカ流の法の経済学的分析の手法からアプローチする。[36] 彼は、経済学的な意味において効率的である場合に免責条項は妥当であるという仮説を立てる。そして、効率的であるとは、より少ないコストで損害の発生を防止しうる当事者が損害リスクを負担させられている場合、または、損害発生の防止が不可能であるか非経済的である場合にはより少ないコストでリスクの現実化の結果について保険保護の下に置きうる当事者にリスクを分配する場合であるという。後者は具体的には、ＡＧＢ使用者の免責条項の有効性を認めて顧客の物保険によるてん補というリスク処理に委ねるか、免責条項の有効性を否定してＡＧＢ使用者の責任保険（または顧客のためにする物保険）によるてん補というリスク処理に委ねるかの選択である。自動車監視営業（集合駐車場）の事例に即して、ケッツは、軽過失により発生する損害についてはＡＧＢ使用者（監視営業者）に責任を負わせる方が効率的であるとする。なぜならば、ＡＧＢ使用者はより低いコストで損害の防止をなしうるし、仮に損害の発生を回避できないとしてもより低いコストで物保険を入手しうるからである。すなわち、ＡＧＢ使用者は責任保険か顧客のための物保険を締結することに困難はないのに対して、顧客が駐車場にある間のみのリスクについて車両保険を入手することは不可能であるか、または経済的に全く割りの合わないコストを必要とするのである。これに対し、同じく監視契約でも BGHZ 33, 216（三2参照）で問題となったような船舶が対象である場合には、ＡＧＢ使用者が適正な保険金額を確保することが困難であり、またさまざまに異なるリスクの傾向のある船舶に一律に保険料負担が分散され、費用の「外部化」[37] が生ずるとしてＢ

ＧＨの結論に賛成する。(38)

(3) 検　討

ヴォルフとケッツは、一見したところで全く異なる観点から軽過失免責条項の効力について論ずるが、従来明確な決め手の存しなかった軽過失免責条項の効力の問題について、具体的かつ実用可能な指針を示そうとしている点では共通性がある。裏返せば、軽過失免責条項の効力は単に倫理的な側面における当不当の問題としては片付けられえないという認識が背後にあるものと思われる。ただ、ヴォルフのように、軽過失についての免責が原則としては法の基本思想に反しないとまでいい切ってよいのかはそれ自体大問題であると思われるがここでは立ち入る余裕はない。

ヴォルフの所説についていえば、彼は現に提供されている責任保険の利用可能性を基準に免責の可否を決しようとするものであるように思われるが、若干疑問はある。現に利用しうる責任保険が最も適切な損害の集合的分担の手段である保証はないし、また、ヴォルフの議論では、責任保険が売り出されていなかったり、保険でカバーされない部分の免責は許容されることになりそうであるが、責任保険の販売、その約款内容自体は保険会社の営利的発想に基づき決定されるものであり、それに免責条項の効力を直ちに結びつけるのは少し飛躍があるのではあるまいか。むろん、責任保険が売り出されていない場合にＡＧＢ使用者の免責を認めないことは過大な負担をＡＧＢ使用者にもたらしうることになるが、当該損害リスクが保険的処理に適するのであればＡＧＢ使用者の業界団体等を通じて保険類似のリスク処理を行うことも場合によっては可能であるから、(39)要は、当該損害リスクについて責任保険が存在しているか否かではなく、保険による（または保険類似の技術による）リスク処理が可能か否かであり、それと同時に、それが他の方法に比して非効率的でないかどうかということではなかろうか。そして、この後者の点についてはケッツの分析手法が有効であるといえよう。

いずれにせよ、軽過失免責条項の効力を付保可能性の観点から吟味すること自体は、きわめて有益な中間的指針であることは認めてよいと思われる。

（13） 責任と保険の交錯について論じたものとして以下がある。Prölss, Freizeichnung und Versicherung, VersR Beilage, Karlsruher Forum 1965, S. 11ff.; Möller, Ausstrahlungen des §61 VVG auf Haftungsverhältnisse, Festschrift für Fritz Hauß, 1975, S. 251ff.

（14） 学説上も区別しないで論じられていることが少なくない。たとえば、Schmidt-Salzer, J., Allgemeine Geschäftsbedingungen, 2. Aufl., 1977, F. 204.

（15） 正確には、顧客を被保険者とする損害保険一般の問題であるが、ドイツの議論が主として物保険を念頭に置いているので、ここでももっぱら物保険ということで考える。

（16） BGH Urt. v. 6. 7. 1967, VersR 1967, 1066; BGH Urt. v. 3. 2. 1966, VersR 1966, 441（内航海上運送約款）; BGH Urt. v. 21. 10. 1962, BGHZ 38, 183（倉庫約款）; BGH Urt. v. 22. 5. 1968, NJW 1968, 1718（駐車場監視約款）など。

（17） ＶＶＧ六七条一項三文「保険契約者が第三者に対する請求権または請求権を確保するための権利を放棄したときは、保険者は、保険契約者が当該請求権または権利に基づきてん補を受けることができた範囲でてん補義務を免れる」。

（18） 免責されているだけ価格が低くなっているはずだという理由で免責条項の有効性を導こうとする「対価論」一般については判例・学説ともに正当でないとしている。BGH Urt. v. 29. 10. 1956, BGHZ 22, 90, 98 は、ＡＧＢ使用者は信義誠実の要請と合致するような条件に従い価格を算定すべきであるとする。Locher, H., Das Recht der Allgemeinen Geschäftsbedingungen, 1980, S. 107 は、そもそも正当な価格の決定は不可能であることを理由とし、Ulmer, P./Brandmer, H. E./Hensen, H-D, AGB-Gesetz, 4. Aufl., 1982, §9 Anm. 78（Brandner）は、対価論を認めればどのような免責も正当化されうること、契約上のリスクは多少の価格の引上げはあっても顧客全体に分散させた方が経済的社会的に正当であること、また、免責と引換えの価格面の利益は顧客の負担させられるリスクとそのための保険にかかるコストに比べてもきわめて小さいことから対価論の妥当性を否定する。

（19） Raiser, Die Kontrolle der Allgmeinen Geschäftsbedingungen durch die Gerichte, VersR Beilage, Karlsruher Forum 1965, S. 10.

（20） Raiser, a.a.O.（N.19）, S. 10; Schmidt-Salzer, Formularmäßige Haftungsfreizeichnungen und Anspruchspauchalierungen, NJW 1968, S. 290.

（21） Kötz, H., Münchener Kommentar zum BGB, Bd. 1, 1978, AGBG §9 Anm. 8. なお、Wolf, a.a.O.（N.9）, S. 2439 もＢＧＨの判例を支持する。

（22） ケッツのいう効率的（effizient）の意味については、三３⑵参照。

（23）そうでないと、ＡＧＢ使用者は物保険者の負担（それは顧客に転嫁される）において利益だけを得るという批判を受けることを免れない。Bruck, E./Möller, H./Sieg, K., Kommentar zum VVG, Bd. 2, 8. Aufl., 1980, §67 Anm. 84（Sieg）.

（24）Kötz, Haftungsausschlussklauseln—Eine juristische-ökonomische Analyse—, VersR Beilage, Karlsruher Forum, Jubiläumausgabe 1983, S. 151.

（25）Sieg, a.a.O.（N.23）, §67 Anm. 82.

（26）Motive zum Versicherungsvertragsgesetz, 1963, S.140. なお、普通ドイツ海上保険約款（ＡＤＳ）八七条のごとく通常でない免責が合意された場合には保険者は責任を免れる旨明示されていることもある。

（27）ドイツの判例上、ＶＶＧ六一条を、保険契約者（被保険者）本人以外の者による事故招致についても適用するために用いられたのが代表者（Repräsentant）の概念である。Vgl. Sieg, a.a.O.（N.23）, §61 Anm. 70ff.

（28）Möller, a.a.O.（N.13）は、ＶＶＧ六一条による根拠づけを積極的に評価するもののようである。

（29）Prölss, a.a.O.（N.13）, S. 14 は、事故招致と免責の合意は無関係である旨述べているものと理解できる。

（30）Wolf, a.a.O.（N.9）, S. 2439 ; Kötz, a.a.O.（N.21）, AGBG §9 Anm. 8.

（31）病院の診療規定中の軽過失免責条項を無効とする根拠の一つとして責任保険を付しうることをあげている判例が見られる。OLG Stuttgart, Urt. v. 7. 12. 1977, NJW 1979, S. 2355. また、学説でも免責条項と責任保険の関係に若干言及したものも見られる。Schlosser, P./Coester Waltzen, D./Graba, H-U., Kommentar zum AGBG 1977, §11 Nr. 7 Anm. 65.

（32）ヴォルフは、軽過失免責条項が許容されないことになる類型として、顧客のＡＧＢ使用者に対する特別の信頼が存する場合（専門職など）、人身損害に係る場合（損害防止の観点から）とともに、責任保険の付保可能性のある場合をあげるのである。Wolf, a.a.O.（N.9）, S. 2435ff. これに対し、Graf von Westphalen, a.a.O.（N.11）, S. 976ff. では義務の内容、損害の内容等からさらに細かい類型化が目ざされている。そして、そこでは、責任保険を付しうることだけでは必ずしも軽過失免責条項を無効とすることはできないとするもののようである。

（33）Wolf, a.a.O.（N.9）, S. 2437ff.

（34）ＶＶＧ一六条は告知義務についての規定、同二三条は危険の増加についての規定である。

（35）一般的には普通責任保険約款（ＡＨＢ）四条に、保険者免責となる事由が列挙されている。

（36）Kötz, a.a.O.（N.24）, S. 145ff.

（37）外部化（Externalisierung）については、Kötz, a.a.O.（N.24）, S. 150.

（38）なお、洗車契約約款における軽過失免責条項の効力を否定するに際し、業者の方に責任保険を付すことが期待されることを根拠としてあげる判例がある。LG Berlin, Urt. v. 15. 12. 1982, DB 1983, 652 ; LG Berlin, Urt. v. 24. 11. 1982 in, Bunte, H-J., Entscheidungs-sammlung zum AGB-Gesetz, Bd. III, 1983, §9 Nr. 7.

(39)　ＡＧＢ使用者は適正な水準の責任制限をすることは可能であるし（四３参照）、また、免責条項が無効とされた場合、当座の負担はあっても、すみやかに保険類似のリスク処理体制を整えうるのであれば、ＡＧＢ使用者にとって特に過酷であるともいえない。

四　保険による責任の代替と免責条項

１　保険による責任の代替の類型

ＡＧＢ使用者が、契約上負担する損害賠償責任について、リスクマネジメントの手段として保険を利用することは今日では一般的に見られるところである。そして、ＡＧＢ使用者が保険を利用することは、顧客側にとっても、損害賠償請求権の確保という観点からは一応好ましいことであるといえよう。本項では、このようにＡＧＢ使用者により損害賠償責任について保険が利用される場合に、いかなる問題が生ずるかを考察する。

以下に見るように、ＡＧＢ使用者が利用しうる保険の類型としては、ＡＧＢ使用者の責任に着目する責任保険と、ＡＧＢ使用者の責任には着目しない非責任保険（これは種々の下部類型がある）[40]とに大別される。しかし、いずれの類型も、ＡＧＢ使用者が自己の責任を経済的に保険者に転嫁するという目的は共通しており、ここでは、両者を含めて、保険による責任の代替と称する。

さて、ドイツでは、保険による責任の代替として以下のような類型が見られる。

(1)　責任保険を利用するもの

まず、法令により責任保険の付保が義務づけられているものとしては、経済監査士・経済監査会社、税理士、公証人、監視営業者（ただし、車両の監視営業者を除く）[41]、自動車物品運送事業者をあげることができる。このうち、ＡＧＢ

に関連するものとして、まず監視営業者については最低保険金額が法定されるとともに（監視営業に関する命令（以下監視業令という）二条一項、二項）、事業者はこの最低保険金額をもって責任を制限しうることが明示されている（監視業令三条一項一文）。[42] 経済監査士・経済監査会社については、法令上は最低保険金額を定めるにとどまり、[43] 責任制限を認めた規定は一般的には存しない。[44] 委託約款では基本的には、右法令に基づく最低保険金額をもって責任を制限する条項を置いている。[45] 税理士については、税理士法は、妥当な水準の責任保険の付保が義務づけられるにとどまり（税理士法六七条）、[46] 最低保険金額と同額をもってしての責任制限は身分綱領により定められＡＧＢでもそのとおりに規定されている。[47][48]

法令に基づかずに、責任保険による責任の代替が行われているものとして、弁護士、建築士をあげることができる。連邦弁護士会（Bundesrechtsanwaltskammer）の作成する弁護士身分綱領では、責任保険の付保を義務づけるとともに、最低保険金額を定め、この責任保険によりてん補されうる損害についての責任の排除・制限は許されないとする。[49] これを受けて、一般の弁護士委託約款においては、軽過失による責任については、右最低保険金額で責任を制限する旨の条項が置かれている。[50] 建築士の場合は、ＡＧＢにおいて責任保険金額に基づく責任制限が明示されている。[51]

これらの例を通じていえることは、責任保険による責任の代替と責任制限が密接不可分の関係に置かれているということである。

(2)　責任保険以外の保険を利用するもの

顧客がある物について有する所有者利益を被保険利益とする物保険により責任の代替を行わんとするものとして、車両に関する監視営業（集合駐車場など）および運送取扱営業をあげることができる。

監視営業に関する命令は、車両またはそれとともに運搬される物の監視契約については、監視営業従事者は毀損・滅失に対する物保険を締結することを義務づけている（監視業令二条四項）。[52] そして、この保険契約は営業従事者またはその履行補助者が重過失により保険事故を発生させた場合にも保険保護を与えるものでなければならない旨も定め、さらに最低保険金額が定められ（監視業令二条四項）、営業事業者は、保険者が給付をなす範囲において責任を排除することができる旨明定する（監視業令三条二項）。

ＡＧＢに基づき物保険により責任の代替を行わんとするものとしては、普通ドイツ運送取扱約款（ＡＤＳｐ）がある。運送取扱人は、委託者の反対の申出がないかぎり、運送取扱の目的物について運送取扱保険という独自の種類の保険を付すことを義務づけられ、この運送取扱保険は、運送取扱人が法律上責任を負わされる事由を原因として目的物に発生した損害を、法律の定めに従いてん補する。そして、この運送取扱保険により損害がてん補されるかぎりで運送取扱人は一切の責任を免れるというのが基本的な仕組である。このＡＤＳｐの定める責任システムはきわめて複雑であるので、次段で改めて略述する。

次に、顧客のための災害保険（Unfallversicherung）により責任の代替を行わんとするものとして、航空旅客運送営業の例がある。すなわち、航空運送法五〇条一文は、航空運送企業は旅客のために災害保険を付すことを義務づける。最低保険金額については、死亡または継続的稼得不能の場合についてのみ三五〇〇〇ＤＭとする（同五〇条二文）。そして、この災害保険からの給付がなされるかぎりにおいて損害賠償請求権は消滅するとされる（同五〇条三文）。なお、同法は、死亡・傷害の場合の責任限度額を一名当たり三二万ＤＭと定めている（同四六条）ので、右の強制的災害保険についての規定はそれ自体としては今日では意味を失っているといってよかろう。[53]

車両に関する監視営業の例は、ここでも保険による責任の代替と責任制限が結びついていることを示す（ただし、ＡＧＢの問題そのものではないが）。ＡＤＳｐの例は、保険によりてん補がなされるかぎり、運送取扱人は全く責任を負わないという意味では責任の代替そのものといえる。[54] しかし、ここでも責任制限の問題が存することは次に述べるとおりである。

結局、保険による責任の代替全般についていえることは、それが原則として何らかの責任制限と結合しているという事実である。そこで、以下ではＡＧＢによる責任制限の効力という観点から若干の問題を検討する。

２　ＡＤＳｐの責任システム

右に述べたように、ＡＤＳｐは、運送取扱保険による責任の代替を中核とする責任システムを形成しているが、その複雑特殊性に鑑み、以下システムの概要を述べる。[55]

(1)　運送取扱保険による代替

運送取扱人は、委託者の反対の旨の指示がないかぎり、委託者の費用において運送取扱保険を付す義務を負い（ＡＤＳｐ三九条ａ項）、運送取扱人は、運送取扱保険を締結した場合には、この保険によりてん補されるあらゆる損害についての責任を免れる（ＡＤＳｐ四一条ａ項）。なお、委託者の明告が誤っており、または不十分であることの結果、保険金額が現実の物の価額または損害額を下回っても運送取扱人は自身では責任を負わない（ＡＤＳｐ四一条ｂ項）。

運送取扱保険は、「運送取扱・通運保険証券（Speditions- und Rollfuhrversicherungsschein. 以下、ＳＶＳという）」または「運送取扱保険証券（Speditions-Police）」という二種類の保険約款により損害をてん補する。この二種類の保険約款は基本的な内容は同じであるから、以下、ＳＶＳに従い議論を進める。[56] ＳＶＳでは、まず、保険者は被保険者に対してドイツ法の規定に従い、運輸契約（Verkehrsvertrag）に基づき運送取扱人に帰せしめらるべき、発生したすべての損害をてん補する（ＳＶＳ二条一項、責任の原因）。保険者は、運輸契約に基づく運送取扱人の責任に関するドイツ法の規定の基準に従い損害をてん補する（ＳＶＳ三条一項一文、損害てん補の基準）。[57] そして、保険者はＡＤＳｐまたはその他の合意ないし商取引慣行中に含まれる法律上の責任の排除または軽減についての規定により運送取扱人が主張できる抗弁を放棄する（ＳＶＳ三条一項二文）。以上のところから、委託者は一応法定の責任基準に従いてん補を受けることができる（なお、運送取扱人およびその履行補助者の故意による損害についても委託者は損害のてん補を受けることが規定される（ＳＶＳ三条四項）が、これは保険契約者が運送取扱人であるためにＶＶＧ六一条の適用により被保険者たる委託者が不利益を受けないようにしたものであろう）。しかし、これには二つの面から制約がある。第一に、保険金額による制約であり、一取引契約当たり最高五〇〇〇ＤＭのみ付保されうる（ＳＶＳ六条Ｃ一号ａ）。ただし、委託者の希望により運送取扱人を介して、割増保険料支払の上特約をすることはできる（ＳＶＳ六条Ｃ一号ａ）。しかし、一運輸契約については一〇〇万ＤＭを上限とする（ＳＶＳ六条Ｃ二号）。かくして、保険金額が決定されるが、事故発生の場合には、保険者の給付は一損害事故当たり、同一運送取扱人の複数の委託者＝被保険者に損害が発生した場合にも、一〇〇万ＤＭに制限される（ＳＶＳ九条一項）。第二に、担保危険の面での制約がある。まず、運送保険によりてん補されたすべての危険、海上ならびに内航の運送取扱契約およびドイツ国内の取引にかかわらない運送について一般通常の種類の運送保険によりてん補されうる危険についてはてん補されない（ＳＶＳ五条一号Ａ・Ｂａ・ｂ）。この場合、運送取扱人はＡＤＳｐに基づき責任を負うべきところ、ＡＤＳｐ三七条ｃ項は、委託者の委託に基づき運送取扱人の締結した保険により損害がてん補される場合には運送取扱人は責任を負わないとする。また、委託者自身が運送保険を締結した場合（または締結しうる場合）には後述ＡＤＳｐ五七条ｂ項の保険利益享受約款の適用があり、いずれにせよ運送取扱人は責任を負わない。倉庫保険についても同様である（ＳＶＳ五条一号Ｄ）。その他、人損、差押（Beschlagnahme）による損害、戦争・暴動による損害、核エネルギーによる損害についてはてん補されない（ＳＶＳ五条四〜七号）。もっとも、このようなてん補範囲から除外される損害については、運送取扱人はＡＤＳｐに基づき（(3)参照）責任を負う。しかし、いずれにせよ、委託者は、常に法定の責任基準による損害のてん補を受けうるものではないことに留意すべきである。なお、ＳＶＳでは、請求権代位について、保険者は運送取扱人およびその使用人等に対する求償権は、故意に損害を惹起せしめた者に対する場合を除き、これを放棄することを定める（ＳＶＳ一二条）。

⑵　法定の責任

運送取扱人が、ＡＤＳｐ三九条ａ項の義務に反して運送取扱保険の締結を怠った場合には、運送取扱人はＡＤＳｐを援用しえず、法律の規定に従い責任を負う（ＡＤＳｐ四一条ｃ項）。もっとも、運送取扱保険は、包括予定保険（laufende Versicherung）の形態で契約されるのが通常であり、また、運送取扱人の通知洩れ、保険料不払等による抗弁は、保険者は顧客に対しては主張しえない（ＳＶＳ六条Ｃ１ｄ）ため、現実には法定の責任の認められることはほとんどありえない[58]。

⑶　ＡＤＳｐに基づく責任

委託者が（主として運送取扱保険料の節約のため）運送取扱保険の締結を禁止する指図をした場合には、運送取扱人はＡＤＳｐに基づいてのみ責任を負う。この場合、運送取扱人の責任は甚だしく制限されている。すなわち、まず、運送取扱人は、本人または指揮的従業員の故意または重過失についてのみ責任を負う（ＡＤＳｐ五一条ｂ項二文）。また、各梱包につき、一キログラム当たり三・七五ＤＭ、一損害事故当たり三七五〇ＤＭを最高限度とする（ＡＤＳｐ五四条ａ項一号・二号）。さらに、保険利益享受約款として、前述（三１で引用）のごとき規定が置かれている（ＡＤＳｐ五七条ｂ項）。この他にも、多くの直接または間接に責任を限定する条項が置かれている（ＡＤＳｐ五一条～六四条）。

このように、運送取扱人の責任が甚だしく制限されているのは、運送取扱保険による責任の代替が第一次的には期待されているためである。しかし、このような責任制限が許容されるかどうかは、また一つの問題である。

３　責任制限条項の許容性

⑴　一般原則

ＡＧＢＧ制定前には、責任制限条項の有効性に関してＢＧＨは見るべき判例を形成していたとはいいがたい。わずかに、ＡＧＢＧ施行前の内航運送約款中の一〇〇キログラム当たり一〇ギルダーという責任制限条項について無効とした一九七八年の判決（事案は、堪航能力担保義務違反にかかわる）は、「いかなる態様においても、その都度運送のために引き渡される物品の価額と結びつけられず、多かれ少なかれ恣意的と思われる責任規整により運送人がこの義務（堪航能力担保義務）を広汎に弱体化することは」許されないと判示している[59]。

責任制限条項の有効性の問題がにわかにクローズアップされてきたのは、ＡＧＢＧ制定前後から相次いで、化学クリーニング約款中の責任制限の有効性を争う訴訟が提起されてからであろう[60]。このクリーニング約款では、クリーニング料金の一五倍をもって責任限度額としていたのであるが、下級審判決は、有効とするものと無効にするものに分かれた[61]。そして、一九八〇年にこの件についてはじめてのＢＧＨ判決が下された。

[BGH Urt. v. 12. 5. 1980, BB 1980, 1011]　この事件は、委託者は商人であり、高価なじゅうたんがクリーニングの目的である。なお、ＡＧＢＧ施行前の事件である。ＢＧＨは次のように判示して、結論としては責任制限の効力を認めた。

「この任意法規（ＢＧＢ二七六条）により要請される利益調整に属するのは、Ｘ（クリーニング業者）がすべての事例の九〇パーセントのみならず、常に過責のある損害を完全に賠償するということである。彼の求めたクリーニング料金の高さはその際問題ではない。……決め手となるのは、Ｘの約款がほとんどの場合について顧客への妥当な保障を定めているか否かではなく、ＡＧＢがその残りの一〇パーセントの、価格の高い物品が毀損または滅失の状態となりその結果クリーニング料金の一五倍の支払いでは発生した損害のごくわずかの部分にしかならず、そのため実際上の意味がないような事例についても配慮がなされているかどうかだけなのである。」「……（このような配慮は）ＸはＡＧＢにおいてふさわしい保険を推奨し、かつ、……（相手方に……筆者）保険契約の締結に必要な申込書を引き渡してやったことで十分であった。」この最後の点に関し、判決は、Ｘに完全な責任を負わせるとすれば料金の引き上げにつながり非高価品の所有者の負担で高価品の所有者が不当な利益を受けるということ、目的の価額により料金に差を設けうるか否か、またそうすべきか否かにかかわりなく、保険の推奨という形で委託者に選択の機会を与えれば十分であること、また、Xのなした保険についての指示が十分であったか否かは、Xと本件委託者の間には多年の取引上の結びつきがあったためここでは立ち入らなくてよいことが述べられている。

このBGH判決は、結局、次の三原則を明らかにしたものと理解できる。①顧客の損害は全部が賠償されることが現行法における正当性の基本思想である。これにより、単に価格を低くとどめるという漠然たる理由により責任制限条項を設けたり、大部分の事例では全損害が賠償されているということにより責任制限条項の有効性を主張することは許されないこととなる。②しかし、全損害の賠償という①の要請は、AGB使用者の責任と費用において充足される必要はなく、AGBにおいて、典型的な事例において全損害が賠償されるレベルでの責任制限条項を設け、それを超える高度の損害については顧客に保険によるてん補の機会を与えておけばそれで足りる。典型的事例における損害額を基準とした責任制限は許容されるという点は、実は右判決ではそれほど明確に述べられていないが、判決全体のいわんとすることはまさにそういうことであろうと思われる。③顧客に対する付保の機会付与という点は、顧客に対するそのことについての指示が十分になされているのでなければならない。

このクリーニング約款中の責任制限条項に関するBGH判決の考え方は、今のところ学説によっても好意的に受けとめられているようである。たとえば、ブンテは、弁護士、経済監査士の前述のごとき責任保険とリンクさせた責任制限について、BGH判決の考え方が妥当することを繰り返し主張している(62)。

通常の損害レベルでの責任制限が妥当であることについてはケッツが「外部化（Externalisierung）」の観点から説明する(63)。すなわち、通常の損害だけしか予想されないような顧客と高額の損害の予想される顧客とを同一の損害賠償原則の下に置くことは、結局前者の負担において後者が利益を受けることになるので不当であるというのである。これは、右BGH判決でも述べられていることである。

グラーフ・フォン・ヴェストファーレンは、先にみたような軽過失免責条項の有効性についての考察は、基本的には責任制限条項にもそのまま当てはまるとし、基本義務違反に関するものであること、典型的な契約リスクに帰せしめえない人損および重大な財産損害に関するものである場合に、ＢＧＨのいうような包括的かつ十分な損害配慮の原則が妥当するとする。反面、財産損害（Vermogenschaden）、とくに瑕疵結果損害（Mangelfolgeschaden）についての責任制限は許容されるとする。結局、ＢＧＨ判決の妥当領域を少し狭めようというのである(64)。

責任制限条項の効力に関する議論は、いまだ緒についたばかりといえようが、右に見たごとく、基本的にはＢＧＨ判決が一般的な基準とされていくものと思われる。

ケッツの指摘するごとく、顧客間の衡平という点を考えると責任制限条項は単に許容されうるにとどまらず、積極的に要請されることもあろう。もっとも、それは、財・サービスの対価が、損害リスクに応じて差別化されていない場合に限られるであろう。

次に、通常の損害レベルをどのようにして画するのか、現実には困難な場合がありうるとも思われる。ただ、たとえば損害発生事例の九〇パーセント（すなわち大部分の事例）においては完全に損害が賠償されるということにより(65)、通常の損害レベルの要件をみたした責任制限となるというようなことがいえるとすれば、責任限度額の設定も比較的容易であろうが、何故九〇パーセントという数字が出てくるのかは説明が困難であり、この点は今後の判例・学説の展開をまつ外はないと思われる。

以上のような責任制限条項の有効性についての一般原則に合致するかぎり、保険による責任の代替と結合した責任制限をＡＧＢで定めることの有効性は肯定されよう。ただし、保険による場合には、それ自体として担保危険の限定、損害てん補額算定方法上の制約が存することに留意しなければならない。そのことにより、責任制限条項の定める有効性の基準を充足した責任限度額が実際には支払われないとするとＡＧＢ使用者の責任が復活することになるかどうかは問題の残るところであろう。保険の側面での限界が責任の面でも限界を根拠づけうるか否かという困難な問題にここでは逢着する。

(2) ＡＤＳｐの責任規整の有効性

まず、運送取扱保険によりてん補される損害については運送取扱人は一切責任を免れるとする点については、ＢＧＨは運送取扱人本人または指揮的従業員に重過失が存する場合も含めて有効であるとする。(66) ここでは責任発生事由の限定が行われているのではなく責任は運送取扱保険に代替せしめられており、かつ、運送取扱保険者は、法定の責任を排除・軽減するＡＤＳｐその他の合意による運送取扱人の抗弁を放棄しているからであるとされている。

運送取扱保険の締結を禁止した委託者について、金額の上で責任を制限するＡＤＳｐ五四条ａ項二号について次のような判決が見られる。

まず、運送取扱人の組織瑕疵（Organisationsmangel）（基本義務違反となる）または指揮的従業員の重過失の存在しないケースにおいてＢＧＨは、ＡＤＳｐ五四条ａ項二号の有効性を肯定する。(67) 判決は、右責任制限条項は、ＡＤＳｐの全責任・保険システムの一環としてその効力を判断しなければならず、一方での責任制限および証明責任の運送取扱人に有利な定めと、他方での調整された報酬、保険約款および保険料とは直ちに矛盾し荷主側に不利益を与えるものとは認められないとする。

これに対して、他のＢＧＨ判決は本人または指揮的従業員に重過失の存する場合には、もはやＡＤＳｐ五四条ａ項二号を運送取扱人は援用しえないとする。判決は、まず第一に、本人または指揮的従業員の重過失についての責任の排除・制限は基本的に不当であり、運送取扱保険の締結の可能性によっては償いえないとする。第二に、そもそも疑わしい右責任制限条項の効力に立ち入るまでもなく、委託者の側に運送取扱保険を付さなかったことにつきもっともと思われる事情があり、かつ、運送取扱人に重大な過失があるのであれば、運送取扱人は右責任制限を援用しえないとする。そして、委託者は保険のために余分な負担をしなければならなかったこと、ＡＤＳｐ中の保険利益享受約款により委託者は物保険の付保を迫られることになるが、運送取扱人本人または指揮的従業員に重過失がある場合には、既述のごとく物保険の保護は危くされることになること、いずれにせよ運送取扱保険と運送取扱人の責任、委託者の物保険の相互関係は委託者からはほとんど見通すことができず、そのことによっても運送取扱保険を付さなかったことにつきもっともな理由があるとした(68)。

まず、運送取扱保険が付された場合の、運送人の完全責任排除についてはＢＧＨ判例のごとく有効性を認めてよいようにも思われる(69)。委託者は運送取扱人本人または指揮的従業員に故意または重過失のある場合を含めて法定の基準による損害のてん補を受けられるからである。なお、運送取扱人または履行補助者の故意の場合についても委託者は損害のてん補を受けられるとされ（ＳＶＳ三条四項）、ＶＶＧ六一条に基づく保険の面の一つの制約も取り払われている。問題となりうるとすれば、次の諸点であろう。まず、保険金額の面からの制約により常に法定の基準によるてん補を受けられるわけではないので、ここでは変型の責任制限が存するといえる(70)。従って、運送取扱保険の給付水準は責任制限条項の一般原則を充足する必要があると思われる。また、運送取扱保険で担保範囲から除外されている危険に起因する損害についてはＡＤＳｐの低水準の責任制限が適用されることになるが、前記ＳＶＳ五条四〜七号については実際に問題となることは稀れであろう。仮に問題になる場合（むろん運送取扱人本人側に過責の存する場合である）には責任制限条項の一般原則に抵触する可能性が大きい。問題は、ＳＶＳ五条一号Ａ・Ｂａ・ｂ及び同Ｄの場合であり、この場合ＡＤＳｐ三七条ｃ項を介して、運送保険を運送取扱人が委託者の委託に基づき締結した場合には運送取扱人は責任を免れることとなっている。委託者は運送保険によるてん補を受けるので問題はなさそうであるが（三１２参照）、運送取扱人側に本人または指揮的従業員の故意または重過失という重大な過責の存する場合には委託者の保険保護が危くされるのであるから、運送保険でその点の手当がなされていないかぎりＡＤＳｐ三七条ｃ項の効力は制限されるべきであろう。委託者が自分自身で運送保険を締結した場合には、ADSp五七条b項についてやはり同様のことがいえよう。[71] いずれにせよ、運送取扱人本人または指揮的従業員に重大な過責のある場合には責任排除としては無効であることになる。

運送取扱保険の締結が顧客により禁止された場合のADSpの甚だ低い責任制限については問題がかなり複雑である。BGHは、一般的にはその有効性を肯定するが、クリーニング約款中の責任制限条項に関して示した一般原則とは食い違いがあるように思われる。[72] この食い違いを正当化するとすれば、ADSpでは常に自動的な運送取扱保険締結の機会が保障されているという点である。そして、これを、顧客による物保険の付保が可能かつ通常である場合の免責の拡大と同様の論法で（三2参照）根拠づけることもできよう。ただ、その論拠では、運送取扱保険においては顧客の保険保護は、運送取扱人または指揮的従業員に重大な過責がある場合にも危くされないから、常に責任制限は有効ということになるが、これは最後に引用したBGH判決と明らかに矛盾する。ここにおいては、本人または指揮的従業員の故意または重過失についての責任制限は許容されないという一般原則が重視されていることになる。これは、運送取扱保険が通常の物保険とはかなり異なった保険であることに起因するのかもしれない。いずれにせよ、保険による責任の代替の可能性を根拠として一般原則では許されない責任制限の効力を肯定するにしても（このことは商人取引では別段不当というべきではないと思われる）、そこには、故意または重過失についての責任の制限は許されないという限界が存することになる。なお、最後にあげたBGH判決のいう、運送取扱保険を付さなかったことについてもっともと思われる理由がある場合か否かという観点を問題とするのであれば、これは重過失の存する場合についてのみならず、軽過失の存するにすぎない場合にも問題となりうるのではないかという疑問もある。

（40） 各種の損害保険と、各種の（定額）人保険がこれに属する。

（41）　監視営業（Bewachungsgewerbe）の意義については、Hoffmann, E./Janssen, F./Krautschneider, E., Bewachungsgewerberecht, 1968, S.16ff. 監視営業については、営業令（Gewereordnung）のほか、監視営業に関する命令（VO über Bewachungsgewerbe v. 1. 6. 1976（BGBl. I, S. 1341）の規制が及んでいる。

（42）　用いられている保険約款については、Hoffmann/Janssen/Krautschneider, a.a.O.（N.41）, S. 107ff.

（43）　五〇万ドルが最低付保金額である。§54 Wirtschaftsprüferordung i.d.F. v. 5. 11. 1975, BGBl. I, S. 2803 und §2 Abs. 2 VO über die Berufshaftpflichtversicherung der Wirtschaftsprüfer und vereidigten Buchprüfer v. 8. 12. 1967, BGBl. 1967 I, S. 1212.

（44）　ただし、株式法一六八条二項は、株式会社の会計監査に関しては、経済監査士は、軽過失による責任に関するかぎり五〇万マルクに責任を制限することが認められている。

（45）　Bunte, H-j., Handbuch der Allgemeinen Geschäftsbedingungen, 1982, S. 311ff.

（46）　§67 Steuerberatungsgesetz i.d.F. v. 4. 11. 1975, BGBl. I, S. 2735.

（47）　身分綱領では最低一〇万ドルの付保が必要とされる。

（48）　自動車物品運送に関しては、自動車物品運送法（Güterkraftverkehrsgesetz）二七条一項が責任保険の締結を義務づけている。ただし、遠距離自動車物品運送の契約条件は、自動車物品運送令（Kraftverkehrsordnung für den Güterfernverkehr mit Kraftfahrzeugen（Berförderungsbedingungen）（KVO）により規定されているので、ＡＧＢとしての問題は生じない。

（49）　身分綱領（四八条）により最低一〇万ドルの付保が必要とされる。

（50）　Bunte, a.a.O.（N.45）, S. 306ff.

（51）　Bunte, a.a.O.（N.45）, S. 301ff.

（52）　用いられる保険約款については、Hoffmann/Janssen/Krautschneider, a.a.O.（N.41）, S. 118ff. なお、監視営業一般については責任保険の締結を強制しながら、車両についてのみ物保険の締結が義務づけられていることの理由としては、物保険の方が顧客の保護に厚いこと、従前から実務上物保険が付されていたことがあげられているようである。Hoffmann/Janssen/Krautschneider, a.a.O.（N.41）, S. 112ff.

（53）　航空旅客運送における義務災害保険については、Schwenk, W., Handbuch des Luftverkehrsrechts, 1981, S. 568ff.

（54）　ジークは、ＡＤＳｐの責任システムをもって、「保険による責任の代替（Haftungsersetzung durch Versicherung）」と称していた。Sieg, Haftungsersetzung durch Versicherungsschutz, ZHR Bd. 113, S. 95ff.

（55）　ＡＤＳｐにおけるこのような責任システム形成の背景については、以下を参照。Krien, E./Hay, E., Die Allgemeinen Deutschen Spediteurbedingungen, 1959, S. 15ff.; Helm, J.G., HGB Großkommentar, 3. Aufl., Bd. 5, 1. Halbbd., 1980, §415 AnhI Anm. 1. なお、

現行ＡＤＳｐは一九七八年一〇月一日改定のもの。

（56） ＳＶＳ二条二項は、この保険における運送契約を定義している。それによれば、運送取扱、運送、倉庫その他これらに付随する各種の契約が網羅されている。

（57） 従って、運送取扱保険は、運送保険でも、責任保険でもない一種独特の物保険であることになる。Helm, Versicherung von Transportschäden und Versicherungsregres, VersR Beilage, Karlsruher Forum, Jubiläumsausgabe, 1983, S. 117.

（58） Helm, AGB-Gesetz und ADSp, VersR 1977, S. 587.

（59） BGH Urt. v. 20. 3. 1978, BB 1978, S. 829.

（60） クリーニング約款については、以下を参照。Schmidt, Das AGB-Gesetz in der Praxis der Haftpflichtschäden in der Chemisch-reinigung, VersR 1978, S. 593ff.

（61） 無効とした判決の理由とするところは、高価品についての責任を負う可能性が一切排除されている（LG Ansbach, Urt. v. 30. 10. 1978, NJW 1979, 769）、実際上顧客には保険を付す可能性がない（AG Lubbecke, Urt. v. 28. 6. 1979, MDR 1979, 1024）、制限金額が生じうる損害額と何の関係もない（AG München, Urt. v. 17. 7. 1979, BB 1980, 178）などである。

（62） Bunte, Mandatsbedingungen der Rechtsanwälte und AGB-Gesetz, NJW 1981, S. 2658ff.; Bunte, Allgemeine Auftragsbedingungen für Wirtschaftsprüfer und Wirtschaftsprüfungsgesellschaften und das AGB-Gesetz, BB 1981, S. 1065ff.

（63） Kötz, a.a.O.（N.24）, S. 150.

（64） Graf von Westphalen, a.a.O.（N.11）, S. 982ff.

（65） 本文で紹介したBGH Urt. v. 12. 5. 1980によれば、その原審判決は、当該責任制限条項の効力を肯定するに当たり、すべての事例の九〇パーセントでは完全な損害賠償が行われていることを有力な根拠としている。

（66） BGH Urt. v. 18. 6. 1976, VersR 1976, S. 1129; BGH Urt. v. 7. 7. 1976, VersR 1976, 1056.

（67） BGH Urt. v. 9. 10. 1981, VersR 1982, 486.

（68） BGH Urt. v. 2. 12. 1977, NJW 1978, 1918. なお、本判決は、運送取扱保険が付されていないケースであったが、運送取扱保険が付されていたものの、ＳＶＳによりそのてん補が受けられないというケースでも、運送取扱人本人または指揮的従業員に重過失があればやはり免責は無効とされている。BGH Urt. v. 6. 3. 1956, BGHZ 20, 167.

（69） Graf von Westphalen, Allgemeine Deutsche Spediteurbedingungen und AGB-Gesetz, ZIP 1981, S. 121; Hensen, a.a.O.（N.18）, Anh. §§ 9-11, ADSp Anm. 22. もっとも対非商人取引においては、ＡＧＢＧ一一条七号により無効とされるのではないかと思われる。実際には、保険でてん補される金額を超える損害額を運送取扱人が賠償するということになろう。

(70) Helm, a.a.O. (N.58), S. 589 は、この場合、(対商人取引を前提とするが) もし運送取扱人本人または指揮的従業員に重過失があれば、運送取扱人は運送取扱保険によりてん補される金額と損害額の差額を支払わなければならないとする。
(71) Helm, a.a.O. (N.55), § 415 Anh. I (§ 58 ADSp) Anm. 8.
(72) Vgl. Graf von Westphalen, a.a.O. (N.69), S. 122.

〔『鴻常夫先生還暦記念・八十年代商事法の諸相』六四三頁～六七八頁(有斐閣、一九八五)〕

〔編注〕 本稿は、ドイツで在外研究中に、ドイツでは免責条項の不当条項規制について多角的な観点から議論されていることに関心を持ち、議論をまとめてみたものであるが、わが国では、現在に至るまで免責条項についての議論は十分には見られない状況が続いている。これは、わが国では、ドイツほどには免責条項が取引実務上使用されていないことにも原因があるのかもしれないが、免責条項が当然に不当条項視されるような傾向もないではなく、そうだとすると免責条項を使用した合理的な取引内容形成も制約を受けているのではないかという疑問が感じられないでもない。

企業取引法と不当条項規制

――免責条項規制のあり方を素材とした一考察

一　はじめに――消費者契約法と商法の適用関係

消費者契約法一一条一項は、消費者契約法と民法・商法との適用関係について、消費者契約法を民法・商法に対する特別法であると位置づけ、消費者契約法の規定と民法・商法の規定との間に抵触があるときは、消費者契約法の規定が優先して適用されるものとする。これに対して、消費者契約法一一条二項は、消費者契約法の規定と民法・商法以外の法律（以下、特別私法という）の規定との間に抵触があるときは、特別私法の規定が優先して適用されるものとする。

消費者契約法は消費者と事業者との間の情報および交渉力の格差に基づいて契約条項の無効を規定することを一つの目的とするが（消費契約一条）、同法と民法との関係を考えると、民法は契約当事者を対等の関係と見ており、消費者契約法はまさにその対等の関係が消費者契約では存在していないという認識に立脚して契約条項の無効を認めようというのであるから、消費者契約法と民法の関係については消費者契約法が特別法となるという位置づけは素直に理解できるところである。これに対して、消費者契約法と商法との関係については、話はより複雑である。現に、消費者契約法の立法過程においても商法との関係については、どちらが優先的に適用されるとするのかについて考え方の動揺が見られたところである。[1]

商法は、商人が少なくとも一方当事者である契約について適用対象としており（商三条一項参照）、消費者契約法にいう消費者契約も適用対象となるが、伝統的な商法（企業法）学理論によれば、商法は企業取引の理念に基づいて規定しているのであり、民法と異なり、いわば色のついた私法であるが、消費者契約法も上記のように消費者の利益を確保するというやはり色のついた私法であり、そうすると、両者の理念をどのように調整するのかという問題があることになる。消費者契約法一一条一項は、商法を民法と同列に並べて、消費者契約法は商法に対しても特別法となるという位置づけをしたのであるが、このことは商法の理念は消費者契約法の理念よりも劣後するということを意味するものであろうか。

本稿は、このような問題意識を持ちながら、企業取引における免責条項の規制のあり方について考察することとする。[2] 免責条項は、法律の一般原則によれば企業が負うべき契約上の責任を全部または一部免れさせることを内容とする約款条項であるが（したがって、責任制限条項も本稿では免責条項に含まれるものとする）、免責条項は、約款論あるいは消費者保護という観点からは顧客ないし消費者の利益を保護するために、いかにこれを規制するかが重要なテーマとなってきたし、消費者契約法の下でもこれは依然として重要な課題となる。これに対して、商法ないし商法を含む講学上の企業法では運送契約に関する法律の規定自体が民法の債務不履行責任等との対比では責任を軽減する内容を含むように、企業取引では免責条項が合理性を有する局面があることを肯定してきたと思われ、免責条項は消費者契約法と商法ないし企業法の調整がいかにあるべきかを考察するのに格好の素材であるということができるのである。

（1）　平成一〇年四月のいわゆる中間報告（「消費者契約法（仮称）の具体的内容について」）では、消費者契約法は民商法の特別法と位置づけるとしていたが、平成一一年一月の報告（「消費者契約法（仮称）の制定に向けて」）では、消費者契約法は民法に対する特別法であるとする一方で、商法および個別法の私法規定との関係では個々の条項ごとにいずれが優先的に適用されるかを検討する必要があるとして結論を留保していた。平成一一年一一月の最終的な報告（「消費者契約法（仮称）の具体的内容について」）では、商法に対しても消費者契約法は特別法であるという立場がとられた。

（2） 制定後の消費者契約法と商法との関係についての考察としては、小塚荘一郎「消費者契約法と商法」ジュリ一二〇〇号八四頁（二〇〇一）がある。

二　消費者契約法による免責条項の規制

消費者契約法は、八条および九条において無効となる具体的契約条項を列挙するが、このうち八条は、まさに免責条項を規制するものであり、事業者の債務不履行責任および契約に係る不法行為責任について、責任を全部免除する契約条項（以下、このような免責条項を「全部免責条項」という）および事業者に故意または重過失がある場合（事業者の履行補助者の故意または重過失を含む）の責任を一部免除する契約条項（以下、このような責任の一部を免除する免責条項を「責任制限条項」という）を無効であるとする。[3] これにより、事業者に軽過失があるにすぎない場合には全部免責条項だけが無効とされ、故意または重過失がある場合には全部免責条項だけでなく責任制限条項も無効とされることになる。これを裏側からみれば、事業者に軽過失があるにすぎない場合の責任制限条項は八条によっては無効とされないことになる。

しかし、免責条項が八条により無効とならないとしても、一般条項として置かれた一〇条により無効となる可能性は否定されない。八条は同条により無効とされない契約条項について反対解釈として有効とするという趣旨を含むものではなく、いわば最低レベルの不当条項規制を加えるものであり、八条の規制をクリアーする契約条項も一般条項により不当とされれば無効となる可能性は否定されないのである。

それでは、一〇条の下では、どのような基準で不当契約条項が無効とされるか。一〇条は、民法・商法その他の法令の任意規定よりも消費者に不利益な契約条項であって、信義則に反して消費者の利益を一方的に害するものを無効とするものである。この一般条項がいかなる意義を有するかの解釈についてはそれ自体大問題であって、ここではそれに立ち入ることはできないが(4)、いずれにせよ民法・商法の任意規定が契約条項の不当性を判断する一つの有力な基準を提供することは肯定されるであろう。したがって、消費者契約法は商法に優先して適用されるとはいっても、一〇条に関するかぎりでは、（任意規定を基準とすることの意義についてはともかくとして）商法の規定に合致した契約条項であれば同条により無効とされるということは基本的にはないであろうという意味で、消費者契約法が単純に商法よりも優先的に適用されるということになっているわけではないことには注意する必要がある(5)。

しかし、ひとたび商法に規定がないような契約類型あるいは契約条項が問題となるかぎり一〇条による不当条項規制をどのように適用できるかは難問となる。一〇条にいう任意規定の意義を広く解することや、一〇条の下でも競合して適用できると考えられる信義則あるいは公序良俗を根拠とする民法による不当条項規制を適用することなどにより不当な契約条項を無効とすることを認めていく必要があることは、学説により主張されつつあるところである(6)。従って、一〇条によるにせよ、その他の根拠によるにせよ、商法に任意規定のない契約類型または契約条項についても不当条項規制は及び、免責条項もその対象となりうると考えられるが、より重要な問題は免責条項について不当であるかどうかを実質的にどのような基準により判断すべきかということであり、この点においてはわが国の判例・学説は、十分な予測可能性をもって確立しているとはいいがたく、今後の大きな課題であると思われる(7)。そこで、三以下では、約款規制法という不当条項規制に関する一般法の下で免責条項がどのように規制されているか(8)、またそのことが商法ないしはより一般的に企業取引法に対してどのような影響を及ぼしているかの参考ケースとしてドイツの状況を概観して問題点を洗い出してみよう。

(3) 免責条項には本文であげたような債務者である事業者の責任要件としての主観的要件に関する免責条項のほかに、そもそも事業者が負う債務の範囲を限定するという類型がありえ、これについても大きな問題があるが、本稿ではこの点については立ち入らず、消費者契約法八条で問題とされているような類型の免責条項に限定して検討する。

(4) 一〇条の立法論および解釈論的な問題点については、山本敬三「消費者契約法の意義と民法の課題」民商一二三巻四＝五号五三三頁以下(二〇〇一)などを参照。

(5) 不公正契約条項に関するEU指令およびドイツ約款規制法では、民法、商法、特別私法を問わず法令の規定に合致する契約(約款)条項は、そもそも不当条項規制(一般条項および不当条項リストのいずれも含む)の適用がない、換言すれば民法および商法の規定も指令および約款規制法に対しては特別法となるという形で適用の調整をしているのに対して(この点については、山下友信「消費者契約法諸規定の位置づけ」『別冊NBL五四号・消費者契約法—立法への課題—』二一四頁(商事法務研究会、一九九九)参照。このような適用関係を規定するかぎり消費者契約法一一条のような適用関係の規定は不要である)、消費者契約法ではそのような考え方が採用されておらず、一一条一項によるかぎり民法、商法に合致する条項も不当条項規制の適用を受けることになるが、一般条項である一〇条に関するかぎりではEU指令や約款規制法と結果的には同様の結果となると思われる。この点では、消費者契約法と民法・商法の関係は、従来の一般法と特別法との関係に関する理論では把えきれないものとなっている。もっとも、この問題が立法過程で理論的に十分整理されていたのかは疑わしい。適用関係について論ずるものとして、平田健治「消費者契約法の位置づけ」NBL六八八号三六頁(二〇〇〇)。

(6) 山本・前掲注(4)、小粥太郎「不当条項規制と公序良俗理論」民商一二三巻四＝五号五八三頁(二〇〇一)などを参照。

(7) 免責条項が公序良俗違反として無効とされた例として、国内航空旅客運送約款の責任制限条項がある。大阪地判昭和四二・六・一二下民集一八巻五＝六号六四一頁、東京地判昭和五三・九・二〇判時九一一号一四頁およびその控訴審判決である東京高判平成元・五・九判時一三〇八号二八頁(ただし、本事件は航空会社から衝突の相手方である国に対する求償に係るものであり旅客は当事者でない)。裁判上主として問題となっている運送契約その他の保管型営業に係る免責条項に関する判例の状況については、山本豊「保管型営業主の用いる免責条項に対する司法的規制について(一)」上法二七巻二号一頁(一九八四)参照。

(8) 廣瀬久和「免責約款に関する基礎的考察」私法四〇号一八〇頁(一九七八)、山本(敬)・前掲注(4)、山下友信「免責条項と保険」『鴻常夫先生還暦記念・八十年代商事法の諸相』六四一頁(有斐閣、一九八五)(本書二三四頁)、山本豊「免責条項の内容的規制のための基準について」同『不当条項規制と自己責任・契約正義』一四九頁以下(有斐閣、一九九七、初出一九八七)、田處博之「契約による過失責任の免責—ドイツにおける司法的内容規制の展開(一)〜(三)」早法六六巻四号一九頁、六七巻三号一頁、六八巻三＝四号一頁(一九九一〜一九九三)。また、石田喜久夫編『注釈ドイツ約款規制法(改訂普及版)』一一〇四頁以下等〔山本宣之〕

（同文舘出版、一九九九）も参照。

三　ドイツ約款規制における免責条項の規制

1　法律の規定

約款規制法は、二〇〇一年債務法現代化法により、内容の改正を加えた上、民法典の中に編入された。本稿に関係する部分についてもかなりの改正が加えられているが、本稿の関心対象である免責条項規制という観点では基本的な考え方自体に変更はないようであり、また、むしろ一般条項の解釈適用のあり方が重要であるので、以下の検討は改正前の約款規制法の下での議論に即して展開することとしたい(9)。

約款規制法では、無効とされる不当条項リストには、一〇条（現民法三〇八条）のグレー・リスト（合理性ないし相当性のある場合には無効とならない）と一一条（現民法三〇九条）のブラック・リスト（当然に無効となる）とがあったが、このうち一〇条のグレー・リストには免責条項に該当するものは含まれていない。これに対して、一一条のブラック・リストには、約款使用者（以下、企業という）自身の重過失(10)またはその代理人もしくは履行補助者の故意または重過失による契約違反に対する損害賠償責任を排除（全部免責）または制限する条項（一一条七号）、履行遅滞または履行不能による損害賠償責任を排除しまたは一一条七号に反して制限する条項（八号）、一部履行遅滞または一部履行不能による損害賠償責任を排除する条項（九号）があげられていた。

これにより、企業自身またはその使用人その他の履行補助者の故意・重過失による損害賠償責任に関するかぎりは全部免責のみでなく責任制限も当然に無効となる。しかし、一一条は履行遅滞または履行不能による損害賠償責任の全部免責を別として、軽過失による損害賠償責任の免責については無効としているわけではないので、軽過失による責任の免責については一般条項である九条（現民法三〇七条）に従い有効か無効かが判断されることになる。

なお、一一条の不当条項リストは、顧客が企業である場合には適用されない（二四条。現民法三一〇条一項）。しかし、この点がドイツ法の大きな特徴であると思われるが、企業間取引の約款条項についても九条の一般条項は適用があり、判例では企業間取引についても九条を幅広く適用する傾向にあり、故意または重過失による責任に係る免責条項については一一条七号を適用するのと大きくは変わらないこととなっている。(11)

2 判例の動向

(1) 軽過失全部免責条項

判例は、企業自身および指揮的従業員のみならず履行補助者一般の軽過失全部免責条項について一律に不当として無効とするのではなく、九条二項二号を根拠として無効とするのが主流である。(12) 九条二項二号は、契約目的の達成を危うくするように契約の性質から明らかになる本質的な権利義務を制限する条項については、九条一項により信義則違反として条項が無効とされるための要件である顧客にとっての不当な不利益が推定されるとするものであり、免責が問題となっている企業の義務がこの九条二項二号の要件に該当するかぎりで、その義務違反についての軽過失全部免責条項は無効とされる。この判例は、企業間取引においても妥当するものとされている。(13)

このような九条二項二号が適用されるような損害賠償責任の基礎となる義務は基本義務（Kardinalpflicht）とよばれるが、基本義務についての軽過失免責条項は無効とする判例は約款規制法制定前から確立していたものであり、九条二項二号はむしろこの判例を明文化したものということができる。判例で基本義務とされたものとして、石油供給契約における供給時の石油タンクの監視義務、運送取扱契約における堪航能力担保義務、水道供給契約における浄水供給を確保する設備の設置義務などがある。堪航能力担保義務の例からわかるように、基本義務とされるのは、その義務の履行があってはじめて契約で定められた内容の義務の履行が可能となるような前提的な義務であり、その義務の履行について顧客の信頼があるようなものをいう。

判例は、軽過失がある場合の責任制限条項については、全部免責条項についてほどのケースがないため必ずしも明確ではないが、少なくとも責任制限条項を当然に無効とするということにはなっておらず、責任制限の内容の如何により有効か無効かを判断しているということができる。

(2)　責任制限条項の効力

約款規制法施行前の事案に関するが、責任制限条項のうち典型的な金額による責任制限（責任限度額）を定める条項については、化学クリーニングに関する約款で料金の一五倍に責任を制限する条項の効力について判断した一九八〇年の連邦通常裁判所（以下、ＢＧＨという）判決[14]は有力な基準を提供する。同判決は、顧客に生じた損害は全部が賠償されることが民法の任意規定の要請するところであり、顧客に損害が生じる場合の九〇パーセントが責任制限の範囲内であるということだけで責任制限が許容される（控訴審判決ではこのように判示していた）ことになるものではないが、残りの一〇パーセントの高価品の滅失・毀損による顧客の損害についてはクリーニング業者としては責任を負わずに顧客に保険を付すことを推奨しておけば足りるとし、そのかぎりで当該責任制限条項を有効であるとする。高価品についてこのように責任を負わず保険を付すことの推奨をしておけば足りるとすることの根拠としては、クリーニング業者に全部の損害について責任を負わせれば、料金の引き上げにつながり高価品でない物品の顧客の負担で高価品の顧客が不当に利益を受けることになるからであるという。

この判決の考え方は、約款規制法施行後の判例にも基本的なところでは受け継がれているようであり、より一般的な基準として、非典型的あるいは異例な損害については責任を負わないようにするための責任制限は許容されるが、その契約において典型的で予見可能な損害について責任を負わないことになるような責任制限は、全部免責条項と同様に約款規制法九条二項二号を援用して無効となるという考え方がとられるのが一般的なようである[15]。

なお、責任制限条項の別の態様としては、顧客のために保険を付すこととし、その代わりに企業は責任を負わないとするものもあり（保険による責任の代替）、運送取扱契約約款（ADSp）はその代表的な例であるが、これについても判例は契約責任と同程度の損害てん補を顧客が受けられるかぎりでは基本的には有効性を認めているということができる(16)。もっとも、消費者取引ではこのような事例はあまりないようである。

3　判例の評価と学説

判例の動向を総括すると、次のようなことが指摘できるのではないかと思われる。

無効とされる場合の判断基準としては、約款規制法九条二項二号の基準に依拠すること、およびその具体化として約款規制法制定前から判例上確立していた基本義務の免責禁止の法理に依拠するのが一般のようである。これを裏返していえば、同じく不当性判断基準である九条二項一号の任意規定の指導形象機能（Leitbildfunktion）という判断基準は、免責条項に関するかぎりはあまり機能していないということである。このことの原因は、免責条項が問題となる多くのケースは民法や商法などに当該具体的契約類型に関する規定がないことにもよるのかもしれないが、契約責任に関しては民法の一般規定はあるのであり、その指導形象機能から免責条項の規制をすることは考えられるにもかかわらず、必ずしもそうはされていないのである。あるいは、民法は債務者自身の故意による責任の免責のみが無効であることを規定し(17)、それ以外の免責条項を大幅に許容するという立場をとっていることとの関係で、民法の任意規定の指導形象ということから免責禁止を導くことが適当ではないと考えられているとも推察される。いずれにせよ、責任制限のみでなく軽過失全部免責すらも当然には無効とすべきでなく、より絞られた範囲で無効とすべきであるという判断が出発点となっているように思われる。

それでは、有効な免責条項と無効な免責条項との振り分けはさらに具体的にはどのような判断基準によるのか。基本義務かどうか、あるいは契約目的達成の危殆化があるかどうかを判断する要素はかなり類型化して整理されているということができる。学説によりしばしば考慮すべきものとしてあげられる判断要素としては、侵害される法益―人損の免責は許されない[18]―、債務者の義務の性質―債務者の義務履行に対する顧客の信頼が強い場合の免責は許されない（債務者企業の専門的能力に対する信頼が強い場合。基本義務についての免責禁止は基本的にはこの観点から説明される）[19]―、保険との関係―債務者企業は責任保険によりリスクを分散できるのであるから免責は基本的には許されないが、責任保険が機能しえないようなリスクに関しては例外を認めるべきであるのに対して、顧客の保険の方がリスクの分散をするのに適している場合は例外が認められる余地がある[20]、などである[21]。これに対して、免責を認めないと価格の上昇につながるという議論は免責を合理化する要素としては認めるべきでないことには大方の意見の合致がある[22]。なお、責任制限条項についての判例も基本的には支持されているようであるが、この点についての学説の説明は必ずしも明らかではないが、基本的には顧客間の公平性ということで説明されているように思われる[23]。

以上を全体的に見れば、ブラック・リストに掲げられていないタイプの免責条項に対して一般論としては当然に不当視するわけではなく、さまざまな要素を考慮して有効・無効を判断する柔軟な枠組みが一応形成され、その下での有効・無効の判断基準は類型的にはおおよそのところは固まっていること、しかし、全体的には免責条項に対して厳格な規制を及ぼす方向に向かっているのが現状であるということができる。

（9）　二〇〇一年民法改正による改正で、本稿に直接関係する部分は以下のとおりである。まず、旧法では一一条七号で契約違反に関する免責、同八号で履行遅滞・履行不能に関する免責、九号で一部履行遅滞・履行不能に関する免責について規定していたが、民法の給付障害に関する大改正により給付障害は義務違反という概念に包括されたことに伴い、改正法は一一条に相当する三〇八条で七号～九号を統合し、新たな七号で義務違反による免責を規定した（瑕疵担保責任に関する免責に関しても旧一〇号一一号から義務違反の一態様として新八号に改められている）。新七号は、まず人の生命・身体・健康の侵害とその他の場合とを分けて、前者については軽過失免責も無効とし、後者については重過失免責のみを無効とする（その上で、旅客運送に関する一定の約款についての適用除外を規定しているが、これは旧法では二三条にあった適用除外を移したものである）。人身損害については軽過失免責も無効とされたのは、ＥＵの不公正条項指令を考慮したものである。改正の趣旨については、Bundestag Drucksache 14/6040 (14. 05. 2001) S. 155ff. そのほか、一般条項である旧九条に相当する三〇七条ではいわゆる透明性原則が一項に追加して規定された。

(10) 企業（債務者）自身の故意についてはすでに民法二七六条二項（現民法では三項）により無効とされている。

(11) 後述の約款規制法九条二項二号に該当する本質的な義務に関するかぎりでは、指揮的従業員（leitender Angestellter）の故意・重過失のみでなくそれ以外の履行補助者の故意・重過失免責条項も基本的には無効とされている。BGHZ 89, 363.

(12) Ulmer-Brandner-Hensen, AGB-Gesetz, 9. Aufl. 2001, §9 Anm. 150–153 (Brandner), §11 Nr. 7 Anm. 24（消費者取引）, Anm. 30（企業間取引）(Hensen); Wolf-Horn-Lindacher, AGB-Gesetz Kommentar, 4. Aufl. 1999, §11 Nr. 7 Anm. 29–30 (Wolf).

(13) Ulmer-Brandner-Hensen, a.a.O. (N.12), §11 Nr. 7 Anm. 26 (Hensen).

(14) BGHZ 77, 126.

(15) Ulmer-Brandner-Hensen, a.a.O. (N.12), §9 Anm. 156 (Brandner), §11 Nr. 7 Anm. 27（消費者取引）, Anm. 36（企業間取引）(Hensen).

(16) 詳しくは、山下・前掲注（8）六六九頁（本書二五八頁）参照。ただし、後述の一九九八年商法改正によりＡＤＳｐの保険による責任の代替はもはや効力を有しえないとされる。Bundestag Drucksache 13/8445 (29. 08. 1997)（後掲注（25）参照）, S. 87.

(17) 前掲注（10）参照。

(18) 前述注（9）のように現民法では人身損害に関しては軽過失免責もブラック・リストに掲げられ消費者取引では当然に無効とされた。

(19) Wolf-Horn-Lindacher, a.a.O. (N.12), §11 Nr. 7 Anm. 30 (Wolf).

(20) Wolf-Horn-Lindacher, a.a.O. (N.12), §11 Nr. 7 Anm. 33 (Wolf).

(21) 企業間取引であるが、船舶の監視契約や造船ドックにおける船舶の修理契約（BGHZ 103, 316）において顧客の物保険が付されているのが通例の場合に企業の軽過失全部免責条項が有効とされる例がある。山下・前掲注（8）六五〇頁（本書二四一頁）。

(22) Ulmer-Brandner-Hensen, a.a.O. (N.12), §9 Anm. 109–113 (Brandner); Wolf-Horn-Lindacher, a.a.O. (N.12), §9 Anm. 137–139 (Wolf). ただし、価格との関係は免責条項を正当化しないという原則に対して、顧客に料金と責任の選択可能性を与える場合など例外が認められるか否かは問題とされている。

(23) 山下・前掲注（8）六七一頁以下（本書二六二頁以下）参照。

四　商法と約款規制法との相克——一九九八年商法改正による運送人の責任規整

1　はじめに

前項で概観したように、約款規制法の下での免責条項に対する法的評価基準は概ね固まっているということができるが、これはあくまでも約款規制法という顧客保護を目的とする一般法という立場からの法的評価である。消費者取引を含む実際の企業取引については、個別に立法がなされることが少なくないが、そこで約款規制法における免責条項規制と同じ法的評価に基づいて責任規整がされるのであれば、企業取引立法と約款規制法との間に調和した状態が得られており、本稿の冒頭で述べたような商法ないし企業法と消費者契約法との理念の関係ということは問題とならないであろう。しかし、すべての場合そうでもないということの最近の一例として、ドイツの運送契約に関する商法の改正をあげることができる。本項では、この改正の概要を紹介し、約款規制法や消費者契約法という顧客ないし消費者保護の一般法と個別取引類型に関する立法との関係についての参考材料としたい。

2　一九九八年改正前商法の運送人責任規整

民法の債務不履行責任の一般原則をそのまま適用することが適当でない契約類型がありうることは一般的に肯定されてきたことであり、商法の運送契約に関する規整はまさにその代表的な例である。ドイツの商法に置かれている陸上運送契約に関する規定も運送人の債務不履行責任に関して民法の原則を大幅に修正しており、まさに免責条項を法定したものともいえるのである。

改正前の商法の規定内容は、基本的にはわが国の商法の陸上運送契約に関する規定と類似したものであった。すなわち、運送人は過失責任を負うが（四二九条一項、四三二条）、運送品の滅失・毀損による損害については運送品の価額に限り損害賠償責任を負うことを原則とし（四三〇条一項・二項）、運送人に悪意または重過失があるかぎりにおいて一切の損害を民法の原則に従い賠償する責任を負う（四三〇条三項）。また、高価品については荷送人が明告する場合にのみ運送人は責任を負う（四二九条二項）。

このような責任規整は、上記の免責条項の有効性に関して抽出された一般原則から見てどのように評価されるのであろうか。原則的には運送品の価額に責任を制限することについては、運送品の価額が通常の顧客の損害であるといえるとすれば、運送人に軽過失があるにとどまるときは責任の制限の定めとしては合理性のあるものと説明することができそうである。

しかし、約款規制法の下での一般原則を、企業は顧客に生ずる予見可能な損害の大部分をてん補することになるようなレベルで制限することだけが容認されるというように理解すれば、運送品の滅失・毀損による間接的な損害は賠償の対象としないとする商法の責任規整と一般原則が本当のところで合致しているのかどうかはかなり微妙な問題であると思われる。もともと、商法の運送人の責任規整において運送人の責任が民法の一般原則よりも軽減されているのは、運送人の責任発生原因が厳格責任であったことと関連があり、過失責任原則による商法には本来適合しないものであるということが認められており、[24] 責任規整自体はかなり政策的なものということができるのである。ただ、改正前の商法の責任規整は、約款規制法の一般原則との調整という問題を顕在化させるほど責任を軽減するものではなかったということはいえるであろう。

3　一九九八年改正法による運送人の責任規整

ドイツでは、一九九八年に商法の運送契約に関する規定の大幅な改正が行われ、これにより運送人の責任規整にも大幅な修正が加えられたが、その内容を見ると約款規制法と商法のスタンスの違いは一層拡大されているように見えるのである。まずはその概要を見ることとする。

一九九八年の改正は、ドイツでは運送契約に関して商法の規定は実務上の意味をほとんど失っており、各種の運送契約ごとに特別の法令・約款が制定されてきていたが、それらが乱立し見通しがきわめて悪くなっていたこととともに、合理的な理由のない規整の相違が生じていたことを是正しようとするものであり、改正法は海上運送契約を除くすべての運送契約に関する統一的ルールを商法に設けることとしたものである。(25) 改正法は従前の商法では規定していなかった遅延損害等の滅失・毀損以外の損害についての責任、請求権競合問題、複合運送、実行運送人の責任などについて規定を整備するなど運送法の現代化が図られているが、基本的には、一九五六年道路運送条約（ＣＭＲ）の内容を商法に取り込むものである。従って、国際的なルールに従わざるをえないという点からは立法政策的な判断を大幅に制約されたということはある。しかし、改正法の責任規整については相当に強い批判がなされるものとなっていることも事実である。

それでは、改正法による運送人の責任規整はどのような内容であるのか。(26) まず、滅失、毀損および延着に関する責任発生原因については、従来の過失責任を廃止し、ＣＭＲどおりに厳格責任を導入した（四二五条一項・四二六条。なお、四二七条で個別の責任排除事由を規定する）。その上で、賠償額については、滅失・毀損に関する損害については運送品の価額（市場価額を原則とする）によることとし（四二九条）、この点は基本的には従来と同じであるが、大きく変わったのは運送品の価額による責任の制限に加えてさらに重量当たりの責任制限を認めたことである（四三一条一項二項）。(27) 具体的には一キログラム当たり八・三三ＳＤＲであるが、これはＣＭＲの基準をそのまま採用したものである。そのほか、遅延による責任については運賃の三倍に責任を制限することができることとされ（四三一条三項）、さらに滅失、毀損または遅延による損害以外の損害であって物損または人損以外の財産損害についての責任を滅失の場合の責任限度額の三倍に制限することができるとされる（四三三条）。(28) 滅失・毀損に係る八・三三ＳＤＲという限度額は、改正前においてはそれぞれ重量一キログラム当たり内水運送契約では〇・一五マルク、運送取扱契約では五マルクとされるのが通例であり、それよりは大幅な引き上げとなるが、自動車運送契約では八〇マルク、鉄道運送契約では同一〇〇マルクとされていたのに比べると大幅な引き下げとなる。(29) このように、分野により大きな隔たりのある実情の下で統一的な責任ルールを設けようとするところに責任限度額を低くせざるをえないということの原因があったと推察される。しかし、重量基準により運送契約類型によっては責任限度額が大幅に引き下げられることについては学説から強い批判がある。すなわち、重量のみにより責任限度額を決定することは、重量と運送品の価額とは相関関係がないことは明らかであるし、(30) 責任限度額も通常の損害である運送品の価額をさらに制限するものであるから、前述のような責任制限条項の有効性に関する一般理論に照らせば大いに疑問とされることは当然といわなければならないであろう。(31) 改正法の立法理由としては、運送人における計算可能性と付保の合理化ということがあげられているが、(32) そのことについても合理性が疑問視されている。(33)

それはともかく、改正法は、上記のような責任規整の強行法規性について特徴のある規定を設けている。すなわち、まず、荷送人が消費者である場合に関するかぎりでは半面的強行規定であり、荷送人にとって不利益な特約は無効とされる（四四九条一項）。これに対して、荷送人が消費者でない場合については特約は可能とされるが、その特約が効力を有する要件が事項を分けて法定される。すなわち、原則としては、特約は荷送人と運送人との間で個別の交渉による合意がなされる場合（これは同一当事者間で多数の契約についての合意を包括的にする場合も含む）に限り効力を認められる。(34) これに対して、滅失または毀損の場合の責任限度額に関してのみは、限度額を二ＳＤＲ～四〇ＳＤＲの間の額としそれが書類の印刷上明瞭に強調されている場合（四三一条の定める八・三三ＳＤＲよりも高い限度額の特約についてもここで規定されているのは荷主側が取引力のある大企業で約款を定めるような場合を想定しているものと思われる）、または四三一条の規定する八・三三ＳＤＲという限度額よりも運送人に不利益な額とされる場合については、個別の交渉による特約による必要がなく約款による特約も可能であるとされる（四四九条二項）。

4　改正法の理論的問題

以上のような改正法にはいくつかの興味深い問題点が含まれているように思われる。

第一に、強行規定性についてである。まず、消費者取引と企業間取引との間で区分されており、商法本体においてはじめて消費者取引に関して半面的強行規定性が認められている。(35) これに加えて、企業間取引については強行規定とはしない一方で、従来の任意規定についてとは異なり、法律規定と異なる特約をするには個別契約ごとの交渉による合意を要するとしつつ、滅失・毀損に係る責任限度額については一定の範囲内で約款による特約という簡便な方法での特約を認めるという段階的な特約自由の妥当要件を定めている。ここでは、改正法の規定からの乖離の要件を対象事項ごとに分けて規定されるのであり、改正法の規定は任意規定であるとはいえ従来の任意規定とは異なり、実際の契約のルールとして機能する程度が強化されているということができる。(36)

第二に、とくに本稿の関心にかかわることになるが、運送人の責任規整としてはきわめて運送人に有利な内容となっており、そこで規定される責任限度額の水準は、前述の約款規制法の下での一般原則に照らすと低きに失するものであることは明らかであるということである。改正法のきわめて低い責任限度額は、ＥＵ域内市場の状況に照らしてＣＭＲの水準から乖離することが困難であることに理由があるのであり、立法者も好んでこの水準を設定しているわけではないようであるから、商法が理念として約款規制法と対立するものを含むというわけではないが、企業取引立法の実際においては約款規制法の一般原則とは必ずしも合致しないことも場合により必要となるということの一例ではないかと思われる。

興味深いことは、このような改正法と約款規制法との実質的な抵触に起因して、改正法には合致する責任限度を定める運送約款条項について約款規制法の不当条項規制が及ぶかどうかが学説により議論されているということである。もともと政府草案の段階では、八・三三ＳＤＲという低い責任限度額と異なる責任限度額を約款で特約することを認めつつも、具体的な約款による限度額については約款規制法九条による不当条項規制の対象となりうることを前提としていたのであり、[37] これにより具体的な運送契約の実情に即した結果が得られるように配慮されていたのである。これに対して成立した改正法は、政府草案を修正し、二ＳＤＲ～四〇ＳＤＲという個別交渉によらず約款で特約できる幅を明示的に認めたことにより、この幅の中に収まる約款による特約については約款規制法による不当条項規制が及ぶかどうかが争われるに至っている。幅が明示されたことにより約款による特約の可能な範囲が法律上容認された結果、この幅の中での特約について約款規制法による不当条項規制を適用することは困難であるとする主張が一方で見られる。[38] しかし、これに対しては、やはり責任制限の不合理性に照らして不当条項規制の適用をなお認めるべきであるという主張もある。[39] この論争の決着はついていないが、いずれにせよ商法の立法政策と約款規制法の一般原則との間には緊張関係が生じていること自体は否定しがたい事実であると思われる。

(24) Schmidt, K., Handelsrecht, 4. Aufl., 1994, S. 940 は、商法四三〇条の責任制限は普通商法典（ＡＤＨＧＢ）が運送人の責任を厳格責任としていたことと関係があり、過失責任と改められた商法には適合しないものであるとする。

(25) 改正法の政府草案およびその理由書は、Bundestag Drucksache 13/8445 (29. 08. 1997)（ただし、改正法は議会による修正が加えられている点がある）。改正に向けた基礎作業を行った専門家委員会の報告書は、Bericht und Gesetzentwurf der Sachverständigenkommission zur Reform des Transportrechts, TanspR 1996, S. 442. 改正法の解説として、Herber, Die Neuregelung des deutschen Transportrechts, NJW 1998, S. 3297. 前畑安弘「ドイツ改正運送法」大阪商業大学論集一一四号二一三頁（一九九九）は改正法を紹介している。

(26) 本文で取り上げるのは一般の運送契約に関する規定であるが、改正法ではそのほかに引越運送の特則の新設（四五一条～四五一ｈ条）、複合運送の特則の新設（四五二条～四五二ｄ条）、運送取扱契約の規定の改正（四五三条～四六六条）などを含んでいる。

(27) 改正法には、高価品については明告がないと運送人は責任を負わないとする規定は含まれていない。これは重量当たりの責任制限を認めていることによるのであろう。高価品について責任限度額を超える賠償を受けるには後述の個別の交渉を経た特約によることになる。

(28) 八・三三SDRという重量による責任制限は滅失・毀損の場合についてのみ適用がある。

(29) Herber, a.a.O.（N.25）, S. 3303.

(30) Canaris, C-W., Handelsrecht, 23. Aufl., 2000, S. 570.

(31) Canaris, a.a.O.（N.30）, S. 578 は通常ないし典型的な予見可能な損害を賠償すべきであるという約款規制法九条の一般原則に照らし改正法の責任限度額を批判している。

(32) Bundestag Drucksache, a.a.O.（N.25）, S. 66.

(33) 保険によるリスク分散の関係でも、改正法の責任規整は運送人による責任保険に加えて荷送人による運送保険の付保の必要性を高め効率性を低下させるというものとして批判されている。Basedow, Hundert Jahre Transportrecht : Vom Scheitern der Kodifikationsidee und ihrer Renaissance, ZHR 1997, S. 210-211.

(34) 交渉があったことという要件は、約款規制法の適用対象である約款の定義において交渉があった場合を除いていること（現民法三〇五条一項一文）を参考としたものである。Bundestag Drucksache, a.a.O.（N.25）, S. 86-87.

(35) 消費者取引に関する半面的強行規定性は政府草案では盛り込まれておらず議会段階での修正によるものである。運送法専門家の評価としては、引越運送の特則を別として一般の運送契約に関しては実務上この消費者取引についての特則は重要な意味を持たないとされている。Herber, a.a.O.（N.25）, S. 3305.

(36) 通常の任意規定としなかった理由としては、これまでの経験に鑑みて約款によるバラバラな責任ルールの設定が市場の下に置かれる当事者に責任リスクを見通しのきかないものとすることを回避することにあると説明されている。Bundestag Drucksache, a.a.O.（N.25）, S. 86.

(37) Bundestag Drucksache, a.a.O.（N.25）, S. 87-88.

(38) Bundestag Drucksache .a.a.O.（N.25）, S. 88 では、幅を設ける場合にはその幅の中での約款規制法による不当条項規制は不可能であるとしている。

(39) Canaris, a.a.O.（N.30）, S. 577-578（前掲注（31）参照）; Herber, a.a.O.（N.25）, S. 3305 ; Herber, Transportrechtsreformgesetz und AGB-Kontrolle, TranpR 1998, S. 344.

五　不当条項規制と企業取引法に関する課題

以上見てきたようなドイツの約款規制法における免責条項規制と商法による運送契約における免責条項規制の状況には、責任制限条項に関する不当条項規制の判断基準や運送契約に関する商法の規定から乖離する特約の可能性など個別に取り上げても興味ある問題点が含まれているが、本稿ではむしろ約款規制法と商法との関係に着目したい。これを一言でいえば、一般法である約款規制法による免責条項規制が比較的厳格なものであるのに対して、商法の免責条項規制が著しく約款使用企業にとって有利であり約款規制法の規制基準からは到底容認できないものであるため、両者の間にかなり深刻な相克関係が生じているのであり、不幸なモデル・ケースということがいえるであろう。わが国でこれに当たる例を仮定するとすれば、国内航空旅客運送契約についてきわめて低い責任限度額を定めるワルソー条約と同内容の規定を商法の規定に置いたようなイメージであろうか。条約が企業取引の法源を提供する場合に関しては一国の立法政策と常に調和させるわけにはいかないので、このような一般法による不当条項規制と商法の免責条項規制が対立関係に立つことが時にありうるのである。しかし、そのような現象がそうしばしば生ずることはあるまい。

とはいうものの、不当条項規制をどの程度厳格なものとしていくかは相当に政策的判断を伴うものであるから、その程度如何では現実の企業取引や企業取引に関する法律との間でコンフリクトを生ずる可能性は常に秘めているということはいえる。消費者契約法の規定の例をとってみても、軽過失全部免責条項は当然に無効としたが、この立法政策判断は諸外国の不当条項規制法と比べるとやや突出したものであり、(40)消費者契約に関するかぎりでは今後軽過失全部免責条項はいかなる合理的必要性があっても使用することはできなくなっているのであり、これを認めるには特別私法で根拠づけるしかないことになっている。一般条項である一〇条については、立法趣旨について必ずしもコンセンサスがないためどの程度厳格に解釈運用されているかはいまだ不透明であり、相当先の話を先取りすることになるかもしれないが、民法の一般条項に基づく不当条項規制と相まって長期的には企業取引の自由を制約する程度を高めていくものと思われる。

このような不当条項規制が強化されていく時代においては、商法および特別私法という企業取引法の存在意義についてもこれまでとは違ったものが求められてくるのではないかと思われる。

まず第一に、消費者契約法の理念を具体化するという企業取引法の役割をあげたい。不当条項規制と企業取引法との間にはコンフリクトがないような状態が本来望ましいというべきである。そのためには、不当条項規制のサイドでは企業取引の特質を十分念頭に置いて解釈運用されることが必要であるとともに、企業取引法のサイドでも不当条項規制の観点から見ても問題のないルールを提供している必要がある。消費者契約法一〇条はさしあたり任意規定を不当条項規制の基準として位置づけているが、このように任意規定を基準として位置づけるということは理論的には任意規定が消費者取引については合理性が高いルールであることを前提とするものである。また、企業取引法が消費者取引について合理性の高いルールを提供していることは、一般条項に依存する度合いの高い消費者契約法等の不当条項規制の必要性を低下させるが、そのことは消費者にとってもメリットであるし、企業にとってもリスクの計算可能性・予測可能性を高める意味で有益な効果をもたらすであろう。現実の商法の規定がそういう意味で誇れるものであるかどうかは多分に問題である。商法の任意規定は実際の企業取引実務にはあまり毒にも薬にもならないものであるがゆえに制定以来放置されているということすらいえるが、消費者取引にも適用されるルールを商法が提供するというのであれば、それは消費者取引にとっても合理性の高いルールであるべきである。そのためには、企業取引と消費者取引との画一的なルールではなく区分したルールとすることも必要な局面があろう。

第二に、消費者契約法に対する特則を提供するという企業取引法の役割をあげたい。消費者契約法はすべての類型の消費者取引に包括的に適用されるものであるが、個別取引類型によっては消費者契約法に対する特則が必要となる局面がありうるであろう。(41) これを免責条項に即していえば、消費者契約法一〇条が不十分なものとはいえ任意規定を基準に不当条項規制を加えることとしたのであり、このことは民法の債務不履行の一般原則が基準としての意味を持ってくるということであり、従来以上に免責条項に対しては制約要因として作用することになるが、免責という法技術が合理性を持つ企業取引類型は依然としてありうると思われるのである。もちろん、一〇条の適用においては信義則違反の有無の判断として免責の合理性を判断すればよいということはいえるが、一般条項による判断であって企業取引の安定性という観点からは必ずしも好ましいことではなく、合理的で望ましい免責については特別法により確実な法的根拠を与えておくことが望ましく、そういう法的ルールの明確化が図られていることが企業取引の活性化にも資すると思われる。(42) この場合、特別私法を制定するのと商法を改正するのとで、消費者契約法との適用関係が変わることになるというのが消費者契約法のとった解決であるが、この解決を見直す余地もあろう。むろん、どのような免責が合理的なのかの理論的解明を進めることは企業取引法学の課題となることはいうまでもないであろう。(43)

(40) 潮見佳男「比較法の視点から見た『消費者契約法』」民商一二三巻四＝五号六七八頁（二〇〇一）参照。

(41) 前述の消費者契約法八条一項一号による軽過失全部免責条項の無効に関して、電気通信事業者の一定期間内のサービス停止については責任を負わない旨の約款条項が抵触するかどうかが消費者契約法の制定過程でも問題とされた。この点については、そもそも合理的な一定期間内についてはサービス提供の債務を負っていないという説明により無効となるものではないとして解決されているが（経済企画庁国民生活局消費者行政第一課編『逐条解説消費者契約法』一三八頁（商事法務研究会、二〇〇〇））、このような技巧的な説明よりも端的に軽過失全部免責条項であるが合理性があるので有効とする解決もありうるであろう。

(42) もちろん、すべての取引類型について法律を整備することは不可能であるが、代表的な取引類型についての法律規定を置くことは法律規定のない類似の取引類型についても類推を通じて有益な機能を果たしうる。運送契約についての商法等の規定が認めるような免責条項規制はその他の保管型の契約における免責条項規制においても規制の視点を提供することになっていると思われる。

(43)　本文で述べたことは、小塚・前掲注（2）八四～八五頁の問題意識とほぼ重なるのではないかと思われる。

〔ジュリスト一二一九号一八頁～二九頁（二〇〇二）〕

〔編注〕「免責条項と保険」（本書二三四頁）から一五年余経過後の時期にドイツの免責条項の不当条項規制の状況と、運送人の責任をかなり軽減する内容の運送契約に関する一九九八年ドイツ商法改正について紹介・分析するものである。

不当条項規制と企業間契約

一　はじめに

現在進められている債権法改正作業における検討事項の一つとして不当条項規制がある。不当条項規制は、一定の範囲の契約における不当な契約条項について、民法の一般原則よりも厳しい基準により無効とする規制であると定義できるが、この意味での不当条項規制は、消費者契約法において消費者契約の契約条項についてはじめて導入された（消費契約八条〜一〇条）。債権法改正作業においては、不当条項規制について、その適用範囲を拡大し、また規制の基準を厳格化すべきかどうかという問題提起がされている。私は、消費者契約に関しては、消費者契約法の不当条項規制はきわめて不十分なものであり、消費者契約法の規定を民法に統合するかどうかは別として、規制を強化することが必要であると考えているが、民法（債権法）改正検討委員会作成の「債権法改正の基本方針」（以下、基本方針という）において民法研究者から提案されている不当条項規制が、いわゆる約款であるか否かに着目する約款アプローチを採用することにより、適用範囲を消費者契約に限定せず、企業間契約にも拡大しようとしていることには強い疑問を感じている。法制審議会民法（債権関係）部会（以下、部会という）における現時点での問題提起は、基本方針よりはかなりマイルドな形で問いかけをするというスタイルにとどめられているが、やはり約款アプローチにより適用対象を企業間契約にも拡大することの可否という問題提起がされているところであり、今後この問題がどのように展開するかはわからないが、本稿では、考慮すべきポイントを整理しておくこととしたい。

二　改正提案の概要

1　部会資料

部会に提示された不当条項規制についての提案ないし問題提起で、本稿の課題に関係が深い部分は以下のとおりである。(1)

第1　不当条項規制

1　総論（不当条項規制の要否等）（略）

2　不当条項規制の対象

（注）（略）

(1)　約款が使用された契約

約款が使用された契約においては、約款使用者の相手方は、契約内容の形成に実質的に関与することができず、また、約款の内容を認識しないままその適用を承諾してしまうなどの問題があると言われており、当事者双方が契約内容の形成に関与することによる合理性の保障が働かないという点で、契約自由の原則が妥当する基盤が失われているとの指摘がある。このような指摘を踏まえ、約款が使用された契約を対象とする不当条項規制を行うべきであるとの考え方が提示されているが、どのように考えるか。

(2)　個別に交渉された条項に対する規制

当事者間での個別の交渉を経て採用された条項については、当事者双方が交渉を通じて契約内容の形成に関与する機会を有していたと考えられる以上、不当条項規制の対象とする理由はないので、これを規定の対象から除外すべきであるという考え方が提示されている。これに対しては、形式的に個別の交渉を行うこと等による不当条項規制の趣旨の潜脱を防止するため、個別に交渉された条項についてもなお不当条項規制を及ぼすべきであるとの考え方もある。

このような考え方について、どのように考えるか。

(3) 契約の中心部分に関する条項 (略)

3 不当条項に関する一般規定の内容

(1) 不当性の判断基準等

ある契約条項の不当性の判断に当たって、具体的にどのような判断基準や判断の枠組みによるものとすべきかについては、様々な考え方が提示されており、また、諸外国の立法例も様々である。具体的な論点としては、ある契約条項の不当性を判断するに当たって、①比較対照すべき標準的な内容を何に求めるか(任意規定に限るか)、②個別の相手方との関係で判断するのか、当該条項の使用が予定されている多数の相手方について画一的に判断するのか、③不当性判断の考慮要素は何か、④不当性の判断基準は何か、などがあるとされるが、これらの点についてどのように考えるか。

(2) ある条項が不当条項とされた場合の効果 (略)

4 不当条項に該当する条項のリスト

(1) 不当条項リストの要否

不当条項として規制すべき条項には実際上様々なものがあり、これらを包摂するため、不当条項規制の一般規定は抽象的な要件を定めるものとならざるを得ない。そのため、この一般規定のみでは、条項使用者や相手方にとってどのような条項が不当条項に該当するかを判断することが困難になってしまうとの指摘がある。そこで、不当条項をめぐる紛争の解決を容易にし、また、一般規定の解釈指針を示すことなどを目的として、具体的な不当条項のリストを作成して条文上明記すべきであるとの考え方が提示されているが、どのように考えるか。

また、不当条項リストを作成するに当たっては、これに該当すれば不当性が肯定され、条項使用者が不当性を阻却する事由を主張立証することが許容されないものを列挙したリスト(「ブラックリスト」と呼ばれる。)と、条項使用者が不当性を阻却する事由を主張立証することによって不当性評価を覆すことができるものを列挙したリスト(「グレーリスト」と呼ばれる。)

を分けて作成すべきであるとの考え方が提示されているが、どのように考えるか。

(2)　リストの具体例（ブラックリスト）

主に約款が使用された契約を念頭に置いて、どのような不当条項規制が考えられるかを検討するとした場合に、ブラックリストに掲載すべき条項としては、どのようなものが考えられるか。

この点について、次のような類型に含まれる条項を例示する考え方が提示されているが、どのように考えるか。

ア　条項使用者が任意に債務を履行しないことを許容するなど条項使用者に対する契約の拘束力を否定する条項

イ　条項使用者の債務不履行責任を制限し、又は損害賠償額の上限を定めることにより、相手方が契約を締結した目的を達成不可能にする条項

ウ　条項使用者の債務不履行又は不法行為に基づく損害賠償責任の全部又は一部を免除する条項

エ　相手方の抗弁権の行使を排除する条項

オ　条項作成者が相手方の同意なく契約上の地位を第三者に承継させることができるとする条項

(3)　リストの具体例（グレーリスト）

主に約款が使用された契約を念頭に置いて、どのような不当条項規制が考えられるかを検討するとした場合に、グレーリストに掲載すべき条項としては、どのようなものが考えられるか。

この点について、次のような類型に含まれる条項を例示する考え方が提示されているが、どのように考えるか。

ア　条項使用者が債務の履行のために使用する第三者の行為について条項使用者の責任を制限する条項

イ　条項使用者に契約内容を一方的に変更する権限を与える条項

ウ　条項使用者による契約解除を容易にする条項

エ　相手方の解除権を任意規定の適用による場合に比して制限する条項

オ　相手方の一定の作為又は不作為があった場合に意思表示を擬制する条項や、事業者からの意思表示の到達を擬制する条項

カ　法律上の管轄と異なる裁判所を専属管轄とする条項や、相手方の立証責任を加重する条項など、相手方の裁判を受ける権利を制限する条項

2 基本方針

基本方針は、約款アプローチにより企業間契約にも不当条項規制を幅広く適用しようとするものであり、概要は次のとおりである。
【3．1．1．25】（約款の定義）(2)
〈1〉約款とは、多数の契約に用いるためにあらかじめ定式化された契約条項の総体をいう。
〈2〉約款を構成する契約条項のうち、個別の交渉を経て採用された条項には、本目および第2款第二2目の規定は適用しない（筆者注：以下の提案を含む）。

【3．1．1．32】（不当条項の効力に関する一般規定）(3)
〈1〉約款または消費者契約の条項［（個別の交渉を経て採用された消費者契約の条項を除く。）］であって、当該条項が存在しない場合と比較して、条項使用者の相手方の利益を信義則に反する程度に害するものは無効である。
〈2〉当該条項が相手方の利益を信義則に反する程度に害しているかどうかの判断にあたっては、契約の性質および契約の趣旨、当事者の属性、同種の契約に関する取引慣行および任意規定が存する場合にはその内容等を考慮するものとする。

【3．1．1．B】（約款および消費者取引に共通する不当条項リスト）
約款および消費者契約に共通する不当条項リストを作成する。
不当条項リストは、それに該当すれば、条項使用者の相手方の利益を信義則に反する程度に害するものとみなされるリストと、条項使用者の相手方の利益を信義則に反する程度に害することが推定されるにとどまるリストを別に設けるものとする。

【3．1．1．33】（不当条項とみなされる条項の例）（略）
【3．1．1．34】（不当条項と推定される条項の例）（略）
【3．1．1．C】（消費者契約に関する不当条項リスト）
消費者契約については、約款による契約であると否とを問わずに消費者契約の条項のみに適用される不当条項リストを、約款と消費者契約に共通の不当条項リストとは別に作成する。

不当条項リストは、それに該当すれば、条項使用者の相手方の利益を信義則に反する程度に害するものとみなされるリストと、不当性が推定されるにとどまるリストを別に設けるものとする。

3　改正提案の特徴

基本方針は、消費者契約か否かにより適用範囲を画定する消費者契約アプローチと約款アプローチを重畳的に採用し、いずれについても不当条項規制の対象とする。この点は、後述するようにドイツの約款規制と同じであるが、約款が使用される場合には顧客が消費者であるか企業であるかを問わず、消費者契約と同じ不当条項規制の対象とされ、約款が使用されるかぎりにおいては、一般条項のみならず不当条項リストについても、企業間契約に対して消費者契約と同じ不当条項規制が適用されるという点に特徴がある。(4) もっとも、消費者契約についてのみの不当条項リストを別途設けるという二段構えの不当条項リストとすることにより、企業間契約に対する規制は多少軽くしているという意図であろう。また、一般条項においては、不当性についての判断に際しての考慮要素として、契約の性質および契約の趣旨、当事者の属性、同種の契約に関する取引慣行をあげていることから、企業間契約の特質に応じた適用が行われるということが意図されているのであろう。(5) しかし、後述するように、ドイツですら、企業間契約については不当条項リストの適用を除外しているほか、一般条項の適用についても企業間契約の特則を設けて形式的には消費者契約と区別されているのであるから、それに比較すればきわめて強度の約款アプローチがとられているのが基本方針の特徴であるということができる。

企業間契約についてのこのような規制は、比較法的に見てもきわめて強度な介入であることを意識してか、部会資料では、提案内容が抽象化され、問題提起にとどめられているが、そこでもやはり約款アプローチが提案されており、企業間契約について不当条項規制を適用しないか、あるいは緩和した規制にすべきではないかという問題意識はあまりうかがわれない。[6]

基本方針や部会資料に対しては、部会における審議のほか、[7] 実務の側から消極的な意見表明がいくつか表明されつつあるが、[8] 研究者の側からの意見はほとんど表明されていない。[9]

（1） 部会資料一三—一・一頁〜四頁、部会資料一三—二・一頁〜四一頁（二〇一〇年六月二九日開催分）。

（2） 民法（債権法）改正検討委員会編『詳解・債権法改正の基本方針Ⅱ—契約および債権一般（1）』八一頁〜八六頁（商事法務、二〇〇九）。

（3） 以下、民法（債権法）改正検討委員会編・前掲注（2）一〇四頁〜一三一頁。

（4）「約款による契約には、契約内容の合理性の前提となる、両当事者による契約内容形成への実質的な関与が欠けている。これは、約款による契約が事業者間で締結された場合にも当てはまる。とくに、約款使用者の市場における占有率が高い場合や、事業者が業界における共通の約款を使用している場合などには、事業者間であっても、約款使用者の相手方が実質的に契約の内容形成に関与できる可能性の縮減は顕著となる。したがって、約款の契約条項については、一方当事者の利益を不当に害する条項については、その不利益を積極的に除去する必要がある。」民法（債権法）改正検討委員会編・前掲注（2）一〇六頁。

（5）「約款を用いた契約も個別の相手方との間の契約であるととらえる本試案の考え方によれば、むしろ、相手方の利益を信義則に反する程度に害するといえるかどうかは、個別的に、たとえば、当該契約の相手方が、事業者であるか消費者であるかによって異なりうるところである。これに対し、一律に判断することは、柔軟な解決を妨げ、妥当な解決を導くことができない場合を生じさせるおそれがある。……そこで、本提案〈2〉は、不当性の判断が個別的に相手方との関係でなされることを前提として、信義則に反するかどうかの主要な判断要素を明文で例示する。すなわち、信義則に反するかどうかの判断に際して、契約の性質および契約全体の趣旨、また、約款による契約の場合には、とくに相手方が事業者であるか、それとも消費者であるかどうかなどの契約当事者の属性、さらには、同種の契約に関する取引慣行および当該事項について任意規定が存在する場合にはその内容を考慮要素とする。」民法（債権法）改正検討委員会編・前掲注（2）一一〇頁。

（6） 前掲注（1）部会資料一三—二の補足説明においても、一五頁〜一六頁において事業者間取引には不当条項リストを設けない可能性も言及されているほかは、事業者間取引特有の問題をほとんど論じていない。

（7） 法制審議会民法（債権関係）部会第一一回会議議事録（平成二二年六月二九日）。

（8）　第一東京弁護士会は、不当条項リストを設けることに反対、特に事業者間に関しては反対という立場であるが、一般条項については言及はされていない（野澤正明「民法（債権法）改正の検討事項に関する当会の意見書（二）」ICHIBEN Bulletin 四五三号六頁～七頁（二〇一〇））。一般条項を含めて事業者間契約に対する不当条項規制に反対するものとして、道垣内弘人ほか「座談会・債権法改正をめぐって―企業実務の観点から」ジュリ一三九二号一五頁～一七頁［森脇純夫・安永耕一郎発言］（二〇一〇）、拝原宏明「約款に関する規律」金法一九一〇号六五頁～六七頁（二〇一〇）、鎌田薫＝奈須野太＝伊達智子「新春対談・民法（債権法）改正に向けて―産業政策的な観点から」NBL九四四号一二頁［奈須野太発言］（二〇一一）。

（9）　山本敬三「契約規制の法理と民法の現代化（二・完）」民商一四一巻二号一八三頁・一八九頁注（七九）（二〇〇九）は、基本方針の約款アプローチにより事業者間契約にも不当条項規制を適用対象とすることを支持しつつ、「その場合でも、消費者契約と事業者間契約とで、不当条項規制の基準を区別する必要がないかどうか、さらに慎重に検討する必要があるべきだろう」とし、アキ（Acquis）・グループによる現行EC契約法原則およびヨーロッパ私法共通参照枠草案における不当条項規制では、事業者間契約については消費者契約よりも緩和された基準が採用されていることを参照する。

三　ドイツの約款規制の評価

1　はじめに

基本方針の提案は、約款アプローチをとり、企業間契約も適用対象とするドイツの約款規制に多くを依拠しているように見受けられるので、ドイツの約款規制が一九七六年に制定された約款規制法（以下、AGBGという。）とこれを二〇〇一年の債務法現代化法により統合した民法典（以下、BGBという。）の下で、企業間契約に対してどのように機能してきたのかを見ておくことは、わが国における企業間契約に対する不当条項規制のあり方を考える上でも、有益な作業であると思われる。

現行BGBにおけるドイツの約款規制で本稿に関連する部分の概要は以下のとおりである。

① 約款は、契約の一方当事者が多数の契約締結に際して使用するためにあらかじめ作成する契約条項と定義される。ただし、契約条件が契約当事者間において個別に商議（Aushandeln）がされた場合には、約款ではない（BGB三〇五条一項）。

② 不当条項規制の一般条項が置かれる（BGB三〇七条）。

③ 不当条項リストとして、グレーリスト（BGB三〇八条）とブラックリスト（BGB三〇九条）が置かれる。

④ 企業に対して使用される約款については、不当条項リスト（③）は適用を除外される（BGB三一〇条一項一文）。また、一般条項であるBGB三〇七条一項および二項は、「第一文の場合においては、第三〇八条および第三〇九条にあげられる契約条項を無効とするかぎりにおいても適用される：商取引において妥当する慣習および慣行に適切な考慮が払われなければならない。」（BGB三一〇条一項二文）。ここで第二文前段は、企業に対して使用される約款について不当条項リストの適用がないとする第一文の反対解釈として不当条項リストにあげられる条項を一般条項により無効とすることはできないという解釈は妥当しないということを意味している。

2 企業間契約への不当条項規制の適用の実情とその評価

(1) はじめに

不当条項規制を企業間契約にも適用することの立法政策の当否については、AGBGの制定過程における議論、同法施行後約一〇年を経過した時期の議論、さらに二〇〇〇年代に入っての議論があるので、それらを流れに沿って紹介する。

(2) AGBG制定時の議論

AGBG制定を最初に提案した専門家グループの報告とこれに依拠した第一参事官草案では、AGBGを消費者保護法として位置づけ、適用対象を消費者契約に使用される約款に限定していた。ところが、その後学説等から商人間契約に使用される約款にも適用対象を拡大すべきであるという主張が展開された。ドイツの約款不当条項規制に関する判例は、第二次大戦前から商人間契約に使用される約款条項について適用されてきたという歴史的経緯もそこには反映されているということができる。このような主張を取り入れつつも、商人間契約（商人のほか公法上の法人および公法上の特別財産との間の契約も同じ）における私的自治を制約をすることを懸念する消極論との妥協的な解決として、商人間契約に使用される約款についての特例を定めるAGBG二四条が設けられた(10)。具体的には、商人間契約には不当条項リストを適用せず一般条項のみを適用すること（ただし、不当条項リスト該当の条項について一般条項に基づき無効とすることは妨げられない）、および一般条項の適用に当たっては、商慣習および商慣行を適切に考慮することが明記された。なお、同条がAGBGのBGBへの編入により現行BGB三一〇条一項一文・二文となり、第一文中の「商人」が「企業」に変更されるなど形式的な改正はあるが、特例としての実質的意義は維持されている。

(3)　施行後約一〇年当時の議論

AGBG施行後約一〇年を経た一九八〇年代後半には、施行一〇周年的な意味もあり、この間の判例の展開を踏まえた商人間契約に係る不当条項規制の適用に関する賛否の論争が展開された。

AGBG施行後の判例の展開がいかなるものであったかといえば、商人間契約に対しても、かなり積極的に一般条項に基づく不当条項規制が適用されたということができる(11)。AGBG二四条により、不当条項リストは商人間契約には適用されず、また商慣習または商慣行が考慮されるべきであるという不当条項規制の緩和要因も明文化されていたにもかかわらず、一般条項はかなり積極的に適用されたというのが一般的な判例に対する評価である。このような結果をもたらした要因として、次のようなことをあげることができる(12)。

第一に、AGBGでは、約款が使用される場合であっても、契約当事者間で商議があった場合には、約款による契約ではないことになり、AGBGの適用が除外されるが、商人間契約においては、約款が使用されるとしても、契約当事者間において商議があったことによるＡＧＢＧの適用除外を導くことが消費者契約におけるよりは容易であると考えられるにもかかわらず、商議が存在したと認められることは企業間契約でも容易でなく、不当条項規制の適用の拡大を阻止することがなかった。

第二に、判例は、不当条項リストが直接には適用されないものの、不当条項リストが商人間契約においても不当性の徴表として参照され、不当性が事実上推定されるという徴表効果を認めることにより、不当条項規制の適用が促進されたということがある。

第三に、判例は、ＡＧＢＧ二四条にもかかわらず、商慣習または商慣行であることから不当性を否定するという判断をあまり示さなかった。

このような実情から、企業実務家サイドからは、企業間契約における不当条項規制の適用に対する強い批判がこの時期に展開された(13)。これに対して、研究者や裁判官のサイドからは、不当条項規制の適用の必要性と合理性が主張され(14)、結局実務家サイドからの批判も立法や判例を動かすには至らなかった(15)。

(4)　二〇〇〇年以降の議論

二〇〇〇年代に入り、企業間契約に対しても厳しい不当条項規制を及ぼすＢＧＢの規制とこれに関する判例に対する批判が、企業実務のみならず学説からも展開されるようになっている。これらの従来の不当条項規制に対する批判は、実務家(16)と研究者(17)により展開されているが、基本的な論調は次のような点で共通している。

まず、現象面について、国際的に見ても企業間契約に対する不当条項規制が過度に厳格なものとなっている結果、国際的取引においてはスイス法など外国法を準拠法とするなどドイツ法からの逃避が生じている(18)。企業間契約における約款の不当条項規制が伝統的な売買や運送等の取引を念頭に置いており、とりわけ免責条項について厳格な規制を加えてきたが、この判例法理が情報通信、Ｍ＆Ａ、プラント建設などの現代的な取引類型において契約当事者がリスクを限定するための免責条項を使用できない状況を生んでいる。このようなことからドイツの不当条項規制は、ドイツの企業に対して不当に不利な制約を加えている。ＥＵにおいても、企業間契約に対する規制は消費者契約に対する規制とは区別して、契約自由の範囲を広くするという政策方針がとられているのであり、この動きにも反する。[19][20]

このような厳格な不当条項規制をもたらしている原因は、前述のような、ＡＧＢＧ・ＢＧＢの不当条項規制に関して、商議の存在を容易に認めない、商慣習および商慣行をほとんど考慮しない、不当条項リストの徴表効果理論により契約自由の余地が狭められ、任意規定の強行法化が生じているという判例にその原因があるとし、解釈論の変更を提案し[21]、あるいは、判例の変更が早期には期待できないとして、ＢＧＢの改正が提案される。改正の主張を見ると、企業間契約について不当条項規制から全部適用を除外するというものはなく、不当条項規制が緩和されるように個別規定を改正するというものであり、商議の要件を交渉（Verhandlung）に緩和する、商慣習または商慣行の考慮にとどめず企業間契約の特質の顧慮に変更するなどである。[22]

以上のような、近時の不当条項規制批判に対しては、反論も展開されているが[23]、現状が望ましいという以上の反論にはなっていないという印象がある。

(5)　総　括

立法による不当条項規制は、伝統的な民法等の民事法にはなかった規制を追加するものであるが、企業間契約に対しては不当条項規制を一切適用しないという立法は一般的ではない。その意味では、ドイツの約款規制における不当条項規制が企業間契約をも適用対象としていること自体は格別異とするには当たらない。また、企業間契約については、消費者契約とは区別して厳格な適用を緩和する特則を設けることにより、企業間契約における自由な契約内容形成の必要性にも考慮はされている。しかし、判例は、約款アプローチが特徴とする約款が使用される契約においては契約内容形成における自由が実質的に欠如しているという発想から、企業間契約についても積極的な不当条項規制の適用を行ってきたというのがドイツの約款規制の特徴であるということができる。企業実務のサイドからは、このような強力な規制は最初から問題視されていたが、二〇世紀のうちには理論のサイドの共感を得るには至らなかった。しかし、二一世紀に入り、グローバル化、大競争時代といった経済情勢の下においては、理論的に現在の規制を問題視し、不当条項規制の緩和を主張する学説が優勢になりつつあるというのが現状である。これは契約法に限らない市場万能主義の極端な思想に基づく一時的な現象であるという可能性も否定はできないが、契約法の国際的な状況から見れば、きわめて強力な不当条項規制がドイツの企業や市場にとって競争上の不利益をもたらしている可能性は高く、それが現在問題とされているものと思われる(24)。

(10) 商人間契約についてのＡＧＢＧの規定の形成過程については、河上正二『約款規制の法理』三六四頁～三七二頁（有斐閣、一九八八）。

(11) ＡＧＢＧ二四条の下での判例につき、石田喜久夫編『注釈ドイツ約款規制法（改訂普及版）』三一〇頁以下〔増成牧〕（同文舘出版、一九九九）。

(12) 後掲注（16・17）の文献で指摘されているところである。

(13) 当時の文献で最もよく引用されるRabe, Die Auswirkungen des AGB-Gesetzes auf den kaufmännischen Verkehr, NJW 1987, S. 1978では、本文であげたような判例の問題点を指摘し、企業取引の特質を反映した不当条項規制の適用がされるべきであると主張していた。

(14) Hensen, Die Auswirkungen des AGB-Gesetzes auf den kaufmännischen Verkehr, NJW 1978, S. 1986は、建設業者や自動車ディーラーのようにＡＧＢＧにより不当条項から保護された例があることなどをあげ、商人間契約においても約款による契約内容形成自由の濫用からの保護が図られるべきであるとしていた。

(15) 二〇〇一年のＡＧＢＧのＢＧＢへの編入のための改正に際して、連邦参議院では、ＡＧＢＧ二四条のうち商慣習または商慣行を適切に考慮すべきものとする部分を、企業のより小さい保護必要性に適切に考慮すべきものとする改正意見を提出したが、連邦議会では商慣習等の考慮とすることで企業間契約に対する柔軟な規制の要請に応えているとして改正は実現しなかった。Berger, Abschied von der Privatautonomie im unternehmerischen Geschäftsverkehr?, ZIP 2006, S. 2151.

(16) Kessel/Stomps, Haftungsklauseln im Geschäftsverkehr zwischen Unternehmen: Plädoyer für eine Änderung der Rechtsprechung, BB 2009, S. 2666 ; Dauner/Müller/Griebeler/Pfeil, Für einen massvolle AGB-Kontrolle im unternehmerischen Geschäftsverkehr, BB 2009, S. 2658 ; Lenkaitis/Löwisch, Zur Inhaltskontrolle von AGB im unternehmerischen Geschäftsverkehr : Ein Plädoyer für eine dogmatische Korrektur, ZIP 2009, S. 441.

(17) Berger/Kleine, AGB-Kontrolle im unternehmerischen Geschäftsverkehr, BB 2007, S. 2137 ; Berger, Für eine Reform des AGB-Rechts im Unternehmerverkehr, NJW 2010, S. 465 ; Dauner-Lieb/Axter, Quo vadis AGB-Kontrolle im unternehmerischen Geschäftsverkehr?, ZIP 2010, S. 309 ; Leuschner, AGB-Kontrolle im unternehmerischen Verkehr, JZ 2010, S. 875.

(18) 企業間契約については、消費者契約とは異なり、国際私法上の特別連結の適用はないので、渉外的要素の有無を問わず、準拠法については当事者自治の原則が適用されると考えられるが、議論がないわけではない。Wolf/Lindacher/Pfeiffer, AGB-Recht, 5. Aufl., 2009, IntGV Anm. 33 (Hau).

(19) Entschliessung des Europäischen Parlaments vom 23. 3. 2006 zum Europäischen Vertragsrecht und zur Überarbeitung des gemeinschaftlichen Besitzstands : weiteres Vorgehen (2005/2022 [INI]) Nr. 6 u. Nr. 7, ZEuP 2008, S. 910 は、ＥＵ議会は、Ｂ２Ｂの領域とＢ２Ｃの領域の法律規定の間で必要なかぎりでは区分をし、とりわけ企業間取引においては契約自由の基本原則が顧慮されるべきものとする。

(20) 企業間契約についての不当条項規制を緩和すべきであるとすることの理論的根拠についても検討されている。本稿では詳しく立ち入る余裕はないが、取引分野ごとの特性、リスクに対する保険の可能性、その他の損失予防手段、コストの下流への転嫁、不利益の埋め合わせの手段の多様性等の企業間契約の特質をあげるもの（Berger, a.a.O.（N.15), S. 2154）、約款の不当条項規制の課される理論的根拠を契約内容形成自由の保護や経済的従属による不利益に対する保護に求めるのではなく、取引費用問題の解決手段という点に求め、規模の大きな企業間契約については約款内容を検討・交渉する取引費用は契約当事者である企業に負担させ自己責任に帰せしめるべきであるとするもの（Leuschner, a.a.O.（N.17), S. 877-879）、私法の基本モデルが自己責任をより強く求める情報モデルの段階に移行しているとして、このモデルの下での企業間契約への規制の緩和が正当化されるとするもの（Dauer-Lieb/Axter, a.a.O.（N.17), S. 312-314）などがある。

(21) Kessel/Stomps, a.a.O.（N.16), S. 2675 および Lenkaitis/Löwisch, a.a.O.（N.16), S. 445-448 は、企業間契約における約款条項に対する一般条項の適用を緩和する解釈論を提案する（前者は免責条項・責任制限条項に焦点を当てている）。

(22) Dauner/Müller/Griebeler/Pfeil, a.a.O.（N.16), S. 2659 u. S. 2661-2662 は、商慣習等の考慮を企業間取引の必要性（Bedürfnis）の考慮に変更すること、商議があったことを法律上推定する複数の客観基準を法定することを提案する。Leuschner, a.a.O.（N.17), S. 884

は、一〇〇万ユーロのような一定の契約金額以上の契約については不当条項規制を適用しないことを提案する。Berger, a.a.O. (N.17), NJW 2010, S. 467-470 は、商議の要件を緩和すること、商慣習等の考慮に加えて、企業取引の性質、特に消費者と比しての保護の必要性の低さを考慮すべきものとすることを提案する。

(23) v. Westphalen, 30 Jahre AGB-Recht : Eine Erfolgsbilanz, ZIP 2007, S. 149 ; v. Westphalen, Wider einen Reformbedarf beim AGB-Recht im Unternehmensverkehr, NJW 2009, S. 2977 ; v. Westphalen, Wider die angebliche Unattraktivität des AGB-Rechts, BB 2010, S. 195.

(24) ＢＧＢの約款規制のコンメンタールの解説においても、近時の企業間契約に対する強力な不当条項規制の適用に対する批判的な見解の増加が反映しつつある。Wolf/Lindacher/Pfeiffer, a.a.O. (N.18) では、本文で紹介したような近時の文献がほとんど引用されておらず、序論部分において、「その強さにおいて国際的に見て独自の道のようであるＢＧＢ三一〇条一項による企業取引の領域における広範な内容規制は、しばしば批判されている」と述べるにとどまっていた。Derselbe, Einl. Anm. 46 (Pfeiffer). これに対して、最新の Ulmer/Brandner/Hensen, AGB-Recht Kommentar, 11. Aufl., 2011, § 307 BGB Anm. 371 (Fuchs) では、「むしろ企業間取引における約款法の適用の不足を示唆する反対の意見も多いことから、批判が説得力があるかどうかは、ここでは留保したい。いずれにせよ批判者たちが、企業間取引における『より適切な』契約実務を可能にするであろう明確かつ信頼に足りる基準を創出することには、これまでのところ成功はしていない。しかし、批判は、警戒信号であり、判例および学説にとっては、企業間取引における内容規制の基準および実務的適用について批判的に取り組むことへの誘因とされるべきものである。債務法現代化の実現後の売買法の規定が消費者売買の指導形象を志向し、それにより商事売買においても約款の私法的内容規制に影響を及ぼすおそれがあることからは、なおさらそのようなことが当てはまる」とまとめている。

四　考　察

1　はじめに

わが国においては、第二次大戦前から約款研究の伝統があり、これを基礎としながら一九七〇年代以降は、主として消費者保護法の観点から約款研究が活発化し、これが約款アプローチをとるものではないものの消費者契約法の不当条項規制の立法として結実した。このような歴史的な経緯があるため、企業間契約における約款の不当条項規制に焦点を当てた研究というものはそれほどは進んでいなかった。今回の債権法改正においては、不当条項規制を企業間契約の約款条項にも拡大しようとするものであるが、約款である以上契約内容形成の自由が欠如しているから不当条項規制を及ぼすのは当然というような観念論から立法政策判断を下すことは後に禍根を残すことになるであろう。以下では、ドイツの経験も参考にしながら、考慮すべきポイントを提示することとする。

2　企業間契約と不当条項規制の必要性

企業間契約においても、(25)取引力の格差に基づき契約自由が濫用されることの是正が必要である場合がありうることをすべて否定することはできないであろう。もっとも、わが国の判例においては、消費者契約法制定前は、消費者契約に相当する契約条項ですら、不当な契約条項を正面から無効とする判例法理はほとんど形成されておらず、いわんや企業間契約で契約条項を無効とする判例はほとんど見当たらなかった。不当条項といえるかどうかは別として、例外的なものとして、営業の自由や競争を制限する契約条項が公序良俗違反により無効とされる事例がある程度である。もっとも、無効という判断ではないが、契約条項の解釈を通じて、実質的にはいわゆる修正的解釈が行われている事例は少なくないものと思われる。(26)さらに、個別の取引分野に関する特別法では、保険法のように、顧客保護という観点から、消費者のみでなく企業である顧客についても顧客保護規制を適用対象としている例があり、(27)企業といえども保護対象とすることが要請される場合があることも否定はされないであろう。

しかし、これら既存の広義の不当条項規制を強化しなければならない社会的実態があるかどうかには、慎重な判断が必要である。(28)もちろん、企業取引といえども不当な契約条件を押しつけられて弱い側の企業が泣いているケースが多数存在することは否定されないが、その原因は、不当条項規制が対象とする付随的契約条項が不当ということより以上に価格や契約期間などの契約の主たる給付内容が不当であるということの問題が圧倒的に大きいのであって、これを問題視して解決しようとするのであれば、独占禁止法や中小企業保護法によるべきものであるし、民法で考えるにしても、消費者契約を主として念頭に置いた不当条項規制ではなく、公序良俗違反等の問題として位置づけられるべきであろう。

3　約款アプローチの当否

基本方針においては、企業間契約にも不当条項規制を適用するための手法として約款アプローチを採用する。換言すれば、約款による取引であるからこそ、契約自由の前提となる自由な交渉がないため、民法の一般原則により認められる以上の契約自由に対する介入が正当化されるのであり、約款のそのような問題は取引相手方が消費者であろうと企業であろうと変わりはないとするものである。部会資料でも、この約款アプローチで提案ないし問題提起がされている。しかし、このような約款アプローチについては、立法政策として考えてみた場合に多くの疑問がある。(29)

(1)　消費者契約と企業間契約を包括して規制対象とすることの疑問

約款アプローチの特徴は、消費者契約と企業間契約を区別せず、不当条項規制の対象とするところにある。たしかに、企業間契約に使用される約款においても、消費者契約並みの不当条項が盛り込まれていることはありうるであろう。しかし、企業間契約においては、消費者契約においてとは異なり、顧客たる企業において不当条項を見極めて、その是正を求めたり、不当条項は認めつつ価格や契約の継続期間その他の契約条件、さらには別の契約で見返りを得るなど、企業的打算による行動と交渉の可能性が存在すると見るべきであり、不当条項規制による契約自由原則への介入の必要性があるかは理論的に疑わしい。

もっとも、約款アプローチをとるとしても、消費者契約と企業間契約については規制の水準を差別化し、企業間契約については不当性の判断基準を緩和することは可能である。ドイツの約款規制も企業間契約については、不当条項リストの適用対象としないこと、一般条項についても商慣習等を考慮することというような差別化した規制とされているのがその例である。[30]しかし、ドイツでの経験は、前記のように、企業間契約についてもかなり厳格な一般条項の適用がされてきたのであり、わが国でも企業間契約についてはその特質に応じて柔軟に適用できる不当条項規制とするとしても、裁判所等によるその運用が企業間契約を必要以上に制約するものになる危険を伴うことは否定しがたく、そのような危険を伴ってまで不当条項規制を設ける必要性が高いかは甚だ疑問である。[31]

また、消費者契約と企業間契約とを包括して不当条項規制の対象とすれば、企業間契約に対する規制を柔軟なものとするために、一般条項の規定内容が曖昧なものとなり、また不当条項リストも消費者契約にとっては不十分なものとなる危険がある。[32]これは、ドイツのＡＧＢＧの制定過程以来、企業間契約の約款をも適用対象とする場合の問題点として指摘されてきたことである。[33]

(2)　無用な解釈問題の発生

約款アプローチをとる場合には、約款が使用される契約においては契約自由の前提となる交渉可能性がないままに契約内容が形成されることが不当条項規制の根拠とされることから、約款が使用されるということが規制適用の前提条件となり、また約款が使用されても契約内容について商議あるいは交渉が行われたのであれば約款の問題は回避されることから、商議あるいは交渉が存在した場合には不当条項規制の適用を除外することになるというのが理論的には整合性がある。ドイツの約款規制がまさにそのようなものとなっており、基本方針でも同様のことが提案され、部会資料でもそのようにするかどうかの問題提起がされている。このような不当条項規制の帰結として、そもそも約款であるかどうかという解釈問題、および商議あるいは交渉が存在したかどうかという解釈問題が生ずる。ドイツの経験に照らしても、この二つの解釈問題はコンメンタールで相当量の注釈が必要となる問題となることが予測される。もっとも、消費者契約に関するかぎりでは、約款であるかどうかは比較的簡単な問題であろうし、交渉が存在するということもほとんど想定されないので、解釈問題となる可能性は低い。これに対して、企業間契約においては、国内外において標準的契約書式、モデル契約条項、合意により組み入れられる規則など、多様なソフトローが存在しそれらが契約実務において重要な役割を果たしているが、それらを使用する場合に約款であるのかどうかが問題とされることになる。しかし、企業間契約においてこの種のソフトローが約款かどうかを問題とすること自体に意味があるかどうかは甚だ疑問である。

また、商議あるいは交渉の存否という問題にしても、これを実質的な意味において捉えると、企業間契約においては契約交渉過程のあり方は千差万別であろうから、交渉の存否を判定することはきわめて困難であることが容易に想像されるところであるが(34)、そのような争点を作り出すことにやはりどれだけの意義があるかは疑問である。これに対して、商議あるいは交渉の存在をきわめて厳しい要件の下にのみ認めるのであれば、企業間契約についての不当条項規制の適用は過剰規制となるおそれが大きいであろう。

(3) 比較法的な観点

企業間契約の契約条項も不当条項規制の適用対象とするかどうかの立法政策判断は一様ではないが、約款アプローチをとり企業間契約にも不当条項規制を適用する立法は国際的には異例ではないものの、それが必ずしも一般的であるとはいえないと思われる(35)。EUにおいても、ドイツ等の約款アプローチに基づく不当条項規制は採用されず、一九九三年の消費者契約不当条項指令（93/13/EWG）により消費者契約に限定された不当条項規制が採用され、そのゆえにドイツのような約款アプローチを採用する国では苦肉の対応措置がとられているのである。もっとも、その後のEUにおける契約法ルールの作成の試みにおいては、ヨーロッパ私法共通参照枠草案などのように基本的には約款アプローチも有力な方向であることも否定しがたいのは確かである。しかし、そこでも消費者契約と企業間契約については、不当条項規制の内容についてかなりの差異が設けられているのであって(36)、基本方針や部会資料のような企業間契約の特質を考慮しない約款アプローチについては少なくとも強い疑義を持たざるをえない。

4　交渉力アプローチによることの問題

約款アプローチと対照されるアプローチとして交渉力アプローチ(37)があり、消費者契約法の消費者アプローチもその下部類型ということができる。交渉力アプローチにおいては、約款が使用されるか否かにかかわらず、私的自治に委ねていては契約内容の公正が担保されない交渉力の実質的な格差がある状況において不当条項規制を適用することになる。このアプローチにおいては、交渉力の格差の有無は実質的に判断されることになり、約款アプローチによるよりは、個々の契約当事者間の事情を考慮して不当性の有無を判断することができるので、規制の副作用はより小さいとはいうことができよう。また、比較法的にも、消費者契約であるか企業間契約であるかを問わない契約一般について、不公正な契約条項を無効とするルールを設けることは珍しくないので、そのような一般条項を立法により設けることは一つの解決策ではあろう。しかし、現実問題として、その要件ないし基準をどのようなものにするかについては、わが国では議論の蓄積がなく、時間的な制約のある今回の債権法改正において拙速な立法をすべきではなく、将来の理論と判例に委ねるのが適切であろうと考える。

5　経済政策的観点

消費者契約に関するかぎりにおいて、消費者契約法の不当条項規制が不十分なものであることについては、事業者サイドは別かもしれないが、それ以外の方面ではあまり異論はないと思われる。それは、消費者契約においては、情報格差および交渉力格差により実質的な交渉の余地なく不当条項が押しつけられるという理論的な問題とともに、現実的にも、数は多くないものの消費者契約法一〇条の一般条項を適用する裁判例も徐々に増えているし、訴訟にならないまでも各取引分野において不当条項と見られる条項が使用されている現実があることは否定できないためである。

これに対して、企業間契約については、現状では不当条項として無効とするには、公序良俗違反という手段しか存在しないが、それを強化する必要が社会実態として存在するかどうかがまず問われなければならない。この点については、1において述べたように、規制を強化することが必要であるという実態があるとは見えないし、公序良俗の概念や契約の修正的解釈により著しく不公正な契約条項には意外と柔軟に対応されているのであって、それで不十分とはいい難いと思われる。

さらに、不当条項規制が導入されるということにより企業間契約の実務にさまざまな副作用を生じさせるおそれがある。

第一に、不当条項規制が一般条項によることになれば、一般条項の性質上、判断基準は一義的ではなく、裁判所がどのような判断を示すかが予測困難であると、契約内容の形成過程において予見困難な法的リスクを抱え込むことになり、それを回避しようとすれば、最適な契約内容の形成について大きな制約を受けることになる。

この懸念に対しては、不当条項リストが置かれることになれば、不当性の予測可能性は高まるということはいえるであろう。しかし、企業間契約においてブラックリストというものはあまり考えられないので、(38)グレーリストにして企業間契約の性格を反映した柔軟な適用とすることになろうが、企業間契約において不当性を推定することになるグレーリストを置くことはやはり問題があろう。このようなコストを企業間契約一般にもたらす規制を現時点において導入しなければならない程度の不当条項の弊害があるとは考えられないところである。

第二に、新しい取引分野における契約実務に対して及ぼす悪影響である。とりわけ免責条項や責任制限条項を駆使して事業リスクを回避することは企業間契約では不可欠な面もあるのであり、消費者契約と同列に並べて規制すべきものではない。(39)

第三に、国際的取引に対する副作用である。わが国の企業の締結する国際的契約で日本法がどれだけ準拠法とされているかは不明であるが、わが国の債権法において企業間契約にも不当条項規制を及ぼすという立法をすることが、わが国では契約の公正が担保されるとして日本法を準拠法としたり、外国企業がわが国市場に参入することを促進するかといえば、逆であり、不明確な基準による契約自由への干渉が行われる法的リスクのある国であり参入の阻害要因となるというのがむしろ常識的な見通しなのではなかろうか。

(25)　消費者契約法の制定以来、消費者契約に対する概念は事業者間契約ということになり、事業者は一般法人など交渉力において消費者とあまり差がないというものも多いので、事業者間契約については約款条項における事業者保護が必要であるという議論がありうるが、そのような議論は、経済社会において最も重要な意味を持つ企業間契約の特質をぼやけさせ事の本質を隠蔽することになると考えられるので、本稿では企業間契約に即して考察する。

(26)　事業者間契約における契約条項の司法的規制については、執行秀幸「いわゆる事業者間契約では、契約自由の原則が無制限に妥当するか」椿寿夫編集『講座現代契約と現代債権の展望4』二三五頁（日本評論社、一九九四）。

(27)　保険契約においては、企業保険においても保険約款が使用され、企業保険契約者といえども専門性の面では劣位にあるということやとりわけ中小企業は消費者と同様の保護を要するという観点から、保険法の片面的強行規定を企業を含む事業者にも適用すべきであるという意見が有力である一方で、損害保険においては片面的強行規定による制約がかかると企業リスクの引受けが不可能になるという問題が指摘され、その調整として、保険法では、損害が巨大となる海上保険、航空保険、原子力保険に加えて、事業活動に伴って生ずるリスクを対象とする損害保険契約については片面的強行規定の適用を除外した（保険三六条）。

(28)　消費者取引との対比での事業者取引の特性として、潮見佳男『契約法理の現代化』二三七頁（有斐閣、二〇〇四）は、「①契約相手方たる事業者は、自らが遂行する事業についての契約条項の存在と意味を合理的に認識し、選択を行い、行動をすることが可能である。②また、一方的契約内容形成とこれに対する相手方の附合について特別に考慮する必要性が低い。③さらに、事業者は、提供された商品・サービスを事業の目的に供するのであるから、自らが遂行する事業全体でバランス・シートを考慮に入れ、取引を介してコスト・リスクの分散ができる」とする。

(29)　基本方針の約款アプローチに対して交渉力アプローチから批判するものとして、山本豊「債務不履行・約款」ジュリ一三九二号九一頁〜九二頁（二〇一〇）。約款アプローチをとることにより、約款が使用されないと企業間契約については、不当条項規制を適用できないということも問題として指摘できる。

(30)　約款アプローチをとるオランダ民法典では、民法典により計算書類の開示を義務付けられている事業者および従業員数五〇名以上の事業者と明記して、中小事業者が当事者となる契約についてのみ不当条項規制を適用することとし、ドイツ法のような過剰規制の問題を回避している（六―二三五条一項。なお、法文は、Warendorf, H./Thomas, R./Curry-Summer, I, The Civil Code of the

Netherlands, 2009 の英訳を参照した)。

(31) 部会資料一三―一・三頁においては、免責・責任制限条項をブラックリスト条項とすることが提案されている。すなわち、①条項使用者の債務不履行責任を制限し、または損害賠償額の上限を定めることにより、相手方が契約を締結した目的を達成不可能にする条項、および②条項使用者の債務不履行または不法行為に基づく損害賠償責任の全部または一部を免除する条項であるが、②は文言どおりだとすれば、約款使用者の故意または重過失がある場合に限らず免責条項を一律に無効とするが、それが企業間契約では過剰な規制となることは明らかであるし、①はやはり軽過失免責・責任制限条項を対象とするが、契約締結の目的を達成不可能とするという不確定要件を設けることにより過剰な規制となることを回避しようとするものであろうが、かかる不確定要件は、ドイツでは一般条項の判断基準とされているものであり、ブラックリスト条項をこのように不明確にする趣旨は理解しがたい。

(32) 民法(債権法)改正検討委員会編・前掲注(2)一一二頁が「約款による契約は事業者間契約も広く含み、対象とする契約の態様も多様であるため、その不当条項リストは、不当条項の典型例を掲げた、相対的に抽象度の高い一般的なリストにとどまらざるをえない」とするのは、消費者契約についてはリストの効果が弱くなるということを意味するものであろう。

(33) 河上・前掲注(10)三七一頁。

(34) 民法(債権法)改正検討委員会編・前掲注(2)八五頁は、「この場合の交渉とは形式的な交渉で足りず、あくまで実質的な交渉でなければならない。実質的な交渉があったといえるためには、当初の条項が変更されることまでは必要ではないが、約款使用者と相手方との間で約款の条項とは異なる他の可能性について検討がされたことが前提となる。具体的には、相手方が、単にありうる他の可能性について説明を約款使用者から受けただけでは足りず、他の選択肢の採否について、約款使用者との間で能動的な交渉行動をしたことが必要である。特定の条項について約款に関する規律を外すことが正当化されるためには、相手方が、約款使用者との交渉行動を通じて、他の可能性について主体的に検討した上で、あえて特定の条項を選択したといえることが必要だからである」とする。

(35) 一九九〇年代末までの状況については、廣瀬久和「内容規制に関する一考察(1)」NBL四八一号二二頁(一九九一)。韓国の約款規制法でも、ドイツの約款規制と同様に、事業者間契約の約款も適用対象としている。韓雄吉「韓国の約款規制法における不公正条項規制―日本の消費者契約法との比較」ジュリ一二〇〇号一五一頁(二〇〇一)。

(36) 山本(敬)・前掲注(9)一八九頁注(七九)。

(37) 不当条項規制を適用すべきか否かに決定的な意味を持つのは、契約当事者間の交渉力の格差(知的ないし経済的優劣)であるというのが交渉力アプローチである。山本豊『不当条項規制と自己責任・契約正義』四二頁(有斐閣、一九九七)。

(38) 基本方針および部会資料の掲げるブラックリストは、不確定要件を取り込むか、ブラックリストとしてはあまりにも茫漠とした条項が掲げられている。民法（債権法）改正検討委員会編・前掲注（2）一一二頁は、「約款による契約は事業者間契約も広く含み、対象とする契約の態様も多様であるため、その不当条項リストは、不当条項の典型例を掲げた、相対的に抽象度の高い一般的なリストにとどまらざるをえない」と述べるが、ブラックリストを置く目的には全く反する。

（39）　道垣内ほか・前掲注（8）一五頁〜一六頁［森脇発言・安永発言］は、責任制限の必要性を指摘する。

五　おわりに

以上の検討に基づく結論としては、約款アプローチに基づく不当条項規制を企業間契約にも適用する立法は、必要性に乏しいばかりか、わが国の企業実務に多くの副作用をもたらすものであって、そのような立法はすべきでないということになる。基本方針や部会資料の提案に対しては、実務家サイドからは既に厳しい批判が投げかけられているが、研究者からの意見はあまり開陳されていないようである。しかし、企業間契約における不当条項規制のあり方は、わが国の企業実務のあり方にきわめて大きな影響を及ぼすものであり、広い視野から慎重に検討すべきものであり、本稿がその一助になれば幸いである。

〔『関俊彦先生古稀記念・変革期の企業法』二五五頁〜二八四頁（商事法務、二〇一一）〕

〔編注〕　本稿執筆後、民法（債権関係）部会の審議が進み、二〇一三年二月の「民法（債権関係）の改正に関する中間試案」では、消費者契約についての規定は設けず、約款に関する規定を設けることとし、不当条項規制も約款の条項の規制とし、約款の組入要件に従い「契約の内容となった契約条項は、当該条項が存在しない場合に比し、約款使用者の相手方の権利を制限し、又は相手方の義務を加重するものであって、その制限又は加重の内容、契約内容の全体、契約締結時の状況その他一切の事情を考慮して相手方に過大な不利益を与える場合には、無効とする」という案が提示された（第三〇・五）。しかし、その後の審議においては、経済界を中心として約款に関する規定の新設について反対が強く、提案の修正が繰り返されてきたが、意見集約ができなかった。このため、二〇一四年八月の「民法（債権関係）の改正に関する要綱仮案」においても約款に関する項目は案自体が示されることがなく、二〇一五年に入っての審議の最終段階まで決着が持ち越されることとなった。

約款の組入要件の立法論的検討

一　はじめに

現在進行している債権法改正作業においては、約款に関する規律の新設が検討事項とされている。検討事項としては、約款の契約への組入の要件と、（約款に限らないが）不当条項規制が主たるものであるが、このうち約款の契約への組入の要件については、現在では、実定法上の規律は存在せず、解釈理論に委ねられているという現状に対して、組入の要件として約款使用者が約款について相手方に対して何らかの認識することができるようにするための措置をとることを定めるかどうかを課題とするものである。(1) この課題が設定される問題意識としては、約款の契約への組入は、いわゆる意思の推定理論、さらには白地商慣習理論により、少なくとも約款内容を事前に相手方に開示することを要件とすることなく認められ、さらには約款が使用されることが告知されなくても認められるという現状が問題であり、約款も契約内容とする以上は相手方がその使用されることのみならず内容についても認識して契約を締結してはじめて契約内容となるのが本来のあるべき姿であるという考え方がある。

一般論としてこの問題意識はきわめてよく理解できるものであるが、このような組入要件を定める規律の新設については、賛否両論が激しく対立している。(2) 反対論の最も有力なものは、組入要件を設けることにより契約締結の手続が硬直的になり、これまでどおりの契約締結は困難となる契約類型もあり、そうでなくともコストもかかるというものであるが、賛成論も、契約締結に支障が生じるという批判に対しては、一定の場合に組入要件をそのまま適用することは現実的でないことは認めており、例外を認めることは容認している。従って、組入要件を設けること自体が一般論として望ましい方向であるとすると、反対論が懸念する問題があることもこれまた全面的には否定できないであろうから、懸念される問題が生じないように、組入要件を具体的にどのようなものとして法定することが可能かということの技術的な検討をまずはしてみるべきであろう。

本稿は、このような問題意識から、一九七六年の約款規制法（Gesetz zur Regelung des Rechts der Allgemeinen Geschäftsbedingungen）制定以来、約款の組入要件についての規律を有し、その規律の下での契約実務が展開されてきたドイツ法を素材にしながら、組入要件の立法論において検討すべき問題点を洗い出そうとするものである。[3][4]

（1） 法制審議会民法（債権関係）部会・部会資料一一―二では、以下のような問題提起がされた。

「3　約款を契約内容とするための要件（約款の組入れ要件）

約款を用いた契約においては、約款の内容を相手方が十分に認識しないまま契約を締結することが少なくないとの問題が指摘されている。そのため、大量の取引事務の合理的・効率的処理の要請に留意しつつも、契約内容を認識することについての相手方の利益との調和を図る必要があるとの指摘がされている。

そこで、約款を個別の契約の契約内容とするための要件（約款の組入れ要件）については、例えば、原則として約款が相手方に開示されていることが必要であるとした上で、約款の開示が現実的に困難である場合の例外要件を設定するといった考え方が提示されているが、どのように考えるか。」

中間論点整理も、以下のようにいまだ具体的提案にまで踏み切っていない。

「3　約款の組入要件の内容

仮に約款の組入要件についての規定を設けるとした場合に、その内容をどのようなものとするかについて、更に検討してはどうか。

例えば、原則として契約締結までに約款が相手方に開示されていること及び当該約款を契約内容にする旨の当事者の合意が必要であるという考え方がある。このうち開示を要件とすることについては、その具体的な態様によっては多大なコストを要する割に相手方の実質的な保護につながらないとの指摘などがあり、また、当事者の合意を要件とすることについては、当事者の合意がなくても慣習としての拘束力を認めるべき場合があるとの指摘などがある。

　このほか、相手方が個別に交渉した条項を含む約款全体、更には実際に個別交渉が行われなくてもその機会があった約款は当然に契約内容になるとの考え方や、約款が使用されていることが周知の事実になっている分野においては約款は当然に契約内容になるとの考え方もある。

　約款の組入要件の内容を検討するに当たっては、相手方が約款の内容を知る機会をどの程度保障するか、約款を契約内容にする旨の合意が常に必要であるかどうかなどが問題になると考えられるが、これらを含め、現代の取引社会における約款の有用性や、組入要件と公法上の規制・労働関係法令等他の法令との関係などに留意しつつ、規定の内容について更に検討してはどうか。

　また、上記の原則的な組入要件を満たす場合であっても、約款の中に相手方が合理的に予測することができない内容の条項が含まれていたときは、当該条項は契約内容とならないという考え方があるが、このような考え方の当否について、更に検討してはどうか。」

（2）　民法（債権関係）部会第一一回（平成二二年六月二九日開催）議事録。また、「民法（債権関係）の改正に関する中間的な論点整理」に対する各方面からの意見は、同部会資料三三―四・一二五頁以下、金融財政事情研究会編『「民法（債権関係）の改正に関する中間的な論点整理」に対して寄せられた意見の概要』一四一八頁以下（金融財政事情研究会、二〇一二）参照。組入要件について論ずる座談会として、中田裕康ほか「民法（債権法）の改正を考える（上）―約款、債権譲渡、不実表示を中心に」ＮＢＬ九七〇号八頁（二〇一二）、井上聡ほか「民法（債権関係）改正と金融実務―説明義務・情報提供義務、約款、不当条項規制を中心に―」金法一九四〇号二二頁以下（二〇一二）がある。

（3）　ドイツ法の約款規制法ないし民法の組入要件については、石田喜久夫編『注釈ドイツ約款規制法（改訂普及版）』二六頁～四一頁〔田中康博〕（同文舘出版、一九九九）、石原全『約款による契約論』六二頁～一四三頁（信山社、二〇〇六）が詳細な検討を行っている。

（4）　約款の組入要件について、労働契約に係る約款についても適用すべきかについて議論されるが、労働法特有の問題に関わるので、本稿ではこの点には立ち入らない。

二　ドイツ法上の組入要件

1　組入要件に関する法規定の変遷

一九七六年制定の約款規制法は、約款の組入要件をはじめて法定するとともに、一定の適用除外も法定した。関係規定は、以下のとおりである。

第二条　①　約款は、使用者が契約締結に際して、
1　契約相手方に対して、明示に、または、明示の指示が契約締結の態様により均衡を欠く程度の困難の下でのみ可能であるときは、契約締結の場所において明らかに見ることが可能な約款の掲示により、指示し、および、
2　契約相手方に対して、期待可能な態様において、その内容について認識する可能性を作り出し、かつ、契約相手方がその妥当について了解したときにのみ、契約の構成要素となる。
②　契約相手方は、一定の種類の法律行為について、第一項で定める要件を考慮して一定の約款の適用を前もって合意することができる。

第二三条（物的適用範囲）①〈略〉
②　さらに、以下は適用されない。
1　所管の交通官庁の認可によりまたは国際条約に基づいて認められた鉄道の料金表および業務規程ならびに旅客運送法の基準に従い認可された路線運送契約についての市街電車、トロリーバスおよび自動車の運送約款につき、第二条
2〜6〈略〉
③　貯蓄契約、保険契約および投資会社と持分所有者の間の法律関係は、第二条第一項第一号および第二号の定める要件が満たされない場合でも、所管の官庁により認可された貯蓄金庫、保険者および投資会社の約款に従う。

第二四条（人的適用範囲）　第二条、第一〇条、第一一条および第一二条は、以下の約款には適用されない。
　1　契約が営業に属するときは、商人に対して適用される約款
　2　公法上の法人または公法上の特別財産に対して使用される約款
〈第二文　略〉

二〇〇一年の債務法現代化法（Gesetz zur Modernisierung des Schuldrechts）により約款規制法の実体法規定が民法に編入されたことなどの改正を経て、現行の民法の約款の組入要件に関する規定は以下のとおりとなっている。傍線部が改正のあった部分である。

第三〇五条　①〈略〉
②　約款は、使用者が契約締結に際して、
　1　契約相手方に対して、明示に、または、明示の指示が契約締結の態様により均衡を欠く程度の困難の下でのみ可能であるときは、契約締結の場所において明らかに見ることが可能な約款の掲示により、指示し、および、
　2　契約相手方に対して、使用者に認識可能な契約相手方の身体的障害を適切に考慮して、期待可能な態様において、その内容について認識する可能性を作り出し、かつ、契約相手方がその妥当について了解したときにのみ、契約の構成要素となる。
③　契約相手方は、一定の種類の法律行為について、第二項で定める要件を考慮して一定の約款の適用を前もって合意することができる。

第三〇五ａ条　第三〇五条第二項第一号および第二号に定められる要件の遵守がなくても、契約相手方が適用に合意したときは以下は契約に組み入れられる。
　1　所管の交通官庁の認可によりまたは国際条約に基づいて認められた鉄道の料金表および業務規程ならびに旅客運送法の基準に従い認可された路線運送契約についての市街電車、トロリーバスおよび自動車の運送約款

2　電気、ガス、電気通信、郵便および鉄道についての連邦エージェンシーの広報において公告され、かつ使用者の事業所に用意されている以下の契約に関する約款

a　事業所の外部においてポストに郵便物を投函することにより締結される運送契約

b　約款が契約相手方に均衡を欠く程度の困難の下でのみ契約締結前に到達可能であるときは、直接通信手段の投入により、かつ、電気通信役務の提供の間に一回的に行われる電気通信、情報その他の役務に関する契約

第三一〇条　①第三〇五条第二項および第三項、第三〇八条および第三〇九条は、企業、公法上の法人または公法上の特別財産に対して使用される約款には適用されない。〈以下略〉

改正の経緯について整理すると、組入要件の一般原則を定める約款規制法二条が移行された民法三〇五条二項中の、身体障害者についての考慮の必要性を定めた部分は、二〇〇一年債務法現代化法により追加された。

適用除外のうち、約款規制法二三条一項にあった建築貯蓄契約、保険契約、投資持分に関する投資会社の契約の約款の組入要件についての適用除外は、制定時の立法理由としては、これらの契約については集団的な性格から契約相手方の平等取扱が要請されると説明されていたが、(5)二〇〇一年債務法現代化法により削除されている。このうち保険契約に関する適用除外は、ＥＵの保険監督規制の調整指令に基づき、一九九四年に保険監督法（Versicherungsaufsichtsgesetz）上の保険約款の認可制が廃止され、これに伴い適用除外の要件である認可ということがなくなり、適用除外は空文化した。これを受けて、二〇〇一年債務法現代化法では、建築貯蓄契約および投資契約の約款も一括して約款規制法二三条一項の組入要件の適用除外は削除された。削除に当たっては、適用除外を削除しても契約実務には支障は生じないということによるものと説明されている。(6)なお、保険約款の組入要件については、後述する。

約款規制法二三条二項一号の旅客運送等の約款についての適用除外は、現在も民法三〇五ａ条一号としてそのまま維持されている。

民法三〇五a条二号の郵便および電気通信の約款に関する組入要件の適用除外は、約款規制法制定時には存在しなかったものであるが、一九八九年から一九九七年までの郵便および電気通信事業の民営化に際して現行規定よりも広い範囲で規定されていたものが二〇〇二年までの時限的なものとされており、二〇〇一年債務法現代化法に際して最小限の範囲でのみ存続されたものである。(7)

約款規制法二四条一項における商人、公法人等についての組入要件の適用除外は、現在も商人が企業に改正された上で民法三一〇条として維持されている。商人から企業への改正は、商法の適用主体としての商人の概念を改正した一九九八年商法改革法（Handelsrechtsreformgesetz）により行われたものであるが、(8)民法における企業の定義規定が二〇〇〇年の非対面販売契約に関する法律（Gesetz über Fernabsatzverträge）の制定時に民法一四条に置かれたので、現在は、企業の意味は、同条により、「法律行為を行うに当たり、その事業上のまたは独立職業上の活動の遂行において行為する自然人、法人または権利能力のある人的会社」となっている。

２　一般原則

⑴　立法趣旨

民法三〇五条二項の明示の指示、約款の認識可能性作出および契約相手方の了解という組入要件の一般原則についての約款規制法制定時の立法趣旨は、次のようなものである。

「約款が個別契約の構成部分となりうる最低の要件に関する規定は、条項使用者の契約相手方の保護のためと法的安定性の利益のために必要である。約款の使用が契約法の基礎の上に実施され、それにより少なくとも原則によれば両契約当事者の意思の合致の要件が必要とされるのであるとすれば、使用者はその約款を開示し、かつ契約相手方に意図されている組入を指示することが不可欠である。そうしてのみ、契約相手方は、自分の表示の影響の大きさを評価し、場合により望ましくない、または妥当でない約款に対して防衛するよう努めることが可能となる。これに対して、判例により展開された、約款は顧客が約款の存在を知っていなければならないときは、約款が合意がなくとも契約内容になるという定式は、約款に付従する契約当事者の『過失による意思表示』を基礎づけ、営業に従事しない顧客との取引を十分には考慮していないことになる。」

「第二条で確定される組入の最低要件は、書面、口頭および行為による契約締結の各場合に等しく適用される。その一般条項的定式は、取引に対して不必要に形式的なことにより負担をかけることにならないことを意図している。(9)」

(2) 現在の解釈

現行規定では民法三〇五条二項が組入要件の一般原則を定める。これによれば、約款が契約に組み入れられる要件は、①約款使用の指示、②約款の認識可能性作出（以下、「約款内容の開示」という）および③相手方の了解の三つから構成される。以下、それぞれの内容と解釈運用について検討する。

① 約款使用の指示　締結しようとする契約において特定の約款が使用され契約内容に組み入れられることを契約相手方に示すことが約款使用の指示の意味するところである。従って、約款内容を開示することとは区別される。約款使用の指示は、原則として「明示に」されなければならないことが特徴的である。従って、わが国でいう白地商慣習法説のように、使用しようとされる約款について何らの言及なしでも約款が組み入れられるということはありえなくなる。ドイツでも、約款規制法制定前は、前記の立法趣旨の説明においても述べられているように、明示の指示が組入要件とはされていなかったので、①は創設的な要件であるといえる。

明示の指示は、書面によることも口頭によることも可能であるが、次の例外との対比からわかるように掲示では足りない。(10) カタログやパンフレットに記載するだけでは明示の指示ありとはいえないとされたり、事業者が複数の約款を使用するときは、どの約款が使用されるかを指示しなければならないとされている。(11)

しかし、以上の明示の指示の要件の例外が、明示の指示をすることが契約締結の態様上きわめて困難であることを要件として認められている。制定時の立法理由の説明では、ある種の日常生活上の同種で頻繁な契約で、約款の使用が通常予測されるが明示の指示が実務上ほとんど不可能な場合を想定したもので、運送、監視（警備等）、駐車場、貸ロッカー、携帯品預り所が例示されていた(12)。無人の場所で契約が締結される場合のほかにも、約款の使用が通常であると予測されなければならない一方で、日常些事的な契約で明示の指示が業務の実際上困難である場合も想定されている(13)。明示の指示の例外が認められる場合においても、何らの指示も不要となるというのでなく、契約締結場所における約款使用についての掲示は要件とされている。

② 約款内容の開示　ここでは契約相手方に対して約款内容を認識する可能性を作り出すことが要件とされている。その際に契約相手方にとって期待可能であるという要件が設定されている。制定時の立法理由によれば、「何が契約相手方にとって期待可能かは、個別事例における事情、たとえば契約締結の場所および形態ならびに契約相手方への具体的な情報伝達可能性（Informationsmöglichkeit）に従うことになる。約款を知らしめる責務について、約款使用者は、契約相手方に契約締結に際して約款の文言を伝え、または交付するのであれば、常に充足することになる。隔地間での書面による契約締結においては、このことは通常であり、原則として期待されうるところでもある。使用者の営業所における契約締結においては、関係する約款をそこで閲覧のために備え置くか交付することが必要とされるべきである。期待可能な態様で約款の内容を知る可能性には、約款が努力なくして読めることも通常含まれる」と説明されていた(14)。

この要件は、①の明示の指示と異なり、例外が規定されていないことに注意を要するが、契約相手方に期待可能という抽象的要件の解釈によりどこまでのことが求められるかを決めることができるような構造となっている。

契約締結の態様の類型に即して、期待可能な開示の要件はどのようにすれば充足されるかが議論され、概ね判断基準は固まっているようである(15)。①の約款使用指示の要件が厳格に解釈されているのに対して、②の約款内容の開示の要件は、若干の柔軟さが認められる。書面による契約締結の場合、対面の口頭で契約締結の場合、ネット契約の場合など類型的に開示要件の充足の可否が議論されているが、一般論としては、書面で示すか、または契約締結場所で掲示するなど、相手方が契約締結の意思決定をする場面において容易に約款内容を見ることができるようにすることが必要と考えられており、逆に契約締結場所でもない営業所などに約款を備え置いて閲覧ができるというようなことでは不十分とされているし[16]、対面の口頭の契約締結においてインターネット上で閲覧可能にされていて、アクセスしようとすれば可能であるということだけでは不十分とされている[17]。

制定当時から問題視されていたのは、電話で契約が締結される場合で、この場合に事前に約款を記載した書面を送付するとか、電話で約款内容を読み上げるということは通常は行われないので、それにもかかわらず、開示の要件を充足できるかは疑問とされていた。その懸念から、約款規制法の制定過程では、この場合には営業所で約款を知る可能性を与えておけば足りるようにするとか、事後の約款の送付で足りるものとする立法提案も見られた[18]。約款規制法制定後は、顧客の側で開示を受けることを放棄することが、約款の定めに優先する個別の契約上の合意として行われるのであれば、その放棄は有効であるという解釈が認められており[19]、この解釈論で実際にも取引が行われているようである[20]。契約相手方が開示の要件を放棄できるという解釈は、開示を組入要件とする規律を空洞化することになりうるが、それにもかかわらずこのような解釈が行われているのは、迅速な契約締結という契約相手方にとっての利益も考慮せざるを得ず、開示の要件を画一的規律の限界を示すものである。

③ 相手方の了解　約款の組入について契約相手方が了解したことが最後の要件となるが、この了解の要件は、約款使用の指示や約款の開示のような特別の形式的な要件を要することなく、契約相手方に了解と評価される行為があれば足りるとされている[21]。

④ 枠契約による組入（民法三〇五条三項）　銀行取引に典型的なように、将来行われる取引の約款を包括的にあら

かじめ契約内容に組み入れることを可能とするものであるが、民法三〇五条二項の組入要件を満たした上で組入を認めるものである。民法三〇五条二項一号の明示の指示が不要な場合に当たらないが、個別の契約に際して逐一明示の指示と約款内容の開示をすることが適当でない場合の方法として意味がある。(22)

3　適用除外等

(1)　総　説

約款規制法では、約款の組入要件に限らず不当条項の無効についても、約款の類型による適用除外や当事者の属性による特則をきめ細かく置き、これが基本的には約款規制法の民法への移行に際しても受け継がれている。

(2)　約款の類型による適用除外

民法三〇五a条一号の旅客運送の約款に係る適用除外は、約款規制法の制定時に、これらの分野の約款も法規ではないが、それにもかかわらずそれらが個々の運送契約において組入要件が充足されなくても契約内容となることが必要なためであり、別途特別法で周知措置がとられているということにより説明されていた。(23)組入要件のうちの約款使用の明示の指示の要件および約款内容の開示を不要とするもので、契約相手方の了解の要件までは除外としていないが、了解の要件は上記のように柔軟なものなので、この種の約款は一律に組入があることが要請されるという政策的判断に立脚するものということができる。約款使用の指示の要件で、明示の指示が困難な場合における契約締結場所での掲示の要件も課されていないことに留意すべきである。

なお、ここで適用除外とされている旅客運送の約款は、ここで規定されている運送分野の運送事業者と乗客との間の法律関係に関する唯一の規律ではなく、鉄道や市街電車等による運送についての法律関係は、原則的には法規命令により規律されており、民法の約款に関する規定の適用対象外であり、約款により規律される領域は必ずしも広くないということに注意を要する。(24)

民法三〇五ａ条二号の郵便および電気通信に係る契約の約款の適用除外は、一回限りの利用に限っているもので、逆にいえば、適用除外とされていない契約に係る約款については、一般原則がそのまま適用されていることがむしろ重要である。

以上のように、組入要件の適用除外はきわめて限定された公益的事業の約款について法定されているにとどまるが、ここで規定されている種類の事業に限らず、電気・ガス・水道等の供給などの公益的事業については、約款があり民法の組入要件にそのまま従っている領域はそれほど広くはなく、むしろ法規命令により規律される領域が広いことに注意を要する。(25)

(3)　企業が契約相手方である契約についての特則

約款規制法では、商人の営業に属する契約に適用される約款には、同法二条の組入に関する適用がないものとしていた。この適用除外は、約款規制法による契約相手方保護の必要は契約相手方が消費者である場合と商人である場合とでは異なり、共通の規律を適用することは、商人との契約では過剰な制限となるという説明がされていた。(26)前述のように、一九九八年商法改革法以来、商法の適用主体が商人から企業に拡大されているが、民法一四条の企業の定義からわかるように、ここでいう企業の概念は、わが国の消費者契約法上の事業者概念に近いものであり、(27)小規模事業者についても適用除外の対象とされていることに注意すべきである。

このように企業間契約には民法三〇五条二項・三項の組入要件が適用されないので、組入の要件は全部が法律行為の解釈問題となる。約款規制法制定後も、契約相手方が約款の使用について認識していたか、または認識しなければならない場合に組入が認められるとされており、原則的には約款使用の何らかの指示は必要であるが、約款使用が通例的であることや、契約当事者間の継続的な関係から約款使用の合意が認定されうることになっている。(28)

(4) 保険約款の組入

ドイツでは、約款規制法制定時までの保険契約の実務慣行としては、契約締結時までに約款を開示するということは行われず、契約成立後に保険証券とともに約款が送付されるということになっていたようである。約款規制法制定時には、上記のように、保険約款については、認可による行政的監督とともに保険の団体性的な性格づけを理由に組入要件からの適用除外が法定されていたが、EUの保険業の監督規制の調整に基づいて、一九九四年に保険約款の認可制を廃止したことから、この適用除外は維持できなくなった。しかし、約款規制法の組入要件をそのまま適用し、約款の事前開示を行うことは実務上は受け入れられず、保険監督法においては、約款を含めて情報提供義務を規定する一方で（二〇〇七年改正前保険監督法一〇a条）、保険契約法（Versicherungsvertragsgesetz）では、約款が事前に開示されなかった場合には、保険契約成立後に保険証券とともに約款が送付された後一四日以内に保険契約者が異議を申し立てないことにより約款が確定的に契約内容となるものとみなすという組入要件についての特則を設けた（二〇〇七年改正前保険契約法五a条）[29]。

しかし、この保険約款についての保険契約法上の特則も、二〇〇七年の保険契約法の全面改正に際して廃止され[30]、保険約款についても組入要件は民法三〇五条二項・三項の一般規定をそのまま適用することとされた[31]。二〇〇七年保険契約法では、保険者の情報提供義務が法定され（保険契約法七条）、保険契約者の申込時までに保険者が情報提供しなければならない事項が法定され、その事項の中に保険約款も含まれている[32]。従って、保険約款は保険契約成立後に交付されるという実務は変更せざるを得ないこととなったが、この情報提供義務は違反があってもその効果は、保険契約法八条の規定する保険契約者のクーリング・オフ期間が開始しないということにとどまり（保険契約法八条二項）、保険約款の組入が否定されるわけではなく、保険契約法の情報提供義務と民法の組入はそれぞれ別個の制度であるという整理がされている[33]。

そこで、問題となるのは、約款が情報提供義務に従い事前に開示されることが契約締結の流れの中で困難な場合である。この点で問題となりうる一つの場合が、保険契約が保険契約者の申込に対して、時間を置いて保険者が承諾するという通常の契約成立過程がある一方で、申込時から直ちに保険保護を開始する必要がある場合に利用される暫定的担保（Vorläufige Deckung）とよばれる場合であり、この場合については、二〇〇七年保険契約法でも、暫定的担保に係る約款、もしそれが存在しない場合には保険契約に係る約款が明示の指示がなくとも契約に組み入れられるという民法に対する特則を設けている（保険契約法四九条二項）[34]。

もう一つ問題となるのが、電話等による保険契約の締結の場合であり、この場合については、民法の組入要件の解釈として一般的に認められている契約相手方の個別合意による組入要件の放棄ということに基づいて事前開示がなくとも組入が認められるという解釈により実務上も処理されている[35]。

（5）Bundestag Drucksache 7/3919［約款規制法政府草案および理由書］, S. 43（1975）.

（6）政府草案では、保険約款についてのみ適用除外規定を削除し、建築貯蓄契約と投資契約の適用除外は維持するものとしていた。Bundestag Drucksache 14/6040［債務法現代化法草案および理由書］, S. 151（2001）. しかし、議会での審議により建築貯蓄契約と投資契約の適用除外も削除された。

（7）Bundestag Drucksache 14/6040, S. 151（2001）; Ulmer/Brandner/Hensen, AGB-Recht Kommentar, 11. Aufl., 2011, § 305a Anm. 5（Ulmer/Schäfer）.

（8）Bundestag Drucksache 13/8444［商法改革法政府草案および理由書］, S. 47（1997）. 商法の商人概念の改正により小商人という概念が廃止されたが、小規模な営業のため商人性が認められない企業（改正後の商法では、商人的態様で装備されない営業を行う企業は当然には商人にはならず（商法一条一項・二項）、ただ、商号を登記することにより商人となることはできる（商法二条））および専門職業者にも適用除外を及ぼすことが必要とされたものである。

（9）Bundestag Drucksache 7/3919, S. 17（1975）.

（10）Ulmer/Brandner/Hensen, a.a.O.（N.7）, § 305 Anm. 130（Ulmer/Habersack）.

(11) Ulmer/Brandner/Hensen, a.a.O. (N.7), § 305 Anm. 126 (Ulmer/Habersack).
(12) Bundestag Drucksache 7/3919, S. 18 (1975).
(13) Ulmer/Brandner/Hensen, a.a.O. (N.7), § 305 Anm. 137 u. 139 (Ulmer/Habersack).
(14) Bundestag Drucksace 7/3919, S. 18 (1975).
(15) Ulmer/Brandner/Hensen, a.a.O. (N.7), § 305 Anm. 147–149b (Ulmer/Habersack). なお、約款内容の開示の要件には、契約締結時における開示に加えて、契約成立後も契約相手方が約款を自由に利用することができることも要する。Wolf/Lindacher/Pfeiffer, AGB-Recht. 5. Aufl., 2009, § 305 Anm. 86–87 (Pfeiffer). また、約款内容の開示の要件には、狭い意味での開示に加えて、理解可能性と判読可能性も含まれることには一般論として異論がない。Ulmer/Brandner/Hensen, a.a.O. (N.7), § 305 Anm. 150–154c (Ulmer/Habersack).
(16) Ulmer/Brandner/Hensen, a.a.O. (N.7), § 305 Anm. 147 (Ulmer/Habersack).
(17) Ulmer/Brandner/Hensen, a.a.O. (N.7), § 305 Anm. 148 (Ulmer/Habersack).
(18) Dittmann, K./Stahl, H., AGB Kommentar, S. 38–39 (1977).
(19) Ulmer/Brandner/Hensen, a.a.O. (N.7), § 305 Anm. 149 (Ulmer/Habersack) (約款内容の開示は約款使用者の責務 (Obliegenheit) であり、契約相手方が開示を利用するかどうかは組入のために決定的ではなく、契約相手方は約款使用者の責務の遵守を放棄することができるものとする), Wolf/Lindacher/Pfeiffer, a.a.O. (N.15), § 305 Anm. 110 (Pfeiffer).
(20) 約款の組入要件は本文で述べるように契約相手方が放棄可能であるが、他方で、消費者に対する非対面販売契約については民法三一二c条、民法施行法二四六条一項・二項により別途重要事項についての情報提供義務が規定されており、約款で規定されるべき事項もそこに含まれることに注意を要する。
(21) Ulmer/Brandner/Hensen, a.a.O. (N.7), § 305 Anm. 161 (Ulmer/Habersack).
(22) Ulmer/Brandner/Hensen, a.a.O. (N.7), § 305 Anm. 201 (Ulmer/Habersack).
(23) Bundestag Drucksache 7/3919, S. 42 (1975).
(24) 詳細については、Ulmer/Brandner/Hensen, a.a.O. (N.7), § 305a Anm. 9–12 (Ulmer/Schäfer).
(25) Wolf/Lindacher/Pfeiffer, a.a.O. (N.15), Klauseln Anm. V233 (Dammann) (Tarifkunden とよばれる通常の利用者との関係は法規命令が適用され、Sonderkunden とよばれる利用者との関係のみが約款により規律される).
(26) Bundestag Drucksache 7/3919, S. 43 (1975).
(27) ＥＵの一九九三年の消費者契約の不当条項指令 (93/13/EWG) の「事業者 (Gewerbebetreibender)」の定義に基本的には重なっ

ている。

(28) Ulmer/Brandner/Hensen, a.a.O. (N.7), §305 Anm. 170ff. (Ulmer/Habersack).

(29) 保険監督法の情報提供義務を履行すると、保険契約申込時に約款が開示されることになり、これを Antragsmodell とよぶ。これに対して、保険契約法では、保険契約成立後に保険証券とともに約款が開示されることになり、Policenmodell とよぶ。二つのモデルは選択可能である。以上の経過の詳細については、木下孝治「ドイツ保険監督法上の保険者の情報提供義務及び契約締結（一）～（八）」阪大法学四七巻二号二一一頁、三号一〇五頁、六号一〇三頁、四八巻一号一三七頁、五〇巻一号一頁、二号二九頁、六号一頁、五一巻三号一頁（一九九七～二〇〇一）参照。

(30) Bundestag Drucksache 16/3945［保険契約法政府草案および理由書］, S. 60, S. 121 (2006).

(31) Ulmer/Brandner/Hensen, a.a.O. (N.7), Spez. AGB-Werke [7] Versicherungsbedingungen, Anm. 2 (Schmidt); Prölss/Martin, VVG, 28. Aufl. 2010, §7 Anm. 1 u. 2 (Prölss).

(32) 保険契約法七条に基づき制定された命令（Verordnung über Informationspflichten bei Versicherungsverträgen (VVG-Informationspflichtverordnung—VVG-InfoV)）一条一項六号。

(33) Prölss/Martin, a.a.O. (N.31), §7 Anm. 47 (Prölss).

(34) Bundestag Drucksache 16/3945, S. 74.

(35) Prölss/Martin, a.a.O. (N.31), §7 Anm. 45 (Prölss).

三　わが国の立法論のポイント

1　これまでの立法提案とドイツ法との比較

(1)　民法（債権法）改正検討委員会試案（以下、「検討委員会試案」という）

【3.1.1.26】（約款の組入れ要件）[36]

〈1〉約款は、約款使用者が契約締結時までに相手方にその約款を提示して（以下、開示という。）、両当事者がその約款を当該契約に用いることに合意したときは、当該契約の内容となる。ただし、契約の性質上、契約締結時に約款を開示することが著しく困難な場合において、約款使用者が、相手方に対し契約締結時に約款を用いる旨の表示をし、かつ、契約締結時までに、約款を相手方が知りうる状態に置いたときは、約款は契約締結時に開示されたものとみなす。

〈2〉〈1〉の開示にもかかわらず、約款使用者の相手方は、その内容を契約締結時に知っていた条項につき、約款が開示されなかったことを理由として、当該条項がその契約の内容とならないことを主張できない。

提案理由は以下のとおりである。

「約款による契約も、契約である以上、約款の拘束力の根拠は契約当事者の意思に求められなければならない。そうであるとすれば、相手方が約款の内容について具体的に認識可能な状態に約款が開示され、その状態において約款を契約内容とすることが合意されて始めて、約款は契約内容になるというのが論理的である。」

「約款の開示がなされたというためには、相手方が現実に約款の内容を認識することまでは必要ないが、約款を相手方に交付するなどにより、約款の内容を認識しようとすれば容易に認識できる状態に相手方を置くことが必要である。」「約款使用者の側が、約款を交付する、あるいは契約を締結する場所で、相手方の目に見えるところに約款を掲示するなどの方法により、契約締結時までに、相手が特別のアクションを起こさなくてもよいところに約款を置いて、約款の内容を認識しようとすれば容易にその内容を認識できるような状態を作り出すことが必要である。」

「しかしながら、たとえば、バスの停留所からバスに乗った場合の運送契約など、なかには、契約締結時までに、個々の顧客に対して約款を交付し、あるいは、約款の条項すべてを契約締結場所に掲示して相手方が約款内容を具体的に認識可能にすることが、その契約の性質上著しく困難な場合もある。そのような契約についても、約款の具体的な認識可能性を約款の組入れ要件として要求することは、現実的ではなく、かつ、多数の契約を画一的に処理する約款の効用を損なうおそれがある。」「契約の性質上、契約締結時までに約款を開示することが客観的に著しく困難であるといえるとき」に〈1〉ただし書の例外を設けている。

(2) 民法改正研究会・日本民法改正試案試案（以下、改正研究会試案という[37]）

第四六八条　①　〈略〉

②　契約の申込み又は承諾の一方が約款によりなされた場合において、次の各号のいずれかに当たるときは、申込みと承諾が合

致し、契約が成立したものとみなす。
一　約款を提示した者が、契約の締結時までにその約款を提示していたとき。
二　契約の性質に照らし、契約の締結までに約款を提示することが困難な場合において、約款を使用する者が約款を用いるであろうことを契約の締結時に相手方が知り、又は知ることができ、かつ、約款を使用する者が相手方が約款の内容をあらかじめ知ることができる状態にしていたとき。

(3)　ドイツ法の組入要件との比較

以上のうち具体的試案を提示する検討委員会試案と改正研究会試案の提案は、いずれも基本的には、契約相手方の約款使用についての同意に加えて、約款の開示を組入の要件とすることを一般原則としつつ、事前開示が困難な場合に、約款使用の指示をし、かつ約款を知りうる状態に置くことを要するというものである[38]。この提案をドイツ法の組入要件と比較すると以下のことが明らかになる。

日本の提案とドイツ民法では、契約相手方における約款使用の了解を要するものとする点では同じであるが[39]、ドイツ民法では約款使用の指示と約款内容の開示という二段階の組入要件とされているのに対して、わが国の提案では、約款内容の開示が組入要件とされているので、要件としては一段階という違いがある。また、組入要件の緩和的例外が認められるのは、ドイツでは、明示的指示が困難である場合に指示を掲示で足りるとしているのに対して、わが国の提案では、開示が著しく困難である場合に、約款内容を認識可能にすることで足りるとしているということである。ドイツでは、約款内容の開示という要件については例外が規定されていないのである。

もっとも、二段階か一段階かという相違は、わが国の提案のように約款の開示が要件とされれば約款使用の指示は通常はあるといえるであろうから、実質的には重要なものではないように思われる。これに対して、ドイツでは、約款内容の開示の要件がどの程度のものとされるかにもよるが、わが国の提案においては約款内容の開示として約款の交付や掲示が必要とされているのと比較して、もう少し緩和的なものである余地もあるとすると、わが国の提案はやや遊びの余地が狭いといえそうである。もっとも、わが国の提案では、例外的緩和は約款内容の開示について認められるので、約款内容の開示が困難であるという関門さえクリアーすれば、開示という要件は知りうる状態に置けば足りるというところまで緩和されるので、開示の困難さ如何というところで調整はできるであろう。しかし、開示が困難な場合も約款使用の指示は必要であり、ドイツ法のように指示が困難な場合には問題が生じうる。ただ、わが国の提案における約款使用の指示はドイツ法でいう掲示の方法でもよいと解されているようなので[40]、その点では問題は生じないことになろう。

このように比較してみると、組入要件の立て方には一見したところかなりの相違があるが、実質的にはそれほど大きな相違はないともいうことができる。ただ、約款内容の開示といっても具体的な局面でどの程度のことを要求するかについてのスタンスのあり方次第で相違も生じる余地があるとはいえるであろう。また、わが国では、組入要件の法定を主張する論者は、組入要件を強行法的な規律と考えているのではないかと推測されるが、ドイツ法の解釈として紹介したように、ドイツ法の約款内容の開示の要件は、個別の合意により契約相手方が組入要件を放棄することができるという解釈による、いわば穴が開けられており、これが約款の事前開示が困難な場合への対応を可能としていることに留意する必要がある。

なお、約款使用の指示や約款内容の開示の要件とともに、契約相手方の約款の組入についての合意は、ドイツ法でもわが国の提案でも共通の要件とされているが、検討委員会試案でもこの合意は、黙示の合意や慣習に従い認められることも認められており[41]、この要件が約款の組入を必要以上に制約する可能性は低いといってよいであろう。

2 検討のポイント

(1) 組入要件として約款内容の開示要件を設けることの目的

組入要件として約款の開示を原則として必要とすることは、約款使用者から契約相手方への情報の提供を義務づけるものではあるが、情報提供義務や説明義務のように情報格差がある者の間で格差を埋めるために課される情報の提供の義務づけと同列に考えてよいかが問題となる。組入要件としては、契約締結時までに約款を開示すれば足り、約款を開示することさえすれば足りるとされるのであるから、開示といっても形式的・手続的な色彩が強い。情報提供義務ということであれば、約款には複雑なものも少なくないから、開示のタイミングや開示の方法についての配慮も必要となるが、組入要件ではそのようなことまでは考えられていない。その点からみれば、約款が使用されようとする場合に、契約相手方からは、約款の内容を見る機会もないにもかかわらず合意があったものとして契約に組み入れられるということが本当に理論的に説明がついているのかという疑問が生じないように、少なくとも見る機会はあり、それにもかかわらず異議をとなえず契約を締結したのであるから、組入の合意を認めることも問題がないという状況を作り出すことに意味があるということができる。いわば約款が契約に組み入れられるための最小限の要件を設定するという手続規定として理解することができるのである。そして、この手続規定が遵守されているかぎりでは、約款が契約内容に組み入れられることが法律上明文化されることになり、これまでのように意思の推定理論や白地商慣習理論などの解釈理論に依拠する必要がなくなる。このような理解は、組入要件を規定するという提案に対しては、一部の事業者からは、約款の組入要件が明確になり法的安定性が増すという意味で評価されていることにも対応する。

このような手続規定が契約相手方の利益保護という観点からの意味があるとすれば、約款が使用されることは契約相手方にも明らかとなり、約款であるから当然に自己にとって不利益な内容も定められている危険があるという可能性は認識でき（警告的意義ということができる）、また契約締結に向けての最終的意思表示をするまでに約款を見る機会はあるのであるから、最終的意思表示を断念する機会を与えられるということである。しかし、手続規定の意義が以上のようなところにとどまるとすれば、約款の開示が組入要件とされても、契約相手方に対する情報提供としての機能は、皆無ではないにしても高くはないのであり、そのような限られた効果を持つにとどまる要件を厳格に設定するという規律は過剰規制として疑問となるということがいえるように思われる。

(2)　原則的規律

検討委員会試案の提案における約款の開示は、約款の交付、契約締結場所での閲覧という契約相手方が契約締結の最終意思決定時までに容易に内容を見ることができるようにする方法が想定されており、営業所等に備え置くとか、ウェブサイト上で閲覧可能にしてあるというだけでは不十分であると考えられているのではないかと推測される。組入要件を法定する目的からは、このような開示の態様の限定は合理的である。

もっとも、営業所での備置きと異なり、ウェブサイト上で閲覧可能としておくなど、見ようと思えば見える状態にしておくことができるようにしておけば足りるとすることは、情報化が進展した現代社会における開示の方法としてあり得ない選択肢といえるかどうかは検討に値するところではある。しかし、開示がさほどのコストと手間もかけずに可能である場合まで一律に緩和することの当否は疑問であるといわなければならない。むしろ原則的規律に従うことが契約締結実務を硬直的なものとして、約款を知らせるという利益よりも重視されるべき利益が損なわれるおそれがある場合については、原則的規律の適用除外ないしは特則を設けるという立法的解決が望ましいというべきである。

(3)　例外的規律

以上の観点に立つと、わが国の立法提案では、約款内容の開示を不要とする例外は、開示が著しく困難な場合に限っているようにも見受けられるが、そうであるとすると問題がある。

開示が著しく困難な場合として例示されているバスなどの乗り物を利用する場合は当然として、たとえば、宅配便をコンビニ店頭や自宅集荷により委託する場合において、約款を交付したり、閲覧させることは不可能ではあるまいが、現実的であるとは思われない。また、検討委員会試案では、開示が困難な場合に当たるとされても、約款使用の指示と知る機会を与えることが必要とされるが、コンビニ店頭であれば、約款使用を掲示することはあり得ても、店員に逐一約款使用について発言させることは現実的でないし、自宅集荷の場合においてドライバーが約款使用について発言し、また約款を所持して閲覧の機会を与えることも現実的ではないであろう。この例のように日常生活の中で締結される契約には原則的な組入要件を機械的に適用することが契約締結の利便を損なうことになることが少なくないと思われ、例外的規律は相当程度柔軟に設定してもよいのではないかと思われる(42)。

例外的規律を設定することに合理的な理由がある契約ないし約款類型や、契約締結状況としては次のようなものが考えられる。

① 簡易迅速な契約締結が通例で合理的である場合　上記の宅配便のようなケースが一つの典型であるが、少額で契約書面を取り交わさずに契約が締結される日常頻繁に生ずる契約については、契約締結の都度、約款内容を開示することは言うに及ばず、約款を使用することの指示をすることや約款使用について掲示することも、効果との相関では過剰な要件となる疑いがある。もっとも、そのような場合において、事業者が約款を定めると、約款内容の開示や約款使用の指示が何もないのに、当然に約款の組入という効果が認められるのは問題であることはいうまでもない。やはり、このような類型で組入要件が緩和されるには、約款の使用が当該契約類型では通例的であり、契約相手方においても約款使用を予測してしかるべき場合に限定されるべきであろう。他方で、事業所での備置きと閲覧やウェブサイト上で閲覧できるようにするなど、約款内容を見ようとすれば見ることができる状態にしておくことを組入要件とすることは考えられよう。

② 公益的事業の場合　ドイツでは、前述のように電気、ガス、水道等の公益的事業の供給約款や定期旅客運送

の約款などは基本的には約款としてではなく法令として設定されているが、わが国では水道を除いてこれらの供給約款も約款として位置づけられていることから、特段の手当がなければ組入要件の原則的規律が適用されることになる。しかし、これらの事業においては供給についての条件がすべての利用者に平等に設定されることにも重要な意義があることは否定できない。もっとも、そうであるからといって、この種の事業の約款を念頭に置くことから約款の組入要件を設けることについて一般的に否定的に論ずることは問題があり、①の類型と同様に、約款内容を見える状態にしておくことで足りるとすべきであろう。何が公益的事業かということになると難しいところであり、かつては公益的事業の典型であった電気通信事業も現在のように民営化されてくると、公益的事業としての例外を認めることは難しく、例外が認められる事業類型は相当に限られたものになろう。

③　約款内容の開示が困難な特別の事情がある場合　　ドイツで問題とされていた電話を通じて契約が即時に締結される場合が一例であるし、わが国では、損害保険業界が主張しているように、当該契約に使用される約款を交付したり閲覧させることが困難であるが契約は即時に成立させることが契約相手方のニーズとしても必要な場合が一例である。ドイツでは、前述のように電話を通じた契約締結の場合には、内容開示の要件を契約相手方が個別合意により放棄できるという解釈により解決されており、内容開示が困難なことに合理的な理由がある場合の例外は認めてしかるべきであろう。

もっとも、ドイツのような内容開示の要件の放棄という構成がよいかといえば別問題であり、正面から開示要件の例外的場合として認めるべきであろう。その場合の組入要件のあり方としては、①や②の場合のように約款内容を見ようとすれば見える状態にしておくのでは足りず、約款を事後的に開示すること、および契約相手方から不利益を伴うことのない契約解除権を認めるという解決も考えられる。ただし、契約が短期間内に終了する場合など契約解除権を認めることでは適切な解決ができない場合もあるので、有効な解決策となり得るかは疑問である。

④ 契約相手方が事業者の場合　約款というアプローチからの規律を主張する立場からは、約款が使用されることの問題は、契約相手方が消費者である場合に限らず事業者である場合にも約款についての規律を適用すべきであると主張する傾向が強い。しかし、ドイツでも、組入要件は契約相手方が事業者である場合には適用除外としているのであり、約款というアプローチをとるとしても事業者が契約相手方の場合も適用対象としないという選択肢は十分に考えられる。これに対しては、中小事業者の保護の必要性などを理由として適用除外に反対する主張がされることが想定されるが、組入要件を厳格にするほど事業者が契約相手方の場合にもそのまま適用することが事業者間取引の効率性を阻害する危険は大きいといえよう。

(36) 民法（債権法）改正検討委員会編『詳解債権法改正の基本方針Ⅱ―契約および債権一般(1)』八〇頁以下（商事法務、二〇〇九）。
(37) 「日本民法典財産法改正　国民・法曹・学界有志案（仮案、平成二一年一〇月二五日国民シンポジウム提出案）」民法改正研究会『法律時報増刊　民法改正　国民・法曹・学界有志案―仮案の提示』（日本評論社、二〇〇九）。
(38) 約款内容の開示が困難な場合に、検討委員会試案では約款使用の表示を必ず求めるのに対して、改正研究会試案では約款使用について契約相手方が知りまたは知ることができるのであれば足りるとしている点で、後者が要件において若干緩和されている。
(39) 改正研究会試案では、申込みと承諾の合致による契約の成立に関する規定の中に約款の組入をみなし規定として織り込んでいるためであろうが、約款の組入要件として約款組入についての合意は要件とされていない。
(40) 民法（債権法）改正検討委員会編・前掲注（36）八八頁は、バス運送の約款について本文のように考えている。
(41) 民法（債権法）改正検討委員会編・前掲注（36）八八頁。
(42) 民法（債権法）改正検討委員会編・前掲注（36）九〇頁は、宿泊しようとしてホテルに入ってきた顧客に対し、ホテルの従業員が受付けに備え付けた約款を指し示して、その約款が当該宿泊契約の内容となると告げることが約款の開示に当たるとするが、やはりこのような開示を組入要件とすることは甚だ疑問である。

四　おわりに

約款内容の開示が物理的に著しく困難な場合にのみ開示要件を緩和する例外を認めるということにすると、約款内容の開示により得られる利益以外の合理的な利益が犠牲にされる可能性が高い。そうであるからといって、約款内容の開示を、一律に、営業所での備置きと閲覧やウェブサイト上で閲覧可能とすれば足りるとするような緩和的なものとすることも、現状以上に約款の組入要件を緩和するものであって適当ではなく、立法的な解決の方向としては、組入要件を緩和すべき事情を類型的に整理した上で、約款内容の開示要件の緩和を検討すべきであるというのが、さしあたりの本稿の結論である。(43) わが国の約款の組入要件に関する改正提案は、ドイツ法の規律を単純化したものであるが、オランダ民法の約款の規定では、組入要件を正面から規定することなく、不当条項規制の中で約款の開示の状況を考慮要素としてあげるなど柔軟なものとされているし、フランスの民法改正の諸草案においても開示がそれほど硬直的に要求されているわけではない。(44) わが国でも、特定の国の立法をあまり硬直的なモデルとすることなく、何が最適な解決かを虚心に考察すべきであろう。

(43)　本稿では立ち入ることができなかったが、組入要件をどの程度厳格なものとするかは、不意打ち条項の拘束力の排除を法定するか否かや、不当条項規制における不当性の判断基準をどのようなものとするかとの相関関係でも考える必要があることはいうまでもない。特に不意打ち条項の拘束力の排除規定は、組入要件が過剰規制とならないようにしつつ、契約相手方が予測しがたい約款条項の拘束力を排除するための柔軟な手段として有用であると考えられる。

(44)　民法（債権関係）部会資料一一―二・六六頁以下。

〔『前田重行先生古稀記念・企業法・金融法の新潮流』六〇五頁〜六三四頁（商事法務、二〇一三）〕

〔編注〕　約款の組入要件についても、三一五頁の〔編注〕に述べた経緯で、提案の修正が繰り返されたが意見集約ができず、二〇一五年に入っての審議の最終段階まで決着が持ち越されることとなった。

Ⅳ　運送取引

海上運送状に関するＣＭＩ統一規則

一　序説

万国海法会（ＣＭＩ）第三四回国際会議（パリ会議）においては、海上運送状（Sea Waybill. 以下、ＳＷＢという）に関するＣＭＩ統一規則の作成が議題の一としてとりあげられた。一九九〇年六月二五日より二七日までの間、Ａ部会において草案作成の審議が進められ、二八日午後の全体会議において若干の修正の上採択された。以下では、この統一規則成立までの審議の経緯と規則の概要について報告する。

万国海法会がＳＷＢに関する国際的統一規則の制定を目指した作業を進めるに至った経緯については、海法会誌復刊三二号掲載の江頭教授の論文(1)において詳細に報告されているので参照されたい。右江頭論文では、一九八七年一一月に国際小委員会ロイド委員長により配付された第二草案と、これに対する一九八八年七月現在までに寄せられた各国海法会コメントの概要までが報告されている。

この後の経緯を紹介しておくと、一九八八年一〇月に、ロンドンにおいて第三回目の国際小委員会が開催され、その審議のためにまとめられた第三草案（ＳＷＢ—７７）が審議された。この審議の後、ドラフティング・コミッティーにより若干の修正がなされた上一九八九年四月に最終草案が各国に配付された（ＳＷＢ—７９）。この最終草案が今回のパリ国際会議の審議の基礎とされた。なお、パリ会議の開催に先立ち、ロイド委員長の作成に係るレポートが配付された（ＳＷＢ－８６）。このレポートは、最終草案作成に至るまでの経緯の説明および最終草案各条についてのコメントを付した内容となっている。なお、このレポートと前後して、最終草案に関するコメントないし修正提案が、米国海法会（ＳＷＢ－８４）、国際道路運送連盟（International Road Transport Union）（ＳＷＢ－８５）から寄せられ、配付されている。また、英国からのコメント（ＳＷＢ－８３）も提出されていたことがパリ会議開始に際して判明した。(2)

日本海法会においては、ＳＷＢ小委員会の下で、(3)逐次わが国の対応について審議してきたが、(4)最終草案配付後も、パリ会議に向けての対応について審議するとともに、パリ会議準備委員会でも準備作業を行った。日本海法会としては、最終草案に対しては、基本的には支持しうるものであり、ただ、後述の運送品処分権に関する第六条について、修正の提案をする余地があるとの立場で望むこととした。

（１）江頭憲治郎「海上運送状と電子式運送書類」海法会誌復刊三二号三頁（一九八八）。

（２）なお、ＳＷＢ国際小委員会では、当初、海上運送状のほか、電子式運送書類に関する統一規則について審議してきたが、後者については、一九八九年五月に別途小委員会が設置されることになり、パリ国際会議でも、別の部会として海上運送状に関する委員会と平行して審議されることとなった。

（３）ＳＷＢ小委員会のメンバーは、谷川久（成蹊大学、委員長）、江頭憲治郎（東京大学）、鴻常夫（東京大学名誉教授）、落合誠一（東京大学）、川又良也（京都大学）、小林友次（大阪商船三井船舶、現日本船主責任相互保険組合）、小林登（上智大学）、新谷顕一（日本郵船）、高橋英樹（川崎汽船）、高桑昭（立教大学）、竹村英貝（ナビックスライン）の各氏のほか筆者である。

（４）わが国は、第二草案に対するコメントを寄せているが（ＳＷＢ－６６）、これについては、江頭・前掲注（１）で適宜言及されている。

二　パリ会議での審議経過

会議初日の全体会議における各国際小委員会委員長の一般報告の中で、ロイド委員長の報告があり、SWBの性格ないし用語について、とりわけ英国と米国との間で相違があり、その調整が重要な課題となること、荷受人の地位について第三者のためにする契約を認めていない、米国を除くコモン・ロー諸国のために代理の構成をとって問題を解決することが最終草案第三条により提案されているが、英国においては、船荷証券が発行されない場合でも荷受人が運送人に対して運送品引渡請求権を取得することとするように一八五五年船荷証券法（Bills of Lading Act 1855）を改正することがロー・コミッションにより決定されたので近い将来この改正が実現しそうで、これにより第三条の重要性は減じるであろうことが説明された。

引き続いての部会においては、ロイド委員長を議長として、各条ごとに審議が進められ、全体会議原案がとりまとめられた[5]。各国からの修正提案がかなり提出され、最終草案が修正された箇所も少なくないが、これについては、以下の各条ごとの説明の中で触れることとする。

部会でとりまとめられた全体会議原案は、全体会議で各条ごとに審議されたうえ、採決され、各条についての採決の後、統一規則の採択についての採決が行われ、賛成三八（日本を含む）、反対〇、棄権〇の全会一致で採択がなされ、ここに海上運送状に関するCMI統一規則が成立した（各条ごとの採決においても反対の国はきわめて少数であった）。

（5）　SWB部会には、わが国代表団メンバーのうち、谷川久、石井萬里、川又良也、新谷顕一の各氏ほか、筆者が出席した。

三　統一規則の逐条解説

(1)　規則の名称について

第二草案では、規則の名称は、「海上運送状その他これに類似する書類に取り込まれることを目的とするＣＭＩ統一規則」とされていたが、最終草案以来、「海上運送状に関するＣＭＩ統一規則」と簡素化された。部会では年号を付すべきであるという提案もなされたが取り入れられなかった。

本名称は、海上運送状に関してのみ適用される規則のごとくになっているが、第一条からわかるように、本規則が適用されうるのは、ＳＷＢという名称の付された書類が発行される場合に限られないことに注意しなければならない（なお、最終草案の(a)項、(b)項、(c)項は、本規則ではそれぞれ（ｉ）項、（ii）項、（iii）項と改められ（本稿ではそれぞれ第一項、第二項、第三項という）、最終草案の（ｉ）号、（ii）号はそれぞれ(a)、(b)、(c)と改められている）。

(2)　第一条（適用範囲）について

「第一条（適用範囲）

（ｉ）この規則は『海上運送状に関するＣＭＩ統一規則』とよばれるものとする。

（ii）この規則は、船荷証券その他これに類似する権原証券に表章されない運送契約により採用された場合に、当該契約につき書面が作成されると否とを問わず適用されるものとする。」

（ア）　概　　要

第一条は、第一項で本規則の称呼について規定するとともに、第二項は、本規則の適用範囲について、船荷証券その他これに類似する権原証券に表章されない運送契約により採用された場合に、当該契約につき書面が作成されると否とを問わず適用されるものと規定する。船荷証券その他これに類似する権原証券とは、ハーグ・ルールズ一条ｂにおいて用いられている文言と同じであり、逆にいえばハーグ・ルールズ（またはハーグ・ヴィスビー・ルールズ）の適用のない、権原証券により表章されない海上運送契約についての法律関係を本規則により定めようとするものである。

本規則の適用は、運送人と荷送人との契約により採用されることに係る。その意味で、本規則は自主ルールの性格を持つものである（実際は、運送人が採用するか否かを決定することになるであろう）。

第二項では、本規則の採用による適用は、運送契約について書面が作成されるか否かを問わないものとする。ＳＷＢと称する書面が発行されていることは必要でないばかりか、書面が作成されず口頭で採用が合意される場合にも本規則は適用される。ＳＷＢはわが国の用語によれば有価証券としての性格を有しないから、書面が発行されていることは法的には決定的な意味はなく、その意味で、第二項の定めはわが国にとっても問題はないが、本規則では、ＳＷＢに基づく法律関係の安定化を図るための規定を置こうとしていることから、書面が発行されない場合にも適用すると、関係者の利害関係を合理的に調整できないおそれがある。このことを踏まえて、本規則では、第五条第二項のように各条の規定において、書面が作成されていることを前提とすることとしたものがある。

（イ）　審議経過

最終草案では、第一条は以下のようなものであった。

「この規則は、譲渡性のある船荷証券その他これに類似する権原証券に表章されない運送契約に対して適用されることを目的とする。

この規則は、いかなる運送契約についてであっても、その中に取り込まれた場合に、当該契約につき書面が作成されると否とを問わず適用されるものとする。」

採択された規則第一条第一項は、規則の称呼について規定するものであるが、最終草案では第二条第一項として置かれていたものを不自然な文言を修正の上場所を変えて置かれたものである。

第二項は、最終草案第一条の文言を修正したものであるが、実質的な意味に修正はない。ただし、英国の提案を受けて、規則を契約内容とすることについて合意されることを、最終草案では「取り込まれた（incorporated）」の語で表していたものを「採用された（adoptcd）」と改めたものである。また、最終草案では、「譲渡性のある（negotiable）船荷証券その他これに類似する権原証券……」とされていたところを「譲渡性のある」を削除した。最終草案のとおりであると、指図禁止船荷証券についても規則が適用されうることとなるという解釈が生じかねなかったが（もっとも、指図禁止船荷証券が権原証券であるかどうかは、英米法系の国では必ずしも明確でないが、わが国では受戻証券性は認められるであろう）、本規則は、合意により契約に取り込まれることによりはじめて適用されることになる性質のものであるから、運送人としては、指図禁止船荷証券に規則が取り込まれないようにしておけば別段問題は生じないわけで、最終草案のとおりでも、日本としては異論をとなえるまでのこともないとの態度で臨んだが、審議の結果は「譲渡性のある」の文言が削除され、その点では全く問題はなくなった。

書面によらない契約についても適用されうることには問題がないわけではないと考えてきたが(6)、適用が採用に係っているので、運送人としては、採用されることがないように注意することにより対処できると考えられる。

部会の審議においては、米国より、最終草案の第一条第一文を削除し、第一条の前に以下のごとき前文を置くとともに、第一条の規定を以下のように改めるという修正提案がなされた。

前文「この規則は、以下に規定されるような海上運送状に相当するものについての法の規定のない国において発行される譲渡性のない権原証券について適用されることが意図されている。この規則は、海上運送状に相当するものに対して既に適用される法のある国（米国等）において船積みされる貨物に対して適用されることは意図されていない。」

第一条「この規則は、契約が書面によると否とを問わず、運送契約に取り込まれた場合に適用される。」

この提案の趣旨を理解するには、船荷証券に関する米国法を理解しておく必要がある(7)。米国では、国際または州際海上物品運送に関する船荷証券を規律する連邦法として、一九一六年連邦船荷証券法（ポメリン法）（49 USCA §§81–124）が制定されている。同法は、指図式船荷証券（Order B/L）とともに、Straight B/L（または Non-negotiable B/L）についての規定を含んでいる。Straight B/L は、証券上に non-negotiable の記載があり（49 USCA §86）、流通性を欠き、この場合運送人も証券と引換でなく物品を引き渡すことができる。この意味において Straight B/L は権原証券ではないと考えられるが、そのような定義から、米国では、Straight B/L は、ＳＷＢを包含する概念とされている（Straight B/L のほかにＳＷＢという概念は制定法上はないということになる）。そして Straight B/L としてのＳＷＢが発行された場合、運送人の責任については、ハーター法（46 USCA §§190 et seq.）が適用される（一九三六年連邦海上物品運送法（ＣＯＧＳＡ）は、船荷証券または類似の権原証券によりカバーされる運送契約についてのみ適用される（46 USCA §1301 (b)）。ただし、ＳＷＢにおけるパラマウント・クローズによりＣＯＧＳＡの適用が合意されうる）ので、既にＳＷＢについては制定法により強行法的に規律されていることになる(8)。これに対して、本規則によりＳＷＢに関する法律関係が規律されることになれば、米国では無用の混乱を生ぜしめるおそれがあり（ＳＷＢという用語の使用自体が好ましくないと考えられている）、そのために米国発の運送については適用を外されることを明らかにしようとしたものと思われる。

しかし、指図禁止船荷証券とＳＷＢとは基本的属性を異にするというのが比較法的には一般の理解であり、少なくとも後者は権原証券でないことは明白であり、米国提案のような規定は他の国にとっては前文の形であるとはいえ、到底受け入れられるものではない。本規則は、後述のようにＳＷＢに関して適用される強行法的国内法には劣後することが規定されているのであるから、わざわざ米国提案のような前文を置く必要はないものと考えられる。その意味で米国案が採用されなかったことは妥当なものであった。

全体会議での採決の結果は、賛成三七（日本を含む）、反対〇、棄権一であった(9)。

(3) 第二条(定義)について

「第二条(定義)

この規則において:

『運送契約』とは、この規則にしたがい、その全部または一部が海上において履行されるべき運送契約をいう。

『物品』とは、運送契約にもとづき運送され、または、運送の目的のため受け取られる、すべての物品をいう。

『運送人』および『荷送人』とは、そのような者として、運送契約において指定され、または、運送契約から確定しうる当事者をいう。

『荷受人』とは、そのような者として、運送契約中において指定もしくは確定しうる当事者、またはこの規則第六条第一項にしたがい荷受人としてそれに代置された者をいう。

『運送品処分権』とは、この規則第六条に規定された権利および義務をいう。」

(ア) 概　要

第二条は、本規則において用いられる用語の定義規定である。運送契約の定義からわかるように、本規則は海上部分を含む複合運送にも適用されうる。そのほかはとくにコメントすべきところはない。

(イ) 審議経過

最終草案第二条は、以下のようであった。

「この規則は、海上運送状に関するCMI統一規則と呼ぶことができる。

この規則において:

『運送契約』とは、この規則が適用され、かつ、その全部または一部が海上において履行されるべき運送契約をいう。

『物品』とは、運送契約に基づき運送され、または、運送の目的のため受け取られる、すべての物品をいう。

『運送人』および『荷送人』とは、運送契約中において、そのようなものとして指定または確定された当事者をいう。

『荷受人』とは、運送契約中においてそのようなものとして指定もしくは確定された当事者、またはこの規則第六条にしたがい荷受人としてそれに代置された者をいう。

『運送品処分権』とは、この規則第六条に示された権利および義務をいう。」

比較すればわかるように、パリ会議においては、運送人および荷送人、ならびに荷受人の定義に若干の文言上の修正がなされたにとどまる。なお、前述のように、本規則の称呼を定める最終草案第二条第一文は、統一規則では第一条に移された。

部会でとりまとめられた全体会議原案においては、第二条第一項として、「この規則において、運送人、荷送人または荷受人に言及される場合には、これらの者から権限を与えられた代表者を含むものとする」との規定が置かれていた。後述第七条（引渡）第一項・第二項に関して、最終草案では、引渡がなされるべき相手方について、荷受人に加えて荷受人の権限ある代表者を明示していたが、代表者については理論上当然であるとして、特に明示しないことにしようとされたが、英国等から反対があり、妥協的措置として定義規定である第二条第二項として右のような定義規定を置くこととしたものである。ところが、全体会議の席上英国より削除の提案がなされ、採決の結果削除され（削除に賛成一四、反対一二、棄権一三、日本は賛成）、第二条は第一項のみとなったものである。

全体会談における第二条の採決の結果は、賛成三五（日本を含む）、反対〇、棄権三であった。

(4)　第三条（代理）について

「第三条（代理）

（i）運送契約を締結する荷送人は、自己のためのみならず、荷受人の代理人として荷受人のためにこれをなすものとし、かつ、運送人に対して、自己が当該代理権を有することを担保する。

（ii）本条は、運送契約に適用される法によれば、荷受人が契約にもとづき訴訟を提起し、および、荷受人に対して訴訟が提起されることを可能とするために必要ならば、その場合にかぎり適用される。荷受人は、運送契約が船荷証券その他これに類似する権原証券により表章されていたならば負ったであろうよりも大きな責任を負うものではない。」

（ア）概　要

第三条は、第三者のためにする契約の法理に基づく運送人・荷送人・荷受人間の権利義務関係の規律がなされない、米国を除くコモン・ロー諸国についてのみ適用される規定として（第二項がそのことを規定する）、荷送人が荷受人の代理人となるという法律構成を用いることにより荷受人の運送人に対する直接の権利義務関係の根拠を作り出そうとするものである。従って、わが国をはじめとする大陸法諸国では、わが商法第五八三条（国際海上物品運送法第二〇条第二項で準用されている）に規定されているような権利義務関係がＳＷＢが発行された場合にもそのまま適用される。

（イ）審議経過

最終草案第三条は、以下のごとくであった。

「荷送人は、自己のためのみならず、荷受人のための代理人として運送契約を締結する［ものとし、かつ、荷送人は、運送人に対して、自己が当該代理権を有することを担保する］。本条は、運送契約に適用される法によれば、荷受人が契約上訴訟を提起し、および、荷受人に対して訴訟が提起されることを可能とするために必要ならば、その場合にかぎり適用される。」

部会では、前述のように、英国で法改正が見込まれることとなったこととの関係で第三条を存置する必要があるかどうかがまず問題とされたが、多数意見は存置することでよいとの立場をとった。日本としても、第三条がコモン・ロー諸国についてのみ適用される規定であることが明示されているかぎりにおいて特に存置に反対する理由はない。その上で、実質審議の結果、最終草案では項を分かたずに規定されていたところを、第一項・第二項に分けて規定することとしたという形式的修正と（なお最終草案で付されていたブラケットが取り除かれた）、第二項第二文の追加がなされるという実質的修正がなされた。

第二項第二文の規定は、カナダ等の主張に基づき、荷送人が荷受人の代理人として運送契約を締結するという法律構成がとられる結果として、荷受人が運賃の支払義務を超えて運送人に対して責任を負うことがありうることにならないかという懸念が生じないように、理論上も認められると思われることを注意的に明示したものである。審議過程においては、カナダが第二項として、「本条は荷受人をして第五条第一項により荷送人に課される担保の違反に対して責任を負わしめるものではない。」という条項および第三項として、本規則第二項第二文に対応する規定として「荷受人は、運送契約が船荷証券その他これに類似する権原証券により表章されていたならば負ったであろうよりも大きな、荷送人による運送契約の違反、行為または省略に基づく責任を負うものではない。」という規定を提案したが、多数の意見は右カナダ提案における第二項の追加は不要で、同第三項も本規則第二項第二文のように規定することで足りるとされたものである。いうまでもないが、本規則第二項第二文も、コモン・ロー諸国についてのみ適用されるが、わが国をはじめとする大陸法諸国においては、荷受人は、運賃支払義務のみを負うことがあるにとどまることは当然のことである。

全体会議での採決の結果は、賛成三六（日本を含む）、反対〇、棄権一であった(10)。

(5)　第四条（権利および責任）について

「第四条（権利および責任）

(ⅰ)　運送契約に対しては、これに対して強行法的に適用され、または、運送契約が船荷証券その他これに類似する権原証券に表章されておれば強行法として適用になるであろう条約または国内法が適用されるものとする。

そのような条約または国内法は、運送契約において含まれる、これらと一致しないいかなる定めがあるにもかかわらず適用されるものとする(11)。

(ⅱ)　常に第一項の定めに従うことを条件として、運送契約は、

(a)この規則

(b)当事者により格別の合意がなされなければ、もしあるのであれば、当該取引についての運送人の標準的取引条件。これには、運送の非海上部分に関する標準的取引条件も含まれる。

(c)当事者により合意されたその他の取引条件により規律される。

(iii) 第二項(b)または(c)において規定される取引条件とこの規則との間に不一致がある場合には、この規則が優先して適用されるものとする。」

(ア) 概　要

第四条は、本規則の適用される運送契約における運送人の権利および責任について規定するものである。ＳＷＢの発行される個品運送契約については、わが国の国際海上物品運送法のように、船荷証券が発行されなくとも強行法的に適用される法制を有する国もあるが、ハーグ・ルールズまたはハーグ・ヴィスビー・ルールズは、船荷証券その他これに類似する権原証券が発行される場合に適用されると解されるので、多くの国では、ＳＷＢの発行される運送契約については、運送人の責任を定める強行法的規定は存在しない。しかし、このような場合も、運送人の責任が合理的に定められることがＳＷＢがひろく使用されるためには不可欠のこととなる。その際、責任原則をハーグ・ルールズ、ハーグ・ヴィスビー・ルールズあるいはハンブルク・ルールズその他の責任原則に一本化することは現実には不可能であるということから、第一項のように、強行法的に適用される条約もしくは国内法があるときはその法により、またはそのような強行法的条約または国内法がないときは、船荷証券が発行されたとするならば適用されることになるであろう強行法的条約または国内法を適用することとしたものである。わが国については、ＳＷＢが発行された場合についても国際海上物品運送法の強行法的適用があるので、同法の適用範囲に含まれるかぎりでは、本規則が当事者間で採用されるか否かを問わず結果は変わらない。第一項第二文は、本規則と右のような条約または国内法に不一致がある場合に条約または国内法が優先して適用されることを規定したものである。

第二項は、第一項により強行法的に適用される条約または国内法に定めのない範囲で、運送契約に適用される契約条件について規定する。(a)として本規則があげられているが、本規則は網羅的に運送契約上の権利義務関係を規定するというスタンスには立っていないので(b)(c)にあげられるような契約条件が適用される可能性がある。第三項では、本規則と(b)(c)の契約条件の内容が相互に矛盾する場合に本規則が優先することを規定したものである。

（イ）　審議経過

最終草案の第四条は以下のとおりであった。

「(a)運送契約に対しては、もし運送契約が船荷証券その他これに類似する権原証券に表章されておれば、強行法として適用になるであろう条約または国内法が適用されるものとする。

(b)　(a)の定めに常に従うことを条件として、

(i)　運送契約に対しては、当該運送人の関連ある取引の標準取引条件が適用されるものとする。当該取引条件には、非海上部分の運送に関するものも含まれる。

(ii)　当該契約条件とこの規則との間に不一致または抵触がある場合には、この規則が優先して適用されるものとする。」

米国は、部会の席上、第四条第一項は、「本運送契約に対しては、船荷証券その他これに類似する権原証券に対して強行法として適用される（applicable）条約または国内法が適用されるものとする。」と規定すべきであるとする修正提案を行った。これも第一条に対する修正提案と同様に米国法独自の問題意識に基づくものであるが、大陸法諸国のみならず英国等の立場でも、このような規定は受け入れられるものではなく、対立が続いたところ、デンマーク委員より妥協策として、米国提案および最終草案を並列して規定することが示唆され、これを受け入れた条文が作られることとなった。部会三日目に行われたドラフティング・コミッティーがまとめた条文は、単純に最終草案と米国案を繋ぎ合わせたもので、第一項は、「運送契約に対しては、当該状況の下で船荷証券その他これに類似する権原証券に対して強行法として適用される、または、運送契約が船荷証券その他これに類似する権原証券により表章されていたならば強行法として適用になるであろう条約または国内法が適用されるものとする。」とするというものであった。

これが部会の席上簡潔に修正されたものが本規則の右のごとき規定である。

第一項では、最終草案にはなかった第二文が追加されることとなった。これにより、運送契約において採用された本規則に、ハーグ・ルールズ等と異なる内容も含まれていた場合に、いずれが優先するかという疑問が生じることはないようになるので、合理的な改正かと思われる。

第一項に関しては、全体会議の席上、スウェーデンより、冒頭に、「第七条の規定する場合を除き」という語を付加すべきであるという修正提案がなされたが支持を受けなかった。

第二項については、(a)および(b)が追加されるという修正が行われた。厳密を期すという意味では合理的な修正であろう。問題となったのは、(a)および(b)に関してで、荷送人ないし荷受人には適用される運送約款が直ちにはわからない可能性があることから、SWB上に運送約款を記載した場合にはじめて荷送人ないし荷受人を拘束するとすべきであるという提案が英国よりまずなされた。カナダも「運送状上に実際に記載されている」という文言を挿入するのがよいとした。一部の国では、契約書面に約款が記載されていないと約款の拘束力が発生しないとする規制があることとの関係でも右のごとき提案が支持された。しかし、大部分の国では、SWB上に運送約款を記載することを強制することになるような規定は実務上望ましくなく、船荷証券上の約款を参照により組み込むことで十分であるから、右の提案のようにする必要はないということで、本規則第二項のごとき規定に落ち着いた。ギリシアは、本会議の席上でも、SWB上に記載されることを要件とすべきであるという修正提案をなそうとしたが、蒸し返しであるとして却下された。

第四条第三項は、最終草案第四条(b)項（ii）号を独立させたものである。

全体会議での採決の結果は、賛成三六（日本を含む）、反対一（イタリア）、棄権二であった。

(6) 第五条（物品の記載）について

「第五条（物品の記載）

（i）荷送人は、物品に関して自己が提供した明細が正確であることを担保し、かつ、荷送人は、明細が正確でないことから生じた滅失、毀損または費用につき、運送人に対して補償をしなければならない。

（ii）運送人が留保しないかぎり、海上運送状またはその他これに類似する書類における物品の数量または状態に関するいかなる表示も、

(a)運送人と荷送人との間においては、そこに表示された物品を運送人が受け取ったことの一応の証拠となり：

(b)運送人と荷受人との間においては、荷受人が終始誠実に行為する場合には、そこに表示された物品を受け取ったことの確定的な証拠となり、表示と異なる旨の立証をなすことは許されない。」

（ア）概　要

第五条第一項は、荷送人が運送人に対してなした通告の効力を規定するものであり、荷送人は、物品に関して自己が提供した明細が正確であることを担保し、かつ、明細が正確でないことから生じた滅失・毀損または費用について運送人に対して補償する義務を負うものとする。わが商法にはこのような規定はないが、国際海上物品運送法第八条第三項には荷送人は運送人に対してなした通告が正確であることを担保するものとする同趣旨の規定がある。

第五条第二項は、ＳＷＢまたはその他類似の書類が発行された場合に、その書類における物品の数量または状態に関する表示の運送人・荷送人間における効力および運送人・荷受人間における効力について規定する。運送人・荷送人間においては、記戦は一応の証拠となるにすぎないのに対して、運送人・荷受人間においては、荷受人が誠実に行為したのであるかぎり、表示と異なる旨の立証は許されなくなるという確定的証拠力を認め、荷受人の記載に対する信頼を保護せんとしている。船荷証券については、ヴィスビー・ルールズで規定されているこのような効力をＳＷＢについても認めることの当否については疑問の余地がないではないが（日本海法会も第二草案に対するコメントではこの

ような効力を認める必要があるのかについては疑問を表明していた)、このような確定的証拠力を認めることはSWBがひろく利用されることになる一つの誘因とはなりうるであろう。

確定的証拠力が認められる要件としての、荷受人が誠実に行為したということの意義は必ずしも明確でない。同様の問題は、ヴィスビー・ルールズで船荷証券の確定的証拠力が認められる第三者の主観的要件を「誠実に行為する」と規定していることに関しても生じており、荷受人の無過失まで要求されないのはともかく、無重過失は要求されるのではないかどうかは意見が分かれることになろう。

(イ) 審議経過

最終草案第五条は以下のようであった。

「(a)荷送人は、物品に関して自己が提供した明細が正確であることを担保し、かつ、荷送人は、明細が正確でないことから生じた損害につき、運送人に対して補償をしなければならない。本項に基づく責任は、荷送人のみが負担する。

(b)運送人と荷送人との間においては、物品の数量および状態に関する運送契約中の表示は、いかなるものであれ、運送人が留保しないかぎり、そこに表示された物品を運送人が受け取ったことの一応の証拠となる。運送人と荷受人との間においては、荷受人が終始誠実に行為する場合には、当該表示は、留保がないかぎり確定的なものとなり、表示と異なる旨の立証をなすことは許されない。」

第五条第一項は、最終草案では、荷送人が物品に関する明細が正確でなかったことから運送人に生じた損害を補償する義務のあることを規定していたが、損害にはいかなるものまで含まれるか部会の席上疑問が呈せられ、文言上は、より正確に滅失、毀損または費用と修正されることになった。ここでの補償の対象には、結果損害(consequential damage)も含まれることは確認されている。

最終草案(a)項第二文は、本規則では削除された。コモン・ロー諸国では、第三条の規定との関係が問題となりうるが、大陸法諸国では第二文が規定していたことは当然のことであり、規定を削除しても変わりはない。

第二項では、その適用される範囲について重要な修正が加えられている。最終草案では、所定の証拠力が各場合に認められるのは、運送契約中の表示についてであった。このように規定すると、書類としてのＳＷＢが発行される場合に限らず、口頭の契約においてなされた表示についても所定の証拠力が認められることになる。しかし、このことに対しては、会議に先立ち英国からＳＷＢその他の書類の発行された場合に限定すべきであるとの提案がなされており、部会においても、このような口頭の表示についてまで証拠力を認めるべきかは、特に荷受人と運送人との関係上認められる確定的証拠力については疑問ではないかとの意見が主張され、多数国の賛成を受けて、第二項所定の各証拠力は、ＳＷＢその他類似の書類が発行されその書類上に表示がなされた場合に限定されることが規定されるに至った。日本としても、このような修正は合理的なものであるとの態度で臨んだ。

なお、第二項については、英国は事前に場合を分けて規定する修正提案を行っていた。これが支持されて、形式上、(a)および(b)に分けて規定されることとなったものである。

全体会議での採決の結果は、賛成三七（日本を含む）、反対〇、棄権一であった。

(7) 第六条（運送品処分権）について

「第六条（運送品処分権）

（i）荷送人は、本条第二項にもとづく選択権を行使した場合を除き、運送契約に関して指図を運送人に対して与えることができる唯一の当事者とする。適用される法により禁止されていないときは、荷送人は、目的地に物品が到達後、荷受人が物品の引渡を請求する時までの間、書面または運送人が承認するその他の方法により合理的な通知をなし、かつ、運送人に対してそれによって生じたすべての付加的費用を補償することを引き受けることにより、荷受人の名称を変更することができる。

（ii）荷送人は、荷受人に対して運送品処分権を移転する選択権を有するが、その選択権は、運送人が物品を受け取る以前に行使されなければならない。当該選択権が行使されたことは、海上運送状その他これに類似する書類がもし存在すれば、その上に表示されなければならない。選択権が行使された場合には、荷受人は、本条第一項に規定された権利を有するものとし、かつ、荷送人は、当該権利を失うものとする。」

(ア) 概　要

第六条第一項は、荷送人の運送品処分権について規定したものであり、第一文で荷送人のみが運送契約に関する指図をなしうる唯一の当事者であるとし、第二文で、運送品処分権の行使できる時期および行使の要件、処分の内容について規定している。行使できる時期は、目的地に物品が到達後、荷受人が物品の引渡を請求するまでの間であり、わが商法第五八二条第二項と同様である。行使の要件としては、まず、荷送人が書面または運送人が承認するその他の方法により合理的な通知をなすことである。このことはわが商法第五八二条第一項では規定されていないが、運送人の利益を考慮すれば合理的な要件である。次に、運送人に対して処分権の行使によって生じたすべての付加的費用を補償することであり、これはわが商法第五八二条第一項後段でも同様に規定されている。処分の内容としては、荷受人の名称の変更のみがあげられており、運送の中止、運送品の返還その他の処分としているわが商法第五八二条第一項とは異なっている(もっとも、わが国でも、荷受人の変更が可能であるとされていることはいうまでもない)。

第六条第二項は、運送品処分権の荷送人から荷受人への移転について規定したものである。運送品処分権を荷送人が有することによりＳＷＢが発行される場合には荷受人の地位が不安定となり、信用状取引等で受け入れられないようになっている。この障害を除去する趣旨で、運送品処分権を荷送人から荷受人に対して移転することが認められる。第二項第一文では、荷送人が移転の選択権を有するが、その選択権は運送人が物品を受け取る前に行使されなければならないとする。これは、明確性の観点から第二文において選択権が行使されたことはＳＷＢ等の書類がある場合はその上に表示されるべきものとされていることに基づく。第三文では、選択権の行使により荷受人が運送品処分権を取得し、荷送人は権利を失うものとする。

（イ）審議経過

最終草案第六条は以下のようであった。

「(a)荷送人は、本条(b)に基づく選択権を行使した場合を除き、運送契約に関して指図を運送人に対して与えることができる唯一の当事者とする。適用される法により認められる場合には、荷送人は、第七条に従い物品が引き渡されるまでの間、運送人に対し、書面または運送人が承認するその他の方法により通知をなすことにより、荷受人の名称を変更することができる。荷送人は、運送人に対して、それによって生じたすべての付加的費用の補償をしなければならない。

(b)荷送人は、荷受人に対して運送品処分権を移転する選択権を有するが、その選択権は、運送人が物品を受け取る以前に行使されなければならない。

当該選択権が行使されたことは、海上運送状その他これに類似する書類がもし存在すれば、その上に表示されなければならない。

選択権が行使された場合には、荷受人は、本条(a)に規定されたすべての権利を有するものとし、かつ、荷送人は、当該権利を失うものとする。」

運送品処分権に関する第六条についてパリ会議でなされた実質的修正は、第一項第二文の、荷送人が運送品処分権を行使しうる時期に関する語句の部分についてである。この修正は日本より提案されたものが支持されたものである。最終草案の第一項第二文によれば、荷送人は、物品が荷受人に引き渡されるまでいつでも運送品処分権を行使できることになる。しかし、これは、わが国の商法第五八二条第二項が、運送品処分権は、物品が目的地に到達後、荷受人が引渡を請求する時までに限り行使できるとしているのとは食い違い、運送品処分権を行使しうる時期を不当に長くするものであるということができる。大陸法諸国の商法では、わが国の商法と同様な規定が置かれているものと考えられることから（例えばドイツ商法第四三三条第二項参照）、行使時期を物品が目的地に到達後荷受人が請求する時までとする修正提案は多数の支持を受けることが期待された。

部会においては、谷川教授より、第一項には右のごとき問題があることを指摘した上（例として、物品が目的地に到着後、荷受人の請求により運送人が荷渡指図書を発行して荷受人に交付した場合をあげられた）、各国の賛成を得やすいように、行使時期について言及した部分の語を削除する提案を行ったが、行使時期を正確に表現した方がよいし可能であろうということから規則のごとき文言に修正された。この修正は以後ロイド委員長により japanese amendment とよばれることとなった。

なお、細かくは、「到達（their arrival）」の語が不適当であるということから、「物品が引渡可能な状態に至った」と修正すべきであるというオーストラリア＝ニュージーランドからの修正提案がなされたが、多数国はわが国の提案を支持した。

第二文中の、「適用される法により認められる場合には」の語を、「適用される法により禁止されていない場合は」の語に修正したのは、英国の提案によるものである。

第一項第三文については、英国より、「運送人の承認するその他の方法」は契約に明示されていなければ不明確であり、運送人が放棄したかどうかの争いが生じかねないとして、削除するか、または、「運送契約において規定されるその他の方法により」と規定すべきであるという修正提案がなされたが支持を受けなかった。しかし、通知は合理的なものであることを要することが規定されることとなった。また、最終草案の第二文と第三文は一文に合体された。

第六条第一項に関しては、荷送人の運送品処分権を原案のように認めることに対するフランスからの基本的かつ強硬な反対があった。そして、フランスからは以下のような修正提案が提出されたが、多数国の支持を受けるには至らなかった。

「第六条（運送品処分権）

(a) 運送品処分権は、遅くとも運送人による物品の受取の時に荷送人により荷受人に移転せられる。

(b)運送品処分権が荷送人により移転せられず、かつ、荷受人により受領されないかぎりにおいては、荷送人は、運送人に対して、運送契約に関する指図をなし、かつ、荷受人を変更することのみができる。ただし、運送人に対して書面により、または、運送人の承認する他の方法により通知したことを要する。荷送人は、運送人に対してそれにより生じたすべての付加的費用を補償するものとする。」

第二項については、部会でも議論はあまりなされず、形式的修正のみがなされたが、オーストラリア＝ニュージーランドより、第二項第二文に「またはその他書面に記録された」の語を追加すべきであるという修正提案がなされたが、多数国は反対した。運送品処分権の所在が明確にされることが第二項第二文のめざすところであり、そのためにはＳＷＢその他の書類に記載されるべきことが要求されることが望ましく、修正提案が支持されなかったのは当然である。

全体会議での採決の結果は、賛成三六（日本を含む）、反対〇、棄権一であった。

(8)　第七条（引渡）について

「第七条（引渡）

(i)運送人は、適当な同一性を証するものの呈示があったときは、物品を荷受人に対して引き渡すものとする。

(ii)荷受人であると主張する者が、事実その者であることを確認するために、運送人が合理的注意をはらったことを運送人が立証できるときは、運送人は、誤った引渡をなしても、責任を負わない。」

(ア)　概　要

第七条第一項は、運送人が物品を引き渡すための要件として、荷受人が同一性を証するものを呈示することを規定している。ＳＷＢは受戻証券ではないからこのことは当然のことを規定したまでのことである。第七条第二項は、正当な荷受人でない者に対して運送人が物品を引き渡した場合の運送人の免責について規定している。免責の要件は、荷受人であると主張する者が事実荷受人であることを確認するために運送人が合理的な注意をはらったことを運送人が立証することである。

（イ）　審議経過

最終草案第七条は以下のとおりであった。

「(a)運送人は、適当な同一性を証するものの呈示があった場合には、物品を荷受人またはその権限ある代表者に対して引き渡す。

(b)荷受人またはその代表者であると主張する者が、事実その者であることを確認するために、運送人があらゆる合理的注意をはらったことを運送人が立証できる場合には、運送人は、誤った引渡をなしても、責任を負わない。」

部会の審議で問題となったのは、まず、最終草案のように権限のある代表者をわざわざ明示しなければならないかどうかであった。多数国は、明示がなくとも、代表者ないし代理人の権限を信頼し引き渡した場合にも運送人は免責されうることは当然であるとしたのに対して、英国等若干の国は、明示すべきであるという立場に固執した。妥協的に、第二条の定義規定中に第二項を置くという解決が図られ、全体会議に提出されたが、前述のように全体会議ではこれを削除することにした。日本としては、明示の有無にさほど重要な意味はないとの考え方をとって、第二条第二項に定義を置くことには反対はしないつもりであったが、全体会議における採決では、削除に賛成した。

なお、第一項については、米国より、書類と引換でなく引渡がなされることを明確にするために、「運送人は、荷受人に対して、この書類の引渡を受けずに物品を引き渡すことができ、……」と規定すべきであるという提案がなされたが多数国の支持を受けなかった。

第二の修正は、第二項中の運送人の免責される主観的要件を最終草案のように「あらゆる合理的注意（all reasonable care）」をはらうことと規定すべきであるかどうかにかかわる。最終草案については、「適当な注意（due diligence)」の語がよいとする西ドイツの提案がなされており、日本も最終草案のような規定は運送人にとってやや厳しいのではないかと考えて審議に臨んだ。委員会では、適当な注意という基準は、かなり厳しい基準であるという米国の説明などを踏まえて、最終草案から「あらゆる」という後を削除することで決着した。日本としても、とくに異論のないところであった。

全体会議での採決の結果は、賛成三五（日本を含む）、反対一、棄権〇であった。

(9)　第八条（有効性）について

「第八条（有効性）
この規則に含まれる事項または第四条により運送契約に取り込まれる条項で、運送契約に強行法として適用される条約または国内法の条項に抵触するものがあるときは、この規則および当該運送契約の条項は、その部分についてのみ無効とする。」

（ア）　概　要

第八条は、本規則に含まれる事項または第四条により運送契約に取り込まれる条項で、運送契約に対して強行法として適用される条約または国内法に抵触するものがあるときは、その抵触する部分のみを無効とするものである。内容的には、当然のことを規定したものであり、とくに問題はない。

（イ）　審　議　経　過

最終草案第八条からの修正はない。ただ、本条に関しては、国際会議に先立ち、ＩＲＵ（国際道路運送連盟）より、ＣＭＲ（国際道路物品運送条約）およびＣＯＴＩＦ（国際鉄道運送条約）との抵触を回避するために非海上運送手段に関する条約に強行法的に服する場合には、そのような条約が優先するという規定を置くべきであるとの提案がなされていた。しかし、そのような規定を特に置かなくとも、最終草案第八条は既にそのような内容も規定していると解されることから、提案は支持できないというのが、日本の事前の方針であり、部会でも、ＩＲＵの提案は一応取り上げられたが、賛成は少なく最終草案のとおりとなった。

全体会議での採決の結果は、賛成三八（日本を含む）、反対〇、棄権〇であった。

⑽　その他

英国は、新たに第九条として、管轄に関する規定を置くことを提案した。

「第九条（管轄）

運送契約において指定された裁判所または裁判所において法律上の手続を開始する権利に加えて、荷送人または荷受人はその選択により物品が受け取られまたは引き渡されもしくは引き渡されるべきことが合意されている地において運送人に対して手続を開始することができる。」

第四条に対する修正提案と同様に、ＳＷＢの書面上荷主側によくわからない専属的管轄条項により荷主側が不利益を被ることがないようにすることを狙ったものである。しかし、ハンブルグ・ルールと同様に管轄規定を置くことについての問題が指摘されたほか、ＥＣにおける管轄条約などの整備などの事実を指摘する国が多く、多数の支持を受けるに至らなかった。

（6）　口頭の合意による規則の適用は、第二草案では規定されていなかったが、フランスの意見により最終草案に盛り込まれたものである。そのようにすることの問題につき、江頭・前掲注（1）一三頁参照。

（7）　パリ会議に先立って回付された米国海法会のコメントにおいては、米国の概念に従い、ＳＷＢの語を用いず、Straight B/L の語によるべきであるという提案がなされた（ＳＷＢ－８４）。このことの意味は、ＳＷＢに関する法規整について米国法の立場を他国も採用すべきであるということのようであるが、英国および大陸法諸国では、指図禁止船荷証券は権原証券に当たると考えられるので（ＣＭＩ会長ベルリンジェリ氏の冒頭挨拶でもこのことが指摘された）、基本的には受け入れがたいものであった。

（8）　以上について、Schoenbaum, T., Admiralty and Maritime Law, Practioner's ed., §9.8 (1987).

（9）　なお、第二草案にあった、ＳＷＢの表面にはそれが権原証券でない旨を表示しなければならないという規定は、既に最終草案で削除されていた。このような規定には、本規則が書面が発行される場合にのみ適用されるとしても問題のあるところであったが（江頭・前掲注（1）一四頁参照）、書面が発行されない場合にも規則の適用範囲に入れたことから不要となったものである。

（10）第二草案では、第四条（損害補償）として、「荷送人は、この規則によるものを除き、物品に関して、運送人に対して、誰からも請求がなされない旨を引き受けるものとする。当該引受をなしたにもかかわらず、もし請求がなされた場合には、荷送人は、そこから生じたすべての結果につき、運送人に対して補償をなすことに合意する。」という規定がスクエア・ブラケットを付して置かれていた。しかし、このような規定は、荷送人が思わぬ大きな負担を被りかねない等の理由で削除すべきであるという国が多く（江頭・前掲注（1）一九頁）、このことを反映して既に最終草案の段階で削除されていた。

（11）第二草案（最終草案も同様）では、本規則第四条第一項第二文のごとき規定が置かれていなかったので、船荷証券が発行されていたとすれば適用されるであろう条約または国内法と本規則の不一致の場合にいずれが優先するか明確でないという問題が指摘されていた（江頭・前掲注（1）二一頁）。

四　おわりに

今回のパリ国際会議において成立した本規則は、ＳＷＢに関して国際的なルールの統一をはじめて実現したものであり、運送契約当事者間で採用されることによりＳＷＢをめぐる法律関係の明確化に資することになるものと期待される。大西洋間の運送などにおいては既にＳＷＢによる運送が大きな比率を占めるに至っているといわれており、[12]本規則の持つ意義は小さくないものと思われる。本規則は、自主的ルールの方式をとった上、重要な事項についてのみ、現在の実務をあまり修正することを要しないように規定しながら、ＳＷＢについて船荷証券と比べて生じうる法的難点を除去しようとしたものであり、全体として合理的な規則が成立したものといってよいであろう。もっとも、ＳＷＢの利用がさらに一般化するには、銀行実務の変化が前提となろう。

わが国では、ＳＷＢの利用は、いわゆる Inhouse Trading などに限られており、ＳＷＢに関する法律問題は必ずしも切実なものとなっていない。その意味で、本規則がわが国の海運実務に及ぼす影響は必ずしも大きくはない。しかし、本規則の内容は、概ねわが国の立場からも合理的なものと評価できるものである。

(12) Lloyd, The Bill of Lading : Do we really need it ?, Lloyd's Mar. & Com. L.Q., 1989, p. 49.

〔海法会誌復刊三四号二九頁～五六頁（一九九〇）〕

〔編注〕 本稿の「おわりに」で述べた当時の状況は以後大きく変化し、ＳＷＢはわが国を含めて国際海上物品運送において広く使用されるようになるとともに、本稿の「海上運送状に関するＣＭＩ統一規則」はＳＷＢにおいて広く採用され、同規則は国際的な統一ルールとして機能している。このため、本稿は規則の制定過程を記録する資料的論稿ではあるが、本書に収録するものである。

船荷証券の記載の効力

一　ヴィスビー・ルールズ

一九二四年船荷証券条約（以下、条約という）三条四項は、船荷証券の記載の効力について、三条三項(a)〔運送品の記号〕、(b)〔運送品の数、容積または重量〕および(c)〔外部から認められる運送品の状態〕に基づく記載事項は、反証がないかぎり記載どおりに物品を運送人が受け取ったことを推定する証拠となると規定している。

この規定の文言から見るかぎり、船荷証券に不実記載があったとしても、運送人が反証をあげることができ、運送人は記載どおりの責任を負うものではないことになる。しかし、このような規定では、船荷証券の記載に対する信頼は害され、国際取引の安全を害することは明らかである。そこで、条約締約国においても、国内法の規定上は、条約どおりであっても、別の根拠に基づく善意の所持人の保護が図られることが一般であり、また、国内法でそのような処理をすることは条約上も許容されるという理解がなされてきた[1]。わが国でも、このことを踏まえて後述のように、国際海上物品運送法九条であえて条約とは文言上相当異なる規定を置いて対処してきたところである[2]。

一九六八年ヴィスビー・ルールズ（以下、改正議定書という）一条一項は、条約三条四項但書として、「ただし、反対の証明は、船荷証券が誠実に行為する第三者に移転されているときは、許されないものとする」との定めを付加した。いうまでもなく、これは、流通性を本質とする船荷証券の善意の取得者の保護を図るために、船荷証券の記載に決定的証拠力を認めるための改正である。

もっとも、改正議定書のこの規定の解釈については、外交会議の段階から必ずしも締約国の間で明確なコンセンサスはなかったようであり、[(3)] 現在でも、国際的に統一的な解釈が確立しているとは必ずしもいいがたい。[(4)] わが国における改正議定書の批准に伴う国際海上物品運送法九条の改正についても困難な問題が投げかけられたのである。

（1） 田中誠二「国際海上物品運送法による船荷証券の債権的効力」『加藤由作博士還暦記念・保険学論集』三八七頁以下（春秋社、一九五七）、小町谷操三『統一船荷證券法論（新版）』一二四頁以下（勁草書房、一九五八）、谷川久「船荷証券記載の効力」大阪市大法学雑誌九巻一号五二頁以下（一九六二）、田中誠二＝吉田昂『コンメンタール国際海上物品運送法』一五七頁以下（勁草書房、一九六四）などを参照。

（2） 改正前九条については、谷川・前掲注（1）六七頁以下、田中＝吉田・前掲注（1）一五七頁以下のほか、石井照久「国際船荷証券について」『小町谷先生古稀記念・商法学論集』四九四頁以下（有斐閣、一九六四）、吉田昂「国際海上物品運送法解説（二・完）」曹時九巻八号九二頁以下（一九五七）、谷川久「国際海上物品運送法について（四）」財経詳報一〇七号一三頁以下（一九五七）、谷川久「国際海上物品運送法における船荷証券の債権的効力について」法時三〇巻八号一八頁以下（一九五八）などを参照。

（3） 外交会議の審議につき、谷川久「船荷証券条約及び海難救助条約の改正―第一二回海事法外交会議報告」海法会誌復刊一三号二九頁以下（一九六八）参照。ヴィスビー・ルールズの基礎となった一九六三年万国海法会ストックホルム会議におけるこの点の審議については、石井照久「船荷証券条約の改正」海法会誌復刊一一号一八頁以下（一九六五）参照。

（4） ヴィスビー・ルールズにおける船荷証券の記載の効力について論じたものとしては、Diamond, The Hague-Visby Rules, Lloyd's Mar. & Com. L.Q., 1978, p. 233 et seq. がある。

二 外国法

今回の国際海上物品運送法九条の改正経過について論ずるに先立ち、改正議定書批准国の国内法化に際してどのような処理がなされたかを概観しておこう。

1 英国

英国では、批准に伴い制定された一九七一年海上物品運送法において[5]、改正議定書の規定が同法附則としてそのまま国内法化されているので、文言上は、船荷証券の記載の効力は、改正議定書どおりに、条約三条三項(a)(b)(c)の事項に限定されていることになる。また、運送人の過失も文言上は要件とされない。

条約三条三項(a)(b)(c)以外の記載事項について、いかなる効力が認められるのかは必ずしも明確ではないが、エストッペルの法理により記載が事実と異なる旨の反証は許されないという従来の原則は依然として適用されるものと推測される。もっとも、エストッペルの法理の適用があるには、事実の表示の存在、エストッペルを主張する者による表示の信頼、表示を信頼したことによる損害の発生という要件が備わる必要がある[6]。

2 フランス

フランスでは、改正議定書の適用される運送契約については改正議定書が直接適用されることとされており、問題は改正議定書の解釈如何ということになる。

これに対して、改正議定書の適用範囲に含まれない運送契約については、一九八六年一二月二三日の法律第一二九二号により改正された海上傭船契約および海上物品運送契約に関する一九六六年六月一八日の法律（一九六六年法律第四二〇号）が適用される[7]。同法一八条二項は、一九八六年改正前は、「船荷証券は、反対の証明がないかぎり、そこに記載されているとおりの物品を運送人が受け取ったことの推定を生じさせる。」と規定していたが、一九八六年改正で、「ただし、反対の証明は、船荷証券が善意の第三者である所持人に移転されているときは、許されない。」という但書が追加された。

改正議定書の適用範囲には含まれない運送契約に関する規定であるから、直接の参考となるものではないが、改正議定書とは異なり、船荷証券の記載の効力については、記載事項の如何を問わず但書の適用があるとしている。運送人の主観的要件については規定されていない。

3　ド　イ　ツ

ドイツは、改正議定書の批准はしていないが、一九八六年第二次海事法改正法により改正議定書を実質的に国内法化しているので、批准国と同様に比較することを妨げない(8)。

商法（以下、HGBという）六五六条二項は、同六四三条八号に従い運送人が荷物を受け取ったことの推定を基礎づけるものとしてきたが、改正法で追加された同六五六条二項二文は、同六四三条八号に従い記載されたように受け取らなかったことの反証は許されないと規定する。従って、事実と異なる旨の反証が許されないことになる記載事項の範囲は、法文上は、船荷証券のすべての記載事項についてではなく、列挙された事項についてのみである。

もっとも、HGB六四三条八号は、船積みされ、または運送のために受け取られた物品の種類（Art）、容積・数または重量、記号および外見上認められる状態・性状となっており、このうち、運送品の種類は明らかに条約三条三項(a)(b)(c)には含まれていない事項であり、したがって、条約・改正議定書の文言よりも広く反証が許されないこととされている。

運送品の種類については、改正前から船荷証券の記載事項とされていたのであるが、HGB六五六条二項二文の追加に際しては、その事項についても決定的証拠力を及ぼすことの当否については、ほとんど議論された形跡がない。

これは、運送品の種類のように、運送人が必ずしも確認しえない事項については、運送人は不知約款を記載することができ、その効力は問題なく認められるということから、実務上の問題を生ずることはありえないという理解によるものと思われる。

他方、追加された二項二文は、適用される記載事項の点を除いては、改正議定書の文言に忠実であるから、文言上は運送人に過失があったことは要件とされていない。解釈論としても、この点は全く言及されていないし、議定書の作成過程において、ドイツは、過失があったことを要件として明示すべきであるとしたスウェーデンの提案に明確に反対していることからみても、運送人の過失の有無を問わず決定的証拠力が認められると解されているものと思われる。

4　その他の諸国

オランダ、スウェーデンおよびデンマークも、批准に伴う国内法においては、改正議定書と同様に運送人の主観的要件については規定されていない。しかし、反証が許されない記載事項の範囲については改正議定書のようには限定されていない。(9)

（5）一九七一年海上物品運送法については、小林登「英国におけるヘーグ・ヴィスビー・ルールの国内法化―一九七一年英国海上物品運送法とその解釈―」上法三二巻一号一九頁以下（一九八九）、特に船荷証券の記載の効力につき、同三七頁以下参照。

（6）小林・前掲注（5）三九頁。

（7）一九八六年改正法については、中村眞澄「フランス海上運送法の改正―一九八六年法を中心として―」早法六七巻一号二五頁以下（一九九二）、特に船荷証券の記載の効力につき三一頁以下参照。もっとも、フランスでは、改正議定書の批准および一九八六年改正前から、船荷証券の記載には決定的証拠力が認められると解されてきたようである。

（8）ドイツにおける改正法の概要については、山下友信「西ドイツ海上物品運送法の動向」海法会誌復刊三三号三九頁以下（一九八九）、特に船荷証券の記載の効力については五六頁以下参照。改正法の解説として、右論文以後刊行されたものとして、Herber, R.,

Das neue Haftungsrecht der Schiffahrt, 1989がある。また、改正法下の船荷証券の効力を詳細に論じたものとして、Becker, C., Die Beweiskraft des Konossements, 1991がある。そのほか、Czerwenka, Die Bedeutung der Wiedereinführung der "Skripturhaftung" im Seefrachtrecht durch das Zweite Seerechtsänderungsgesetz von 1986, TranspR 1988, S. 256f.

(9) 日本海法会「一九六八年船荷証券統一条約改正議定書・一九七九年改正議定書批准および国際海上物品運送法改正に関する基本的問題点」海法会誌復刊三五号一三八頁以下（一九九一）による。

三　国際海上物品運送法九条の改正経過

1　日本海法会における検討(10)

改正議定書は、条約三条三項(a)(b)(c)所定の記載についてのみ、反証が許されないとしているにすぎない。改正議定書を単純に国内法化するのであれば、改正議定書と同じく、条約三条三項(a)(b)(c)の事項、すなわち国際海上物品運送法七条一項二号および三号の事項についてのみ反証を許さないものと規定すればよい。

しかし、わが国では、国際海上物品運送法九条は、船荷証券の記載事項の如何を問わず、運送人は過失要件の下で不実記載であることを善意の所持人に対して対抗できないと規定してきたこととの関係で、立法論的には困難な問題をかかえることになる。

改正議定書では、そもそも、反証が許されないという証拠法のレベルの問題としてとらえている。従って、改正議定書では、決定的証拠力を認めたという表現が用いられるのが通例である。これに対して、船荷証券の記載の効力の問題を証拠法のレベルで処理することはわが国の法制には適合しないということから、国際海上物品運送法では、運送人は記載が事実と異なることを対抗することができないという実体法的な抗弁制限の問題としてとらえてきた。この九条の規定の仕方が議定書を批准した後も維持されうるかどうかがまず問題である。もっとも、この点は、それ自体で特に問題とはされず、改正九条も、後述のように対抗力の制限という規定の仕方をとっている。

次に、条約三条三項(a)(b)(c)の事項については、少なくとも改正議定書の文言上は、決定的証拠力の認められる要件として運送人の過失（運送人が不実記載について注意を尽くさなかったこと）は要件とされていないから、運送人の過失を要件としてきた改正前九条はこの面では改正を必要とすることは明らかなように見える。しかし、改正議定書の解釈として、決定的証拠力が認められるために運送人の過失を要しないかどうかは必ずしも明らかではなく、むしろ、改正する必要はないという見解も見られてきたところであり、[11] 改正前九条がとってきた解決を変えるべきかどうかは難しい問題である。もっとも、改正議定書批准国において、運送人の主観的要件について限定を付した規定を置いている国はなく、また、解釈上も、運送人の過失が要件とされると明確に述べられているものは見当たらない。そこで、少なくとも、改正議定書が決定的証拠力を認める条約三条三項(a)(b)(c)の記載事項については、運送人の過失を要件とすることは適切でないと考えられるにいたった。

問題は、それ以外の記載事項についてどうすべきかであるが、それ以前に、もう一点の問題は、九条により事実が記載と異なることを対抗できなくなる記載事項の範囲をどうすべきかということである。改正前九条は、運送人の過失を要件としてではあるが、船荷証券の記載事項すべてについてそのような効力を認めてきたので、それが改正議定書の批准後も維持されるべきかどうかが問題となる。むろん、改正議定書は条約三条三項(a)(b)(c)の記載事項についてのみ決定的証拠力を認めるが、それ以外の記載事項の効力について国内法により決定的証拠力を認めることを排除はしていないと考えられるから、問題は、純粋に国内法の立法問題であるといえる。

そして、改正議定書どおりの規定に改めれば、条約三条三項(a)(b)(c)以外の記載事項についての記載の効力はどうなるのかが不明確になるばかりか、決定的証拠力が及ぶ範囲は条約三条三項(a)(b)(c)の事項に限定されるという解釈の余地が生まれ、改正前よりも所持人の保護が後退したと見られる危険もある。

しかし、他方で、記載事項の加何を問わず運送人の過失要件なくして九条所定の効力を認めることは、改正議定書に違反するわけではないが、そのような必要性および合理性があるのかが疑問であると考えられるし、改正前九条の規定が合理性を欠くという批判は従来なかったのであって、それにもかかわらず、批准に伴い改正を要するとすべきかどうかは未だ疑問の余地があると考えられた。

そこで、日本海法会試案においては、改正議定書の定めを国内法化しつつ、それ以外の記載事項については、従前の規定を維持することとした。それが、次のような試案である。

「第九条　第七条第一項第二号及び第三号までに掲げる事項につき船荷証券に事実と異なる記載がされた場合には、運送人は、その記載が事実と異なることをもって善意の船荷証券所持人に対抗することができない。その他の事項につき船荷証券に事実と異なる記載がされた場合において、運送人がその記載につき注意が尽くされたことを証明しないときも、同様とする。」

2　法制審議会商法部会国際海上物品運送法小委員会における検討

同小委員会においては、九条の改正のあり方について、委員の間で、意見が分かれた。第一の立場は、日本海法会試案と同じ規定にすべきであるというものである。第二の立場は、記載事項の如何を問わず、かつ、運送人の過失を要件とすることなく事実と異なることの対抗を許さないとするものである。第三の立場は、改正議定書の定める記載事項についてのみ事実と異なることの対抗を許さないと規定し、その他の記載事項については規定を置かないこととするというものである。

第一の立場は、日本海法会の試案と同様の理由に基づくものである。

これに対して、第二の立場は、船荷証券の流通性に鑑み、善意の所持人の保護が高度に要請されるのであって、記載事項により区別をすることなく運送人に事実と異なることの対抗を許さないと規定するのが正当であると主張する。また、第一の立場に対しては、記載事項により差異を設けることの理論的説明が困難なのではないかという疑問を呈した。

これに対しては、記載事項に限定を付さないで証券の記載事項の効力を認めることとは、特に国際海上物品運送法七条一項一号の運送品の種類について問題があるという批判がなされる。運送人は、梱包された運送品の中身を調べることは抜き取り検査以外は実際上不可能であり、それにもかかわらず、記載の効力が運送人の過失を要することなく認められることは運送人に酷であるとした。詐欺的な売主＝荷送人が中身を欺いて通告したため、運送人が信用状発行銀行等に対して責任を負った後に売主に対して求償しようとしても、売主は行方不明等により実際には困難であろうと考えられる。むしろ、運送人は、過失があった場合にのみ船荷証券により責任を負えば足りることとし、詐欺による損害の回収は売買契約当事者および銀行の間の問題にすべきであるというのである。(12)

これに対しては、第二の立場から、同法八条に基づき運送人は不知約款を記載できるので、運送人に酷なことにはならないとする。しかし、それに対しては、さらに、不知約款がいたずらに記載されるようになることは好ましくないし、また、不知約款を記載することができるとしても、その効力がどこまで認められるかは疑問であるという反論がなされる。

第三の立場は、改正議定書の直接規定していることがらのみ規定し、それ以外の点については、解釈に委ねようというものである。船荷証券の記載事項一般についてどのような効力が認められるかは、国際的にも、また、わが国でも必ずしも明確にはなっておらず、第一の立場のように改正議定書の規定する範囲以外では改正前九条の立場を維持するという解決も、第二の立場のようにすべての記載事項について改正議定書と同じ効力を認めようという解決も、決定的な根拠はなく、改正議定書以外の点は解釈に委ねるのが妥当であるとした。

このように三つの立場に分かれ、いずれも最後まで有力に主張されたが、最終的には、過失の有無を問わず、かつ、記載事項の如何を問わず、運送人に記載が事実と異なることの対抗を許さないという第二の立場が改正法律案要綱に盛り込まれることになった。その理由としては、繰り返しになるが、改正議定書で、運送人の過失の有無を問わず決定的証拠力を認めたのは、そうしないと流通証券たる船荷証券の流通性が害されるためであり、これは記載事項の如何を問わず当てはまること、運送品の種類の記載に関して実務上の支障が生じるのではないかとの指摘に対しては運送人は国際海上物品運送法八条により不知文言を挿入できるので支障はないと考えられること、一通の船荷証券の中で記載事項の如何によりその効力に差を設けることの理論的根拠が不明であること、各国法でも、英国を除き記載事項の如何により差を設けていないこと（批准国ではないが、ドイツも前述のように運送品の種類について決定的証拠力を規定していることも参照された）があげられた。

こうして、改正法律案要綱では、「第一　船荷証券の不実記載　運送人は、船荷証券の記載が事実と異なることをもって善意の船荷証券所持人に対抗することができない。」とされ、これに基づき改正九条のように改正されたのである。[13]

(10)　「国際海上物品運送法改正要綱試案」海法会誌復刊三五号一三四頁以下（一九九一）および日本海法会・前掲注（9）参照。

(11)　石井・前掲注（3）二〇頁、谷川・前掲注（3）三一頁では、改正議定書の下でも改正九条の改正は不要と考えられていたようである。

(12)　このような立場からの改正九条の批判として、江頭憲治郎『商取引法（下）』二四〇頁（弘文堂、一九九二）。

(13)　改正国際海上物品運送法については、菊池洋一「国際海上物品運送法の改正とその概要」金法一三三五号六頁以下（一九九二）、同「国際海上物品運送法改正の概要」商事一二九二号一三頁以下（一九九二）、同「改正国際海上物品運送法の解説（上・下）」NBL五〇〇号五〇頁以下、五〇一号四三頁以下（一九九二）、同「改正国際海上物品運送法の成立」海事法研究会誌一〇九号一頁以下（一九九二）、谷川久「国際海上物品運送法の改正について」損保五四巻二号一五一頁（一九九二）、落合誠一「国際海上物品運送法の改正」ジュリ一〇〇八号一〇〇頁（一九九二）。

四　改正国際海上物品運送法九条の解釈

1　改正九条の法的性格

周知のように、改正前九条の法的性格をめぐっては、英米法上のエストッペルの法理を参考にして独自の証券の記載の効力を認めたものであり、[14] 大陸法的な証券の債権的効力ないしは文言性とは一線が画されてきたといえる。[15]

これに対して、改正九条では、文言上、運送人の過失を要件とすることなく、証券の記載の効力を認めているので、債権的効力ないし文言性を規定したかのごとくである。ドイツでは、改正HGB六五六条は、一九三七年改正前に規定されていた証券責任（Skripturhaftung）の復活というような表現が用いられていることからみても、[16] 船荷証券の有価証券としての効力という観点から位置づけられているようである。むろん、改正議定書では、問題を証拠法的な側面から考えており、有価証券理論からの説明はきわめてドイツ法的な説明であるが、わが国でも、改正九条のように、実体法的な側面から規定した以上、船荷証券の文言性ないし証券的効力を規定したものであり、英米法的なエストッペルの法理を換骨奪胎したものという従来の説明は適切でないことになったというべきではないかと思われる。

こう解した場合に、商法の適用のある船荷証券について規定されている債権的効力（商七七六条、五七二条）との関係が理論的には問題となる（商法のこの規定は、国際海上物品運送法二〇条により同法の適用のある船荷証券には適用されない）。この商法上の船荷証券の債権的効力に関しては、周知のように船荷証券の要因性との関係上、いわゆる空券・品違いの場合の記載の効力につき意見が分かれるところであるが、改正九条は、商法以上に文言性が強化され、空券・品違いの場合といえども、運送人は記載が事実と異なることを対抗できないものと考えられる。むろん、国際海上物品運送法上の船荷証券も要因証券であることには変わりはないが、ここでいう要因証券性とは、運送契約に基づいて証券が作成されているというかぎりで認められるものであり、その結果、運送契約であることに基づく抗弁を運送人は対抗しうるにすぎないという、いわゆる証券権利説のいうような意味において理解されるべきであろう。[17]

2　運送人の過失の要否

前述のように、改正九条の制定経過から見ても、[18]改正九条に基づく記載の効力は、運送人の過失の有無を問わず発生すると解すべきである。このことは、議定書批准国における一般的理解とも合致するのではないかと思われる。

3　船荷証券の記載事項

改正九条では、船荷証券の記戦事項についてはすべて同条所定の効力が認められる。このことに立法論的に異論がありうることは前述のとおりであるが、改正では記載事項に限定をつけなかったのである。国際海上物品運送法の適用がある船荷証券については、同法七条一項において、記載事項が法定されているが、それ以外の任意的記載事項についても、改正九条の適用がある。

同法七条一項の記載事項すべてに九条の効力が認められるといっても、実際に不実記載が問題となりうるのは、一号から三号までであろう（一〇号の運送賃もあるいは問題となりうるかもしれない）。

4　船荷証券所持人の善意

改正九条の効力が認められるためには、船荷証券所持人が善意であることを要することは、文言上明らかである。この善意とは、文字どおりの知らないことを意味し、過失ないし重過失を問題にしないでよいかは問題がないわけではない。改正議定書では、船荷証券所持人の誠実であること（a third party acting in good faith）が要件とされているのであり、これは、わが国の善意という用語よりはやや幅が広いのではないかと思われる。

ドイツでも、改正ＨＧＢでは、善意の語を用いているが（これは、改正議定書のドイツ語訳で善意と訳されていることに基づく）、そこでは文字どおりの知らなかったことのみではなく、重過失がないことも要すると述べるものもある。[19]

改正九条の制定作業の中では、この点についてとくに詰められていたわけではなく、重過失がないことも必要であるとされる可能性がないとはいえない。

なお、運送人が記載が事実と異なることを対抗できないことになる相手方としての船荷証券所持人は、適法な権限のある所持人であることは当然の前提である。

5　「対抗することができない」の意義

改正九条も、運送人の過失要件が廃棄された点を除き、運送人は記載が事実と異なることを所持人に対抗することができないことでは改正前九条と変わりはない。運送人の側から記載が事実と異なることを対抗できないだけであり、船荷証券所持人の側から、事実を主張立証することは当然に許される。

ここで「対抗することができない」とは、実質的には、前述のように文言性が認められるという意味である。対抗することができないのは、記載が事実と異なるということである。たとえば、個品の数の記載が実際よりも多かった場合は、記載された個数に従い運送人は引き渡す義務を負う。実際には積み込まれていない荷物分については、滅失の場合と同じ債務不履行責任を負うことになる。空券であった場合も、記載の個数を運送人は引き渡す義務を負う。

運送品の種類が事実と異なる場合（品違い）には、記載の貨物を引き渡す義務を履行するか、それに相当する損害を賠償しなければならない。

運送人は、しかし、運送契約上の抗弁は対抗しうる。改正九条は、船荷証券が運送契約に基づいて発行されているということまで排除するものではない。たとえば、運送人が記載どおりの運送品の引渡義務を負うとしても、国際海上物品運送法一三条所定の責任限度額を援用することができる(20)。また、詐欺・錯誤等の運送契約の瑕疵についても所持人に対抗しうるように思われるが、あるいはこの点は検討の余地があろう。さらに、国際海上物品運送法一四条所定の除斥期間の経過による責任の消滅も対抗することができる。

たとえば、運送人が国際海上物品運送法四条一項・二項により免責されるような場合には、九条にもかかわらず、運送人は免責されるかも問題となるが、これも肯定されよう。(21)

そのほか、改正国際海上物品運送法一三条三項で追加されたコンテナ条項との関係も問題となる。コンテナの中品の個数の記載についても、やはり改正九条の効力は及ぶと考えられるから、中品の個数について不実記載がなされれば、運送人は、記載された個数に従い損害賠償責任を負い、その場合の限度額は、記載された個数に従い算定される。しかし、said to contain 等の不知約款が記載された場合には、証券の記載の効力が排除されるから、荷主が中品の個数が記載の個数と同じであったことを証明すれば、記載された個数に従い損害賠償を請求でき、限度額もこの個数に従い算定される。これに対して、荷主のそのような証明が不成功に終われば現実に引き渡された個数をもとに損害賠償の請求がされ、責任限度額もその個数を基準に算定されることになるのではあるまいか。内容不知約款が記載された場合にも、責任限度額は証券記載の中品の個数に従い算定されるというのが原則であるが、記載が不実であることが証明された場合には事実に即した責任限度額の算定がなされるべきであろう。(22)

なお、改正九条の定める効力を排除する特約を船荷証券に記載しても無効であることはいうまでもない（国際海上物品運送法一五条一項）。

6　不知約款の効力

国際海上物品運送法七条一項一号および二号の記載については、同法八条二項は、同項の定める要件の下で運送人は不知約款を記載することができ、この不知約款が記載された場合には、改正九条所定の効力は排除されるものと解される。(23) 梱包された運送品について、運送人が中身を確認することができない場合には、不知約款を記載して改正九条の効力を排除できるのである。もちろん、不知約款の効力は、同法八条二項の定める要件の下においてのみ認められるのであり、運送人が中身を確認しうるにもかかわらず、不知約款を記載しても不知約款は無効であり、運送人は改正九条に基づき事実が記載と異なることを対抗することができない。運送人がどの程度の確認のための行為をすれば不知約款が有効とされるかは、具体的な事例により判断するしかない。

7　不実記載に基づく一般法上の責任との関係

船荷証券所持人が、不実記載に基づいて運送人に対して不法行為として損害賠償責任を追及することはわが国でも考えられるし、また、ドイツにおけるように契約締結上の過失理論による責任を追及することも考えられる。(24) このような可能性は、改正九条が文言性を強化したことから実際にはあまり考えられないが、理論的にはなおも可能性がある。

問題は、このような場合に、運送人は、運送契約に基づく抗弁を対抗しうるかどうかである。たとえば、前述のように、改正九条が適用されても運送人は国際海上物品運送法一三条の責任制限は援用できる。しかし、不法行為（あるいは契約締結上の過失）による損害賠償を請求された場合は、これは困難なのではないかと思われる。なぜならば、同法一三条は、運送品に関する運送人の責任（運送品の滅失・損傷についての責任）についての責任制限であるのに対して、所持人が追及する不法行為責任は船荷証券の不実記載ということ自体に基づいているからである。(25) 改正国際海上物品運送法二〇条の二第一項により、運送人は不法行為責任についても同法に基づく抗弁を援用することができるが、これもあくまでも運送品に関する責任についてであるにすぎない。

このように、改正議定書に基づく国内法の下でも、一般法に基づく損害賠償責任が追及された場合には、運送人は責任制限ほか運送契約上の抗弁を援用しえないということはドイツの支配的見解も認めるところであるが、(26) その他の国では見解が分かれるようである。確かに、運送人が運送契約上の抗弁を援用することができないとすると、運送人の責任が過大に認められることになるおそれはある。むろん、運送人に過失があったこと等、改正九条における要件とは異なる責任発生要件が備わることは必要であるが、それにしても船荷証券の不実記載については改正九条の定めにより処理しようとしたことの意義が若干没却されるおそれはある。しかし、改正二〇条の二第一項により、船荷証券の不実記載に関する不法行為責任等についても、運送人は運送契約上の抗弁を援用しうるという解釈は無理であろう。

(14) 石井照久『海商法』二八三頁（有斐閣、一九六四）、石井・前掲注（2）四九七頁、谷川・前掲注（2）財経詳報一三頁以下、同・前掲注（2）法時二〇頁、田中＝吉田・前掲注（1）一六二頁、小町谷・前掲注（1）三五二頁など通説。

(15) 戸田修三「船荷証券の証券的効力について」新報六三巻一〇号一三頁（一九五六）は、改正前九条が船荷証券の要因性と文言性とを調和せしめ、要因説に立脚しつつ、文言証券説との立場を止揚せしめたものと理解するが、改正前九条により要因性および文言性の問題には直接的解決がなされていないと解するのが一般であった。谷川・前掲注（2）財経詳報一〇七号一四頁など。

(16) Herber, a.a.O. (N.8), S. 205 などドイツでいわれているところである。

(17) 商法上の船荷証券についても、文言性を重視し、要因証券性は運送契約に基づいて証券が作成されているということを意味するにすぎないという立場をとれば、改正九条と商法七七六条・五七二条とは同じことを規定しているのであり、国際海上物品運送法においても商法七七六条を準用すれば足りたともいえなくはない。しかし、商法の解釈については議論がある以上、改正九条として独立に規定することが適切であるといえる。

(18) 谷川・前掲注（3）二九頁以下参照。もっとも、同論文では、谷川教授は、改正議定書の下でも、運送人の過失を要件とするものと解されていたようである。しかし、参照しうるかぎりでは、諸外国でも運送人の過失を要するという解釈を明示するものは見当らないようである。

(19) Czerwenka, a.a.O. (N.8), S. 258. これに対して、Diamond, op.cit. (n.4), p. 253 は、悪意の場合に限定するようである。

(20) Diamond, op.cit. (n.4), p. 255. ただし、同頁では、記載の貨物が全然船積みされていなかった場合の損害賠償額の算定には困難があり、特に記載の貨物の買主である証券所持人が、売買代金を売主に支払う前に、証券が空券または数量不足であることを知り、船積みされなかった貨物の代金を支払わなかった場合の損害額をどのように算定するかが問題であるとする。

(21) 小林・前掲注（5）四〇頁参照。ただし、Diamond, op.cit. (n.4), p. 254 では、証券発行時に既に記載と事実との間に不一致がある場合には、運送人の救済手段は荷送人の通告に関する条約三条五項に基づく荷送人に対する求償であるとする。

(22) 小林登「コンテナ船荷証券と運送人の責任制限（二・完）」法協一〇二巻四号七九四頁（一九八五）では本文のような解釈を主張している。これは、改正ＨＧＢの下でのドイツにおける解釈ともなっている。Herber, a.a.O. (N.8), S. 207f.; Czerwenka, a.a.O. (N.8), S. 260.

(23) このことは、英国でも認められている。小林・前掲注（5）四一頁。また、Diamond, op.cit. (n.4), p. 254 参照。ドイツでも、不知約款の有効性は肯定されている。Herber, a.a.O. (N.8), S. 206（不知約款により証券的効力を認めた改正後も実務上は何も変わらないと述べているところからみて、不知約款が広く記載されているのであろう）。ただし、ＨＧＢでは、不知約款に基づく船荷証券の証券的効力の排除を規定する同法六五六条三項において、わが国の国際海上物品運送法八条二項に相当するＨＧＢ六四六条による不知約款と、梱包された運送品の中身についての不知約款を書き分けていることに注意する必要がある。しかし、ドイツと同様の解釈は国際海上物品運送法の下でもとって差し支えないであろう。

(24) 落合誠一「物品証券不実記載発行者の損害賠償責任」『鴻常夫先生還暦記念・八〇年代商事法の諸相』二九一頁以下（有斐閣、一九八五）、江頭・前掲注（12）三一二頁以下。ドイツにおける最近の議論については、山下・前掲注（8）五六頁以下。英国における不法行為責任の追及の可能性については、小林・前掲注（5）四一頁以下参照。

(25) ドイツでは、この点は改正前は意見が分かれていたが、改正前ＨＧＢ六六〇条は、運送品の滅失・毀損の場合に限定しないで責任制限を規定していたので、契約締結上の過失責任についても、責任制限規定が適用されうるという解釈が生じる余地があった。しかし、改正ＨＧＢ六六〇条は滅失・毀損による損害についてのみ責任制限規定が適用される旨明記したので、契約締結上の過失責任について適用されるとする意見が生じる余地は小さいといえるのではないかと思われる。これに対して、小林・前掲注（5）四一頁以下の指摘のように、英国法の解釈は分かれているようである。

(26) Czerwenka, a.a.O. (N.8), S. 261f.

〔海法会誌復刊三六号三三頁～五〇頁（一九九二）〕

〔編注〕　本稿中で紹介したドイツＨＧＢの海商に関する規定は二〇一三年に全面改正された。改正法でも、運送品の種類の記載についても引き続き反証が許されないものとしているが（ＨＧＢ五一七条一項・五二二条二項一文）、記載が密閉された輸送用機具の中にある物品に関するものである場合には、物品が運送人によって検査され、かつその結果が船荷証券に記載されたときに限り、反証が許されないとして（HGB五一七条一項二文）、不知約款の記載を不要としている。船荷証券所持人の主観的要件については、善意であるのみならず重過失もないことが要求されている（HGB五二二条二項一文ただし書）。また、船荷証券に不実記載をした場合の運送人の損害賠償責任に関する規定が新設された（HGB五二三条）。この責任については、滅失・毀損についての損害賠償責任についての責任制限は適用がない。

運送営業・倉庫営業・場屋営業

一　はじめに

本報告では、現行商法に規定のある運送営業、倉庫営業および場屋営業を取り上げるが、運送営業を中心に検討する。運送営業についても、貨物運送に限定した立法論的なスケッチにとどまることをお断りしておく。

二　運送営業

1　わが国の現状と問題点

運送営業に関する私法的規律の特徴として、商法の規定に加えて、特別法や国際条約が存在するということがある。現行の法体系を整理すると次のようになる。

商法第二編　商行為
第七章　運送取扱営業
第八章　運送営業（陸上・湖川・港湾。貨物・旅客）

＊鉄道営業法
＊モントリオール条約（国際航空。貨物・旅客）
第三編　海商
第一章　船舶及ビ船舶所有者
＊船舶所有者等の責任の制限に関する法律（船主責任制限法）
第二章　船長
第三章　運送（貨物・旅客）
＊国際海上物品運送法
第四章　海損
第五章　海難救助
第六章　保険
第七章　船舶債権者
＊船舶衝突ニ付テノ規定ノ統一ニ関スル条約（船舶衝突条約）
＊海難ニ於ケル救援救助ニ付テノ規定ノ統一ニ関スル条約（海難救助条約）

以上の現行法体系を見ると、傍線を引いたものが、特に実務において適用されることがほとんどなく死文化しているものである。このうち、運送取扱営業は、実務上は、利用運送事業という事業形態が確立し普及したことにより、営業類型そのものが消滅している。その他の傍線を引いた類型は、規定内容が時代遅れとなっていることや、標準的な契約書式等のソフトローの存在により、実務上適用されることがないこととなっているものである。国内海上貨物運送に関しては、商法の堪航能力担保義務に関する規定（商七三八条）、免責条項の禁止に関する規定（商七三九条）は、実務上これらの適用があることは受け入れ難く、適用を避けるようにするために、契約において特約をしておく必要が生じている。(1)

他方で、運送類型は存在するにもかかわらず、法律の規律が欠缺している領域がある。国内航空運送については、貨物、旅客とも法律規定がなく、複合運送についても法律規定がない。

このように、わが国の運送に関する法的規律を全体として見ると、現代化を図る必要があるという一般論自体は肯定してよいと考えられる。[2]

2　大陸法国における運送法現代化の例—ドイツの場合

商法典をもつ大陸法諸国において、最も体系的に運送の規定の現代化が進められているのがドイツであるので、その概要を紹介する。

一九〇一年制定の商法典（以下、ＨＧＢという）の運送取扱、運送、海商に関する規定は、海商については、船主責任制限条約、国際海上物品運送条約を国内法化したほかは、制定以来ほとんど改正がなく、現代化が必要な状況となっていた。一九九八年の運送法現代化法によるＨＧＢ改正は、その第一弾であり、「第四編　商行為」の「第四章　貨物運送取引」および「第五章　運送取扱取引」の規定を改正した。[3]改正により、「第四章　運送取引」は、「第一節　総則」、「第二節　引越運送」、「第三節　複合運送」という構成となっている。[4]

この運送法現代化法の基本的な考え方は、第一節の総則は、海上運送は除き、運送契約の一元的な規律という理念から、貨物運送を陸上運送と航空運送を包含するものと定義した上で、運送人の責任については国際道路運送条約（以下、ＣＭＲという）の規律を基本的に取り込むというものである。具体的には、運送人の責任の発生事由の面では、厳格責任化され、不可抗力その他の免責事由が列挙される。また、滅失・毀損につきキログラム当たり八・三三ＳＤＲ、遅延につき運賃の三倍という責任制限が定められている。滅失・毀損につきキログラム当たり八・三三ＳＤＲという限度額はＣＭＲと同じで低い水準である。ＣＭＲとは重大な違いがあるのが強行規定性についてであり、ＣＭＲは絶対的強行規定とされているのを修正して、消費者取引に当たる場合には、責任に関する規定等は片面的強行規定とされるのに対して、それ以外の運送については、契約当事者間の個別交渉によるのであれば契約自由に委ねられ、キログラム当たり二〜四〇SDRの範囲で契約相手方にあらかじめ明示すれば責任限度額を約款により修正することも可能とされ、さらに、キログラム当たり八・三三SDRよりも運送人に不利益なら責任限度額の運送人の約款による修正も可能とされている。消費者取引でない事業者間取引について、約款による責任制限に対する制約が設けられるのは、事業者間取引についても約款規制の対象としているというドイツ民法典の立場によるもので、規制による保護の主体は荷主サイドと運送人サイドの両方が視野に入れられている。特則が置かれる引越運送については、特別の責任限度額が法定されるとともに、消費者取引以外の場合については、責任限度額につき約款による修正も可能という特則が置かれる。複合運送については、損害発生区間が特定される場合は当該区間に適用ある法令によることが定められているが、その他については、総則の規定を適用するものとしている。

この一九九八年の運送法現代化法による現代化に続く第二弾として現在準備作業が行われているのが、「第五編海商」の現代化であり、二〇〇九年に司法省に設置された専門家委員会の最終報告書が公表された(5)。報告書では、改正草案を提示しているが（以下では、「海商法改正提案」という）、次のような構成である(6)。

第五編　海商
　第一章　航海関係者
　第二章　運送契約
　　第一節　貨物運送契約
　　　第一款　個品運送契約
　　　　第一目　総則
　　　　第二目　運送書類
　　　　第三目　貨物・遅延損害についての責任

第二款　航海傭船契約
第二節　旅客運送契約
第三章　船舶使用契約
第一節　船舶賃貸借
第二節　定期傭船
第四章　海難
第一節　船舶衝突
第二節　海難救助
第三節　共同海損
第五章　船舶債権者
第六章　時効
第七章　一般的責任制限
第八章　手続規定

海商法改正提案の考え方としては、海上運送について特殊領域性を維持すること、船主責任制限条約・国際海上物品運送条約等を国内運送にも適用されるように国内法に加工していること、国際的ソフトローや各種傭船契約のように国際的標準契約書式が一般的に使用される事項も含めて体系的な海商法を再構成していること、海上保険のように規定が廃止されている領域もあり、また規定は置かれていても、現行のHGBに比べると全般的に簡素化された規定内容となっていることという特徴が見出される。

3　現代化の主要論点(7)

(1)　はじめに

運送の領域は膨大であり、全般について詳論するのは不可能であるので、本報告では貨物運送契約に関する規律で、かつ、そのうちの運送人の責任と運送証券の問題に検討対象を限定することとする。海商に関しては、船舶、船舶抵当権、船舶先取特権、船長、船舶衝突、共同海損、海難救助、海上保険という、運送契約以外の事項に係る海商特有の規定群があるが、それぞれの事項について立法論的な問題点も従来からある程度は整理されており、現代化を進めることが望ましいことは確かであろうという指摘にとどめておく。

次に、運送契約に関する主要論点の洗い出しであるが、運送人の責任については、陸・海・空という運送区間により運送契約の規律にどのような差異を設けることになるかが大きな問題となるが、問題を最初から複雑にしないために、以下では、まず陸上運送に関する商法の規律についての問題点を整理し、その上で、他の運送類型に関する規律のあり方という順序で検討することとする。

(2) 陸上運送人の責任[8]

(ア) 現行規定の概要

商法の陸上運送人の責任に関する規律を構成する諸要素を整理すると、①責任発生事由としては過失責任とされている（同法五七七条）、②損害賠償額は、滅失・毀損については運送品価額への限定はあるが（同法五八〇条）、国際海上物品運送におけるような運送品の一包や重量等当たりの責任限度額を設定する責任制限（以下、「金額責任制限」という）は存在しない、③延着損害についての規定が存在しない、④運送品価額への限定の排除事由は運送人の悪意または重過失である（同法五八一条）、⑤高価品については荷送人の明告がない場合には運送人は責任を免れる（同法五七八条。以下、このルールを「高価品ルール」という）、⑥以上の規律は任意規定である、ということが規定されている。

このような商法の規律は、標準貨物自動車運送約款に概ねそのまま取り込まれており、商法の規律が実務上の紛争解決の基準となっているという意味においては、実効性のある規律であるということができる。また、学説や実務においても、⑤の高価品ルールについては議論があるものの、立法論的観点から不合理であるということが主張されることは従来ほとんどなかったということができる。これに対して、標準宅配便約款では、②について運送品ごとの責任制限が規定されている反面、⑤の高価品ルールは規定されていないという違いがある。

上記の商法およびこれに依拠する約款の規律は、陸上運送に関する規律についての国際的状況から見ると、かなりの点で異色なものとなっている。欧州諸国では、国際的な道路貨物運送についてはＣＭＲが共通ルールとなっており、それによれば、責任発生事由の点では、①厳格責任とされ（運送人の免責が認められるのは、滅失・毀損・遅延が、運送人が最大限の注意をもってしても回避できず、かつその結果を防止し得なかった事情に基づく場合に限る）、②滅失・毀損による損害賠償額は運送品価額によるものとされ、さらに相当に低いキログラム当たりの責任限度額が定められており、③延着損害については運賃額による責任制限が認められ、④責任制限の排除事由は運送人または履行補助者の故意または損害の発生することを認識しながらした無謀な行為による場合とされ、⑤高価品ルールは存在しない。ドイツでは、上記のように、国内運送でもＣＭＲの規律に基本的には依拠している。

このように商法の規律は、ドイツの一八九七年商法（以下「ＨＧＢ」という）の規定を基本的に受け継いだものであるが、ドイツでは、第二次大戦前からＫＶＯ（Kraftverkehrsordnung für den Güterfernverkehr mit Kraftfahrzeugen（Beförderungsbedingungen））等の強行法的規律や標準的な約款に従うものとされ、これらにおいては、運送人の責任発生事由は不可抗力免責等の認められる厳格責任、責任制限は金額責任制限、高価品ルールの不存在を内容としており、ＨＧＢの規定は空文化していたのであり、商法のような規律が実務でも適用されている国はなさそうである。

以上からは、商法の規律の古さが浮き彫りにされるのであるが、それでは、これを甚だ旧態依然なものとして、ＣＭＲやＨＧＢのようなルールに改正すべきであるというべきであろうか。これは、そう簡単には答えられない問題であるように思われる。

（イ） 責任発生事由および責任制限

ＣＭＲやＨＧＢのルールは、①責任発生事由の面では、厳格責任として運送人の責任が強化されており、わが国の過失責任主義は異例なものとなっている。これに対して、②損害賠償額ないし責任制限の面では、ＣＭＲやＨＧＢのように厳格責任と金額責任制限をワンセットとしていることもあるが、米国等では金額責任制限は法律上の規律とまではなっておらず[9]、それがグローバル・スタンダードというほどではないようである。仮にわが国において、ＣＭＲのようなルールに準拠した立法論を展開しようとする場合に、①について厳格責任化することは荷主サイドから歓迎されるであろうが、②について金額責任制限の導入をしようとすれば、荷主サイドには従来よりも不利益をもたらすものであり、そう簡単には荷主サイドからは受け入れられないであろう。そうではあっても、現代化のためにあえて改正するという方針をとるとしても、そうするだけの立法理由が必要であり、現行商法の規律が社会的に望ましくない効果をもたらしているというような事情―たとえば、運送人の責任が重すぎる結果、運賃が不合理に高くなっているというような事情―が証明されるのであればよいが、そういう証明は容易ではないであろう。①で過失責任とされていることが荷主サイドに不合理な不利益をもたらしているかといえば、運送人による無過失の証明がそれほど容易であるとは思われないから、ＣＭＲ等のルールと比較して、荷主サイドの不利益として強調するのは難しいであろう。

なお、商法の②の運送品価額による責任制限の③による排除は、運送人本人のみならず履行補助者の悪意または重過失とされており、海上運送の分野の条約の排除事由である、運送人が故意または損害の発生することを認識しながらした無謀な行為によるという事由よりは運送人側にとって厳しいものであるが、道路運送では、ＣＭＲやＨＧＢでは履行補助者の重大な帰責性がある場合も排除事由とされており、商法の規定が重過失を問題としている点はともかく、国際的なルールからは大きく乖離するものであるともいい難い[10]。

（ウ）　高価品ルール

荷主サイドに不利益であるとすれば、⑤の高価品ルールである。これは、上記のように、古い時代の立法をそのまま受け継いでいるものであり、今日においては、各国の国内法や条約では、陸上のみならず海上や航空のルールにも存在しない。高価品については、運送人の責任と運賃の対価的バランスをとるために、明告をしないで割増運賃を負担しない荷主に対して運送人の免責という制裁的効果を及ぼすというルールは、抽象的レベルでは合理性はあるが、国際的にはかかる高価品ルールが廃棄されているのは、やはり明告をしなかったことの効果が運送人の全部免責ということで、ペナルティとして行きすぎということなのであろう。わが国の裁判実務で、明告がない場合でも、請求権競合説に依拠して、荷主の不法行為による損害賠償請求を大幅な過失相殺付きで認める事例が少なくなかったのも、高価品ルールが合理性を欠くと考えられていたということによるものであろう。

もっとも、高価品ルールを廃棄するとしても、現行の商法の運送人の責任ルールから単純に高価品ルールだけを削除することで済まないことは自ずから明らかである。商法では、賠償額については運送品価額による責任制限はあるが、このルールにより高価品についての運賃と責任のバランスをとることはできないから、やはり金額責任制限を導入せざるを得ないと思われる。その場合には、責任限度額をどの程度の金額にするかという生々しい問題が生じてこざるを得ない。とりわけ、この点について、ＣＭＲやＨＧＢのように相当に低い責任限度額を定めるということであれば、なぜそうするかの政策的理由付けが必要となる。これに対して、通常の貨物であればほとんどは責任限度額に収まるという程度のものとするのであれば、あまり神経質に限度額の水準について考える必要もないかもしれない。宅配便の数十万円という限度額はそういう意味で合理性があるものと考えられる。

（エ）　延着損害

現行の商法の規定では、延着損害に関する規定を欠いているという問題がある。標準約款では、運賃等の額を限度とするものとしているので、これを出発点としてあるべき水準について法定することが考えられよう。

（オ）　請求権競合関連事項

請求権競合関連事項が立法的解決をすべき問題であることはあまり異論がないであろうし、立法論の内容も国際条約などを通じておおかた固まっているといえる。請求権競合説によりつつ、運送人および履行補助者に対する不法行為による損害賠償請求権についても契約責任に関する規定の適用を受けることを明らかにすることになる。国際海上物品運送法の規定の仕方はモデルとなるが、同法では、条約に従い、独立の履行補助者については運送人と同じ抗弁、責任制限を援用することができるという規定を設けていないので、その点の修正は必要となる。実務上は、ヒマラヤ条項で対処できる問題であり、これを民法上の第三者のためにする契約として説明すれば足りるとはいえ、立法で明文化してもよいと考えられる。いわゆる実行運送人の責任についても検討する必要がある。[11]

これに対して、荷送人でない所有権者の所有権侵害に基づく運送人に対する不法行為による損害賠償請求権について、運送人と同じ抗弁、責任制限を援用できるかというわが国の判例[12]でも問題となっている事例については、ドイツでは運送法現代化法により立法的解決を図っているが、[13]実質的な適用基準についてはなお相当に議論の余地がありそうであり、解釈論に委ねて置かざるを得ないものと考えられる。

（カ）　責任の特別消滅事由・短期消滅時効

運送人の責任の特別消滅事由に関する規律も、現代化前のＨＧＢを受け継ぐ規律であり、陸上運送では今日では比較法的には必ずしも一般的なものではなく、特別消滅事由を存置するかどうかの検討が必要である。[14]短期消滅時効は、債権法の債権時効についての規律の見直しを踏まえて、特別の短期時効が必要かどうかを検討する必要がある。

（キ）　強行規定化の当否

現行商法の陸上運送に関する規定は、任意規定であるが、標準運送約款が実務でも画一的に使用されてきたことから、商法の規定が実質的には強行規定的な機能を果たしてきた。しかし、上記のように、高価品ルールを廃止し、金額責任制限を認めるというようなルールに変更する場合には、荷送人側の利益を確保するために、片面的強行規定とする必要がないかは問題となりうる。もっとも、商法の規定を反映した約款が使用されるのであれば、強行規定化する必要は小さいし、陸上運送で最重要な事業者のための貸切形態の運送であるかぎり、強行規定化をする必要性もないものと思われる。宅配便のような消費者も利用する小口の運送に関して区別して強行規定化するかどうかが問題となるが、実際上の必要性が高いとはあまり考えられない。

(3)　航空運送人の責任

国際航空運送については、モントリオール条約を批准し、条約に国内法的効力を持たせている現状を特に変える必要はないので、問題は国内航空運送の規律のあり方である。

従来、国内の航空運送契約についての立法論はほとんど展開されていないが、現在のわが国の国内貨物運送の約款においては、責任発生事由としては過失責任とされ、滅失・毀損についての損害賠償については、運送品の価額が申告されている場合には申告価額を限度とし、申告がない場合には三万円を限度とする旨が定められており、運送人または履行補助者の悪意等による責任制限の排除は定められていない。このような規律は、国際航空運送に関するモントリオール条約では責任発生事由については厳格責任とされている点が違うが、その他の点では大きな違いはない。航空運送については国際運送と国内運送とで異なる責任ルールにすることの必要性が高いとはにわかには考えられないから、国内運送について立法するにしても、航空運送という契約類型を設けて、モントリオール条約と同じ規律とすることがまずは考えられよう。(15)

しかし、このように航空運送を独自の運送契約類型として規定を設けることが必然的なものかは、陸上運送の規律との関係でなお検討する必要がある。陸上運送人の責任について、厳格責任とするとともに、金額責任制限を設けるとすれば、陸上運送人とモントリオール条約にあるような運送人の責任のルールとはかなり接近したものとなる。ドイツの運送法現代化法によるHGBの総則規定が陸上運送と航空運送とを一元的な適用対象としているのも、陸上運送人と航空運送人の責任について差別化して規律することが必然的なものではないことを裏付けている。もっとも、両者について完全に一元化できるのかはなお検証が必要であるが、HGBでは、消費者取引である場合を除いて契約自由の余地を広い範囲で認めており、わが国でも任意規定として立法するのであれば、一元的な規律をする余地もあると考えられる。

(4) 海上運送人の責任

(ア) 個品運送

国際条約については、陸、海、空それぞれ別立ての条約を設けるという体制となっており、国内法でも、海上運送契約については陸上運送とは規律を一本化していないのが国際的にも普遍的といってよい状況なので、海上運送契約については独自の類型として規律をすることを前提に考えるのが現実的である。

そのことを前提とした上で、立法論を展開するとすれば、まず国際運送契約に関する条約のどれかをわが国が批准することを前提に、現行のように、国際海上物品運送に適用される法律と国内海上物品運送に適用される法律を別立てで制定する必要があるかどうかが大きな分かれ目となる。この点の対応は、ドイツでは、現行のHGBが、国際運送と国内運送を共通に規律することとしており、改正提案においてもその点は同じ立場に立っているのに対して、フランスは国際運送については条約を直接適用し、国内運送については独自の国内法を制定するという立場に立っているというように、立法論としてはいずれの解決もありうるところである。条約も海上運送についてのあらゆる事項について規律しているわけではなく、国際運送にも適用される国内法の規定も必要であるとはいえるので、その面から立法の効率性を考えれば、条約の規定を国内法に加工し、これを国内運送にも共通に適用するのが、無駄がないということがいえる。しかし、条約を国内法に加工する場合には、ハーグ・ヴィスビー・ルールズの批准に伴う国際海上物品運送法の改正で顕著になったように、条約と抵触する法律規定が制定されるという深刻な問題が懸念されるほか、とりわけロッテルダム・ルールズのように条約がきわめて詳細な規定を設ける場合には、これを国内法に加工することはきわめて非現実的である。このように考えれば、条約については、航空運送に関するモントリオール条約のように条約を直接適用する方式が望ましく、国内法としては、条約の適用のない運送契約および条約に規定のない事項についての規定を整備するという解決によるべきであろう。その際、内航海上運送に限れば個品運送ということは実際上想定しがたいが、法律規定としては規定を全く欠くというわけにもいかないので、運送人の責任など基本的事項について極力簡素な規定を設けるということになろう。

（イ）　傭船契約

海上運送の分野で特別に考えなければならないのは、航海傭船契約、定期傭船契約その他の貸切形態の運送契約についての規定を設けるかどうかである。現行商法は、定期傭船契約については規定がないが、航海傭船契約については運送契約に基づく権利関係についてかなり詳細な任意規定を設けている。しかし、実際の各種傭船契約については、国際運送に係るものであれ、国内運送に係るものであれ、標準的な契約書式が広く使用されているので、当事者間の契約上の権利義務関係についての法律の規定を設けたとしてもそれが実際に適用される可能性はまずないと思われる。そうであれば、立法の効率性からだけ考えれば、各種の傭船契約に関する規定を設けることの検討の必要性はないといえる。これに対して、ドイツの海商法改正提案では、航海傭船契約や定期傭船契約について、簡素ではあれ契約当事者間の権利関係についての規定を設けようとしている。これは、体系的な美しさということだけで考えられているわけではなく、当該契約類型の基本的な内容を法定することにより、いたずらな法的性質論争に委ねることなく、契約をめぐる紛争解決の指針が導かれるというようなことが期待されているようであり、とりわけ定期傭船契約についてそのようなことが考えられているようである。[16] しかし、立法が不可欠なわけでもないように考えられる。

（ウ） 運送取扱・複合運送

事業法の面では、利用運送の普及に伴い運送取扱という事業種類はすでに消滅していることから、商法でも運送取扱に関する規定を設ける意味はないということができる。利用運送は、それ自体としては下請運送の形態にすぎないから、特段の法律規定を設ける必要はない。問題は複合運送であり、これについての国際条約や国内法による立法は試みられてきたが、[17] 一九八〇年国連複合運送条約は発効しておらず、国内法としても上記ドイツの運送法現代化法が独自の契約類型として規定を新設しているものの、やはり国内立法は一般的ではなく、ドイツの規定を見ても特に立法措置をすることの意味がそれほどあるとは思われないところであり、積極的な立法論をするほどのことはないものと考えられる。[18]

(5) 運送証券

（ア） 貨物引換証・船荷証券

有価証券としての運送証券は、実務的には外航運送に係る船荷証券のみが意味を持つが、立法上は内航の船荷証券や貨物引換証についても、共通の規定を置くことになろう。証券の性質としては、物権的効力および処分証券性については、それぞれ解釈論上は議論があるところではあるが、現行の規定を改正するまでのこともないと考えられる。これに対して、債権的効力については、条約に基づく国際海上物品運送契約法の文言証券性に関する規定（国際海上物品運送法九条）と、商法の債権的効力の規定（商法五七二条・七七六条）との関係については議論があり、また条約と国際海上物品運送法との間にも、文言証券性を認める記載事項の範囲について食い違いがあることはしばしば指摘されるところであり、[19] 立法論を練り直す必要がある。解釈論上の問題としては、保証渡しの場合の運送人の責任について責任制限を認めるかという問題があり、ドイツの海商法改正提案ではこれを否定する趣旨の規定の新設を提案しているが、[20]解釈論に委ねておいても足りることがらであろう。定期傭船者が発行した船荷証券に係る運送契約の当事者の問題も、船舶所有者が運送人となるという実務上の解決を否定するのであればともかく、そうでなければ立法をするほどの問題でもなかろう。

（イ）運　送　状

実務上使用されているが、法律の規定が欠けているのが海上運送状および航空運送状に関する規定であり、運送状が有価証券でないにもかかわらず、貿易金融との関係で、運送状の記載に文言証券性を認めることや、[21]運送品処分権行使の要件として運送状の提示が必要とされるというような効果を持つということであれば、国内法としても規定を設けることは考えられるところであるが、実際に使用されるのが国際的な運送に限られるとすれば、ロッテルダム・ルールズのように条約に規定があればそれで足りるということはできる。もっとも、条約の適用のない国際運送もあり得るので国内法としても規定を設けておくということはあり得ることである。

（ウ）運送証券の電子化

運送証券や運送状の電子化への対応を立法的に図っておくことが望ましいということはいえる。[22]

（1）例として、㈳日本海運集会所の二〇〇七年制定「内航運送基本契約書」三条・一八条等を参照。

（2）昭和一三年商法改正のための法制審議会「商法改正要綱」（法時八巻三号四三頁（一九三六））は、運送、倉庫、海商については、改正事項とその改正の方向を掲げたが、具体的な内容は検討されないで終わった。

（3）運送法現代化法については、山下友信「企業取引法と不当条項規制―免責条項規制のあり方を素材とした一考察」ジュリ一二一九号一八頁（二〇〇二）（本書二七〇頁）、小塚荘一郎「運送法現代化の基本的視点―立法論としてみた陸上運送法」『江頭憲治郎先生還暦記念・企業法の理論（下）』二三〇頁以下（商事法務、二〇〇七）。

（4）運送法現代化法の目的は、分立した各種運送契約に関する法的規律を一元化することと、規制緩和された市場に適合した運送契約の法的規律を実現することであった。Basedow, Münchener Kommentar zum Handelsgesetzbuch Band 7a. Aktuarisierungsband zum Transportrecht, Einleitung Anm. 3-5 (2000).

（5） Abschlussbericht der Sachverständigengruppe zur Reform des Seehandelsrechts (2009) (http://www.bmj.bund.de/files/-/3896/Abschlussbericht%20Seehandelsrecht.pdf).

（6） Abschlussbericht, a.a.O. (N.5), S. 12ff.

（7） 商法の適用範囲との関係で「運送営業」に関する規定とすべきかについては、藤田友敬「総論：商法総則・商行為法の現状と未来」NBL九三五号一四～一五頁参照（二〇一〇）。

（8） 陸上運送に関する法的規律のあり方の研究として、小塚・前掲注（3）一一頁以下。

（9） 小塚・前掲注（3）二三九頁以下。

（10） モントリオール条約（二二条五項）では、人的な範囲については履行補助者も含み、主観的事情については海上運送の分野の条約と同じである。

（11） ドイツのHGBおよび海商法改正提案においては、運送人の使用人または乗組員による抗弁の援用に関する規定と、実行運送人の責任に関する規定を別に置いている（HGB四三六条・四三七条、海商法改正提案五一六条・五一七条）。

（12） 最判平成一〇・四・三〇判時一六四六号一六二頁。

（13） ドイツでは運送法現代化法により、①第三者が運送について同意せず、かつ運送人が荷送人に運送品を運送に付す権限がないことにつき悪意もしくは過失により知らなかった場合、または②運送品が運送の引受け前に第三者もしくは第三者から占有の権限を与えられた者の占有から離脱した場合を除き、運送人は第三者の契約外の請求に対しても運送契約上の抗弁事由を援用することができるものとする規定が置かれた（HGB四三四条二項）。この規定に関する研究として、笹岡愛美「運送品の所有者による損害賠償請求と運送契約規範―一九九八年改正ドイツ商法典四三四条二項の意義」法学政治学論究七八号二一五頁（二〇〇八）。フランス法上のこの問題についての研究として、荻野奈緒「運送人の第三者に対する不法行為責任と運送契約上の責任制限の対第三者効」同法三三二号Ⅰ六五一頁（二〇〇九）。

（14） 航空運送については、モントリオール条約（三一条四項）では、短期間の通知がないことをもって損害賠償請求訴権を消滅させることとしている。

（15） 本稿の検討対象外であるが、旅客運送については、モントリオール条約の運送人の責任の規律をそのまま国内法としても採用するかどうかは別問題である。

（16） Herber, Vorschläge der Sachverständigengruppe zur Reform des Seehandelsrechts—Einführung, Vorgeschichte und Grundzüge, TranspR 2009, S. 449; Rabe, Der Zeitchartervertrag nach dem Entwurf der Sachverständigengruppe zur Reform des Seehandelsrechts, TranspR 2010, S. 1-2.

(17)　複合運送の国際的および各国内の動向については、増田史子「国際複合運送契約（一）〜（八・完）」論叢一五五巻一号一頁、二号一頁、三号一頁、四号一頁、五号二四頁、六号六六頁（以上二〇〇四）、一五六巻一号一頁、二号七七頁（以上二〇〇五）。同（五）四一頁以下のとおり、ヨーロッパで立法を持つのはオランダおよびドイツである。

(18)　単一責任主義による複合運送立法の必要を主張するものとして、落合誠一「複合運送人の責任」竹内昭夫編『特別講義商法Ⅱ』二一一頁（有斐閣、一九九五）。小塚荘一郎「複合運送契約に関する立法」上法四三巻四号一八九頁（二〇〇〇）および増田・前掲注(17)一五六巻二号九六頁以下は、わが国においては立法することの積極的意味は見出し難いとの立場である。

(19)　江頭憲治郎『商取引法（第六版）』二九八〜二九九頁（弘文堂、二〇一〇）。

(20)　海商法改正提案五〇八条三項は、船荷証券所持人以外の者に対して引き渡した場合には、運送人の責任制限は適用がない旨を明示する。

(21)　ドイツでは、運送品処分権の行使に運送状の提示を要するとする旨を定めることができるものとしている（ＨＧＢ四一八条四項、海商法改正提案四九〇条四項）。しかし、運送状の記載には、文言証券性は認めていない（海商法改正提案五〇九条）。ロッテルダム・ルールズについては、藤田友敬「新しい国連国際海上物品運送に関する条約案について」ソフトロー研究一三号八二頁、八四頁以下（二〇〇九）、池山明義「運送品処分権及び運送品の引渡」海法会誌復刊五三号三七頁（二〇〇九）。

(22)　ドイツの海商法改正提案では、電子式船荷証券が紙の船荷証券と同じ効力を認められるための要件を法務省令の定めに委ねるという解決をしている。ロッテルダム・ルールズでも、紙の運送証券と同じ効力を認められるための要件を抽象的に規定するにとどめている。藤田・前掲注(21)六三頁以下。このような規定はわが国でも置かれてよいかもしれない。

三　倉庫営業

倉庫営業に関する現行商法の規定は、寄託契約の内容に関する比較的簡単な規定と、倉庫証券に関する比較的詳細な規定により構成されている。倉庫証券については、単券主義と複券主義が併用され、特に預証券と質入証券とで構成される複券主義については、全く利用実態がなく、これを廃止することには異論はないものと思われる。単券主義による場合の倉荷証券の効力については、特段大きな改正が必要であるとは考えられない。倉庫営業に関しては、荷渡指図書という書面が実務上使用されることがあるが、これについても立法をするような事項ではなかろう。

そこで検討すべきは、寄託契約の内容、特に倉庫営業者の責任の問題である。(23) 現行の商法は、過失責任による旨のみが規定され（同法六一七条）、金額責任制限はもちろん寄託物の価額による責任制限すら規定されていないという点が、運送人の責任との比較では特徴的である。過失責任を厳格責任に変更するかどうかは一つの問題であるが、比較法的には厳格責任とされる例はないようである。責任制限については、実務で使用される約款では、寄託物の価額による責任制限は規定されているところであり、合理性のある規律であろうが、ドイツの運送法現代化法で改正されたHGBの倉庫業者の責任に関する規定（HGB四七五条）では、寄託物の価額による責任制限は定められていないというように、判断は難しいところである。(24) 運送ターミナル・オペレーターに関する条約のように金額責任制限まで設けることは実務の状況からみてもすべきではあるまい。倉庫業者の責任について強行規定とすることは考えられないので、実務で使用される約款における軽過失免責条項の効力についても解釈に委ねておけば足りよう。

(23) 倉庫業者の責任のあり方については、小塚荘一郎「倉庫業者と運送ターミナル・オペレーターの責任」『落合誠一先生還暦記念・商事法への提言』六六五頁（商事法務、二〇〇四）。
(24) ドイツの実務については、小塚・前掲注（23）六八〇頁参照。

四　場屋営業

現行商法は、場屋営業という枠組みの下に、場屋営業者の寄託物についてレセプツム責任および寄託を受けない携行品についての特別の責任を規定している（同法五九四条～五九六条）。このような場屋営業という範疇により規定を設ける立法は、ロエスレル商法草案以来のものであるが、当時から現在に至るまでヨーロッパ諸国においては、宿泊機関の客の携行品についての責任の規定が設けられるのが一般的である。(25) ここから、商法の規定のあり方が問題視されて、宿泊機関の責任についての規定に限定した規定を設けるべきであるという立法論は大方の支持を受けているというのが現状であろう。(26) 私見としても、この点に特に異論はない。このような立法論を展開する場合においては、なぜ現行の場屋営業という枠組みを廃止するかの説明が必要となるが、この点については、宿泊機関においては、客は貴重品を含めて携行品を持ちつつ利用せざるを得ない状況があり、そこから寄託契約がなくとも特別の責任を課すことの必要性があるということで説明されることになろう。宿泊機関以外の場屋営業については、現状においては、商法のレセプツム責任は、そもそも場屋営業者は寄託を受けない旨を定める約款の規定により空文化されている実情にあり、またそのことをもって不当な対応であるとは評価しがたく、場屋営業者が寄託を受けた物品については寄託契約上の一般的な受託者の注意義務、ロッカーのような設備の利用を認める場合には施設利用契約の付随的義務としての設備の安全性についての注意義務の合理的な解釈により責任の有無を判断することで、客の保護としては十分であると考えられる。(27)

宿泊機関の責任に限定した規定を設ける場合に意見が割れるのは、寄託を受けない携行品についての責任であり、ヨーロッパの立法を参考とすれば、厳格責任としつつ金額責任制限を設けるという解決となるが、携行品の紛失といっても多様な事故態様があろうから、厳格責任を認めることには相当の抵抗感があろう。しかし、代案として、不法行為責任を課すのと実質的に等しい商法五九四条二項のような規定では実効性が欠けるものといわざるを得ず、第三の解決の可能性の検討も必要であろう。

運送契約について高価品ルールを維持すべきか否かが上記のように論点となるが、宿泊機関の責任について金額責任制限を設けるのであれば、高価品ルールは不要であり、高価品であることの申告は、金額責任制限を超える賠償を受けるための要件ということで整理されよう。

以上のような規律は、片面的強行規定とすることが必要である。また、宿泊機関の責任に関する規定を民法に置くか、商法に置くかという論点もあるが、論理的にどちらでなければならないということはいい難い。

(25) ヨーロッパの法制については、須永醇「ホテル・旅館宿泊契約の一側面―旅客の携帯品の安全に対するホテル・旅館経営者の法的責任」遠藤浩ほか監修『現代契約法大系第七巻サービス・労務供給契約』一三五頁（有斐閣、一九八四）、民法（債権法）改正検討委員会編『詳解債権法改正の基本方針V各種の契約(2)』二三四頁以下（商事法務、二〇一〇）。

(26) 「債権法改正の基本方針」（【3・2・11・19】）でも本文のような立場が採用されている。その趣旨については、民法（債権法）改正検討委員会編・前掲注（25）二三一頁以下。

(27) 本文の立場からは、ゴルフ場の貴重品ロッカー内の物品については、寄託契約は存在せず、ゴルフ場の使用人が盗難に関与する場合にもゴルフ場の責任は認められないとする裁判例（東京高判平成一六・一二・二二金判一二一〇号九頁）は明らかに不当である。

〔NBL九三五号四九頁～五八頁（二〇一〇）〕

〔編注〕 本稿は、日本私法学会第七四回大会（二〇一〇年一〇月一一日）のシンポジウム「商法の改正」（私法七三号五三頁（二〇一一一〕）における報告である。この後、会社法、保険法に続く商法の現代化作業として、法務省では運送・海商に関する部分の現代化立法に着手することになり、二〇一四年二月七日の法制審議会総会において、法務大臣から「商法制定以来の社会・経済情勢の変化への対応、荷主、運送人その他の運送関係者間の合理的な利害の調整、海商法制に関する世界的な動向への対応等の観点から、商法等のうち運送・海商関係を中心とした規定の見直しを行う必要があると思われるので、その要綱を示されたい」との諮問があり、同年四月以降商法（運送・海商関係）部会の審議が開始されることとなった。なお、これに先立ち、研究者、運送各業態関係の実務家、法務省担当者等から構成される運送法制研究会の研究結果をとりまとめた『運送法制研究会報告書』（商事法務研究会、二〇一三）が公表されている。

〔著者紹介〕

山　下　友　信（やました　とものぶ）

1952年　山口県生まれ
1975年　東京大学法学部卒業
現　在　東京大学大学院法学政治学研究科教授

著　書
『現代の生命・傷害保険法』（弘文堂，1999年）
『保険法』（有斐閣，2005年）

商事法の研究

2015年3月10日　初版第1刷発行

著　者　山　下　友　信
発行者　江　草　貞　治
発行所　株式会社　有　斐　閣

郵便番号101-0051
東京都千代田区神田神保町2-17
電話（03）3264-1314〔編集〕
（03）3265-6811〔営業〕
http://www.yuhikaku.co.jp/

制作・株式会社有斐閣学術センター
印刷・大日本法令印刷株式会社／製本・牧製本印刷株式会社

★定価はカバーに表示してあります。

ISBN 978-4-641-13699-1